不平等的一万年

Ten Thousand Years of Inequality

Timothy A. Kohler
[美] 蒂莫西·A. 科勒
Michael E. Smith
[美] 迈克尔·E. 史密斯　编
王杨　译

中信出版集团｜北京

图书在版编目（CIP）数据

不平等的一万年 /（美）蒂莫西·A. 科勒，（美）迈克尔·E. 史密斯编；王杨译 . -- 北京：中信出版社，2023.2
（见识丛书）
书名原文：Ten Thousand Years of Inequality: The Archaeology of Wealth Differences
ISBN 978-7-5217-5047-8

Ⅰ.①不… Ⅱ.①蒂…②迈…③王… Ⅲ.①社会财富—收入差距—经济史—世界 Ⅳ.① F119

中国版本图书馆 CIP 数据核字（2022）第 254754 号

© 2018 The Arizona Board of Regents
Published by arrangement with the University of Arizona Press
Simplified Chinese translation copyright © 2023 by CITIC Press Corporation
ALL RIGHTS RESERVED
本书仅限中国大陆地区发行销售

不平等的一万年
编者：［美］蒂莫西·A. 科勒　［美］迈克尔·E. 史密斯
译者：王杨
出版发行：中信出版集团股份有限公司
（北京市朝阳区东三环北路 27 号嘉铭中心　邮编　100020）
承印者：嘉业印刷（天津）有限公司

开本：660mm×970mm 1/16　　印张：25.75　　字数：300 千字
版次：2023 年 2 月第 1 版　　印次：2023 年 2 月第 1 次印刷
京权图字：01-2022-7005　　书号：ISBN 978-7-5217-5047-8
审图号：GS（2022）5278 号
定价：88.00 元

版权所有·侵权必究
如有印刷、装订问题，本公司负责调换。
服务热线：400-600-8099
投稿邮箱：author@citicpub.com

目　录

序言   V

第一章　财富不平等渊源的追溯   001

    财富不平等的百家之言   003
    古代社会不平等的三大疑问   007
    社会不平等的起源   009
    不平等的持久性   014
    不平等程度的影响因素   015
    本书目标   032
    参考文献   033

第二章　让基尼系数不再做"瓶中妖"   049

    真相揭秘   051
    考古学领域测量不平等遇到的挑战   052
    运用家庭手工艺品组合数据   057
    谎言，该死的谎言，以及统计数据   064
    留有余地的真相   071
    让基尼系数不再做"瓶中妖"   075
    参考文献   076

第三章　超越基尼系数   083

    测量不平等？   086
    单一基尼系数还是多个基尼组合   088
    从多个基尼系数组合到考古不平等指数   090
    人类学案例研究：卡库马难民营中的认定贫困人口与实际贫困人口   093

运用基尼系数进行考古案例分析　　097
　　公元前 3000 年黎凡特南部努迈拉的人口聚集现象　　104
　　讨论与结论　　109
　　致谢　　112
　　参考文献　　112

第四章　不列颠哥伦比亚省布里奇河遗址渔业采集业社会不平等出现假设的检验　　119

　　布里奇河遗址及弗雷泽峡谷中部的考古研究　　121
　　用基尼系数测量考古背景下的不平等　　125
　　布里奇河遗址整个村落的不平等状况　　132
　　布里奇河遗址 54 号房屋坑洞　　137
　　54 号房屋坑洞展现的不平等与合作　　138
　　讨论　　147
　　致谢　　152
　　参考文献　　152

第五章　束缚还是解脱？　　161

　　普韦布洛人发展历史及其对基尼系数产生的影响　　163
　　样本及其局限性　　168
　　结论　　173
　　讨论　　177
　　总结　　182
　　致谢　　185
　　参考文献　　185

第六章　动荡时期一成不变的社会不平等　　193

　　霍霍卡姆文化发展历史上的巅峰　　195
　　研究热点　　198
　　研究方法　　202
　　研究结果及解释说明　　206
　　研究结论　　211

致谢	213
参考文献	214

第七章　密西西比腹地不平等程度之探究　223

密西西比时期的社会不平等	224
研究方法和研究预期	227
研究结果	232
全部遗址情况说明	235
讨论	238
研究结论及未来研究方向	240
致谢	242
参考文献	242

第八章　农业、不平等和城市化　249

研究方法背景	254
考古实例1——美索不达米亚北部	257
考古实例2——德国西南部	270
讨论	275
致谢	277
参考文献	278

第九章　古代美索不达米亚社会不平等的发展轨迹　287

美索不达米亚地区定居点发展历史	295
不平等的测量	297
美索不达米亚定居点的结构	298
美索不达米亚地区家庭住宅建筑	299
住宅区的考古实例	304
美索不达米亚地区尸体安放的资料	314
研究结果	317
结论	318
致谢	319
参考文献	320

第十章　前西班牙属瓦哈卡山谷财富不平等的评估　　325

不平等的关系型属性　　327
超越经济范畴的不平等的形成根源　　329
瓦哈卡山谷的不平等现象　　331
对于基尼系数、不平等以及古瓦哈卡的综合思考　　346
参考文献　　349

第十一章　深刻的不平等　　359

研究方法　　362
适应类型及遗址类型对不平等的影响　　363
不平等与人口规模　　371
新、旧世界不平等演进的比较　　372
各国财富不平等差异的解读　　373
旧世界对新世界，差异重现　　378
结语　　384
致谢　　387
参考文献　　388

参与写作者　　393

序　言

在我们写这篇文章时，美国参议院的共和党人正在辩论，是否撤销奥巴马医改计划中对富人增税这一条款，同时削减联邦政府对穷人的医疗支出。虽未直接提到基尼系数，但本身为医疗体系的奥巴马医改计划实则引起了一小部分财富从富人向穷人的转移，而这正是基尼系数所关注的。笔者认为，尽管上述问题不久便会有定论，但类似这样的财富转移是否合乎法度，合乎法度的规模应该有多大，却长久以来困扰着很多国家。

不少业界人士发现，很多统计数据令人不安，例如乐施会[①]2017年年初发布的报告。该报告称，据乐施会的计算，全球最富有的8个人目前所拥有的财富相当于最贫穷人口一半的财富总和。但也有部分同行表示，所有人的生活水平如何，他们的幸福感怎样，这才是最重要的；如果当下的经济状况好到能溢出如此多的财富，小部分人堆金积玉，且其他人能安贫无怨，那便无不妥。然而，必定会有不少人反驳，事实上，其他人怎么可能就此安乐。

无论人们如何看待这些争论，历史视角都不可或缺。倘若正如

[①] 乐施会（Oxfam），原名 Oxford Committee for Famine Relief，是一个具有国际影响力的发展和救援组织的联盟，由14个独立运作的成员组成。——译者注

美国国家经济研究局 2008 年的报告中所提出的，衡量财富集中度的基尼系数约为 0.8，要说这个数字反常，怎么讲？若说它正常，如何解？基尼系数 0.8 的数值在当今世界经济状况下的确是峰值（表示财富分配极不平等），但身为考古学家，笔者认为，我们需要探究的既不是目前的经济环境，也不是 1950 年的经济状况，更不是工业革命伊始，而应是大约 1.2 万年前全新世开启之际。那时，财富分配基本均等的狩猎-采集时代已然终结。在人类生活方式主要以农耕和游牧为主之时，财富不平等是突然显现还是逐渐成形？财富不平等状况为何加剧？还是向来如此？明显的财富不平等现象何以近年来在一众发达国家频发？作为考古学家的我们，又能道出怎样的个中缘由？

本书编者多年来致力于上述问题的研究，不少研究成果已经发表（详见第一章）。然而，考古学界同行对此类问题关注甚少，而且史前领域的相关数据质量参差，令人备感遗憾。因此，我们决定联合业内力量，在奥兰多召开的 2016 年美国考古学会会议上组织了一场题为"古代家庭不平等的测定与探究：自下而上的不平等"的研讨会。我们邀请了业界所有致力于这一领域研究的考古学家参会。

或许研讨会确实收效不错；无论怎样，2016 年秋在美洲印第安人基金会盛邀下至亚利桑那州德拉贡风景怡人的校园内再度讨论这一研究主题，气氛已然轻松闲逸不少。读者手上的这本书便是研讨会的成果。我们希望能取得长远成效：就史前财富创造及分配状况、财富与幸福感衡量标准的关系，以及与史前人类生存状况相关的各类问题展开严谨的研究。而这些研究领域往往是哲学家、小说家和经济学家研究的重点。

借此机会需要向多位同行致以谢意，这长长的名单怕会让我们的读者不胜其烦。请允许我们向美洲印第安人基金会以及本项目的热心发起人及组织者、美洲印第安人基金会执行董事克里斯蒂娜·舒特表示感谢；向各位作者表示感谢，感谢各位在时间紧迫的情况下仍能保质保量地完成文章；向华盛顿州立大学人类学博士生劳拉·埃里森表示感谢，感谢她一直以来提供编辑支持。除了蒂姆·厄尔、伊恩·莫里斯，亚利桑那大学出版社再难以选出更有能力的外部审稿人了；他们的意见在几个关键处非常重要。主编科勒还要向华盛顿州立大学人类学系和圣菲研究所表示感谢，一来感谢其对本书的支持，二来感谢其为验证本书第五章和第十一章的观点提供的契机；感谢玛丽莲·冯·泽格恩，感谢她与本书编写相伴始终的耐心与幽默。2014 年，史密斯在德国波恩大学为前现代经济考古研究培训小组所做的讲座中，就前文中的论题提出了自己的想法。本书之所以没有收录史密斯的文章，是因为他的研究成果已于 2014 年发表（Smith, Dennehy, Kamp-Whittaker, Colon, and Harkness 2014: "Quantitative Measures of Wealth Inequality in Ancient Central Mexican Communities," *Advances in Archaeological Practice* 2: 311–323）。史密斯在论文中对合著者表示了感谢。本书第十一章使用的部分基尼系数来自史密斯作为管理者之一的"前现代城市服务的提供"这一项目；这些数据由该项目的成员蒂莫西·登内希分析和整理。史密斯和登内希也对项目组其他成员致以了谢意，感谢本杰明·斯坦利、芭芭拉·斯塔克、阿比盖尔·约克、莎伦·哈兰和阿普里尔·坎普-惠特克在前现代城市样本的财富不平等状况测量时所给予的帮助。

第一章

财富不平等渊源的追溯

迈克尔·E.史密斯、蒂莫西·A.科勒、加里·M.法因曼

两个文明本应形同陌路，一万多年间无任何交集，既无文字交流，又无商业往来，但彼此间却如此熟稔。无论是阿兹特克国王、牧师、战士、商贾、集市，还是其他各类机构组织，西班牙人均可辨识。

但阿兹特克人眼中的西班牙却怪异不可知。阿兹特克人惊讶于西班牙舰船，将其比作高山和巨塔。惊见加农炮开火，首批到访西班牙的阿兹特克信使几近晕厥。看到西班牙人所驾战车，叹这"牡鹿"竟如屋宇般高阔；目睹西班牙人所制火炮，赞这"巨犬"怎能这般有力、不知疲倦，黄色瞳仁闪烁火焰，火星四溅；更对西班牙士兵身披铁甲、手持铁剑、臂挎铁盾连连称羡。然而，西班牙人对黄金的痴迷却令阿兹特克人颇为不解："对黄金，他们像贪食的家猪一般迷恋……像好奇的猴子一般将其拨弄于指间……"（Leon-Portilla 1962: 30, 31, 51）。

1519年，西班牙征服者埃尔南多·科尔特斯和阿兹特克国王蒙特祖玛二世戏剧性的偶遇给中美洲带来了一连串灾难性的变革。人

侵、镇压、剥削和疾病降临到这片土地上,使社会不平等程度急剧攀升。尽管阿兹特克帝国社会结构复杂、政治强大、中心城市人口稠密、贵族阶层根基稳固(Smith 2012),但财富不平等并未凸显(Smith et al. 2014)。然而,到1790年,西班牙人在墨西哥的殖民期接近尾声时,阿兹特克的贫富差距增大了近一倍(Williamson 2010: 239)。

当时工资上涨(Scheidel 2017: 314–319),财富不平等程度本应缩小,但为何墨西哥中部殖民地集中于富人阶层的财富增加了近一倍?尤其考虑到当时西班牙人带来的传染病使阿兹特克民众大批死亡,贫富差距本应缩小。事实证明,殖民地当局建立了一整套全新的社会制度,引入全新的技术,这对社会发展产生的影响远超人口变动。私有制的出现、西班牙帝国的统治、出口型经济的确立,加之建立了委托监护制——不仅划分了种族、阶级,而且将奴隶分给西班牙殖民者及各委托监护主,上述因素皆有利于社会财富集中于一小部分人手中,即使出现了抑制财富集中的社会变动。

本书讲述了过去一万年间各相关因素如何以复杂的方式相互作用,从而对不同社会的财富不平等产生影响。从阿兹特克帝国到西班牙的统治,墨西哥这片土地上的变化虽然只是社会不平等这一深刻历史进程的一部分,但是其影响却跨越时空。出人意料的是,16世纪西班牙的社会不平等现象远比阿兹特克帝国明显。但本书通过大量案例研究获得了不少重要发现,其一便是旧世界古老农耕国家的财富不平等水平普遍高于新世界的新兴国家。书中收集了大量来自各国的考古数据,以评判之前从未在财富和不平等问题上开展过研究的国家的财富不平等程度。先前关于社会不平等问题的研究多聚焦于已能用文字记录历史的国家（Milanovic 2011; Milanovic et al. 2011; Scheidel 2017），但本书的作者会将目光延伸至远古的过去。这些探究带来了意想不到的收获。通常被认为是践行平等主义的小型社会群落，普遍存在财富集中在少数社会成员手中的现象，而组织结构复杂的社会，财富不平等现象却并不明显。

然而，本书最大的新发现是，由新石器时代晚期迈向铁器时代的亚欧大陆各国社会财富不平等程度与西班牙殖民前的美洲发达国家形成鲜明对比，而这种反差正是之前研究所忽略的。尽管存在差异，但这些旧世界古老国度的贫富悬殊却比相应北美洲及中美洲的新兴国家更为凸显。（本书尚未对西班牙殖民前南美洲任何国家的财富不平等状况进行评估。）在第十一章中，我们将综合技术因素及制度因素解释造成这种差异的原因。

或许本书的案例研究最大的价值在于将连贯的逻辑分析和基于经验的总结结合起来，借此研究远古社会的财富不平等现象。本书作者的研究方法基于数据分析。然而，理论会有助于厘清从何处能获得有意义的数据，因此，我们首先考虑研究人员是如何解释不平等的起源及发展的，特别关注过去数十年间这一领域发展出来的研究方法。

财富不平等的百家之言

在当今世界，社会经济不平等现象普遍存在。富国和穷国间发展机会极不均等，在不少国家，贵族阶层和平民阶层的生存机会差异巨大；由性别造成的同工不同酬已是普遍现象；超级富豪的财富集中在世界各地，并且有愈演愈烈之势（Krugman 2014; Pringle 2014; Reeves 2017）。这些显而易见的不平等既非个别当权者所为，又非印刻于脑海中、植根于文化中之物。相反，它们是受资源、技术和制度限制（包括促进财富代代相传的稳定社会制度）的个体进行人际互动所造成的结果。财富不平等随历史的演进而发展，体现在人类社会的各个层面，从个人到社会，从亲属到邻里乃至国家。而今天，全球化正在以其独有的推动力加速不平等的步伐。

但纵观历史，全球范围内财富不平等现象究竟普遍到何种程度？多年来，就这一问题，社会科学家们给出了五花八门的答案。社会学家曾以为，所有人类社会都存在阶级（Davis and Moore 1945），直到人类学家指出事实并非如此（Smith 1966）。人类学家一度认为，所有狩猎-采集者都是平等主义者（参见 Flanagan 1989 的讨论），直到考古学和人类学两门学科的田野调查证明此观点与事实相悖（Arnold 1996; Flanagan 1989）。许多学者曾认为，财富不平等是人类社会经历了有序的类型之后的产物——由族群发展至部落再到城邦（Service 1966），或由建立在奴隶制基础上的公社发展至种姓社会再到阶级社会（Kerbo 2011: 47–54）——直到考古田野调查揭示，人类历史其实更加复杂（Flannery and Marcus 2012; Trigger 2006）。

一些学者声称，所有早期的人类社会皆是极度不平等的，阶层剥削严重，农民饱受压迫，奴隶终日劳作（Ste. Croix 1981; Wittfogel 1957）。但也有学者认为，古代世界的许多国家集体观念更强，更推崇平等（Blanton 2016; Blanton and Fargher 2008; Carballo 2016）。谈及当下的财富不平等时，多位学者认为，应提防这一现象对民生和社会造成的负面影响。比如，约瑟夫·斯蒂格利茨（2012）发现，当今美国社会财富极度不平等导致的后果是社会规范和制度呈现恶性变化、社会进步变缓、歧视频发、道德幻灭、社会流动性下降、贫困陷阱不断加深（另见 Wilkinson and Pickett 2009）。然而，其他学者认为，这过于杞人忧天（O'Connell 2010）。最后需要指出的是，除非一个社会遭遇天灾人祸，否则社会不平等很难消除，这才是令人颇感不安的（Scheidel 2017）。

为何人文学科领域对社会不平等的程度和意义的看法分歧如此之大？原因之一是，社会科学家和历史学家忽略了先前人类社会的考古记录。早在史前时代，近东地区民众开始用文字书写历史时，社会不平等就是已存在的准则。到欧洲人的枪炮、病菌与钢铁征服新世界之际（Diamond 1997），社会不平等在这片土地上许多贫穷的国家已存在数千年。一众经济学家和人文领域的学者无视确凿的考古证据，对遥远的早期人类社会及当时的经济发展状况展开了天马行空的想象，这些想象与事实相去甚远（Graeber 2011: 21-42）。利用考古学还原人类社会不平等的历史样貌及其对社会发展的作用，将有助于各位学者了解社会不平等的起源、本质和意义（Flannery and Marcus 2012）。

截至目前，考古学家已对多个地区的社会不平等现象进行了界定（Price and Feinman 1995; Trigger 2003），但尚未对收集到的数据进行系统分析和比较。在部分考古学家看来，社会不平等的铁证不外乎奢华的宫殿或壮观的金字塔，而另一些学者认为，社会不平等应在家庭层面上寻求答案。总之，考古学界普遍将研究重点放在不同社会政治力量的崛起上，并简单地假设［例如，按照马克思和恩格斯（1848）1869年提出的理论］财富差异与权力差异紧密相关，研究其中之一就等于另一个也迎刃而解。但我们认为，此种假设不够成熟。财富不平等和社会不平等间的关系究竟如何考量，应在对这二者制定出衡量标准之后才能确定。本书的任务之一正是制定出财富不平等的衡量标准——这套标准会产生何种结果，我们拭目以待。

由此引出了对社会不平等看法分歧巨大的第二个原因：缺乏系统反映古代社会状况的可比较数据。在列举了研究20世纪人类社会财富不平等困难的基础上，历史学家沃尔特·沙伊德尔指出："这些困难与我们试图将收入和财富不平等的研究向更早追溯时遇到的问题相比，根本不值一提。"（2017: 15）今天研究不平等，靠的是定量分析（例如，Bowles 2012; Piketty 2014）。如今描述一定人口数目内的不平等状况，比较城市、地区乃至国家间的不平等，多用基尼系数、泰尔指数、十分位数比较和帕尔马测量等指标（Holton 2015; Milanovic 2011）。［托马斯·皮凯蒂（2014）及其他分析人士（King 2016）的研究结果表明，使用这些测量指标仍然会出现争论和分歧。］经济史学家近期开始将社会不平等问题的定量研究延伸至古代社会（Lindert and Williamson 2016; Milanovic et al. 2011），但中世纪之前欧洲的社会不平等研究鲜有问津，未受西方文明影响的古代社会的不平等更是几乎无人涉及。要想真正了解社会不平等是如何产生的、数千年来人类如何制造和应对财富不平等，以及数百年来财富和权力的关系发生了怎样的变化，定量考古数据不可或缺。

本书涵盖了首次运用考古数据进行的古代社会不平等定量系列研

究。诸位作者使用基尼系数（辅以其他测量指标）对资本主义社会出现前几千年的财富不平等进行评估。研究结果表明，许多现存的对古代社会财富不平等的描述要么是错误的，要么是过度简化的。比如一些以狩猎-采集为主的古代社会和早期的农耕村落，其财富不平等程度要比大多数学者通常以为的更深（见本书第四章至第七章）。又比如有些早期的城邦和王国，其财富分配远比学界普遍认为的更平等（见本书第九章和第十章）。借助常用的测量指标——基尼系数常用于衡量家庭收入的分布状况——我们得以比较不同类型社会间的不平等程度，由此得出的最新研究结果在第十一章中详述。我们将在本章结尾处及后续几章中讨论基尼系数，并保证将其作为跨文化背景下有效的财富衡量指标。

古代社会不平等的三大疑问

综上所述，本书的研究旨在解决有关古代社会不平等的三个关键问题：

1. 社会不平等是如何产生的？
2. 社会不平等是如何持续存在的？
3. 该如何解释时移世易下社会不平等发生的变化？

正是凭借特定的数据集，本书部分章节的作者才有可能解决诸如在一定的不平等范围内社会能否繁荣发展、何种事件可以减少社会不平等之类的问题。

但要想按这样的思路进行调查,其先决条件是明确财富不平等究竟与其他类型的社会差异有何不同。要从人类学的角度将财富不平等这一概念运用到主要以狩猎-采集为生产方式的早期人类社会——这类社会不存在阶级,且多被定义为相对"平等"——我们需要采用比社会科学中常用的研究方法更宽泛的方法。关注当代人类社会领域的社会学家将社会不平等定义为"被认定为欠公平的社会差异"(Therborn 2006: 4)。我们则更认同罗伯特·霍尔顿对社会不平等所下的更中立、适用范围更广泛的定义,即社会不平等是"随时间的推移,在社会群体生存机会领域造成体制性不平等,并再现这一不平等"的社会差异(Holton 2015: 61)。

然而,考古学家考察的文献往往在时间上是平均的,所以我们需要将霍尔顿关于不平等的定义进行扩展,以解释社会不平等长期存在的原因。因此,我们关注的是查尔斯·蒂利(1998)所说的"持久性不平等",也是西沃恩·马蒂森及其同事(2016)所说的"持续的制度化不平等"。虽然在大多数情况下,我们的时间排序无法对短期内发生的变化进行细化分析,但我们可以借由其他方法获取不易得到的信息,即某些社会现象在几百年乃至数千年间如何发展变化。正因如此,我们对社会不平等和财富不平等的代际传递尤感兴趣。在流动性较低的社会中,其财富差异往往通过继承在几代人之间积累。尽管基于年龄、性别以及能力的个体差异存在于任何社会,但最近的各类研究表明,这些个体差异很难或仅是有限地传至下一代(Borgerhoff Mulder et al. 2009; Gurven et al. 2010)。这些个体差异也难以解释在更新世之后的人类社会中普遍存在的社会政治等级以及显著的财富差异。那么,能够解释这一现象的究竟是什么?

社会不平等的起源

在更新世,世界主要由智人主宰,他们组成食物采集的小型群落,区域人口密度较低。在这样的群落中,财富差异受到许多因素的抑制,其中包括食物来源的低稳定性和难预测性造成的人口高流动性。财富根本没有机会代际相传。民族志的类比研究表明,当时的资源共享有着严格的规范,模拟研究则表明,这种规范确实有可取之处。

在全新世的农业发达地区(以及食物资源丰富、食物供给稳定且可预测性高的区域,从事狩猎-采集、渔业捕捞的群落发展为相对稳定的居住点),人口规模获得了前所未有的增长(Bocquet-Appel 2002; Kohler and Reese 2014)。人口流动性的降低大大改善了女性的能量平衡,缩短了生育间隔期(Sussman and Hall 1972)。

不少考古学家认为,人口增长引起的自然资源减少是否为促成植物改良及野生动物驯化的根本原因,植物改良和野生动物驯化是否由刻意的人类活动所主导,旨在促进自然资源的安全性且增加可预测性(Zeder 2012),这些还有待考证(Gremillion et al. 2014; Rosenberg 1998)。无论是上述哪种情况,区域人口都有所增长,人口流动性减缓,群落规模相应扩大(Hamilton et al. 2007)。若物质资源不再稀缺,从逻辑上讲就不可能出现基于物质的财富不平等(Midlarsky 1999);此时的财富差异仅限于个体能力差异以及家庭劳动力储备差异。因此，生产性土地资源的相对稀缺或高级狩猎技能的发展才有可能助长财富不平等。资源稀缺的一种解决办法是投入更大的努力，但这种投入很可能削弱资源共享的准则。

我们认为，（在可能由通信和运输成本限制所决定的范围内）较大规模的群体在提供公共物品或通用物品方面效率更高（Blanton 2016: 40; Dubreuil 2010），具体原因会在本书第十一章中详述。这与曼瑟·奥尔森（1965: 36）的观点形成了对比。奥尔森认为，随着群体规模的扩大，群体中的合作行为会迅速恶化。依照人类先祖时代的生存条件设计的模型清晰地展示了协调惩罚（针对那些没有为公共利益做出贡献的成员）在维持群体合作方面的优势。针对个体实施惩罚成本高昂，但如果针对群体中的绝大多数成员合力实施惩罚，那么均摊在每个成员身上的惩罚成本就会降低，整个群体耗费的惩罚成本也会降低，从而增加群体的平均收益（Boyd et al. 2010）。

群体规模不断增大，内部分化在所难免，逐渐产生像亲属圈和联谊会这样的小群体。即使这样的小群体，也需要有人为其成员发声（Durkheim 2014），如此一来势必会滋生地位及权力的不平等。小圈子同样有身份认同和组织忠诚的要求；通过惩罚违反规则的人来维护圈子的荣誉，这对全体成员而言利益攸关（Dubreuil 2010）。倘若这种小群体建立在类似血缘关系这种持久的结构基础上，其代言人便有可能将自己的地位传给下一代。

近年来，社会科学家开始使用社交网络分析工具来描述群体内部的互动。此类研究发现了新的且具有关联性的途径，即群体规模增大可能导致一系列不平等。鲁本·托马斯和诺亚·马克（2013）设计了一个模型，在这个模型中，规模极小的群体中所有成员依靠个体认知和定期互动与其他成员构建联系（该群体内的社交网络密度等于1）。只要群体规模扩大，不管原因为何，认知局限和时间限制（例如，Dunbar 1992; Johnson 1978）一旦达到某种程度，该群体的所有成员都无法直接进行互动，而随着社交网络密度降低，"结构洞"由此产生。其引发的一个结果便是各个成员开始依赖间接报告（例如声誉）来评估其他成员在群体中的地位。这些间接报告的质量受个人在社交关系网中相对地位的影响。随着网络异构性的发展，没有人知道越来越重要的那个人究竟是谁。如果子女能够继承父母在社交关系网中的地位，那么这样的社交优势会得到延续，还有可能会代际积累。鲁本·托马斯和诺亚·马克（2013）将社交关系网的这种效应与小型社会中领导者的选择模型联系起来，认为这二者共同解释了决定社会地位的是结构优势（即社会关系网中的地位），而非个人能力。

将上述研究作为一个整体，便不难推断人类历史上任何扩大群体规模的机制都会增加群体中不平等出现的可能性。诚然，理论家们已经界定了不少导致群体规模扩大的机制（这些机制助力汉密尔顿等学者于2007年提出了"共域相关性"）。其中一个机制便是群体间冲突的触发［Bowles 2009; Carneiro 1970; Crabtree et al. 2017; Khaldûn（1377），1958; Turchin et al. 2013］，致使"强者愈强"动态加速形成。群体间的战争借由扩大群体规模产生诸多间接影响，还可能对群体内的平等产生直接影响。战俘及战利品会增加部分家庭的财富或劳动力储备；英勇的战士和指挥有方的领袖则会通过战争积累声誉、赢得威望（Earle 1997; Flannery and Marcus 2012: 106, 179）。尽管人口规模和社会复杂性间的关系难以凭任何一种简单形式决定（Carballo et al. 2014:113–115; Feinman 2013），但全新世的各种压力及人类发展的进程必将人类社会引向越来越大的规模。群体规模的扩大为群体内财富及地位差异的出现创造了机会。

然而，这一代成员获得的地位或积累的财富不会自动传至下一代，在小型社会中尤其如此。莫妮克·伯格霍夫·米尔德及其同事（2009; Smith et al. 2010）通过对人类学数据进行对比分析，确定了三种不同类型的财富——本体财富、关系财富和物质财富——在不同类型的社会中有着不同的代际传递概率。本体财富包括体重、握力、实用技能以及生殖成功率（在人口过渡前期）。关系财富包括食物分享网络中的社会关系和其他形式的社会服务，鲁本·托马斯和诺亚·马克（2013）分析的社会关系网就是最好的证明。物质财富则包括当今社会被自动归为财富的东西：土地、牲畜、房屋以及家庭用品。

埃里克·史密斯及其同事（2010）指出，在狩猎-采集社会和农业社会至关重要的财富类型——本体财富和关系财富——是最不可能成功地进行代际传递的。对畜牧业社会和农业社会而言，物质财富反而是最重要的财富基础。纵观埃里克·史密斯团队所研究的21个社会类型样本，家庭间的不平等程度在物质财富方面体现得最为明显，其实也在情理之中，财富代际传递程度越高，其不平等状况就越严重。当然，需要注意的是，这些社会样本中的居民是以定居为主的农场主及牧场主，而不是流动性较高的农人和采集者。

综合上述观察结果，便会得到一个看似合理的草图，说明了小型社会中出现持续的制度化不平等或持久性不平等的先决条件。两个基本要素是：1.相对持久的财富（应指物质财富），其形式的存在及意义并非用以彰显（如大部分奢侈品），而是作为经济防御手段（防御成本应小于防御收益）；2.在相对稳定的定居型社会背景下，这些社会特征会导致财富更有可能进行代际传递（Mattison et al. 2016）。由于"个体所拥有且可传承的财富对后代的成功繁衍会产生重大影响"，"经济防御能力、财富代际传递和持续的制度化不平等之间的联系必定存在着来自进化角度的合理解释"（Mattison et al. 2016: 190）。马蒂森及其同事（2016）设计的模型如图1.1所示。需要注意的是，保护资源的能力可能不仅取决于资源梯度的急缓，而且取决于群体规模的大小。只要财富能够进行代际传递，在这种情况下，在被保护的资源中构建当前财富与预期未来收入间正相关关系的能力就对财富积累差异而言至关重要。

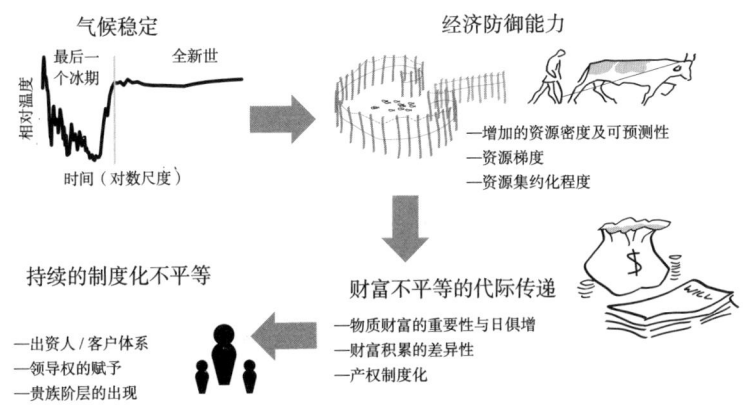

图1.1 持久性不平等起源的进化模型略图

来自马蒂森等，2016: 195。布雷特·贝海姆绘制，部分图例选自麦克尼尔，1963；图中左上角的数据来自佩蒂特等，1999。经许可转载。

不平等的持久性

若我们从解释古代社会及小型社会不平等起源的模型转向针对近代或当代社会不平等研究的传统社会科学研究,便会发现二者存在不少共性。这两类研究的部分共同之处在于二者皆关注资源及资源在产生并维持持久性不平等方面的作用。

社会学家格哈德·伦斯基(1966)对于漫长的文化进化和人类历史进程中的持久性不平等得以发展和维持的原因给出了第一个全面的解释。之后,学者们对他的研究进行了验证,并加以拓展(Haas 1993; Turner 1984)。兰德尔·柯林斯(1988: 155-156; 2004)综合了伦斯基及其支持者的研究成果:"伦斯基认为,超出生存所需的剩余财富由权力进行分配。权力集中意味着财富集中。伦斯基的说法与马克思的观点相左,是对韦伯政治学自主动态体系的认可。"(Collins 2004: 224)

伦斯基的著作影响了整整一代人。后辈学者中的查尔斯·蒂利以此书为基础,将研究重点放在随着时间的推移产生并维持社会不平等的特定个体以及制度力量上。虽然蒂利所用的例子大多来自当代社会,但他设计的模型适用范围更广(Tilly 1998, 2001, 2005)。他的模型所凭借的是产生不平等的四种因果机制,以及不平等的类别概念(社会不平等的模式随种族、性别和职业等社会类别而发生系统性变化)。在查尔斯·蒂利看来,最有影响力的机制是"剥削"[指"掌握了某种资源的部分人(a)凭借这一资源让他人在价值产生过程中出力,但(b)将其排除在由他们的助力而增加的全部价值之外"

（Tilly 2001: 366）]和"机会囤积"机制[指"一旦身处界定明确的社交网络中的成员获得某种有价值的资源，该资源具有垄断性质、支持社交网络的所有活动且因这一网络的特定运作方式而增强"，此时"机会囤积"机制便会发生作用（Tilly 1998: 10）]。查尔斯·蒂利所说的另外两种因果机制——"模仿机制"和"适应机制"，将社会不平等固化为持久的现象。

蒂利设计的模型与前文中针对小型社会的模型——最典型的是马蒂森及其同事（2016）所提出的——重合之处颇多。机会囤积机制是经济防御能力适应未来社会网络效应环境的直接转化，它再度将财富（通过其具有的保护资源的能力）与未来的收入联系在一起。剥削的概念增加了对马克思主义的一种曲解，即它似乎更适用于已存在不平等的社会，而不是不平等开始出现的情况——尽管这不应被视为理所当然。蒂利的模型在比较社会科学和历史社会科学的文献中被广泛讨论（Laslett 2000; Mosse 2010; Voss 2010; Wright 2000），并已在当代社会环境设定下进行了定量验证（Tomaskovic-Devey et al. 2009; Vallas and Cummins 2014）。

不平等程度的影响因素

虽然上文对我们所认为的构成不平等的关键过程进行了概述，但我们希望更充分地说明，努力探究不平等的根源是我们长期以来的兴趣。在我们看来，对不平等的追根溯源不是探究可替代的完整模型，而是合理解释的重要组成部分。

生产资源及生产方式

社会不平等的根源在于资源。不平等源于资源的所有、控制、交换和继承方式。上文概述的理论方法关注的是具有防御功能的资源在产生及维持社会不平等方面所起到的作用，与其他解释不平等的方法殊途同归（例如，Midlarsky 1999）。从更新世到工业革命，在整个文化进化的漫长过程中，一个社会可获得的资源性质和数量的变化主要由人类谋生的方式决定。人类的谋生方式通常分为三种，这三种方式构成了单位土地产出的基本模式——食物采集、家庭菜园耕作和集约农业。

尽管多位作者引用各类证据，试图证明上述模式与一个社会的不平等程度呈正相关（Flannery and Marcus 2012; Johnson and Earle 2000; Smith et al. 2010），但迄今为止，没人能提供古代社会的定量数据，以验证这一观点。不过，选定的区域已开始进行量产评估（例如，Kohler and Varien 2012），因此定量测试终将成为可能。我们在第十一章指出，社会不平等水平的确会随生产方式变化而变化。布兰科·米拉诺维奇及其同事（2011）解释了为何社会不平等水平与生产方式变化有关。他们认为，与食物采集相比，家庭菜园耕作产生了剩余产品，而集约农业使此类剩余产品更为充裕。他们提出，除几个近代崛起的富裕国家外，其余国家的经济不平等水平历来居高不下，但也没有让大批穷人忍饥挨饿。他们将基于既定财富或资源水平的社会不平等极限值称为"不平等可能性边界"。因此，正如伦斯基（1966）所指出的，社会不平等水平受满足所有家庭基本生存要求之外的财富剩余限制。家庭菜园耕作的平等程度不及食物采集，而集约农业又不及家庭菜园耕作，这主要是因为家庭规模未发生变化，但由部分家庭垄断的剩余财富却增加了。

人口规模

如上文的研究综述所示，无论是在人类社会的进化发展中，还是社科文献的阐释表述中，皆有人口规模和不平等程度间关系的反映。不管衡量人口规模的是哪种标准，区域人口也好，定居人口也罢，还是人口密度，都不仅有数据支持二者间的关系，而且有模型解释此类关系。本书的章节中所列的数据——如第十一章总结的——在一定程度上证实了我们对古代人类定居点的设想，然而从所选样本中，我们却惊讶地发现，真实情形与我们原有的设想差距不小，而这种差距仅在大规模、跨区域的样本对比中才能见到。

政治复杂程度

正如生存方式及人口规模与工业化之前的人类社会不平等程度息息相关，政治复杂程度也是预测社会不平等程度的典型指标（Flannery and Marcus 2012; Lenski 1966; Scheidel 2017）。鉴于政治复杂程度往往随社会规模的扩大而增加（尽管并非完全一致，例如，Feinman 2013），二者间存在紧密联系便不足为奇。虽然我们希望能对相关文献中常忽略的财富不平等和权力不平等进行区分，但所得到的数据却再次为基于考古发掘的远古人类定居点所做的模型提供了支持（第十一章）。

技术水平

如上文所述，如果生产力提高，产生更多的剩余财富，进而导致更大范围的分配不平等，那么生产方式与不平等程度之间必定存在某种对应关系。与此相关的是，特定技术的出现势必会对资源及劳动力的物化产生影响，财富则会更为集中。举例来说，新型运输技术的发展、牲口驮畜驯化技术（例如，Diamond 1997）的进步对社会生产的各方面产生了重大的潜在影响：农业生产力（Halstead 1995; 本书第八章）、政治规模（Turchin 2009）、对战争方式的影响（Anthony and Brown 2011; White 1943: 353）、交易量（Golitko et al. 2012; Santone 1997），以及权力与财富的集中（Frankema 2015）。仅仅是家畜的驯化以及各领域新技术的出现，虽不足以成为社会生产各个领域发生变化的充分必要条件，但会从潜在层面促成这些变化的发生。

制度变化

随着农业生产的出现、人类定居点及社会规模的扩大、更细化的社会分层导致的政治复杂程度的加剧、更精细更昂贵的技术的发展，社会经济不平等程度日益加深，亦在情理之中。正如霍尔顿（2015: 61; 参见 Pringle 2014）所述，任何一种变化都会造成社会网络和社区范围内个人以及家庭生存机会的差异。随着时间推移，既定区域内出现了大量剩余变量（Piketty 2014; Turchin and Nefedov 2009），以及生产模式或政治复杂程度皆相似的特定政体间经历时空变化出现了个体差异，这两点或许难以解释清楚（例如，Feinman and

Neitzel 1984; Milanovic et al. 2011）。

传统观念认为，考古学家倾向于将经济模式或政治形态（例如，国家）中的多样性视作由非常态化因素或文化因素所致（例如，Flannery and Marcus 2012）。诚然，这两类因素与这种多样性的出现相关。然而，文化因素显然无法解释特定的文化区域或政体历经时代变迁，其不平等程度何以发生巨大变化（例如，Blanton et al. 1996; Feinman 2010; Piketty and Saez 2014）。此外，文化传统远非一成不变，尤其是将其放在政治和经济领域进行考量，且历来如此（Carballo 2016）。

基于对工业化之前的人类社会状况（Blanton et al. 1996; Ember et al. 1997; Feinman 1995）和当代社会案例（Acemoglu and Robinson 2000; Phillips 2002; Russett 1964; Turchin 2013）的研究，研究人员注意到，让更广泛的社会群体拥有更多话语权的政体，其财富水平相对较低，社会不平等程度也不高（Feinman 2012）。与此同时，利用集体行动或公共利益规则（Olson 1965，1984）开展的跨学科研究，在关注整个社会以下的分析层面的同时，对低财富水平和低不平等水平同时发生提供潜在基础的关键过程及机制（sensu Hedström and Swedberg 1996: 281; Smith 2011）进行了概述（Acemoglu and Robinson 2012; Blanton 2016; Blanton and Fargher 2008）。换言之，要想解释不平等程度，不仅要考虑社会规模、政治复杂程度、当前的技术水平或生产方式，而且要充分了解社会制度及其财政基础。

因此，在上一代学者看来（例如，Ostrom 1986），社会经济制度研究日益成为社科研究的中心。用道格拉斯·诺斯（1990: 3）

的话来说，所谓制度，是特定社会背景下支配人类社会、经济及政治互动的游戏规则。这些规则构成了不同形式人际合作的基础（Blanton 2016: 40-41），从而为管理模式、信任、公平乃至不平等程度提供了生长的土壤（Kohler et al. 2012; Starmans et al. 2017）。社交关系网不论规模大小，都依制度而行（例如，Wiessner 2002）。尽管不同的研究人员皆指出管理模式、社会不平等的表现及社会阶层分化间存在相似的制度联系（Acemoglu and Robinson 2012; Blanton 2016; Blanton and Fargher 2008; Turchin and Nefedov 2009），但研究工业化之前人类历史的学者很少对社会不平等程度进行定量测量，更未将其置于广泛的社会背景下进行比较。本书的一个主要目标是力求改变这一现状。为给此类评估打好基础，我们重点关注理查德·布兰顿和莱恩·法格尔的研究（Blanton 2016; Blanton and Fargher 2008），因为两位学者对工业化之前社会政治制度的分析与我们的最接近，他们所用的比较样本也是目前最可靠的。

即便此前人类学和考古学的大多数著作将古代国家描绘成专制政体，暴君竭力控制自己的臣民，布兰顿和法格尔（2008）也还是指出，非专制政体——集体制，甚至民主制——在古代并不罕见。两位学者设计了一个数字化量表，一端是专制政体，另一端是集体制政体。量表下列三个子量表，每个子量表都对一系列变量进行了测量。三个子量表测量的分别是公共物品供给、官僚化以及对领导者的控制。专制统治者不为其子民提供公共物品，而专制政体也几乎没有官僚机构。这类政体对其统治者几乎没有约束。集体制政体的情况则恰恰相反——在公共物品上支出巨大，官僚机构规模庞大，权力共享，因此领导者多少要受到一定限制。

布兰顿和法格尔（2008）建立了一个因果模型。在该模型中，管理机构获取支持其各项活动的社会资源及税收方式的变化是决定该政体到底是专制还是集体制的关键因素（另参见 Ross 2004）。行政治理依靠民众制度化税收的国家，为防止民众移往他国，势必提供公共物品，促进生产并优化分配。为征税，确保国家利益，官僚机构有其存在的必要，而一旦治理不善，贵族阶层也好，平民阶层也罢，都有办法把当权者赶下台。相较之下，专制政体则是通过帝国征服、控制资源地以及征税或控制贸易等外部来源获得收入。专制政体的收入不依赖于民众，因此没有为民众提供公共物品的动力。

尽管布兰顿和法格尔（2008）未明确论证财富不平等如何与他们设计的模型方案相吻合，但他们的研究结论却与一个概念是一致的，即侧重集体制政体的社会不平等程度要低于侧重专制政体的社会不平等程度。布兰顿（2016: 261-263）在一项分析中发现，侧重集体制政体的管理方式和公共物品更大范围的分配、公共物品更大范围的分配和预估更高的生活水平之间存在统计学上的正相关。此外，针对现代世界的大量研究表明，侧重专制政体的社会不平等程度要高于侧重民主制政体的社会不平等程度（Acemoglu et al. 2004; Lee 2005; Savoia et al. 2010）。如果在当代社会中，民主制或共和制政体与非民主制政体间的差异与前现代社会形态中集体制政体与专制政体间的差异类似，那么社会不平等应与布兰顿和法格尔设计的量表相关联。

如果社会制度的经济基础对财富及权力的相对集中造成了影响（Blanton 2016; Blanton and Fargher 2008; Levi 1988），那么国家治理及权力的筹资方式便是理解社会不平等程度发生变化的关键（例如，D'Altroy and Earle 1985）。这与政治学领域长期以来关注的问题一致，即资源如此丰沛，为何如今石油输出国都存在社会不平等程度居高不下的困惑——"资源诅咒"现象（Ross 1999, 2015）。当今世界上有些国家（如阿拉伯半岛各国）仅关注像石油这样的"现货资源"，致使权力更为集中，导致社会不平等程度加重（Karl 2004）。如上文所述，对贸易路线的控制、掠夺而来的战利品（只要没有分发），还有对大批牲畜和马群驼队的照料，不需要大批劳动力参与便可完成。此类行为在亚欧大陆及非洲各国的管理机构中比西半球各国更为常见（Frankema 2015）。因此，旧世界各国社会不平等升至更高程度的可能性远比新世界各国大得多，尽管由于预期的财政基础难以保证实现，且达成预期财政基础的必然性亦难以保证，这种可能性并不总是发生。

小结（基于通用模式）

此处借用量子物理学的概念做比喻。纵观整个更新世，原始人类社会和早期人类社会的"基态"必定是小规模、可移动的，且社会不平等程度低。此时的不平等主要局限于体貌差异，除性别和年龄之外，还可能涉及体形、力量、智力和性格等因素。与几十万年前的加速增长相比，早期人类社会人口平均增速放缓，这是由在某种程度上对掠食行为的抑制所致。处于文化积累顶峰的技术进步（Boyd and Richerson 1985：第八章），或许连同社会组织结构的变化一起，提高了出生率，抑制了婴儿死亡率，延长了成年人的寿命（Kaplan et al. 2000）。在以空间凝聚力、群体规模和群体构成方面皆变动较大为特征的人类群落结构，在旧石器时代晚期颇为常见（Aureli et al. 2008）。随着技术的成熟，技能及知识层面产生差异的机会增多。随着群体分分合合的社会复杂性加剧，社会关系的稳定程度及发生联系的个体数量方面产生差异的机会也同样增多。但总的来说，更新世的社会形态符合马努斯·米德拉斯基提出的设想，即不存在物质资源短缺的世界，便没有物质财富上的差异。

之所以出现这种局面，是因为当时人类社会发展的缓慢进程起到了作用；重大事件发生的低概率亦功不可没。在更新世末期，气候更趋于稳定，不少地区的资源更加丰富，可预测性也更强（Mattison et al. 2016）。资源密集地区和资源贫乏地区之间的梯度更加明显，其结果是区域性行为凸显、人口流动性降低、人口密度增加。在私有财产概念提升的同时，野生动植物的驯化也在进化，这使得群体内的共享需求下降（Bowles and Choi 2013）。人口流动性降低使得财富积累增加，保证财富得以有效地进行代际传递，提高了人口增长率，并对资源集中提出了要求——而所有这些直接或间接地促进了物质财富的分化。米德拉斯基所提到的物质相对匮乏的世界亦近在咫尺。随着"代际财富传递的性质由相对无形的资源变为实在的物质财富，加之这种传递为社会不平等程度增加所创造的机会"，后代孕育成功的进化越来越需要父母对子女的高投入和更多的财富传递得以实现（Shennan 2011: 918），而不仅仅是增加后代的数量。

以狩猎-采集为生存方式的世界基本符合马尔萨斯人口论：根据该地区自然系统的总产出量，当地居民在富足与穷困间维持生计。到新石器时代晚期（在习惯稳定生活的狩猎-采集者中，有人开始积极投身能获得额外利润的营生——见 Hoffman et al. 2016; Yu 2015; 本书第四章），马尔萨斯模型中的资源平均分配被打破。部分家庭明显比其他家庭富裕。这二者间的差距取决于家庭现有财富与预期收入间结合的紧密程度，取决于剩余产品的总量，亦取决于父辈积累的资源可传递给子女的效率高低、安全程度多少。我们将会在第十一章中了解到，上述这些反过来又取决于特定社会的具体生产及分配状况。贵族阶层最初是以财富类别来划分（如马克思所言），还是由权力多寡来决定（如韦伯假设），想要界定并非易事，因为财富可以买到权力，而权力经操控也能获取财富。上述证据及理论让我们得出如下结论，一旦贵族阶层将其控制力固定为制度，不同社会便会走上不同的历史发展之路——一条是偏重集体制政体，另一条则是专制政体。在第十一章中，我们会探讨不同的选择会在多大程度上对财富差异产生可预测的结果。若此观点正确无误，未来研究的关键领域则是如何理解选择此道路而非彼道路背后的社会进程、社会背景及促成社会变迁的力量。

房屋和财富不平等

本书各章节关注的是古代财富的不平等。我们将财富定义为任何对家庭有价值的物品。更正式的说法是，财富是"为某人所有或存在于群体之中的值得拥有的（即有价值的）物品的总和，既包括社会资源，又包括物质商品"（Schneider 1974: 256; 参见 Smith 1987 的讨论）。对非国家社会形态而言，将财富分为以下三类很有必要——本体财富、关系财富和物质财富（Borgerhoff Mulder et al. 2009; Bowles et al. 2010）。而在国家角度探讨财富往往只关注物质财富，再将其分为有形财富和金融财富。前者显然与考古学家关联度更高，有形财富被分为持久财富（土地和建筑物）及便携财富（Jones 1980），这种划分方法已被考古学界采用（Smith 1987）。

与其他类型的有形财富相比，在货币经济学中，将房屋视作家庭财富最有力的衡量指标，因为它是家庭所有物中最昂贵的（Clark 2002; Dwyer 2009; Forrest and Murie 1995; Jones 1980; Kamp 1987）。关于资本主义制度诞生前经济体中房屋面积和家庭财富之间的对应关系，已有不少研究。而出现社会阶层分化后，贵族阶层和平民阶层的房屋面积往往差异巨大（Baer 2014; Bodley 2007: 97; Ellis 2000; Olson and Smith 2016）。针对农村乡镇的大多数定量研究发现，房屋面积是农村家庭财富的一项重要衡量指标（Blanton 1994; Castro et al. 1981; Tax 1953: table 82; Yang 1945）。蒂莫西·科勒及其同事（2017：补充表格1）提供了引自历史学家、人类学家以及考古学家的24项例证，以证实不同形态的人类社会中房屋面积和家庭财富间皆存在正相关关系。

根据房屋面积计算基尼系数是有技术优势的。在本书第二章，彼得森和德雷南两位学者探讨了基尼系数中可能存在的问题：许多单位的取值可以相同（他们以"0"为例），但只有一个非零的极小观测值。这将导致极高的基尼系数（有误导性的）。这个实例便是随葬品。相较之下，房屋面积很少取值相同（当然也不可能为0），即使没有明显的财富差异，出于各种原因，例如家庭成员在家庭发展周期中的地位或在礼仪职责关系网中的位置，变化依然存在。这些因素使得基于房屋面积测量得出的高基尼系数不太可能是无法引起学界研究兴趣的单纯技术异常。

然而，房屋面积和家庭财富之间的正相关关系并非普遍现象。例如，蒂姆·厄尔（2017）指出，在欧洲人入主夏威夷之前，当地的最高首领是酋长，那时房屋面积并不是财富的衡量指标（但他也并未提供其他定量数据）。马里恩·卡廷（2006: 239）认为，一般来说，"房屋面积并不是彰显家庭财富的必要条件，而只是家庭规模的准确反映而已"。然而，家庭规模毕竟是本体财富的形式之一，本体财富和关系财富是觅食社会和园艺社会的突出特点（Borgerhoff Mulder et al. 2009）。无论如何，在工业化出现前的世界，房屋面积作为家庭财富的有效指标，长期以来在当时世界各地皆获认可，而房屋面积与家庭财富间的关系也给本书考古案例研究中将其作为财富衡量的依据提供了支撑。

与其他类型的不平等相比，作为了解古代社会的窗口，财富不平等有如下优势。第一，在前文所提及的绝大多数理论方法中，财富不平等都至关重要。第二，与其他类型的不平等相比，衡量古代财富对考古学家而言更容易（Morris 2005; Smith 1987）。我们对古代社会的收入状况几乎一无所知，尽管科勒和丽贝卡·希金斯（2016）二位学者认为，普韦布洛人将家中的储藏区视为该家庭预期玉米产量的衡量标准（收入衡量标准），然而总房屋面积（包括储藏区）却是更有说服力的家庭财富衡量指标。虽说声望可被视为一种财富，但在古代社会，声望的重建难度要远高于物质财富的再积累难度。

尽管如此,我们并不是说在古代社会的种种不平等中,财富不平等是唯一值得研究的。声望的差别、权力的不同也常见于考古文献中,本书有几章的作者便以基尼系数分析丧葬方式,这些分析考量的是逝者的声望,而非财富(或者至少将声望作为一个衡量标准)。该领域需要引入方法论,约翰·罗布及其同事(2001)正致力于此。

生活质量

除了对财富不平等的考量,学界对生活质量或幸福指数等众多问题的兴趣也更加浓厚。关于何为生活质量,较为典型的解释有:"作为通用术语,生活质量体现的要么是人类需求如何得到更好的满足,要么是个体或群体在不同生活领域对满足或不满足的认知程度"(Costanza et al. 2007: 268);"与经济生产和生活水平相比,生活质量的概念要更宽泛。它涵盖了对我们看待生活的态度产生影响的所有因素,超出了物质范畴"(Stiglitz et al. 2010: 61)。

在这一研究领域,最具影响力的是阿玛蒂亚·森(1984,1987)。阿玛蒂亚·森将幸福设想为两个组成部分:一是经济维度(财富、收入或生活水平),一是他称为"能力"的更宽泛的维度。此处的"能力"是指个体达成自身目标的程度、参与社会活动的维度或为参与政治生活而企及的文化水平。为便于国家间对比,人均经济产量用来衡量生活水平,预期寿命和平均教育水平用来衡量能力(Bagolin and Comim 2008)。

考古学家已开始思索衡量生活质量或幸福的方法(Arponen et al. 2016; Hegmon 2016; Smith 2015, 2016)。这项研究尚处于初期阶段,试图对生活质量的非经济成分进行量化的研究寥寥无几。在本书中，拉胡尔·奥卡及其同事（第三章）的研究最接近生活质量的量化，将社会财富和幸福水平等经济和社会指标皆包含在内。在我们看来，这为将来该领域的研究指明了康庄大道。关注财富差异，并不是要忽视相关生活质量考量的重要性。了解本书中提到的长久以来财富不平等与生活质量之间的关系亦是趣事一桩。

运用基尼系数了解远古社会

在当今经济学家和社会学家所使用的对不平等程度进行量化衡量的方法中，最常用的是基尼系数（Cowell 2011; Lindert and Williamson 2016; Milanovic 2011, 2016）。该系数以其提出者、意大利社会学家科拉多·基尼命名（Salvemini1978）。基尼系数计算简便，结果直观。它测量的是单位人口范围内数量的集中程度。在针对当代社会的各类研究中，基尼系数常用来描述收入和财富分配。基尼系数的数值范围从"0"到"1"，"0"代表完全平等，即所有家庭拥有的财富相同；"1"则代表完全集中，即一个家庭拥有几乎全部的收入或财富。基尼系数的一种计算方法是将一个社会单元（通常是家庭）的收入或财富值从低到高进行排列。基尼系数可通过洛伦茨曲线进行直观表述，洛伦茨曲线体现的是以家庭收入等级为基础的收入或财富占比。其中45度角的对角线标志着一种特殊情况，即每个家庭拥有的财富完全相同，此时基尼系数为"0"。横轴最右端表示财富全部集中于最富有的家庭，此时洛伦茨曲线严重偏离45度对角线。若45度对角线下方的面积为0.5的话，则基尼系数就等于45度财富等分线和实际洛伦茨曲线之间面积的两倍。基尼系数的计算方法及分布特征将在第二章中详述。

基尼系数计算方便、表述直观，对古代财富的量化极具可用性，亦是运用历史文献进行不平等研究的标准（例如，Curtis 2013; Lindert and Williamson 2016; Milanovic et al. 2011）。第一个使用基尼系数进行不平等考古学研究的是兰德尔·麦圭尔对霍霍卡姆墓葬的研究（McGuire 1983; McGuire and Schiffer 1982）。十年后，迈克尔·史密斯将该方法运用于对墨西哥阿兹特克村落的研究（Smith 1992, 1994; 另参见 Smith et al. 2014）。自此之后，越来越多的考古学家发表了关于古代社会不平等的研究（见图 1.2），其中多位是本书后续章节的作者。

不平等的定量测量是考古学研究的一个新方向，对本书在研究方法、实证案例和概念厘清方面给予助力。第四、第五和第六章呈现了直至近年才被认定为奉行平等主义的社会形态——美国西南部的狩猎-采集者和园艺种植者组成的群落。如今考古学家承认这些古代社会中存在不平等，而这几章（包括这几章的作者之前的研究）提供了量化不平等程度的关键数据。本书几乎所有章节中都存在这样一个值得注意的现象，即古代社会不平等程度变化明显，不过第六章中对霍霍卡姆文明的研究是个明显的例外。随着时间推移，在一定区域内，不平等程度会发生变化，往往围绕平均值上下波动，而并非遵循长期的持续变化轨迹（见第四章、第九章和第十章）。不平等程度在地区间也有差异。本书中就有这样一个案例，两个地区的不平等变化轨迹相似，但因果动态却截然相反（见第八章）。这种高度可变性提醒学者们不可随意声称特定地域、特定地区、特定类型社会存在所谓的"典型"不平等水平。但这并不意味着我们的数据中没有适用范围更大的模式，具体情形将在本书第十一章中详细探讨。

A 已发表的作品

	住宅情况	家庭手工艺品	随葬品
觅食者			Schulting (1995)
园艺种植者	Porčić (2012) Pailes (2014) Kohler & Higgins (2016)	Hayden & Cannon (1984) Peterson et al. (2016)	McGuire (1983) Mitchell (1992) Windler et al. (2013)
农耕者	Smith (1993) Liendo Stuardo (2002) Smith et al. (2014) Brown et al. (2014) Kron (2011) Ober (2015) Chase (2017)		Castillos (2006)

B 本书中的章节

	住宅情况	家庭手工艺品	随葬品
觅食者	Ch 4, Prentiss et al.	Ch 4, Prentiss et al.	
园艺种植者	Ch 2, Peterson & Drennan Ch 5, Kohler & Ellyson Ch 6, Pailes Ch 7, Betzenhauser Ch 8, Bogaard et al.	Ch 2, Peterson & Drennan Ch 3, Oka et al.	Ch 2, Peterson & Drennan
农耕者	Ch 8, Bogaard et al. Ch 9, Stone Ch 10, Feinman et al.	Ch 3, Oka et al. Ch 10, Feinman et al.	Ch 9, Stone

图 1.2 使用基尼系数进行的不平等考古学研究

注：表 A 为已发表的作品，表 B 为本书中的章节。

本书部分章节中另一个值得注意的发现是，社会不平等与经济和政治制度间的联系并不总像标准社会模型假设的那般紧密。例如，在第六章中，马修·佩尔斯指出，霍霍卡姆地区政治等级的确立和政坛复杂性的增加并没有导致财富不平等的增加。在第十一章，我们提供的数据显示，古墨西哥中部最大的城市之一——庞大的帝国都城特奥蒂瓦坎——其不平等程度为该地区最低之一。而在其他案例中，基尼系数证实了历史文献中长久以来的预期。因此，查科峡谷在其鼎盛期的不平等程度要明显高于墨西哥西南的周遭地区（见第五章），或者巅峰期卡霍基亚的不平等程度为北美地区最高（见第七章），便不足为奇了。而阿兹特克帝国时期，墨西哥中部城镇和城市的不平等程度远远高于乡村，这也再正常不过了（见本书第十一章 Smith et al. 2014）。

本书所有章节在研究方法上都取得了进展，对新的研究方向而言，此举大有裨益。绝大多数研究方法与测量和取样有关。考古学家与今天研究不平等的经济学家不同，他们无法直接从网上获得收入或财富的标准化数据，以供分析。我们必须先进行步骤繁多的田野调查，对数据加以分析、转化，然后才能计算基尼系数，其中每一步都需要考虑采用的方法。本章和第二章虽然都对基尼系数进行了讨论，但每一章都对古代社会不平等提出了新的重要研究步骤。第二章、第六章和第八章介绍了比基尼系数更复杂的策略和方法。有几章（例如第九章和第十章）引入了多种类型数据呈现的基尼系数。尽管这些研究结果使我们对不平等在不同领域的体现有了更深的理解，但尚存待研究之处。比如，要想真正比较基于随葬品价值得出的基尼系数和基于建筑价值数据和手工艺品价值数据计算出的基尼系数，仍有不少难题未解。这个课题需要考古学界从研究方法上给予更多关注。

值得注意的是，本书中的案例并非古代社会的随机取样。之所以选择这些案例，是因为提供案例的学者们有相应的适合运用基尼系数进行计算的数据集，并对探究其中的运算方法颇感兴趣。由于缺乏重要地区——包括南美洲、撒哈拉沙漠以南非洲和东南亚——的相关案例，我们无法说已对世界各个地区都进行了取样。但我们在第十一章中提出的比较模式仍是可取的，希望我们的努力能促使考古学家将我们的研究方法和研究路径应用于更广泛地域的古代社会。

本书目标

此书成书目的是通过人类社会不平等的起源、历史、多样性和成因的跨学科文献分析，针对远古人类社会的财富不平等进行一系列可比较、可量化的经验性研究。具体来说，我们力求与当前可能会对财富不平等产生促进或阻碍的一系列相关因素（例如生产方式、社会规模、政治复杂程度、技术提升和制度变化）进行对话。为达成上述目标，我们首先会探究特定的远古时代以及特定地域（第二章至第十章），然后在第十一章中将注意力转移至更宽泛维度可比较的历史发展趋势。

参考文献

Acemoglu, Daron, and James A. Robinson. 2000. Why Did the West Extend the Franchise? Democracy, Inequality, and Growth in Historical Perspective. *Quarterly Journal of Economics* 115:1167–99.

———. 2012. *Why Nations Fail*. Crown, New York.

Acemoglu, Daron, Thierry Verdier, and James A. Robinson. 2004. Kleptocracy and Divide-and-Rule: A Model of Personal Rule. *Journal of the European Economic Association* 2(2–3):162–92.

Anthony, David W., and Dorcas R. Brown. 2011. The Secondary Products Revolution, Horse-Riding, and Mounted Warfare. *Journal of World Prehistory* 24:131–60.

Arnold, Jeanne E. 1996.The Archaeology of Complex Hunter-Gatherers. *Journal of Archaeological Method and Theory* 3 (1):77–126.

Arponen, V. P. J., Johannes Müller, Robert Hofmann, Martin Furholt, Artur Ribeiro, Christian Horn, and Martin Hinz. 2016. Using the Capability Approach to Conceptualise Inequality in Archaeology: The Case of the Late Neolithic Bosnian Site Okolište c. 5200–4600 BCE. *Journal of Archaeological Method and Theory* 23 (2):541–60.

Aureli, Fiolippo, Colleen M. Schaffner, Christophe Boesch, Simon K. Bearder, Josep Call, Colin A. Chapman, Richard Connor, et al. 2008. Fission-Fusion Dynamics: New Research Frameworks. *Current Anthropology* 49 (4):627–54.

Baer, William C. 2014. Using Housing Quality to Track Change in the Standard of Living and Poverty for Seventeenth-Century London. *Historical Methods: A Journal of Quantitative and Interdisciplinary History* 47 (1):1–18.

Bagolin, Izete Pengo, and Flavio V. Comim. 2008. Human Development Index (HDI) and Its Family of Indexes: An Evolving Critical Review. *Revista de Economia* 34 (2):7–28.

Blanton, Richard E. 1994. *Houses and Households: A Comparative Study*. Plenum,

New York.

———. 2016. *How Humans Cooperate: Confronting the Challenges of Collective Action*. University Press of Colorado, Boulder.

Blanton, Richard E., and Lane F. Fargher. 2008. *Collective Action in the Formation of Pre-modern States*. Springer, New York.

Blanton, Richard E., Gary M. Feinman, Stephen A. Kowalewski, and Peter N. Peregrine. 1996. Dual-Processual Theory for the Evolution of Mesoamerican Civilization. *Current Anthropology* 37:1–14, 65–68.

Bocquet-Appel, Jean-Pierre. 2002. Paleoanthropological Traces of a Neolithic Demographic Transition. *Current Anthropology* 43(4):637–50.

Bodley, John H. 2007. *Anthropology and Contemporary Human Problems*. 5th ed. AltaMira, Lanham, Md.

Borgerhoff Mulder, Monique, Samuel Bowles, Tom Hertz, Adrian Bell, Jan Beise, Greg Clark, Ila Fazzio, et al. 2009. Intergenerational Wealth Transmission and the Dynamics of Inequality in Small-Scale Societies. *Science* 326:682–88.

Bowles, Samuel. 2009. Did Warfare Among Ancestral Hunter-Gatherers Affect the Evolution of Human Social Behaviors? *Science* 324:1293–98.

———. 2012. *The New Economics of Inequality and Redistribution*. Cambridge University Press, New York.

Bowles, Samuel, and Jung-Kyoo Choi. 2013. Coevolution of Farming and Private Property During the Early Holocene. *PNAS* 110 (22):8830–35.

Bowles, Samuel, Eric Alden Smith, and Monique Borgerhoff Mulder. 2010. The Emergence and Persistence of Inequality in Premodern Societies: Introduction to the Special Section. *Current Anthropology* 51(1):7–17.

Boyd, Robert, Herbert Gintis, and Samuel Bowles. 2010. Coordinated Punishment of Defectors Sustains Cooperation and Can Proliferate When Rare. *Science* 328:617–20.

Boyd, Robert, and Peter Richerson. 1985. *Culture and the Evolutionary Process*. University of Chicago Press, Chicago.

Brown, Clifford T., April A. Watson, Ashley Gravlin-Beman, and Larry S. Liebovitch. 2014. Poor Mayapan. In *The Ancient Maya of Mexico: Reinterpreting the Past of the Northern Maya Lowlands*, edited by Geoffrey E. Braswell, pp. 306–24. Routledge, New York.

Carballo, David M. 2016. *Urbanization and Religion in Ancient Central Mexico*. Oxford University Press, New York.

Carballo, David M., Paul Roscoe, and Gary M. Feinman. 2014. Cooperation and Collective Action in the Cultural Evolution of Complex Societies. *Journal of Archaeological Method and Theory* 21:98–133.

Carneiro, Robert L. 1970. A Theory of the Origin of the State. *Science* 169:733–38.

Castillos, Juan José. 2006. Social Stratification in Early Egypt. *Göttinger Miszellen: Beiträge zur ägyptologischen Diskussion* 210:13–18.

Castro, Alfonso Peter, N. Thomas Hakansson, and David Brokensha. 1981. Indicators of Rural Inequality. *World Development* 9(5):401–27.

Chase, Adrian S. Z. 2017. Residential Inequality Among the Ancient Maya: Operationalizing Household Architectural Volume at Caracol, Belize. *Research Reports in Belizean Archaeology* 14:31–39.

Clark, Gregory. 2002. Shelter from the Storm: Housing and the Industrial Revolution, 1550–1909. *Journal of Economic History* 62(2):489–511.

Collins, Randall. 1988. *Theoretical Sociology*. Harcourt, Brace, Jovanovich, New York.

——. 2004. Lenski's Power Theory of Economic Inequality: A Central Neglected Question in Stratification Research. *Sociological Theory* 22(2):219–28.

Costanza, Robert, Brendan Fisher, Saleem Ali, Caroline Beer, Lynne Bond, Roelof Boumans, Nicholas L. Danigelis, et al. 2007. Quality of Life: An Approach Integrating Opportunities, Human Needs, and Subjective Well-Being. *Ecological Economics* 61(2–3):267–76.

Cowell, Frank A. 2011. *Measuring Inequality*. 3rd ed. Oxford University Press, New York.

Crabtree, Stefani A., R. Kyle Bocinsky, Paul L. Hooper, Susan C. Ryan, and Timothy A. Kohler. 2017. How to Make a Polity (in the Central Mesa Verde Region).

American Antiquity 82(1):71–95.

Curtis, Daniel R. 2013. Is There an "Agro-Town" Model for Southern Italy? Exploring the Diverse Roots and Development of the Agro-Town Structure Through a Comparative Case Study in Apulia. *Continuity and Change* 28(3): 377–419.

Cutting, Marion. 2006. More Than One Way to Study a Building: Approaches to Prehistoric Household and Settlement Space. *Oxford Journal of Archaeology* 25:225–46.

D'Altroy, Terrence N., and Timothy K. Earle. 1985. Staple Finance, Wealth Finance, and Storage in the Inka Political Economy. *Current Anthropology* 26:187–206.

Davis, Kingsley, and Wilbert E. Moore. 1945. Some Principles of Stratification. *American Sociological Review* 10(2):242–49.

Diamond, Jared. 1997. *Guns, Germs, and Steel: The Fates of Human Societies.* Norton, New York.

Dubreuil, Benoît. 2010. *Human Evolution and the Origins of Hierarchies: The State of Nature.* Cambridge University Press, New York.

Dunbar, Robin I. M. 1992. Neocortex Size as a Constraint on Group Size in Primates. *Journal of Human Evolution* 22 (6):469–493.

Durkheim, Emile. 2014. *The Division of Labor in Society.* Simon and Schuster, New York. Orig. pub. 1893.

Dwyer, Rachel E. 2009. The McMansionization of America? Income Stratification and the Standard of Living in Housing, 1960–2000. *Research in Social Stratification and Mobility* 27(4):285–300.

Earle, Timothy. 1997. *How Chiefs Come to Power: The Political Economy in Prehistory.* Stanford University Press, Stanford.

———. 2017. Wealth Inequality and the Pristine Hawaiian State: A Political Economy Approach. *Origini* 38:195–210.

Ellis, Simon P. 2000. *Roman Housing.* Duckworth, London.

Ember, Melvin, Carol Ember, and Bruce Russett. 1997. Inequality and Democracy in the Anthropological Record. In *Inequality, Democracy, and Economic*

Development, edited by Manus I. Midlarsky, pp. 110–30. Cambridge University Press, New York.

Feinman, Gary M. 1995. The Emergence of Inequality: A Focus on Strategies and Processes. In *Foundations of Social Inequality*, edited by T. Douglas Price and Gary M. Feinman, pp. 255–79. Plenum Press, New York.

——. 2010. A Dual-Processual Perspective on Power and Inequality in the Contemporary United States: Framing Political Economy for the Present and the Past. In *Pathways to Power*, edited by T. Douglas Price and Gary M. Feinman, pp. 255–88. Springer, New York.

——. 2012. Comparative Frames for the Diachronic Analysis of Complex Societies: Next Steps. In *The Comparative Archaeology of Complex Societies*, edited by Michael E. Smith, pp. 21–43. Cambridge University Press, Cambridge.

——. 2013. The Emergence of Social Complexity: Why More Than Population Size Matters. In *Cooperation and Collective Action: Archaeological Perspectives*, edited by David M. Carballo, pp. 35–56. University Press of Colorado, Boulder.

Feinman, Gary M., and Jill Neitzel. 1984.Too Many Types: An Overview of Sedentary Prestate Societies in the Americas. *Advances in Archaeological Method and Theory* 7:39–102.

Flanagan, James G. 1989. Hierarchy in Simple "Egalitarian" Societies. *Annual Review of Anthropology* 18:245–66.

Flannery, Kent V., and Joyce Marcus. 2012. *The Creation of Inequality: How Our Prehistoric Ancestors Set the Stage for Monarchy, Slavery, and Empire*. Harvard University Press, Cambridge, Mass.

Forrest, Ray, and Alan Murie (editors). 1995. *Housing and Family Wealth: Comparative International Perspectives*. Routledge, New York.

Frankema, Ewout. 2015. The Biogeographic Roots of World Inequality: Animals, Disease, and Human Settlement Patterns in Africa and the Americas Before 1492. *World Development* 70:274–85.

Golitko, Mark, James Meierhoff, Gary M. Feinman, and Patrick Ryan Williams. 2012. Complexities of Collapse: Maya Obsidian as Revealed by Social

Network Analysis. *Antiquity* 86:507–23.

Graeber, David. 2011. *Debt: The First 5,000 Years*. Melville House, New York.

Gremillion, K. J., L. Barton, and D. R. Piperno. 2014. Particularism and the Retreat from Theory in the Archaeology of Agricultural Origins. *PNAS* 111(17): 6171–77.

Gurven, Michael, Monique Borgerhoff Mulder, Paul L. Hooper, Hillard Kaplan, Robert Quinlan, Rebecca Sear, Eric Schniter, et al. 2010. Domestication Alone Does Not Lead to Inequality: Intergenerational Wealth Transmission Among Horticulturalists. *Current Anthropology* 51(1):49–64.

Haas, Ain. 1993. Social Inequality in Aboriginal North America: A Test of Lenski's Theory. *Social Forces* 72(2):295–313.

Halstead, Paul. 1995. Plough and Power: The Economic and Social Significance of Cultivation with the Ox-Drawn Ard in the Mediterranean. *Bulletin on Sumerian Agriculture* 8:11–22.

Hamilton, Marcus J., Bruce T. Milne, Robert S. Walker, Oskar Burger, and James H. Brown. 2007. The Complex Structure of Hunter-Gatherer Social Networks. *Proceedings of the Royal Society of London B: Biological Sciences* 274:2195–2203.

Hayden, Brian, and Aubrey Cannon. 1984. *The Structure of Material Systems: Ethnoarchaeology in the Maya Highlands*. Papers, vol. 3. Society for American Archaeology, Washington, D.C.

Hedström, Peter, and Richard Swedberg. 1996. Social Mechanisms. *Acta Sociologica* 39:281–308.

Hegmon, Michelle (editor). 2016. *Archaeology of the Human Experience*. Archaeological Papers 27. American Anthropological Association, Washington, D.C.

Hoffman, Tanja, Natasha Lyons, Debbie Miller, Alejandra Diaz, Amy Homan, Stephanie Huddlestan, Roma Leon, et al. 2016. Engineered Feature Used to Enhance Gardening at a 3800-Year-Old Site on the Pacific Northwest Coast. *Science Advances* 2:e1601282.

Holton, Robert J. 2015. Global Inequality. In *The Routledge International Handbook of Globalization Studies*, edited by Bryan S. Turner and Robert J. Holton, pp. 60–77. 2nd ed. Routledge, New York.

Johnson, Allen W., and Timothy K. Earle. 2000. *The Evolution of Human Societies: From Foraging Group to Agrarian State*. 2nd ed. Stanford University Press, Stanford.

Johnson, Gregory A. 1978. Information Sources and the Development of Decision-Making Organizations. In *Social Archaeology: Beyond Subsistence and Dating*, edited by Charles L. Redman, pp. 87–112. Academic Press, New York.

Jones, Alice H. 1980. *Wealth of a Nation to Be: The American Colonies on the Eve of the Revolution*. Columbia University Press, New York.

Kamp, Kathryn A. 1987. Affluence and Image: Ethnoarchaeology in a Syrian Village. *Journal of Field Archaeology* 14:283–96.

Kaplan, H. S., K. R. Hill, J. B. Lancaster, and A. M. Hurtado. 2000. A Theory of Human Life History Evolution: Diet, Intelligence, and Longevity. *Evolutionary Anthropology* 9:156–85.

Karl, Terry Lynn. 2004. Oil-Led Development: Social, Political, and Economic Consequences. In *Encyclopedia of Energy*, edited by Cutler Cleveland, 4:661–72. Elsevier, Amsterdam.

Kerbo, Harold R. 2011. *Social Stratification and Inequality: Class Conflict in Historical, Comparative, and Global Perspective*. 8th ed. McGraw-Hill, New York.

Khaldûn, Ibn. 1958. *The Muqaddimah: An Introduction to History*. 3 vols. Translated by Franz Rosenthal. Bollingen Foundation, New York. Orig. pub. 1377.

King, John E. 2016. The Literature on Piketty. *Review of Political Economy* 21(1):1–17.

Kohler, Timothy A., Denton Cockburn, Paul L. Hooper, R. Kyle Bocinsky, and Ziad Kobti. 2012. The Coevolution of Group Size and Leadership: An Agent-Based Public Goods Model for Prehispanic Pueblo Societies. *Advances in Complex Systems* 15(1–2):1150007. doi:10.1142/S0219525911003256.

Kohler, Timothy A., and Rebecca Higgins. 2016. Quantifying Household Inequality in Early Pueblo Villages. *Current Anthropology* 57(5):690–97.

Kohler, Timothy A., and Kelsey M. Reese. 2014. Long and Spatially Variable Neolithic Demographic Transition in the North American Southwest. *PNAS* 111

(28):10101–6.

Kohler, Timothy A., Michael E. Smith, Amy Bogaard, Gary M. Feinman, Christian E. Peterson, Alleen Betzenhauser, Matthew Pailes, et al. 2017. Greater Post-Neolithic Wealth Disparities in Eurasia than in North and Mesoamerica. *Nature* 551:619–22. doi:10.1038/nature24646.

Kohler, Timothy A., and Mark D. Varien (editors). 2012. *Emergence and Collapse of Early Villages: Models of Central Mesa Verde Archaeology*. University of California Press, Berkeley.

Kron, Geoffrey. 2011. The Distribution of Wealth at Athens in Comparative Perspective. *Zeitschrift für Papyrologie und Epigraphik* 179:129–38.

Krugman, Paul. 2014. Why We're in a New Gilded Age. *New York Review of Books*, May 8, 2014. www.nybooks.com/articles/2014/05/08/thomas-piketty-new-gilded-age/.

Laslett, Barbara. 2000. The Poverty of (Monocausal) Theory: A Comment on Charles Tilly's Durable Inequality. *Comparative Studies in Society and History* 42(2):475–81.

Lee, Cheol-Sung. 2005. Income Inequality, Democracy, and Public Sector Size. *American Sociological Review* 70(1):158–81.

Lenski, Gerhard E. 1966. *Power and Privilege: A Theory of Social Stratification*. McGraw-Hill, New York.

Leon-Portilla, Miguel. 1962. *The Broken Spears: The Aztec Account of the Conquest of Mexico*. Beacon Press, Boston.

Levi, Margaret. 1988. *Of Rule and Revenue*. University of California Press, Berkeley.

Liendo Stuardo, Rodrigo. 2002. *La organización de la producción agrícola en un centro Maya del clásico: Patrón de asentamiento en la región de Palenque / The Organization of Agricultural Production at a Classic Maya Center: Settlement Patterns in the Palenque Region, Chiapas, Mexico*. Instituto Nacional de Antropología e Historia, Mexico City; University of Pittsburgh, Pittsburgh.

Lindert, Peter H., and Jeffrey G. Williamson. 2016. *Unequal Gains: American Growth and Inequality Since 1700*. Princeton University Press, Princeton.

Marx, Karl, and Frederick Engels. 1969. *Manifesto of the Communist Party*. In *Marx/Engels Selected Works*, vol.1, pp. 98–137. Progress Publishers, Moscow. Orig. pub. 1848.

Mattison, Siobhan M., Eric A. Smith, Mary K. Shenk, and Ethan Cochrane. 2016. The Evolution of Inequality. *Evolutionary Anthropology* 25:184–99.

McGuire, Randall H. 1983. Breaking Down Cultural Complexity: Inequality and Heterogeneity. *Advances in Archaeological Method and Theory* 6:91–142.

McGuire, Randall, and Michael B. Schiffer. 1982. *Hohokam and Patayan: Prehistory of Southwestern Arizona*. Academic Press, New York.

McNeill, William H. 1963. *The Rise of the West: A History of the Human Community*. University of Chicago Press, Chicago.

Midlarsky, Manus I. 1999. *The Evolution of Inequality: War, State Survival, and Democracy in Comparative Perspective*. Stanford University Press, Stanford.

Milanovic, Branko. 2011. *The Haves and the Have-Nots: A Brief and Idiosyncratic History of Global Inequality*. Basic Books, New York.

——. 2016. *Global Inequality: A New Approach for the Age of Globalization*. Belknap Press, Cambridge, Mass.

Milanovic, Branko, Peter H. Lindert, and Jeffrey G. Williamson. 2011. Pre-industrial Inequality. *Economic Journal* 121:255–72.

Mitchell, Douglas R. 1992. The Pueblo Grande Artifact Analysis: A Search for Wealth, Ranking, and Prestige. In *The Pueblo Grande Project: An Analysis of Classic Period Hohokam Mortuary Practices at Pueblo Grande*, edited by Douglas R. Mitchell, pp. 129–80. Soil Systems Publications, Phoenix.

Morris, Ian. 2005. Archaeology, Standards of Living, and Greek Economic History. In *The Ancient Economy: Evidence and Models*, edited by J. G. Manning and Ian Morris, pp. 91–126. Stanford University Press, Stanford.

Mosse, David. 2010. A Relational Approach to Durable Poverty, Inequality and Power. *Journal of Development Studies* 46(7):1156–78.

North, Douglass C. 1990. *Institutions, Institutional Change, and Economic Performance*. Cambridge University Press, Cambridge.

Ober, Josiah. 2015. *The Rise and Fall of Classical Greece*. Princeton University Press, Princeton.

O'Connell, Michael. 2010. *Affluence Versus Equality? A Critique of Wilkinson and Pickett's Book "The Spirit Level."* Working Papers. Psychology Research Collection, University College Dublin, Dublin.

Olson, Jan Marie, and Michael E. Smith. 2016. Material Expressions of Wealth and Social Class at Aztec-Period Sites in Morelos, Mexico. *Ancient Mesoamerica* 27(1):133–47.

Olson, Mancur. 1965. *The Logic of Collective Action: Public Goods and the Theory of Groups*. Harvard University Press, Cambridge, Mass.

——. 1984. *The Rise and Decline of Nations: Economic Growth, Stagflation, and Social Rigidities*. Yale University Press, New Haven, Conn.

Ostrom, Elinor. 1986. An Agenda for the Study of Institutions. *Public Choice* 48:3–25.

Pailes, Matthew C. 2014. Social Network Analysis of Early Classic Hohokam Corporate Group Inequality. *American Antiquity* 79(3):465–86.

Peterson, Christian E., Robert D. Drennan, and Kate L. Bartel. 2016. Comparative Analysis of Neolithic Household Artifact Assemblage Data from Northern China. *Journal of Anthropological Research* 72(2):200–225.

Petit, Jean-Robert, Jean Jouzel, Dominique Raynaud, Narcisse I. Barkov, J.-M. Barnola, Isabelle Basile, Michael Bender, J. Chappellaz, M. Davis, and G. Delaygue. 1999. Climate and Atmospheric History of the Past 420,000 Years from the Vostok Ice Core, Antarctica. *Nature* 399:429–36.

Phillips, Kevin. 2002. *Wealth and Democracy*. Broadway Books, New York.

Piketty, Thomas. 2014. *Capital in the Twenty-First Century*. Belknap Press, Cambridge, Mass.

Piketty, Thomas, and Emmanuel Saez. 2014. Inequality in the Long Run. *Science* 344:838–43.

Porčić, Marko. 2012. Social Complexity and Inequality in the Late Neolithic of the Central Balkans: Reviewing the Evidence. *Documenta Preahistorica* 39:167–83.

Price, T. Douglas, and Gary M. Feinman (editors). 1995. *Foundations of Social Inequality*. Plenum, New York.

Pringle, Heather. 2014. The Ancient Roots of the 1%. *Science* 344:822–25.

Reeves, Aaron. 2017. The Architecture of Inequality. *Nature* 543:312–13.

Robb, John, Renzo Bigazzi, Luca Lazzarini, Caterina Scarsini, and Fiorenza Sonego. 2001. Social "Status" and Biological "Status": A Comparison of Grave Goods and Skeletal Indicators from Pontecagnano. *American Journal of Physical Anthropology* 115 (3):213–22.

Rosenberg, Michael. 1998. Cheating at Musical Chairs: Territoriality and Sedentism in an Evolutionary Context. *Current Anthropology* 39:653–81.

Ross, Michael L. 1999. The Political Economy of the Resource Curse. *World Politics* 51:297–322.

——. 2004. Does Taxation Lead to Representation? *British Journal of Political Science* 34:229–49.

——. 2015. What Have We Learned About the Resource Curse? *Annual Review of Political Science* 18:239–59.

Russett, Bruce M. 1964. Inequality and Instability: The Relation of Land Tenure to Politics. *World Politics* 16:442–54.

Salvemini, Tommaso. 1978. Corrado Gini. In *International Encyclopedia of Statistics*, edited by William H. Kruskal and Judith M. Tanur, 1:394–98. Free Press, New York.

Santone, Lenore. 1997. Transport Costs, Consumer Demand, and Patterns of Intraregional Exchange: A Perspective on Commodity Production and Distribution from Northern Belize. *Latin American Antiquity* 8:71–88.

Savoia, Antonio, Joshy Easaw, and Andrew McKay. 2010. Inequality, Democracy, and Institutions: A Critical Review of Recent Research. *World Development* 38 (2):142–54.

Scheidel, Walter. 2017. *The Great Leveler: Violence and the History of Inequality from the Stone Age to the Twenty-First Century*. Princeton University Press, Princeton.

Schneider, Harold K. 1974. *Economic Man*. Free Press, New York.

Schulting, Rick J. 1995. *Mortuary Variability and Status Differentiation on the Columbia-Fraser Plateau*. Archaeology Press, Burnaby, B.C.

Sen, Amartya K. 1984. The Living Standard. *Oxford Economic Papers* 36 (supplement):74–90.

———. 1987. The Standard of Living II: Lives and Capabilities. In *The Standard of Living*, edited by Geoffrey Hawthorn, pp. 20–38. Cambridge University Press, New York.

Service, Elman R. 1966. *Primitive Social Organization*. Random House, New York.

Shennan, Stephen. 2011. Property and Wealth Inequality as Cultural Niche Construction. *Philosophical Transactions of the Royal Society of London, Series B, Biological Sciences* 366:918–926. doi:10.1098/rstb.2010.0309.

Smith, Eric Alden, Monique Borgerhoff Mulder, Samuel Bowles, Michael Gurven, Tom Hertz, and Mary K. Shenk. 2010. Production Systems, Inheritance, and Inequality in Premodern Societies: Conclusions. *Current Anthropology* 51:85–94.

Smith, M. G. 1966. Pre-industrial Stratification Systems. In *Social Structure and Mobility in Economic Development*, edited by Neil J. Smelser and Seymour M. Lipset, pp. 141–76. Aldine, Chicago.

Smith, Michael E. 1987. Household Possessions and Wealth in Agrarian States: Implications for Archaeology. *Journal of Anthropological Archaeology* 6:297–335.

———. 1992. *Archaeological Research at Aztec-Period Rural Sites in Morelos, Mexico*, vol. 1, *Excavations and Architecture / Investigaciones arqueológicas en sitios rurales de la época Azteca en Morelos*, tomo 1, *Excavaciones y arquitec- tura*. Memoirs in Latin American Archaeology 4. University of Pittsburgh, Pittsburgh.

———. 1994. Social Complexity in the Aztec Countryside. In *Archaeological Views from the Countryside: Village Communities in Early Complex Societies*, edited by Glenn Schwartz and Steven Falconer, pp. 143–59. Smithsonian Institution Press, Washington, D.C.

———. 2011. Empirical Urban Theory for Archaeologists. *Journal of Archaeological Method and Theory* 18:167–92.

———. 2012. *The Aztecs*. 3rd ed. Blackwell Publishers, Oxford, U.K.

———. 2015. Quality of Life and Prosperity in Ancient Households and Communities. In *The Oxford Handbook of Historical Ecology and Applied Archaeology* (online publication), edited by Christian Isendahl and Daryl Stump. Oxford University Press, New York.

———. 2016. *At Home with the Aztecs: An Archaeologist Uncovers Their Domestic Life*. Routledge, New York.

Smith, Michael E., Timothy Dennehy, April Kamp-Whittaker, Emily Colon, and Rebecca Harkness. 2014. Quantitative Measures of Wealth Inequality in Ancient Central Mexican Communities. *Advances in Archaeological Practice* 2(4):311–23.

Starmans, Christina, Mark Sheskin, and Paul Bloom. 2017. Perspective: Why People Prefer Unequal Societies. *Nature Human Behaviour* (online) 1, Article #0082.

Ste. Croix, G. E. M. de. 1981. *The Class Struggle in the Ancient Greek World*. Duckworth, London.

Stiglitz, Joseph E. 2012. *The Price of Inequality: How Today's Divided Society Endangers Our Future*. Norton, New York.

Stiglitz, Joseph E., Amartya Sen, and Jean-Paul Fitoussi. 2010. *Mismeasuring Our Lives: Why GDP Doesn't Add Up*. New Press, New York.

Sussman, Robert W., and Roberta L. Hall. 1972. Addendum: Child Transport, Family Size, and Increase in Human Population During the Neolithic. *Current Anthropology* 13(2):258–67.

Tax, Sol. 1953. *Penny Capitalism: A Guatemalan Indian Economy*. Publication 16. Smithsonian Institution, Institute of Social Anthropology, Washington, D.C.

Therborn, Göran. 2006. Meaning, Mechanisms, Patterns, and Forces: An Introduction. In *Inequalities of the World: New Theoretical Frameworks, Multiple Empirical Approaches*, edited by Göran Therborn, pp. 1–58. Verso, New York.

Thomas, Reuben J., and Noah P. Mark. 2013. Population Size, Network Density, and the Emergence of Inherited Inequality. *Social Forces* 92(2):521–44.

Tilly, Charles. 1998. *Durable Inequality*. University of California Press, Berkeley.

———. 2001. Relational Origins of Inequality. *Anthropological Theory* 1 (3): 355–72.

———. 2005. Historical Perspectives on Inequality. In *The Blackwell Companion to Social Inequalities*, edited by Mary Romero and Eric Margolis, pp. 15–30. Wiley-Blackwell, Malden, Mass.

Tomaskovic-Devey, Donald, Dustin Avent-Holt, Catherine Zimmer, and Sandra Harding. 2009. The Categorical Generation of Organizational Inequality: A Comparative Test of Tilly's Durable Inequality. *Research in Social Stratification and Mobility* 27:128–42.

Trigger, Bruce G. 2003. *Understanding Early Civilizations: A Comparative Study*. Cambridge University Press, New York.

———. 2006. *A History of Archaeological Thought*. 2nd ed. Cambridge University Press, New York.

Turchin, Peter. 2009. A Theory for Formation of Large Empires. *Journal of Global History* 4:191–217.

———. 2013. Return of the Oppressed. *Aeon*, February 7. https://aeon.co/essays/history-tells-us-where-the-wealth-gap-leads.

Turchin, Peter, Thomas E. Currie, Edward A. L. Turner, and Sergey Gavrilets. 2013. War, Space, and the Evolution of Old World Complex Societies. *PNAS* 110:16384–89.

Turchin, Peter, and Sergey A. Nefedov. 2009. *Secular Cycles*. Princeton University Press, Princeton.

Turner, Jonathan H. 1984. *Societal Stratification: A Theoretical Analysis*. Columbia University Press, New York.

Vallas, Steven, and Emily Cummins. 2014. Relational Models of Organizational Inequalities: Emerging Approaches and Conceptual Dilemmas. *American Behavioral Scientist* 58(2):228–55.

Voss, Kim. 2010. Enduring Legacy? Charles Tilly and Durable Inequality. *American Sociologist* 41:368–74.

White, Leslie A. 1943. Energy and the Evolution of Culture. *American Anthro-*

pologist 45:335–56.

Wiessner, Polly. 2002. The Vines of Complexity: Egalitarian Structure and the Institutionalization of Inequality Among the Enga. *Current Anthropology* 43:233–52.

Wilkinson, Richard G., and Kate Pickett. 2009. *The Spirit Level: Why Greater Equality Makes Societies Stronger*. Bloomsbury Press, New York.

Williamson, Jeffrey G. 2010. Five Centuries of Latin American Income Inequality. *Revista de Historia Económica* 28 (special issue 2):227–52.

Windler, Arne, Rainer Thiele, and Johannes Müller. 2013. Increasing Inequality in Chalcolithic Southeast Europe: The Case of Durankulak. *Journal of Archaeological Science* 40(1):204–10.

Wittfogel, Karl A. 1957. *Oriental Despotism: A Comparative Study of Total Power*. Yale University Press, New Haven, Conn.

Wright, Erik Olin. 2000. Metatheoretical Foundations of Charles Tilly's Durable Inequality. *Comparative Studies in Society and History* 42(2):458–74.

Yang, Martin C. 1945. *A Chinese Village: Taitou, Shantung Province*. Columbia University Press, New York.

Yu, Pei-Lin. 2015. *Rivers, Fish, and the People*. University of Utah Press, Salt Lake City.

Zeder, M. A. 2012. The Broad Spectrum Revolution at 40: Resource Diversity, Intensification, and an Alternative to Optimal Foraging Explanations. *Journal of Anthropological Archaeology* 31(3):241–64.

第二章

让基尼系数不再做"瓶中妖"

从考古学角度测量不平等

克里斯蒂安·E. 彼得森、罗伯特·D. 德雷南

基尼系数提供了文献中我们想要比较的不平等程度的数量指数,对考古学的比较分析有很大的帮助,经济学家也常用其衡量特定人口区域个体或家庭之间的经济不平等状况。要想在各类考古实地勘测材料上更好地运用基尼系数进行分析,须牢记社会不平等不仅在程度上存在差异,在类别上亦有不同(Drennan et al. 2010)。从本质上说,基尼系数并非财富不平等的衡量标准,而是基于一定人口范围内的分配不平等程度的测量,且基尼系数正是在对特定人口观察的基础上计算得出的。确切地说,其他几个为学界所熟知(或更为小众)的测量方法也可得到同样的结果,例如阿特金森的不平等测量方法、科尔姆的不平等测量方法、所谓的罗宾汉系数,以及泰尔指数(见第六章)。像辛普森指数或香农熵这些测量不平等多样性的工具可对分配不均等状况进行量化。

当这些测量工具所观察的对象是家庭年收入或净资产时，它们所测量的必是家庭财富不平等状况。然而，这些系数所计算的是既定人口范围内死亡年龄的分布状况。换句话说，它们测量的完全是另一种不平等——健康及寿命的不平等。健康不平等可能是财富不平等的结果，但二者绝对不是一回事。这是两种完全不同的不平等，要想考量二者间的关系，唯有先认识到二者的不同，并分别进行测量。一个基尼系数用来测量死亡年龄分布的不均等，另一个则用来测量年收入分配的不均等，这不失为切实可行的好办法。如果对不同形态的人类社会都运用这个方法进行计算分析，那么就可以调查出这两种不平等的关联程度如何（这与探究富人是否更长寿不是一回事）。如果这两个基尼系数在各个社会中确实显示为强相关，那么人们可能会认为，健康不平等是由财富不平等所致的（当然，也可以得出财富不平等是由健康不平等所致的，或这两类不平等皆是由其他因素所致的）。

如果基尼系数是根据与社会地位有关的观察结果计算得出的，那么便不能称之为对财富不平等或健康不平等的测量，而是对声望差异的衡量——这又是另一种不平等了。此外，还可以对不同家庭的各类生产工具进行基尼系数分析。由此得出的结果可测量生产力差异化程度，而用"不平等"一词描述此类差异显然不准确。尽管运用基尼系数对非经济类数据进行计算已获得经济学家的普遍认可，但考古学家往往只把它当作经济学数据看待，即使这些用来进行基尼系数计算的数据并不是经济类的。借用经济学中的基尼系数计算方法以及"不平等"一词和经济学研究的紧密联系，在考古学界是获得普遍认可的。然而，这样一来，基尼系数在考古学界运用的广度和有效性就受到了限制。将所有可用基尼系数进行测量的对象都视为财富，此观点显然有误，而将基于财富、声望、健康和生产力差异化的观察结果混在一起，计算出一个总体不平等的通用指数，这种想法也令人不解。之所以这样说，一是因为这样一个总体指数一定会被当作财富不平等指数，二是因为对这些不同类型的差异间可能存在的关系的调查也无法进行。

在本章中，我们考量了将基尼系数分析应用于考古数据的各种方法，而且举出具体实例，以说明如何将这些测量方法应用于各类不平等的研究中。如果不涉及财富的讨论，我们更愿意使用"差异化"，而非"不平等"（Drennan and Peterson 2012: 76-79）。

真相揭秘

基尼系数（数值）的范围从"0"到"1"，"0"代表既定人口范围内任何测量对象的完全平均分配，而"1"则代表此范围内整体的全部价值集中于一个单位。基尼系数本身是由洛伦茨曲线推导而来的，该曲线描述的是既定人口范围内所调查对象的占比情况。从左下角至右上角的45度对角线代表的是完美的平均分配，而洛伦茨曲线会偏离这条对角线，45度对角线至洛伦茨曲线处的面积除以对角线以下的总面积等于基尼系数。基尼系数应与洛伦茨曲线的走势相结合，在洛伦茨曲线的基础上进行适当的解读与比较，因为洛伦茨曲线呈现的是分析单位由低到高的排列位置，而并不体现其不平等程度如何，才可能将这些曲线分析与考古学证据结合起来，以体现不同类型的差异。

针对给定样本，使用"电子表格方法"（Siegel and Swanson 2004:

116-117）或各类统计软件包中的相关功能（例如，Signorell 2016），便可相对容易地生成基尼系数和洛伦茨曲线。统计软件包中的这类功能都设有"偏差修正"选项，如果要将计算结果和电子表格方法计算的结果进行比对，则必须禁选此项。有些功能还允许用户在既定统计置信度水平的引导误差范围内计算基尼系数（将在下文中进一步讨论）。这里需要注意的是样本规模，相对于小规模样本，大规模样本所计算出的基尼系数置信度更高，因为小规模样本的数值往往偏低（Deltas 2003）。样本的规模应该引起注意。一个样本很可能是对既定人口范围内所有测量单位的情况估算，而这与基尼系数的解读相关，尤其是当小规模样本被认为能够体现目标人口的绝大多数情况时。除此之外，必须警惕抽样偏倚的出现。例如，若所选取的样本是极具纪念意义的墓葬或大家族的坟茔，是不可能得出有效的基尼系数的。最后，我们应该明确一个事实，即分布状况不同但基尼系数可能相同，而分布数据在转换为单个数值时会丢失（见图2.1）。

考古学领域测量不平等遇到的挑战

一开始，考古学家根据随葬品计算出基尼系数，以衡量财富不平等状况（例如，McGuire 1983; Schulting 1995; Windler et al. 2013），后来逐渐尝试通过其他观测数据——房屋面积、耕地面积、家畜数量和家庭财产（例如，Giraldo Tenorio 2013; Kohler and Higgins 2016; Peterson, Drennan, and Bartel 2016; Smith et al. 2014）——来表明财富状况。本书的资料数据提供者使用了其他各种方法。使用这些（或其

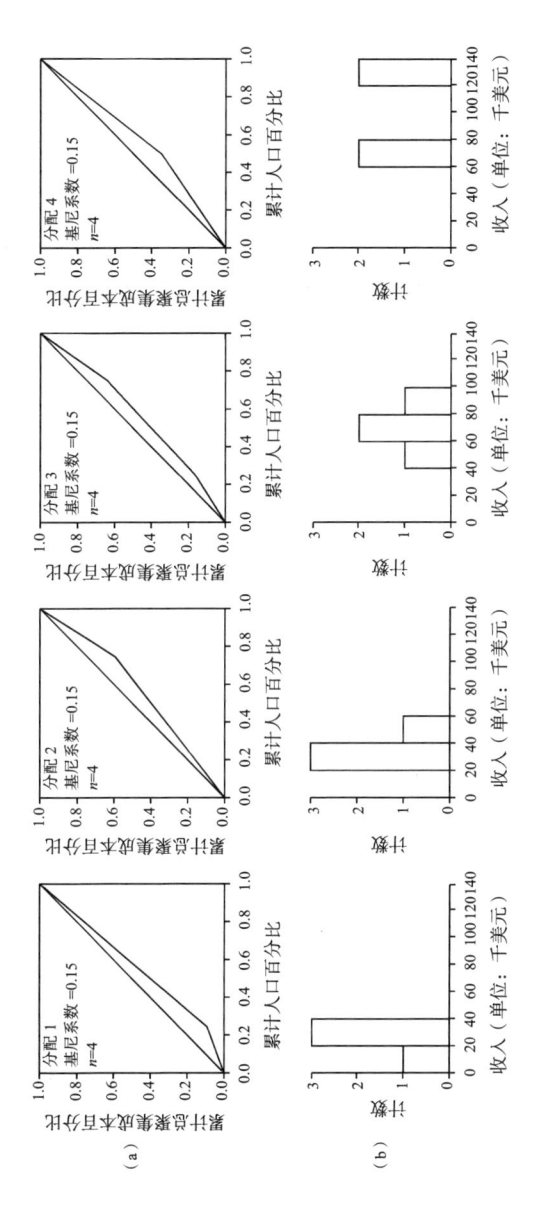

图 2.1 （a）洛伦茨曲线；（b）四种基尼系数相同的不同类型家庭收入分配直方图

第二章 让基尼系数不再做"瓶中妖"

他）考古数据来表明不平等状况，几个颇具挑战性的问题亦会随之而来。这些问题在某些类型的观察中更容易回答，但不同地区、不同时代或不同社会背景所给出的答案各不相同。即使找到答案不难，这些问题也仍值得格外留意。

一个基本问题是，为体现不平等，我们所关注的究竟是针对哪类观察对象所得的结果？是个体、家庭、家族，还是更大的社会实体？我们的理论诉求或比较目标是否意味着需要对其中的某个维度格外关注？怎样才能建立起令人信服的可量化的考古遗迹和上述社会实体间的联系？打个比方，如果定居模式为关系密切的当地人所组成的居住群落，那么以家庭为单位的田地（或者至少是农产品）所有权就很难确立；要想确立所有权，以家庭为单位的群体生活在自己耕种的土地上，这样的分散式农庄定居模式必是一个先决条件。而家庭手工艺品或生态组合因素也提出了同样的问题，尽管不必将家庭垃圾样本与特定的居住结构相联系。与居住空间分隔规模相匹配的跨地区的手工艺品组合的可变性是家庭组合模式可变性的绝佳代表（见下文）。随葬品看似是与不平等有关的实地观察和个体间最为牢固的联系（多人合葬除外），但要想明确承担葬礼花费的是何人却并非易事。死者自然不会操持自己的葬礼，但在有些社会中，葬礼正是死者提前买的单。费用究竟由谁承担，是逝者的遗属、能从葬礼赞助中获益的其他友朋或与逝者毫无关联的旁人，还是更大的社会实体？

前文提及的另一个问题，是计算基尼系数所依据的观察结果体现的那种不平等，或者更泛化地讲，是那种差异化。财富和声望之间的差异在原则上非常清晰，但实际上，要将考古观察结果指定为二者的区分指标,却无法办到。对丧葬处理、房屋建筑或家庭用度方面劳动力成本的关注的确与经济学存在联系,但二者亦有区别。比如,房屋的奢华是在旁人看来更炫目,还是对屋主而言更宜居。家庭成员的数量对房屋面积的影响会大于对家庭财富的影响。如果考虑到家庭手工艺品,这个问题也许就复杂了,因为家庭手工艺品必定会有生产成本,而生产成本和财富及其在社会上的使用相关,这些用途又大多与使用者的声望甚至仪式有关;此外,不少家庭手工艺品还是体现潜在生产力差异的工具。认识到各种不同类型(以及不同程度)的不平等的重要性,既使运用多项证据的研究工作变得复杂,又使其更加丰富。如果在某个特定的社会,耕地面积的基尼系数高,家庭手工艺品产出的基尼系数低,那么我们要测量的应该是不同类型的不平等,且它们彼此间并无关联。否则,我们很可能会从这两组证据中得出互相矛盾的结果。此时我们需要有更好的方法来决定应该是哪一个,而不是通过抛硬币来决断(比起抛硬币,更糟糕的做法是选择适合当前理论潮流的那个)。

  观察丧葬处理和房屋建筑将我们置于被欺骗的风险中,因为这二者都是古人向当时的他人表达自我的媒介——这种表达要么过于浮夸,要么过于自贬。而传达这些信息的元素为考古学家观察所得,这为我们的解读增加了难度。观察耕地面积恰好可以规避这一漏洞,从这个角度来看,家庭手工艺品的观察结果似乎比随葬品或房屋更好解释。

  考古学家在计算基尼系数时依据的各类信息对我们观察的完整性提出了质疑,或者更确切地说,是对我们在追求更多观测结果时如何判定何时是收益递减的临界点提出了质疑。耕地面积显然是其生产力的核心。但是土壤的深度、养分有效性、坡度大小、蓄水能力，以及对不同作物的适应性又如何？房屋面积和平面图往往能在考古发掘现场直接观察到，但房屋构造及其精心设计就没么容易观察到了。这个问题实则与保存措施和埋葬学相关。丧葬用度中的大部分花销（变数大且具体数值往往不可知）为丧葬仪式本身，还有仪式中使用的易耗品。家庭手工艺品组合中也有不少易耗品，但易耗品往往比石器和陶器更容易加工，从而降低了易耗品在家庭手工艺品劳动力投入成本中的比重。

基尼系数的设计显然排除了不同社会财富水平[即不同GDP（国内生产总值）水平]的影响，而只关注财富在人口中如何分配。这对现代民族国家乃至距离我们较近的当代国家来说意义非凡。当基尼系数以人类学和考古学这一更广阔的领域为背景时，其数值是否仍具意义，尚不明确。此处我们举一个有说服力的例子，基于随葬品计算出的基尼系数有助于对家庭间的财富状况进行更有效的区分，有些墓葬中没有任何随葬品，有些墓葬随葬品简单，而还有些墓葬随葬品丰富。然而，基于上述三类随葬品算出的基尼系数竟然不及墓葬中空无一物得出的数值高，只有一种情形例外，即随葬品为一只残破的盛罐。就此认为只有这一件随葬品的墓葬体现出的财富不平等甚于其他，此观点毫无意义，但这正是基尼系数想要告诉我们的。（下面我们将用具体案例解释个中缘由。）在基尼系数的解读上存在的困难会以多种形式出现。如果每个家庭拥有的田地数量远超满足食物供给所需的数量，不同面积的耕地分配会导致基尼系数过高，这难道不是值得玩味的现象吗？

我们在此强调，我们不会只是为了把实证主义考古学家拉下讲坛才引用基尼系数，将其作为启示性的故事去讲。基尼系数会是极为有用的考古学研究工具，对此我们充满信心。但正如考古学界的所有值得研究之处一般，得找到适当的方法促成此事，因此我们希望以本书作为开始——但有一点要在此澄清，我们绝对不会在本章中装作已解决了这些问题中的哪怕一小部分。我们准备做的是，在现有的部分真实数据（以及一些编造的数据）上尝试用基尼系数进行计算，看看到底会出现什么问题，以此寻求解决方案。

运用家庭手工艺品组合数据

我们格外关注基于家庭手工艺品的基尼系数计算，是以此作为其他考古观察结果的补充。从考古学角度来看，家庭手工艺品组合是古代先民遗留的可回收废弃物。这些家庭手工艺品本应与房屋建筑一同回收，但因留有他用，可单列出来。从室内地板和墓葬坑存留物中收集到的手工艺品样本必定是考古分析的重点。但取自室内地板和墓葬坑存留物中的样本更多地反映的是此类物品被废弃前后的过程，而它们在屋主生前的日常活动、社会角色和经济状况中体现的作用却无从得知（例如，LaMotta and Schiffer 1999）。然而，如果这些样本相隔较远，能够确定它们为不同先民家庭所有（Bayman 1996; Drennan et al. 2010; Hayden and Cannon 1983; Peterson, Drennan, and Bartel 2016），那么只研究考古发掘遗址便已足够（且这样研究会更便利）。无须连续挖掘多处考古遗址，便可实地获得大量家庭手工艺品样本。对经系统挖掘测试、试验发掘以及机械螺旋钻探搜集到的遗留物进行分布分析，便可得知该家庭当时的居住地情况，还可为比较分析提供大量家庭手工艺品样本（Bayman 1996; Burks 2004; Drennan 1976; González Fernández 2007a; Hayden and Cannon 1983; McCormack 2002）。若保存状况良好，家庭不仅可以被当成各类手工艺品的一个个集中地，而且是考古遗址中出土的留有岁月侵蚀痕迹的遗留物集散地（Arnold and Santley 1993; Bayman and Sanchez 1998; Hawkins 1998; Killion et al. 1989; Peterson 2006）。很容易便能集齐这些地面上的手工艺品组合（Peterson, Lu, et al. 2016: 2-7）。

我们认为，与其他类型的考古证据相比，基于考古发掘遗址中家庭财产不均等分配（尽管这些财产最终仍会被回收）计算得出的基尼系数能更有效地解释前文中的问题。如果我们以家庭财产的劳动力投入估算为基础进行基尼系数计算，那么至少可以初步认定的是，财富不平等正以这种方式被衡量，因此，一个社会的家庭财富分配状况通过手工艺品得到了合理精准的呈现。

然而，使用家庭手工艺品数据来计算基尼系数会带来一个问题，即此数据所反映的家庭财富整体比例可能会低于其他数据反映的比例。即便如此，对某一地区贫富在家庭间分配的不平等状况进行调查仍具有意义，因为存在贫富差距悬殊的地区，比如说在房屋建筑方面体现出了不平等，那就不可能不在便携财产的投入方面展现出巨大的差距。此类差异一经发现，我们就想知道该地区的房屋建筑情况代表的是哪类不平等，或者它能否呈现居住者真实的生活状况。按照这样的思路深究下去——无论结果如何——就会加深对古代社会的了解。这种基于家庭手工艺品组合计算基尼系数的方法在研究不平等方面可作为其他考古证据的补充。

正如人们经常观察到的，一个家庭或家庭成员经历了家庭初建、养育子女、以及与子女分离等发展周期（Goody 1971）。考古学家所担心的是这一周期会对家庭财产分析结果产生影响。而这个问题是考古学解释不清的；已有学者认为，至少在部分结构复杂的社会中，家庭发展周期对经济不平等的影响要远超阶层结构［例如，Chayanov（1925）1966; Greenhalgh 1985］。研究社会复杂性及其发展的考古学家所感兴趣的通常是家庭间社会结构上的不平等，而不是家庭发展周期各阶段的消费模式差异。在用来衡量经济不平等的各类考古数据中，至少有两种数据常被混为一谈：家庭手工艺品组合和房屋大小。

单看各类家庭手工艺品组合，涉及的问题大多来自考古发掘希冀获得地层断代清晰的封闭环境中的遗留物的诉求。这一想法在近期的历史考古学界获得了广泛认同，于是私密场所成为取得手工艺品样本的可靠环境的黄金判定标准，这些手工艺品多为可精准断代的短地层沉积期（例如，LeeDecker 1994）。相较之下，杂乱堆叠之物和断代模糊地层的置信度就不高，但这也正是我们借以寻找家庭历经各个时代相关信息的有利背景。根据定义，这类沉积物包括沉积于完整家庭发展周期或其中部分周期各时段的物品。因此，这些沉积物能有效地平衡家庭发展周期不同位置出现的任何变量。要想评估家庭间的持续社会结构差距，这些数据不可或缺。不过，防范家庭发展周期对手工艺品组合分析产生的影响也并非难事。

但如果将房屋面积作为财富衡量指标的话，家庭发展周期的影响恐怕难以避免。随着家庭经历一个发展周期，房屋结构可能会扩大，也可能会增加额外的结构。由于考古学家所研究的史前人类的房屋甚至不大可能陪伴整整一代人，因此在家庭发展周期内，房屋的建造、拆除和重建都有可能（Howard 1985）。只要一直有人居住，原先房屋废弃不用之物便会被毁，踪迹全无。考古学所记录的家庭结构的特定形态更多的是对特定历史时刻的反映（也就是说，是对家庭发展周期某一特定阶段的反映），而不是从长期遗留下来的堆积废弃物中提取的某件手工艺品样本。

我们以早期四个人类聚居群落的家庭手工艺品数据为基础，运用基尼系数进行计算，这四个分布于中国北方及拉丁美洲的聚居群落展现了人类早期复杂社会的发展形态：中国甘肃省天水市秦安县仰韶文化晚期大地湾遗址（公元前4000—前3000年），安徽省亳州市蒙城县大汶口文化晚期尉迟寺遗址（公元前3500—前2600年），内蒙古赤峰市红山文化中期福山庄遗址（公元前4000—前3500年）和哥伦比亚马格达莱纳地区古典期梅西塔斯遗址（公元元年—800年）。这四个地区皆保留了社会不平等的考古学证据（赤峰 2011; Drennan 2006; Liu 2004: 87, 96）。反映这几个地区不平等状况的基尼系数应该是估算范围内的最大值，因为在这些地区，更富有、社会声望更高以及生产力差异更大的家庭占比要高于偏远地区。用以计算基尼系数的家庭手工艺品数据选自已发表的横向考古发掘报告（甘肃省，2006；中国，2001，2007）、大规模整体挖掘测试报告（González Fernández 2007a, 2007b）和集中考古地表收集报告（Peterson 2006, 2012）。而我们用来计算基尼系数的数据只选择包含大量手工艺品样本的考古发掘堆。大地湾遗址共有 15 个发掘堆，尉迟寺遗址 7 个，福山庄遗址 22 个，梅西塔斯遗址 75 个。

接下来就要进行计算了，各类手工艺品的数量除以每个家庭手工艺品的总量，所得的比值再乘以 1 000 进行"标准量化"（假设每个家庭各类手工艺品总量为 1 000 件）。所得之数再乘以生产不同种类的手工艺品所需劳动力的定量估值，手工艺品的种类、材质和制造方法都要考虑在内。此处用到的估值是对劳动力投入量相对有根据的猜测（以通用"单位"表示），以共同的基准进行固定，并按比例缩放（详见 Peterson，Drennan, and Bartel 2016）。以每 1 000 件手工艺品组合为单位进行资源投入估算，每个家庭以总生产成本由低到高排列。对该地区被选为样本的全部家庭进行总成本核算，确定每个家庭在总成本中所占的比例。然后计算出所有手工艺品总生产成本的累计百分比，再将每个地区的家庭由贫到富进行排列。根据这些数据绘制图表，得出图 2.2a 中的洛伦茨曲线和基尼系数。

上文提到的四个地区的基尼系数都很低，这说明在财富分配上，家庭间的差异非常小——这与复杂社会早期发展阶段的情形完全一致。梅西塔斯遗址的基尼系数（0.19）与其他考古证据相吻合，可解释为古典期该地区家庭间经济福祉方面差异甚微（González Fernández 2007a）。结合其他地区的比较数据（Drennan and Peterson 2006; Drennan et al. 2010）进行讨论后表明，梅西塔斯遗址和红山文化中期福山庄遗址的基尼系数（0.17）应属相同范围区间，事实也的确如此。与古典期的很多地区类似，红山文化地区的特点是家庭间物质条件差异不明显（Drennan et al. 2017; Peterson 2006; Peterson and Lu 2013）。

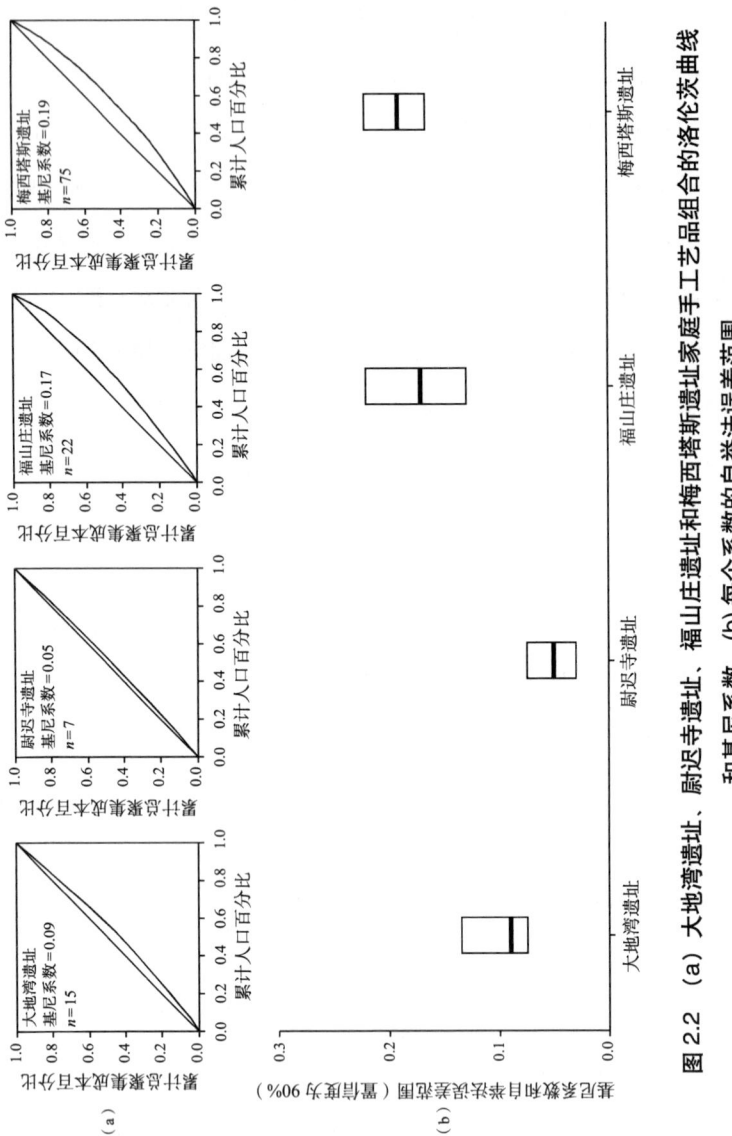

图 2.2 （a）大地湾遗址、尉迟寺遗址、福山庄遗址和梅西塔斯遗址家庭手工艺品组合的洛伦茨曲线和基尼系数，（b）每个系数的自举法误差范围

相较之下，虽然大地湾遗址和尉迟寺遗址的基尼系数也很低，但这与考古学家研究中国华北地区新石器时代经济不平等状况所得的其他考古证据不一致——反映房屋面积、装饰程度、经济专业化水平、家庭参与当地宴席及其他仪式、逝者丧葬规制方面的考古证据（Li 2013; Liu 2004; Luan 2013; Peterson, Drennan, and Bartel 2016: 203-209; Underhill 2002: 89-145）。尤其是大汶口文化时期的社会，其显著特征为基于墓葬形制的投入不同和随葬品精细程度不同而造成的财富积累差异明显（例如，Fung 2000; Underhill 2000）。大汶口文化晚期尉迟寺遗址的基尼系数（0.05）略低于仰韶文化晚期的大地湾遗址（0.09），但却远低于福山庄遗址和梅西塔斯遗址。这两组数据与我们根据目前对四个地区考古遗迹的研究所预测的排序相反。鉴于尉迟寺遗址和大地湾遗址的手工艺品组合样本相对较小，也许我们所得出的基尼系数存在向下的偏差，而实际数值应该更高。如果真是如此，那么这四个地区间财富不平等的差异模式可能会更符合考古学界对这几个考古时期的传统理解。

由于对任何类别的不平等进行基尼系数计算的主要原因是与其他族群、地区或时期进行比较，因此我们有可能运用不同来源的数据。针对手工艺品数据不同的学科取样方法及收集数据的实验室步骤都会对基尼系数的计算产生影响（Peterson, Drennan and Bartel 2016: 218-219），这值得仔细研究。对梅西塔斯遗址和福山庄遗址而言，部分品类丰富的手工艺品数据反而可能会夸大第一对数值，从而给数据解读带来麻烦，而大地湾遗址和尉迟寺遗址不存在这种情况。在梅西塔斯遗址和福山庄遗址出土的手工艺品中，器皿的数量尤巨，但在分类及数量统计上却出现差异，这是因为这些器皿多为残片，而非整器。大地湾遗址和尉迟寺遗址出土的石器和其他手工艺品并不多，而在梅西塔斯遗址和福山庄遗址却有大量出土，相关数据也成为对这两处遗址进行分析的关键。虽然这些手工艺品的制作成本并不高，但大量的手工艺品增大了家庭在手工艺品制作上成本投入的差异，从而导致了不平等。

当然，坚持认为田野取证方法和实验室采样方法完全无差异是自欺欺人的说辞，因为没有两种方法在取样上真的会完全一样。然而，还是有可能检验田野调查的细节水平或手工艺品样本变量的数量对基尼系数产生怎样的影响。遗憾的是，此类检验并不在本章讨论范围之内。但我们想要进行比较的各个地区每个家庭样本能否代表该地区的家庭人口，对于这一疑问却可以进行评估。这可以通过确定不同样本间基尼系数差异的统计置信度来实现。经济学家已经开展了相关工作，但考古学家仍未见行动。

谎言，该死的谎言，以及统计数据

关注基尼系数的可比性不仅限于根据质量差异或区分度差别而由计算机生成的家庭手工艺品数据集，因为可比性本身就涉及更广的范围。现将统计学上的疑虑总结如下：如果一地区的基尼系数为0.25，而另一地区为0.32，你很可能认为第二个地区的不平等程度要高于第一个地区，而要认定这一结论，还需进行置信度测量，以确定数值的差异确真无疑——因为这种差异有可能是由抽样的不可控所致。在解决这一问题上,经济学家采用的办法极为合理,即通过重新采样技术,将误差范围附加到基尼系数上。在重新采样技术中,运用最广泛的是自举法。所谓自举法,是指在全体被测对象范围内抽取一个样本,然后重复在该样本范围内随机选择一个个新样本。重新选择的样本数量通常都很大:至少1 000件。由此产生的样本分布误差范围便可在给定的置信度水平下计算出来(例如,80%或95%)。置信度水平越高,误差范围越大。

基于前文讨论过的四处遗址的基尼系数,图2.2b呈现的是每个基尼系数进行1 000个样本重采且置信度为90%的误差范围。在所有实验条件皆相同的情况下,自举法所得出的误差范围为我们正确解读基尼系数提供了两条必要的信息。第一,这些误差范围为我们提供了上述四处遗址基尼系数的可取范围,在此范围内,每个"实际"数值都处于给定的置信度水平。第二,自举法得出的误差范围让我们评估出不同研究对象在数值差异上的置信度究竟有多大。因为大地湾遗址、尉迟寺遗址和福山庄遗址的基尼系数之间没有重合,且不存在误差范围相反的情况,所以我们可以对先前为这三处遗址不平等程度差异进行的评估(及排序)设定较高的置信度水平,尽管这与传统看法认定的这些地区的不平等方式不一致。与此相反,福山庄遗址和梅西塔斯遗址在误差范围及基尼系数上的高度重合为先前基于其他考古证据所做出的解释提供了支持,即这两个地区的不平等情况极为相似。对误差范围本身的查验表明,我们应该对这四处遗址所在地区的基尼系数代表的相对较低的不平等水平充满信心。当然,结果很可能并非如此(比如,如果我们的样本过小的话),根据基尼系数对不同案例进行解释或比对时，一定要确认样本的具体情况。

将拥有装饰陶器或稀有饰品数量最多的家庭认定为富有家庭，或将居住在重要公共建筑物附近的家庭认作当地最具威望的家庭，考古学家一直以此为标准。如果位于洛伦茨曲线顶端的家庭也是考古学界用传统方法筛选出的家庭，那么我们应有足够的信心将相关基尼系数看作同类差别的反映，这也有助于说明它反映的是哪种差别。这正是不同证据导向同一结果的实例，如此一来，结论便更具说服力。如果条件与结果未能形成对应，那么我们用这些术语来解释基尼系数就失去了稳固的根基。

只要沿类似的思路进行分析，就可避免考古学上涉及多个基尼系数比对时的混淆不清。在某些情况下，不同的考古遗址算出的基尼系数会得出相似的结论，从而使联合解释更具说服力。而在其他情况下，基于不同基数计算出的基尼系数也许会互相矛盾。这可能意味着上述一组或几组观测结果存在研究方法上的问题，也可能是根据不同观测结果得出的基尼系数为不同种类的差别提供了有用的测量依据，而这些基尼系数的不一致是有价值的结论。

基于古典期梅西塔斯遗址出土的家庭手工艺品组合、房屋面积以及墓葬形制这三类数据计算出的基尼系数（对应的自举法误差范围置信度为90%）的比较，说明了以下几点（见图2.3）。根据该遗址的75个家庭手工艺品组合的劳动力投入数据绘制的洛伦茨曲线反映的是各家庭的相对财富状况。靠近洛伦茨曲线顶端的家庭是那些因拥有稀有饰品、居住于当地的中心地区且家庭成员职业稳定而被认定为经济地位较高的家庭。洛伦茨曲线恰好说明这一特定基尼系数

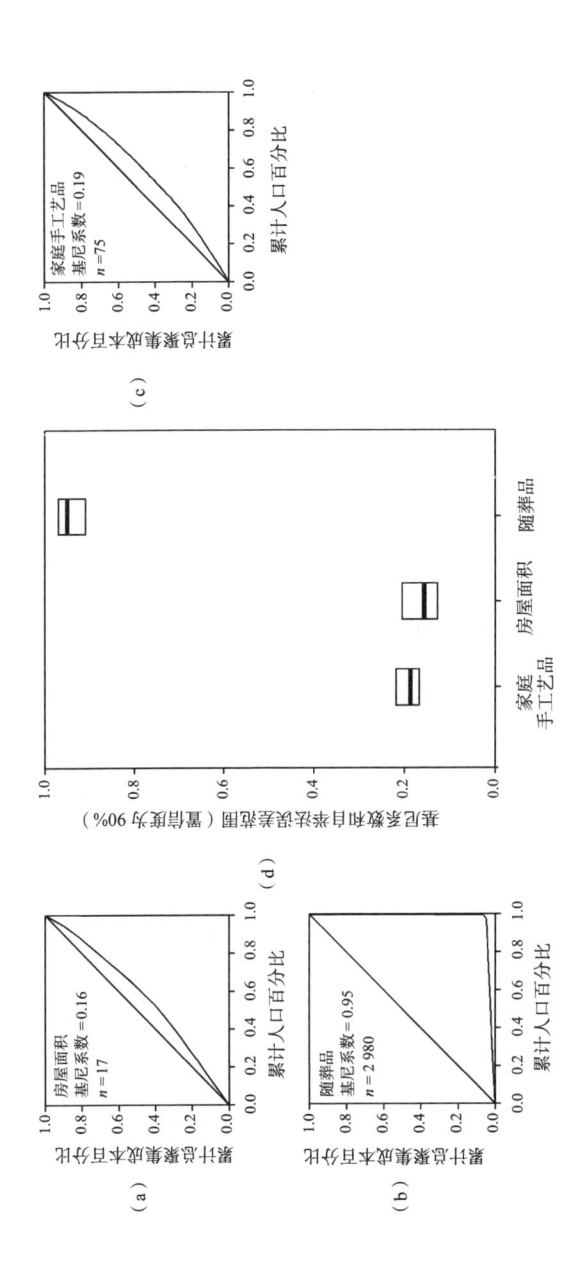

图 2.3 梅西塔斯遗址房屋面积 (a)、随葬品 (b)、以及家庭手工艺品组合数据 (c) 的洛伦茨曲线和基尼系数的比较。各系数的自举法误差范围如 (d) 所示

（0.19）的确是财富不平等的衡量指标。基尼系数的低值表明，尽管该地区存在财富不平等，但其水平是最低的。在置信度为90%的水平下，以马格达莱纳地区17个家庭的房屋面积为样本计算出的基尼系数（0.16）与基于这些家庭手工艺品数据得出的基尼系数无明显差别。两个数值间的高度一致表明，二者关注的是社会变动性这同一维度——家庭间财富分配的差异——而以房屋面积为基础进行计算，所得的财富不平等水平似乎仍是最低的。

仔细观察梅西塔斯墓葬群，不同的画面浮现在眼前。该墓葬样本由149座石冢组成，部分石冢被土丘覆盖，还有雕刻超自然主题的石像。这些奢华的坟冢仅占古典期该地区总人口的5%左右，人们通常认为这里埋葬的是当地声望极高的贵族（Drennan 1995; Duque Gómez 1964）。我们估算了建造这些陵墓所耗费的劳动力成本，同时也估算了随葬品寥寥或干脆没有任何随葬品的简单墓穴所需的劳动力投入，无任何史料记载的近95%的人口被埋葬于此（共2 980个墓穴）。基于这个墓葬群样本计算出的基尼系数非常高（0.95），因此可以清晰地表明该地区墓葬规制投入方面极不均等。尽管劳动力投入本质上是一个经济变量，但将基尼系数理解为极端财富不平等的证据是毫无说服力的。当时的劳动力主要被投入在具有宗教意义的庆典场所的建筑和雕塑上，而非大量奢华私宅的建设。对劳动力的这种使用更像是一种集体努力，而非逝者或逝者亲属财富的彰显（Drennan 1995）。程度如此之高的不平等更应被理解为社会声望和仪式差异的精确测量标准，而不是财富不平等的衡量指标。

我们不应将这些测量标准间统一性的缺乏视作分析方面的缺陷

或亟待解决的矛盾，更不应将它们混为一谈。相反，我们应将其视作一个机会，以便更清楚地认识到经测量的各类不平等间的区别。也就是说，各类不平等间的差异向我们呈现了古典期复杂社会结构方面饶有趣味又颇具意义的内容。根据某些考古数据计算出的基尼系数反映了社会声望及权力分配方面的不平等程度，而从其他观察中计算出的基尼系数将更多地揭示财富不平等状况。简而言之，将当时的人类社会划分为"平等主义社会"和"不平等主义社会"过于简单，原因有二。其一，不平等应该是一个连续变量，而非一个单纯的二分法概念——基尼系数提供了对这一变量有力的测量方法。其二，一个单一的社会，其成员间社会声望或仪式差异可能很明显，但财富或经济福祉的不平等程度很小——反之亦然。此外，其他类型的与社会声望或财富有关（或者无关）的不平等情况也同样值得测量。例如，性别不平等、健康状况不平等、种族不平等、政治或宗教信仰不平等，等等。

即便认识到基尼系数可能表明各种类型的差异，对其进行正确解读也并非易事。首先，根据考古数据计算出的基尼系数表明，该地区的不平等水平很高，但这种情况在当时很可能极少出现或根本不曾出现。比如，一个墓地中发掘出大致同时期的25座墓穴，以此为样本。试想，每处墓穴皆为简单的土葬，死者入土时皆无任何随葬品——仅其中一座墓穴随葬一只制作粗糙的陶罐。虽然这座墓穴与其他墓穴的差别属于经济差异，但将这种随葬品上的微小差异理解为个体间的财富不平等，实为荒谬。然而，基于这个样本计算出的基尼系数（0.96）恰好表明——我们估算的是当时生产这只陶罐所耗费的成本（见图2.4a）。

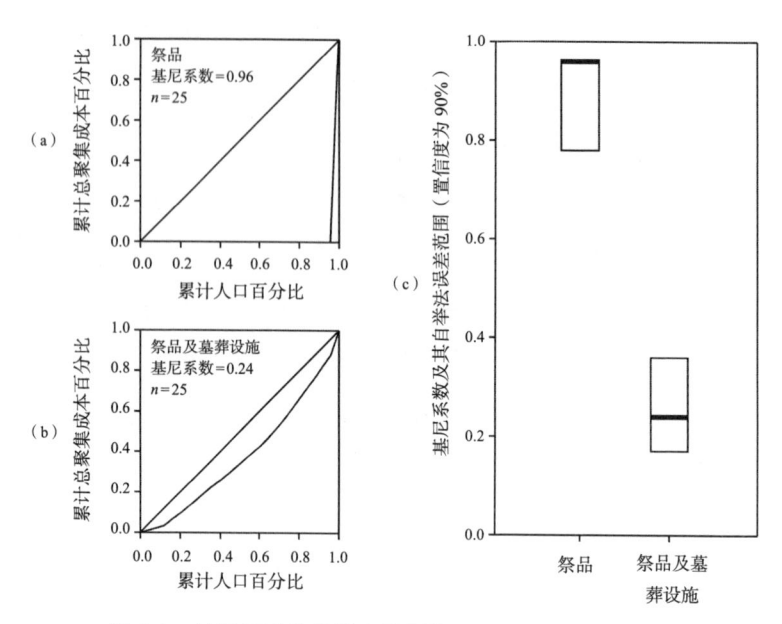

图2.4　基于假设墓葬样本绘制的洛伦茨曲线及基尼系数

注：图（a）仅一处墓穴有一件低成本随葬品；图（b）计算结果还包括对想象墓葬形制的估算投入。每个基尼系数的自举法误差范围如图（c）所示。

所有考古数据的使用过程中都存在这一问题，而不仅仅是墓葬数据。例如，如果不考虑建造的精巧程度，而只看房屋面积，有时便会出现上述问题，也有可能出现相反的结果（基尼系数出现极低值）。假如得出的基尼系数非常低，则更应引起注意。如果所有墓穴出土的都是大量的粗糙陶器，合理的解释是这个墓葬群样本未能反映财富不平等状况。但是，这个样本所反映的财富或繁荣的平均水平要比除一座墓穴外其余所有墓穴皆无任何随葬品的样本要明显得多。若不考虑这个事实，那么所得的结论有误。要想同时顾及这两种观点，可以在根据考古观测结果计算平均投入成本的同时列出相关基尼系数，这样一来既顾及了整体繁荣程度，又考虑到了不平等水平。像总体繁荣程度和那些富人究竟多富有这类问题往往与我们需要了解的社会变迁及经济变化密不可分——不平等绝不仅仅是和社会其他问题完全剥离的存在。

留有余地的真相

运用基尼系数这样的指标对不平等进行测量正是为了过滤造成不同繁荣程度的因素，以便对社会声望、社会福祉、财富程度或收入水平的分配不均进行单纯的抽象比较，而无须考虑其总体数量。这种数学抽象对比较分析贡献巨大，但仍存在因比较方式过于抽象而与现实脱节的风险。其后果之一是，由于技术环境和经济环境设定都过于简单，经济不平等被夸大了。考古学家在这类特定的技术和经济环境中使用的基尼系数与现代社会环境中得出的基尼系数差别极大，需格外警惕环境效应对数值比较产生的影响。

假设 90% 的家庭居住的房屋建造成本为 10 万美元，而剩下那 10% 家庭的房屋建造成本为 100 万美元，此时的基尼系数为 0.43。如果 90% 家庭的房屋建造需投入 25 人 / 天的劳动力成本，而另外 10% 家庭的房屋建造需投入 250 人 / 天的劳动力成本，此时财富分配状况相同，所得的基尼系数也一样。在两种不同的环境设定下，只有得出不平等程度相同的结论才是合理且有意义的，否则便失去了基尼系数的合理性。

核心成员为两到三人的家庭可在建造房屋时投入25人/天的劳动力成本，建造周期为一周。在技术要求简单的环境中，房屋建造成本可以如此之低，比如热带地区大多数活动都可以在户外进行，所以简单屋舍就已足够。核心成员为四到五人的家庭则需投入250人/天的劳动力成本，建造周期为5~6周。有人或许会产生这样的疑问，上述假设条件下的不平等程度如果和刚才例子中90%家庭和10%家庭间90万美元差异的不平等程度一样的话，那么意义何在。这个例子之所以设定在如此简单和极端的环境中，就是为了对根本问题进行思考。在一个例子中，代表"贫""富"之间差距的是225天的劳动力投入；在另一个例子中，代表二者间差距的却是4 500天的劳动力投入。（美国人的平均年收入约为5万美元，以每周工作5天计，则日平均劳动收入约为200美元。）可以说，在这两种情形下，用基尼系数测量出的财富不平等程度是一样的。而一个案例所体现的贫富差距明显大于另一个案例，这也是事实无疑，如果被基尼系数相同这一结果所蒙蔽而未能注意到另一种结论，就错过了进行比较的重要出发点。

　　总而言之，在几乎不存在分配不均的情况下，给定的分配不均水平与普遍存在分配不均情况下的分配不均水平相比，意义不大。由于考古学家对比的往往是不同地区差异极大的社会，在漫长的时间演进中，这些社会皆经历了重大的变化，对总体繁荣程度的不同差异水平进行追踪有助于使比较分析更实际且更有意义。想轻而易举地将考古学的对比分析用作基尼系数的数学修正并非易事，但对总体繁荣程度的测量却可参照基尼系数（见第一章）。在本案例中，用房屋总数除以房屋中投入的总劳动力投入，可以考量建造房屋所需的平均成本。

在一个案例中，房屋建造的平均成本为 950 天的劳动力投入，而在另一个案例中，房屋建造的平均成本仅为 47.5 天的劳动力投入，这意味着第一个案例中总体繁荣程度的不均衡分配更显著。因此，两个案例的不平等程度相同的说法是欠合理的。若用以计算基尼系数的总体繁荣程度在参与比较的案例中处于相似范围，对所得的基尼系数进行比较很可能是有意义的。忽略这一点，我们的比较就有可能徒劳无功。

比较前文分析过的四处遗址的家庭手工艺品数据，大地湾遗址和尉迟寺遗址的家庭富裕程度差异明显，梅西塔斯遗址和福山庄遗址的家庭富裕程度也差异明显。大地湾遗址家庭手工艺品组合的平均投入为 538 610 个"单位"，略低于尉迟寺遗址的 563 504 个"单位"。相较之下，梅西塔斯遗址（13 311 个"单位"）和福山庄遗址（11 415 个"单位"）的平均投入几乎相同，比大地湾遗址和尉迟寺遗址整整低了一个数量级。对这四个地区而言，彼此间的差异与之前用基尼系数计算的结果相似。从家庭手工艺品的基尼系数来看（由此可见，基尼系数似乎是测量财富不平等的最佳方式），梅西塔斯遗址和福山庄遗址家庭间的财富不平等程度都要高于大地湾遗址或尉迟寺遗址。但梅西塔斯遗址和福山庄遗址家庭的平均富裕程度却远低于大地湾遗址或尉迟寺遗址。因此，尽管梅西塔斯遗址和福山庄遗址存在相当明显的"贫""富"差距，但与大地湾遗址或尉迟寺遗址相比，家庭间总体经济福祉的差异微乎其微——至少以家庭手工艺品组合为考量来源如此。将经济不平等置于更宏大的社会背景下产生了对这一概念的重构，而这与考古学家的传统思考路径相一致，即分析时将特定地区置于其所属的社会大背景下，而不是只关注该地区的各项基尼系数。

最后，平均富裕程度首先与一个重要问题有关，即我们进行的不平等分析究竟包含哪些领域的证据。正如前文所假设的墓葬实例，如果劳动力投入的变动范围趋近于零，那么即使是随葬品间的微小差异，也会造成数值的巨大变化。随着样本数量的增加，这个问题也会更为复杂。在我们的计算中，包含墓葬设施的劳动力投入，这会减轻该效应带来的影响，然而它所起的作用过于微小，因为即使只有一件凝结人类劳动的随葬品，也能将该墓葬与其他墓葬分开。在我们假定的那个墓葬样本中，当投入墓葬建设的劳动力被算在内时，基尼系数由 0.96 降至 0.24；仅有一只陶罐作为随葬品的墓穴也不再是"最富有"的，因为我们认为其他墓穴会更大，因此开凿时更"费钱"（见图 2.4b）。我们在处理房屋数据时发现，房屋总体面积理论上有意义，但如果有些面积较大的房屋（可能被分割成多个小房间，也可能并未被隔断）是供多个家庭居住呢？较为满意的解决办法是，既不单算每个房间的面积，也不用总体建筑面积除以居住的家庭成员人数。如前文所述，根据耕地面积计算基尼系数时应将生产力考虑在内。可是，如何对生产力进行测量呢？在对家庭手工艺品组合进行基尼系数计算时，将用来"赚取收入"的生产工具算在内，这一做法可行吗？以现代的汽车修理工为例，他们用来找出车辆故障并进行修理的工具及设备往往价值数万美元。那么，这些工具算是修车工的净资产的一部分吗？曾作为谋生工具的考古文物，尤其是那些耗时耗力生产出来的，又该怎么算呢？我们在计算梅西塔斯遗址家庭手工艺品组合的基尼系数时，没有将这些生产工具囊括在内，结果数值降低了约 2/3（由

0.19降至0.07），由此得出的测量数值是家庭日常开销最大的项目之一，而非之前此类测量惯常针对的全部便携资产。由于埋葬学方面的因素，比如，现代的农民会将部分出土文物从地表或田间移出，以及文物的稀缺性使得它们对基尼系数产生极其不稳定的影响，某些手工艺品（例如，磨制石器和装饰品）是否不应作为基尼系数计算的数据来源？对于这些疑问以及其他难题，我们没有现成答案可循。每个问题都需要参考当地考古记录、当时的环境和特定的社会背景进行单独考虑。

让基尼系数不再做"瓶中妖"

若能将测量不平等这项工作做好，其价值不可估量。主要从数学角度来看，洛伦茨曲线和基尼系数是可靠而有用的测量工具（但我们务必养成用基尼系数来表示误差范围的习惯，以便明确该设置多大的统计置信度）。用于进行基尼系数计算的数据种类越多，就越能更好地搜集不平等的证据，还可以更容易识别及发现各种不同的差异性。对于每一个研究案例，都必须仔细考量其中涉及的是哪类证据，而这些证据说明的又是何种差异——不加鉴别地直接用计算出的基尼系数来解释经济现象是不可行的。即使财富不平等确实是特定测量方法看似最合理的解读，但认识到这一点也只是充分理解基尼系数计算公式，以及将其置于可比较维度的一部分。另一部分则是估算包含我们研究的文物"单位"的样本所代表的平均财富水平或总体繁荣程度的方法，由此可适当地估量出我们所研究的古代社会最富有的社会成员到底有多富。

进一步探究使用家庭手工艺品组合数据以计算基尼系数及平均繁荣程度的测量颇具意义，但在充分理解这两种方法的巨大潜力之前，得先解决几个问题。其一，需要更多的人类学或实验数据，以此为基础对手工艺品制造中投入的劳动力测算方法进行完善。其二，以不同方式恢复和记录的手工艺品数据间的可比性。对一些编造的反映贫富差别的家庭手工艺品数据计算出的基尼系数进行实验研究或许有助于评估不同案例间数据恢复和记录方面有哪些令人担忧的差别。其三，需对将不同种类的手工艺品纳入计算范围带来的影响进行调查。比如，当时昂贵的生产工具应该被算作"财富"吗？如上文所述，包不包含这些数据，基尼系数差别巨大。

应用基尼系数涉及的其他问题与特定的考古信息来源关系不大。例如，我们分析的单位应是什么、如何更好地将这些单位与考古记录的实证观测联系起来，以及如何才能识别调查研究中出现的取样偏差，并加以避免。另外，为使调查更具实用性，应如何才能更细化且更全面——我们尽力将多个观测结果纳入分析中，如何得知已达到收益递减的临界点？本书在平衡有关基尼系数在考古学上应用的矛盾、解决这类问题上迈出了关键的一步。我们鼓励考古学界的同行在探究这些问题的道路上继续前行。

参考文献

Arnold, Philip J., III, and Robert S. Santley. 1993. Household Ceramics Production at Middle Classic Period Matacapan. In *Prehispanic Domestic Units in Western Mesoamerica: Studies of the Household, Compound, and Residence*, edited by Robert S. Santley and Kenneth G. Hirth, pp. 227–48. CRC Press, Boca Raton, Fla.

Bayman, James M. 1996. Shell Ornament Consumption in a Classic Hohokam Platform Mound Community Center. *Journal of Field Archaeology* 23:403–20.

Bayman, James M., and M. Guadalupe Sanchez. 1998. The Surface Archaeology of Classic Period Hohokam Community Organization. In *Surface Archaeology*, edited by Alan P. Sullivan III, pp. 75–88. University of New Mexico Press, Albuquerque.

Burks, Jarrod D. 2004. Identifying Household Cluster and Refuse Disposal Patterns at the Strait Site: A Third Century A.D. Nucleated Settlement in the Middle Ohio River Valley. PhD dissertation, Ohio State University, Columbus.

Chayanov, A. V. (1925) 1966. Peasant Farm Organization. In *The Theory of Peasant Economy*, edited by Daniel Thorner, Basile Kerblay, and R. E. F. Smith, pp. 29–269. Richard D. Irwin, Homewood, Ill. Orig. pub. Cooperative Publishing House, Moscow.

Chifeng International Collaborative Archaeological Research Project. 2011. *Settlement Patterns in the Chifeng Region*. University of Pittsburgh Center for Comparative Archaeology, Pittsburgh.

Deltas, George. 2003. The Small-Sample Bias of the Gini-Coefficient: Results and Implications for Empirical Research. *Review of Economics and Statistics* 85: 226–34.

Drennan, Robert D. 1976. *Fabricá San José and Middle Formative Society in the Valley of Oaxaca*. Memoirs of the Museum of Anthropology 8. University of Michigan, Ann Arbor.

——. 1995. Mortuary Practices in the Alto Magdalena: The Social Context of the "San Agustín Culture." In *Tombs for the Living: Andean Mortuary Practices*, edited by Tom D. Dillehay, pp. 79–110. Dumbarton Oaks, Washington, D.C.

—— (editor). 2006. *Prehispanic Chiefdoms in the Valle de la Plata*, vol. 5: *Regional Settlement Patterns*. Memoirs in Latin American Archaeology 16. University of Pittsburgh, Pittsburgh.

Drennan, Robert D., and Christian E. Peterson. 2006. Patterned Variation in Prehistoric Chiefdoms. *PNAS* 103:3960–67.

——. 2012. Challenges for Comparative Study of Early Complex Societies. In *The Comparative Archaeology of Complex Societies*, edited by Michael E. Smith, pp. 62–87. Cambridge University Press, Cambridge.

Drennan, Robert D., Christian E. Peterson, and Jake R. Fox. 2010. Degrees and Kinds of Inequality. In *Pathways to Power: New Perspectives on the Emergence of Inequality*, edited by T. Douglass Price and Gary M. Feinman, pp. 45–76. Springer, New York.

Drennan, Robert D., Christian E. Peterson, Lu Xueming, and Li Tao. 2017. Hongshan Households and Communities in Neolithic Northeastern China. *Journal of Anthropological Archaeology* 47:50–71.

Duque Gómez, Luis. 1964. *Exploraciones arqueológicas en San Agustín*. Revista Colombiana de Antropología, suplemento no. 1. Imprenta Nacional, Bogotá.

Fung, Christopher. 2000. The Drinks Are on Us: Ritual, Social Status, and Practice in Dawenkou Burials, North China. *Journal of East Asian Archaeology* 2:67–92.

Gansu Sheng Wenwu Kaogu Yanjiusuo. 2006. *Gansu Dadiwan: Xinshiqi Yizhi Fajue Baogao*. 2 vols. Wenwu Chubanshe, Beijing.

Giraldo Tenorio, Hernando Javier. 2013. Midiendo diferenciación en riqueza en el registro arqueológico: Una propuesta aplicada en el área Andina Intermedia. *Revista Chilena de Antropología* 21:39–66.

González Fernández, Victor. 2007a. *Prehispanic Change in the Mesitas Community: Documenting the Development of a Chiefdom's Central Place in San Agustín, Huila, Colombia*. Memoirs in Latin American Archaeology 18. University of Pittsburgh, Pittsburgh.

——. 2007b. Mesitas Community Dataset. Comparative Archaeology Database, University of Pittsburgh. www.cadb.pitt.edu/.

Goody, Jack (editor). 1971. *The Developmental Cycle in Domestic Groups*. Cambridge University Press, New York.

Greenhalgh, Susan. 1985. Is Inequality Demographically Induced? The Family Cycle and the Distribution of Income in Taiwan. *American Anthropologist* 87:571–94.

Hawkins, Rebecca A. 1998. Coming Full Circle: Plowzone Assemblages and the Interpretation of Fort Ancient Settlement Structure. In *Surface Archaeology*, edited by Alan P. Sullivan III, pp. 91–109. University of New Mexico Press, Albuquerque.

Hayden, Brian, and Aubrey Cannon. 1983. Where the Garbage Goes: Refuse Disposal in the Maya Highlands. *Journal of Anthropological Archaeology* 2:117–63.

Howard, Jerry B. 1985. Courtyard Groups and Domestic Cycling: A Hypothetical Model of Growth. In *Proceedings of the 1983 Hohokam Symposium, Part 1*, edited by A. E. Dittert and D. E. Dove, pp. 311–26. Arizona Archaeological Society, Phoenix.

Killion, Thomas W., Jeremy A. Sabloff, Gair Tourtellot, and Nicholas P. Dunning. 1989. Intensive Surface Collection of Residential Clusters at Terminal Classic Sayil, Yucatan, Mexico. *Journal of Field Archaeology* 16:273–94.

Kohler, Timothy A., and Rebecca Higgins. 2016. Quantifying Household Inequality in Early Pueblo Villages. *Current Anthropology* 57:690–97.

LaMotta, Vincent, and Michael B. Schiffer. 1999. Formation Processes of House Floor Assemblages. In *The Archaeology of Household Activities*, edited by Penelope M. Allison, pp. 19–29. Routledge, London.

LeeDecker, Charles H. 1994. Discard Behavior on Domestic Historic Sites: Evaluation of Contexts for the Interpretation of Household Consumption Patterns. *Journal of Archaeological Method and Theory* 1:345–75.

Li, Xinwei. 2013. The Later Neolithic Period in the Central Yellow River Valley Area, c. 4000–3000 B.C. In *A Companion to Chinese Archaeology*, edited by Anne P. Underhill, pp. 213–35. Wiley-Blackwell, Malden, Mass.

Liu, Li. 2004. *The Chinese Neolithic: Trajectories to Early States*. Cambridge University Press, Cambridge.

Luan, Fengxi. 2013. The Dawenkou Culture in the Lower Yellow River and Huai

River Basin Areas. In *A Companion to Chinese Archaeology*, edited by Anne P. Underhill, pp. 411–34. Wiley-Blackwell, Malden, Mass.

McCormack, Valerie J. 2002. Sedentism, Site Occupation and Settlement Organization at La Joya, a Formative Village in the Sierra de los Tuxtlas, Veracruz, Mexico. PhD dissertation, University of Pittsburgh.

McGuire, Randall H. 1983. Breaking Down Cultural Complexity: Inequality and Heterogeneity. *Advances in Archaeological Method and Theory* 6:91–142.

Peterson, Christian E. 2006. "Crafting" Hongshan Communities? Household Archaeology in the Chifeng Region of Eastern Inner Mongolia, PRC. PhD dissertation, University of Pittsburgh.

——. 2012. Fushanzhuang Community Dataset. Comparative Archaeology Database, University of Pittsburgh. www.cadb.pitt.edu/.

Peterson, Christian E., Robert D. Drennan, and Kate L. Bartel. 2016. Comparative Analysis of Neolithic Household Artifact Assemblage Data from Northern China. *Journal of Anthropological Research* 72(2):200–225.

Peterson, Christian E., and Lu Xueming. 2013. Understanding Hongshan Period Social Dynamics. In *A Companion to Chinese Archaeology*, edited by Anne P. Underhill, pp. 55–80. Wiley-Blackwell, Malden, Mass.

Peterson, Christian E., Lu Xueming, Robert D. Drennan, and Zhu Da. 2016. Upper Daling Region Hongshan Household and Community Dataset: An Introduction. Comparative Archaeology Database, University of Pittsburgh. www.cadb.pitt.edu/.

Schulting, Richard J. 1995. *Mortuary Variability and Status Differentiation on the Columbia-Fraser Plateau*. Burnaby Archaeology Press, Simon Fraser University, Burnaby, B.C.

Siegel, Jacob S., and David Swanson. 2004. *The Methods and Materials of Demography*. 2nd ed. Elsevier/Academic Press, Boston.

Signorell, Andri. 2016. DescTools: Tools for Descriptive Statistics. R package version 0.99.16.

Smith, Michael E., Timothy Dennehy, April Kamp-Whittaker, Emily Colon, and Rebecca Harkness. 2014. Quantitative Measures of Wealth Inequality in Ancient

Mexican Communities. *Advances in Archaeological Practice* 2:311–23.

Underhill, Anne P. 2000. An Analysis of Mortuary Ritual at the Dawenkou Site, Shandong, China. *Journal of East Asian Archaeology* 2:93–127.

——. 2002. *Craft Production and Social Change in Northern China*. Kluwer Academic / Plenum Press, New York.

Windler, Arne, Rainer Thiele, and Johannes Müller. 2013. Increasing Inequality in Chalcolithic Southeast Europe: The Case of Durankulak. *Journal of Archaeological Science* 40:204–10.

Zhongguo Shehui Kexue Kaogu Yanjiusuo. 2001. *Mengcheng Yuchisi—Wanbei Xinshiqi Shidai Juluo Yicun de Fajue yu Yanjiu*. Kexue Chubanshe, Beijing.

——. 2007. *Mengcheng Yuchisi*. Vol. 2. Kexue Chubanshe, Beijing.

第三章

超越基尼系数

实现考古不平等综合指数的方法

拉胡尔·C.奥卡、尼古拉斯·埃姆斯、梅雷迪思·S.切森、伊恩·库威特、查普胡克哈·M.库西姆巴、维什沃斯·D.古特、阿比伊特·丹德卡尔

50多年来，理解不平等一直是人类考古学领域的一个根本问题（参见 Flanagan 1989 的摘要；Paynter 1989; Price and Feinman 1995）。人类社会进化的传统看法描述了随着人口的逐渐增加及社会复杂性的逐步凸显，人类社会如何由流动性强的小型群落发展为定居的社会模式，而在定居群落内以及各群落间，人口压力是社会不平等产生，进而制度化的关键驱动因素（Keeley 1988）。由于接下来对不少古代社会的考古观测结果显示，人口出现增长后，紧接着便出现了社会不平等现象，这一不平等逐渐制度化，因此上述发展模式受到了质疑（Feinman 1995）。其他研究则将社会不平等作为强大的建构和稳定机制，尤其关注它与社会地位差异、领导地位合法性和资源管理间的联系（Chesson 2015; Feinman 1995; Frangipane 2007; Joyce 2004;

Kuijt 2008; Paynter 1989; Prentiss et al. 2012）。

然而，最近，不平等俨然成为学术界、政坛及当今媒体时髦的托词，亦成为现代社会边缘人群遭受的不公正待遇及所有社会弊端的罪魁祸首（Deaton 2013, 2014; Piketty 2014）。越来越多的学者认为，高度的社会不平等往往伴有结构性暴力，这二者相结合的结果便是大量一出生就属于社会较低阶层的人终其一生注定难以享有更多资源，接触更多机会，健康状况堪忧，情感贫乏，物质满足感缺失（Banerjee and Duflo 2011; Deaton 2013; Farmer 2005; Kim et al. 2000; Piketty 2014）。这些发现与新自由主义的观点截然相反，后者相信在20世纪40—90年代，平等性、全球化占主导地位，这种主流的发展与经济学发展之间存在明确的关联性，甚至是因果联系，正如当时尽人皆知的说法，如"水涨船高""经济增长推动更大的平等"（Fukuyama 1992; Hulme et al. 2001; Lindert and Williamson 2003）。

生物学、经济学、政治学、社会学和其他人文学科已经开始着手对经济差异、社会不平等和贫困问题进行研究。我们认为，这一研究趋势为考古学家拓展了研究空间，同时也构成了不小的挑战，那就是，考古学家要发现更多与当代社会相关的有意义的问题，并找到这些问题的答案。特别要指出的是，我们认为唯有考古学界可接触到早期人类社会、国家出现前的人类社会，以及古代社会的不平等方面的数据，这使得考古学在解释不平等的出现、制度化及持续性方面处于极为有利的地位。即使社会各界在消除不平等及由此衍生的更糟糕的贫困和边缘化方面进行了数百万次干预和数十亿美元的支出，更清晰地了解不平等的演进也有助于其他社会科学家明确当代社会不平等的复杂程度及其持久性（Easterly 2006, 2007; Escobar 1995; Moyo 2009; Rist 2007; Sen 1992）。

确切地说，我们认为，为应对这一挑战，考古学界需完成以下两项主要任务。第一项任务是，我们必须更好地理解社会不平等是一个跨越时间实现对人类社会的建构、结构和解构的过程。第二项任务是，我们必须运用与其他学科和当代研究相关的、可借鉴的、可参照理解的方法去研究早期人类社会和古代社会的不平等，应意识到历经时空变迁，社会不平等在各个时期的社会中发生的变化。虽然这两项任务彼此关联，但完成了第二项才能更好地解决第一项。第一项涉及社会发展、社会进步和社会公正方面更深刻的思考，第二项则与方法论有关，基于考古数据而立，又受其所限（参见第一章、第二章、第五章和第十一章）。

因此，我们将重点关注第二项任务：以有意义的方式建立测量古代社会不平等的方法。此任务非常艰巨，尤其是我们所用的基本且唯一的数据来源为由历史学及人类学证据支撑的实物经济考古数据。鉴于本书其他章节及针对用数字表示不平等的普遍批评所提出的警告，我们意识到对不平等进行测量不是根本目的。然而，在我们看来，如果其他社会科学研究在其自身领域进行不平等的分析时认为考古学方面的看法和见解具有参考价值，那么具体研究方法就尤为重要，这一点毋庸置疑。那么，问题来了，我们该如何开展研究？任何试图对社会不平等这种复杂研究对象进行量化的努力都会受到简化主义的指责。基于社会、经济、政治或其他数据计算出的某个数字甚至一串数字，可以被视为对不平等进行描述的准确符号，也可作为对古代社会进行排名或分类的传统分类标准。本书的多位作者（见第二章、第四章和第九章）皆断言，这样的数字量化往往会导致难以解释、描述或预测的类型学。正是注意到了这些提醒，我们建议将不平等的测量用作分析启发式的研究，既可以检验先前实证数据衍生出的不平等假设变化，又可以以此进行假设，验证将来的实证数据。

测量不平等？

参与本书编写的几位研究人员（见第一章、第二章、第五章和第十章）将基尼系数描述为包括考古学在内的社会科学领域不平等程度的测量标准。然而，尽管基尼系数出现在经济学的研究及其相关学术发展中，并在这一领域得到了最充分的应用，但研究人员仍对基尼系数的单一变量特性提出了批评（Anand and Sen 1994; Haq 1995）。他们认为，无论是人类社会内部，还是不同的社会类型之间，不平等都会受到各种复杂的非经济因素和非物质因素的影响，而这些因素会导致与经济资本（例如，财富、收入、资产）交叠的其他资本形式（例如，政治资本、教育资本、社会资本和意识形态资本）的出现（Lin 2000; Ostrom 2005）。

我们对上述担忧深表理解，因此不会设计出另一套所谓能够对不平等进行绝对量化测量的指数或系数。相反，我们努力提供一个合理的方法，根据多个实物数据集来评估不平等。这个方法既可作为对不同地区不平等动态变化进行考古调查的开始，又可作为对正在进行的考古调查做检验的途径。更确切地说，我们的目标是提出一个对社会内部及各个社会间不平等模式和发展趋势进行评估、假设或测定的方法，超越通常意义上的阶层合并，关注包括"贵族阶层"和"非贵族阶层"在内的所有类别。当大多数人口可能是由拥有不同形式的资本、享有不同资源和机会的非贵族群体构成时，进行如此细化便尤为重要（Marcus 1983）。

我们提出了一个综合考古不平等指数（CAI），以代替基尼系数，该指数综合了特定社会或群落内对实物分配进行测量所得变量的具体数据。我们按照人类发展指数（HDI）的概念对考古不平等指数下定义。人类发展指数最初由马科布勒·哈克和阿玛蒂亚·森提出，后经联合国及联合国开发计划署（UNDP）加以改进，以代替基尼系数。人类发展指数是一国的国内生产总值、预期寿命以及成人识字率的标准测量结果的几何平均值（联合国开发计划署，2010；参见第一章）。我们借用人类发展指数的算法来计算考古不平等指数，将其作为人类社会（定居点、聚居群落以及政体构成等）多种物质文化类型差异分布的指标。我们认为，本着人类发展指数的精神，应重点关注考古学研究对人类社会不同变量的测量，变量既包括物质层面，又包括物质丰富之后的福祉层面。

彼得森和德雷南二位学者指出（见第二章），考古学家既不喜欢经济学家常用的大规模定量数据集，也不偏好人类学家的行为数据。作为考古学家，我们必须依赖实物经济数据。因此，我们测量的对象必须是实物经济变量，比如房屋面积、房屋位置、贵重物品以及日常物品。但是，这些实物数据可以为社会分层制度掩盖下的实际经济不平等提供证据。

例如，南亚长期以来沿袭一种种姓等级制度，以出身高贵但并不富裕的学者为尊，其次是贵族、商人和劳动阶层（Kulke and Rothermund 1998）。然而，南亚社会相关的实物数据却显示了一个由贵族和商贾统治的等级社会。进一步分析表明，南亚的政治经济的确由拥有土地的贵族和持有资本的商人所控制，学者和牧师被他们置于社会等级的顶端，实则为附庸。作为回报，牧师和学者通过宗教庆典和意识形态控制巩固了其资助者的合法地位（Altekar 2009; Ghurye 1969）。在这种情况下，实物记录比文字记录更能清晰地反映财富和资源不平等的真实分配状况。因此，我们认为，实物经济文化分配状况的测量工具，如基尼系数、人类发展指数、罗宾汉系数或泰尔指数，为人类社会财富、地位和福利获取的平等性提供了可靠的评估方法，即使该工具未能准确反映社会等级状况。但是，仅凭基尼系数这一个测量工具能否完成这些任务，我们尚不可知。

单一基尼系数还是多个基尼组合

本书的多位研究人员（见第五章、第六章和第七章）将基于房屋面积计算出的单一基尼系数作为衡量财富的代理指标。在大多数人类社会，根据房屋分配算出的基尼系数的确最接近实际不平等状况，也是社会地位的最佳反映指标。然而，基于家庭规模、家庭构成、成员技能以及社会地位等诸多因素，家庭获得各类资源的渠道不同，实现的生产力也存在差异。仅凭关注房屋面积的单一基尼系数根本无法体现这些差异（见本书第九章；Kramer 1982）。比如，由特奥蒂瓦坎古城房屋面积得出的基尼系数是 0.12（Smith et al. 2014）。这个数字非常低。若社会不平等与其复杂性相关联，我们估计像特奥蒂瓦坎这种结构复杂的大都市的基尼系数会更高。

如果要用单变量研究方法理解这些问题，可将 20 世纪 60—80 年代的苏联作为研究对象。这一时期苏联的特点是社会等级日益凸显，社会不平等也愈加稳固（Sargsyan 1990）。通过对这些证据的调查，我们不禁要问，以首都莫斯科的房屋面积或收入为基础计算出的基尼系数能否充分反映考古观测以及历史记录的等级差别和不平等状况，而这些测量结果是否显示了当时的社会不平等程度较低。当时苏联的大多数城市人口，既包括原"权贵"阶层，又包括原非"权贵"阶层，都居住在政府建造的公寓内，其面积严格受限。尤其在斯大林之后，苏联社会内部在收入分配上也开始强调缩小收入差距。由于苏联政府对工资分配进行了重大的结构性调整，1955—1990 年，在苏联，工厂工人、科研工作者和政府工作人员的工资趋于一致（Sargsyan 1990）。如果仅以房屋面积或收入水平为数据来源，所得的基尼系数确实较低，而我们也会由此得出苏联社会经济相当平等这一结论。然而，我们知道这种房屋的"平等"分配实为共产主义意识形态的有意产物。根据这样的规定，与包括西方国家在内的其他国家政坛权贵的房屋相比，苏联政府分配的房屋就显得有些寒酸了。此外，1955—1990 年，社会上层的工资由原先为下层的六倍降至两倍（Karlin 2012; Sargsyan 1990）。

但是，能够反映苏联社会不平等状况且最接近其真实状况的不是房屋面积，而是居住位置和非收入来源的其他财富。在苏联城市中，地段较好的房屋尽管面积不及地段较差的房屋，但基本都为社会地位较高的家庭所有，从而加剧了社会不平等（Alexeev 1988）。而富裕阶层的房屋，尽管面积可能和靠工资收入阶层的房屋相差无几，但所用物品却显示出房主具有更高的地位。

特奥蒂瓦坎古城没有宫殿建筑群，也不见独立的贵族居住区，只有房屋面积能够清晰且公开反映财富和资源状况，因此我们才可判定特奥蒂瓦坎为平等程度颇高的复杂社会。然而，如果一个社会对房屋面积（以及其他形式的消费）做了规定，或是设定了房屋空间可增长的上限（城市高密度居住，见本书第九章），那么基于房屋面积的基尼系数就会掩盖其他的不平等。根据我们的考古观测结果，我们重申以下观点，那就是，实物类衡量指标可以作为令人满意的不平等衡量标准，当且仅当我们使用的数据量足够大、变量的多样性足够充分，但它们可能会弱化社会地位、财富状况或不平等程度的社会规范及意识形态等因素，掩盖更深层次的物质不平等。

从多个基尼系数组合到考古不平等指数

我们将考古不平等指数设计为对可用实物变量的最大值进行综合测量。在本章研究目的的基础上，我们针对一个民族志案例和三个考古学案例，运用考古不平等指数进行分析，以比较该指数在这四个案例中的效度。我们首先计算上述案例中每个社会内 n 个实物经济变量的基尼系数，然后用这些基尼系数的几何平均值计算出每一地区每一时期以及聚居群落内部和群落之间（使用人类发展指数的方法）的考古不平等指数：

$$CAI = (G_1 * G_2 * G_3 * \cdots\cdots * G_n)^{1/n}$$

因为每一个基尼系数都是标准测量值，$0 \leq G_n \leq 1$，所以由此计算出的考古不平等指数也应在这一范围内。随着变量的增加，考古不平等指数的准确性和精准度也会相应提高。使用多个变量的另一个主要原因是确保各地区间历经时代变迁后的可比性。换句话说，以牧区和农区为例，如果物质文化不同，社会结构、政治组织形式以及经济结构皆存在差异，该如何比较二者间的不平等状况？考古不平等指数应规定针对各个聚居区普遍不平等的可重复测量标准，此标准不仅可供比较，而且应考虑到不同地区间物质文化的差异。

使用几何平均数的原因有两个。其一，它为具有不同数值范围且具有多项特性的项目提供了"优质因数"，以便分级排序或数据缩放。其二，它是对像基尼系数这样的标准化数据进行平均计算的理想方法。而联合国开发计划署用几何平均数计算人类发展指数的原因如下："几何平均数降低了各维度（供比较）间的可替代性水平，同时确保出生时预期寿命下降1%与教育或收入水平下降1%对人类发展指数产生的影响相同。因此，作为成果比较的基础，这一方法会更看重各个维度间的内在差异，而并不只是算出简单的平均值。"（联合国开发计划署，2010）虽然我们也考虑了包括中位数分析和主成分分析在内的其他主要趋势测量方法，但我们仍然认为，几何平均数会纠正部分高数值造成的影响，因为它是更为稳妥且更有价值的考古不平等指数的计算方法。我们考虑以中位数作为求和计量法，但只有变量为三个以上的连续数据时，中位数才有效。由于异常值的影响往往使算术平均数得出的考古不平等指数偏高，因此我们不再使用算术平均数作为测量方法。为了进一步研究，我们认为应将考古不平等指数的范围限定在上限为中位数、下限为几何平均数的区间。

考古不平等指数支持以下两种方法：1. 检验由先前经验数据衍生出的假设的不平等变化；2. 进行假设，以供未来的经验数据进行检验。为说明这两种方法，我们采用了三个案例研究：肯尼亚的卡库马难民营（46个家庭）、印度洋贸易港（印度的焦尔，8个居民区；肯尼亚的姆特瓦帕，10个居民区）和青铜时代的约旦（努迈拉地区，3个房屋）。

我们利用这些地区的现有实物数据，计算基于这些数据的基尼系数，再计算每一地区的考古不平等指数，作为实物基尼系数的几何平均数。我们通过自举法运用数据恢复工具RStudio（DescTools包）计算基尼系数，将置信区间设为80%（R=4000）。虽然也可以得出较高的置信度（95%），但由此算出的基尼系数范围无法用以测量。我们与本书多位作者的观点相同，即使置信区间为80%，基尼系数的范围过大肯定也是有问题的。很多时候，我们无法断言基于特定数据范围得出的基尼系数在统计学角度一定存在差异。此外，如果一个地区不同单位的实物数量完全相同，那么基于这一变量得出的数值为0的基尼系数应被忽略。这是必要的，因为数值为0的变量，其几何平均数也为0，所以毫无意义。

然而，只有当基尼系数或考古不平等指数作为不平等的精准测量工具时，上述这些限制才可能出现问题，而此方法也是我们在本章极力避免并提醒读者注意的。我们运用基尼系数和由此产生的考古不平等指数值的目的一是检验由其他数据来源和分析方法得出的不平等的假设发展趋势,二是提出新的假设,以供其他方法验证。为此,我们陈述了各个地区不平等状况的预期结果,作为基于先前研究工作的假设。接下来,我们运用根据多个基尼系数计算出的考古不平等指数,以此评估每个地区不平等的不同表现及发展趋势。我们先从人类学案例着手,理解公认贫困的群体内的不平等:难民营中的难民。

人类学案例研究:卡库马难民营中的认定贫困人口与实际贫困人口

1992年为逃离苏丹冲突的难民所设的卡库马难民营(目前总人口为21万)是世界上规模最大且最古老的难民救助点之一(见图3.1)。卡库马难民营下设若干子营地,营中难民来自南苏丹、苏丹、索马里、埃塞俄比亚、厄立特里亚、乌干达、刚果民主共和国(DRC)、布隆迪和卢旺达。难民得到救济的形式是食物篮子,里面有豆类、玉米、高粱、绿豆、油、盐,偶尔还有面粉。虽然世界粮食计划署(WFP)认为,食物篮子可以满足每人每天2 000~2 200卡路里的膳食需求,但难民仍需要商品经济,以满足文化生活的需要和滋养、对生活舒适度和奢侈品的追求(Oka 2014)。据报道,难民要么用现金,要么用信用卡获取食物以外的这些商品,资金来源主要有汇款(35%)、工作收入(60%)以及出售救济篮子中的食物(97%)(Oka 2011)。

2009年10月和2010年3月,奥卡和他的研究团队对卡库马难民营1号营地的46个索马里难民家庭进行了民族考古学调查。这

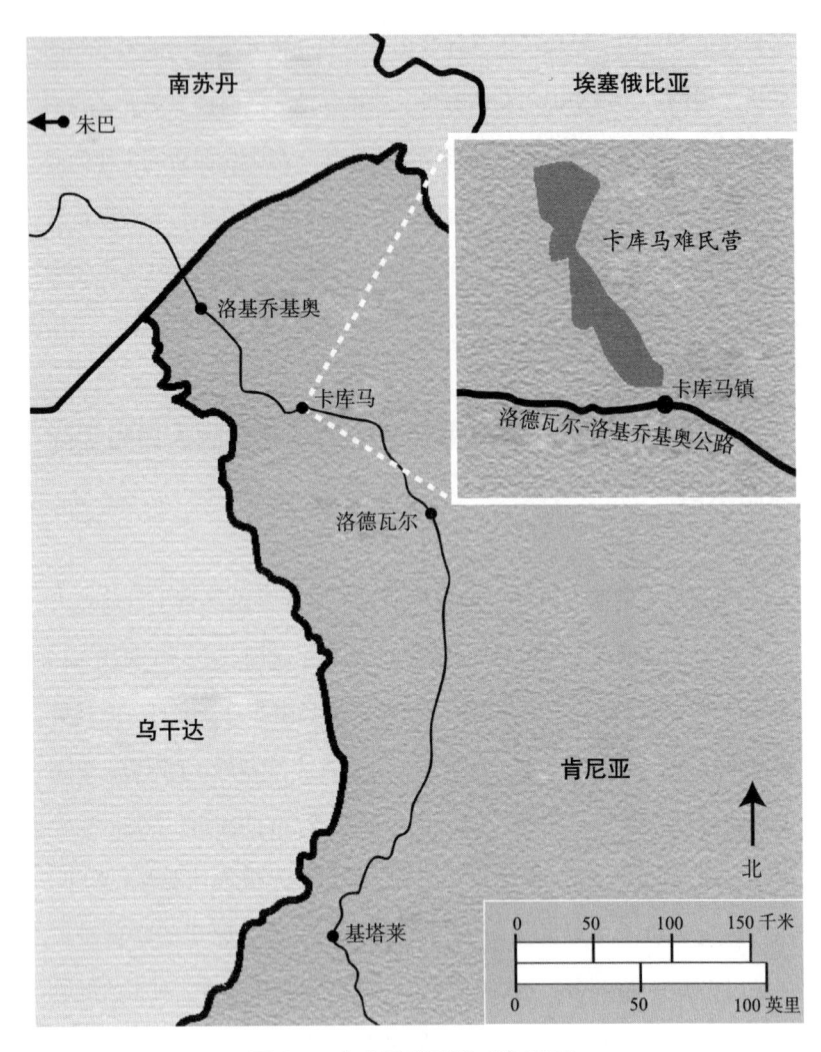

图 3.1　卡库马难民营（肯尼亚）

46个家庭居住在距营地主要市场区距离不同的区域，沿中心市场直线向北随机抽取。这些家庭距中心市场的距离依据联合国难民署（UNHCR）提供的地图绘制。难民每周五上午进行垃圾收集，为安息日的庆祝做准备。因此，调查于周四开展，以便记录每周物品消费的剩余情况。这46个家庭被分为以下几组：第一组，通过获得汇款、工作收入以及出售救济篮子中的食物得到现金的家庭（$n=14$，占被调查家庭的30%）；第二组，通过工作收入和出售救济篮子中的食物获得现金的家庭（$n=15$，占被调查家庭的33%）；第三组，仅通过出售救济篮子中的食物获得现金的家庭（$n=17$，占被调查家庭的37%）。

这项研究的目的之一是要证实，以考古学方法来研究消费能否揭示"贫穷"的复杂性。难民向来被公认为生活贫困潦倒。但在任何流离失所者的收容聚点，仍存在社会、种族、经济、政治和意识形态的等级制度，这正是由难民营生活的动态性和难民自身的文化行为所致。这项研究关注的问题看似简单：我们能否运用实物数据来区分"经认定的贫困"（第二组）和"真正的贫困"（第三组），并将这类方法推广至考古研究领域（Oka and Bartone 2013）。这个问题至关重要，尽管两组在资源享有权方面没有差别，但相当一部分经认定的贫困人口（第二组）比真正的贫困人口（第三组）有更多的渠道满足物质消费。其结果是，经认定的贫困人口能从福利、发展和扶贫项目的政策和行动中获益更多（Meyer and Sullivan 2008）。将这两组不加区分、不成比例地归为一类进行救济，则是只帮助了一组，而排斥了另一组。

先前的分析结果表明，第二组获取资源以供消费的渠道明显多于第三组（Oka and Bartone 2013），这意味着显示第二组和第三组物质消费和资源获取渠道分布状况的考古不平等指数应该较高。我们还可以假设（继Jantzen和Volpert 2012之后），卡库马难民营的整体考古不平等指数和难民营中经认定的贫困人口（难民营中第二组和第三组的"贫困人口"）考古不平等指数应该相当接近，这表明社会上层和底层间的不平等不存在规模分布上的差异。接下来，我们计算了36项实物及消费行为指标的基尼系数和考古不平等指数。这些样本被分为两个较大的组：卡库马难民营全体难民（第一组、第二组和第三组）和卡库马难民营的"贫困人口"（第二组和第三组）。

基尼系数和考古不平等指数的分析结果表明，卡库马难民营全体难民的考古不平等指数（0.47）和卡库马难民营"贫困人口"（第二组和第三组）的考古不平等指数（0.46）无明显差别。如果不包括难民营给这两组配备的资源，主要是房屋（包括位置）以及救济食物，再计算考古不平等指数，难民营中相对较高的不平等程度就会恶化。正如所料，卡库马难民营全体难民的考古不平等指数（0.52）和卡库马难民营"贫困人口"（第二组和第三组）的考古不平等指数（0.50）极为接近。有意思的是，尽管第二组和第三组都呈现出总体不平等，但基于两组的房屋面积计算出的基尼系数都很低，分别为0.16和0.17。这说明，卡库马难民营所观测到的不平等可能是由三组人口不同的消费渠道造成的，尽管当地政府已对难民房屋面积进行了严格的规定和监控。

卡库马难民营的人类学案例研究表明，对基于现代社会多个基尼系数得出的考古不平等指数的应用，以及运用土地分配和面积规定皆受当地政府严格控制的社会中基于房屋面积计算出的基尼系数的风险性。但我们能否将这一方法用在研究古代社会，以及算出考古不平等指数以检验历经时代变迁的不平等发展趋势的假设？ 在下一节中，我们将转向考古案例研究，运用由印度洋贸易港口（公元前 300—公元 1800 年）至青铜时代早期东南亚地区（公元前 2850—前 2550 年）的不同考古数据集和各地区的历史背景，以确定这些聚居群落历经变迁后不平等的不同发展轨迹。

运用基尼系数进行考古案例分析

案例研究：印度洋港口城市

焦尔港（公元前 300—公元 1800 年）和姆特瓦帕港（公元 800—1800 年）（见图 3.2）是印度洋上活跃的商贸中心。虽然两个港口的出现相隔近千年，但它们的崛起都发生在全球贸易繁荣时期：焦尔港崛起于近代早期（公元前 300—公元 200 年），姆特瓦帕港则是在漫长的 8 世纪（公元 700—900 年）崛起。但两个港口在公元 1600—1800 几乎同时衰落（Oka 2008; Oka et al. 2009）。两个港口接连衰败的原因很复杂，但公元 1500—1600 年欧洲稳定的同时，庞大的亚洲伊斯兰国家政治亦趋于稳定，促使现代早期（约公元 1500—1700 年）出现商业贸易的繁荣，生意遍布世界的商人也在此时崭露头角，在政坛和商界皆有强大的斡旋能力。与以往侧重建立可持续性合作关系的做法大不相同，这些贸易集团将投资重点放在占领市场、进行掠夺性的商品进口以及无所顾忌地攫取原材料，对小型港口及周边区域尤其如此（Oka et al. 2009）。

为适应商人不断变化的需求，印度洋沿岸各港口城市的贵族阶层拼命减少对当地生产的投资，鼓励国外贸易伙伴占领市场，加大原材

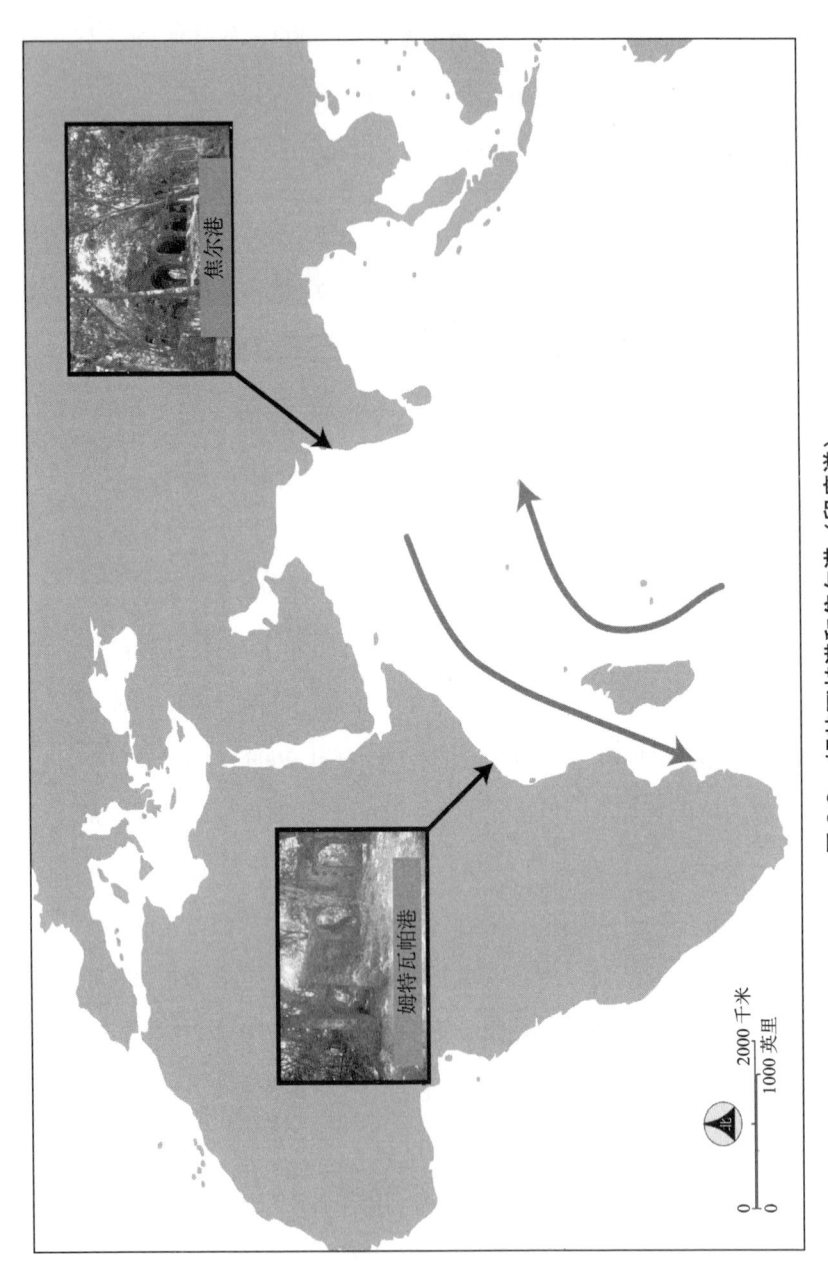

图 3.2 姆特瓦帕港和焦尔港（印度洋）

料的开采（Oka et al. 2009）。这导致港口城市贵族阶层内部以及不同集团之间的竞争加剧，城市贵族将原先用于本国企业集团联盟的投资转向了与国外贸易伙伴的合作。通过以吸引并巩固与外商合作为目的的各类宴会和慈善活动在公众面前塑造慷慨的形象，贵族阶层的这类行为愈演愈烈。从长远来看，这样的损耗导致收益下降，贵族阶层原先为维护商业港口的基础设施方面的投资开始减少。到17世纪中叶，外国商人将资本从小型港口撤出，转而投资于能满足其基础设施和服务需求的大型港口。随着贸易活动逐渐集中于孟买和蒙巴萨这样的特大港口，焦尔港和姆特瓦帕港这样的小港口辉煌不再，逐渐衰败（Oka 2008; Oka et al. 2009）。

假设这些变化与小型港口，即姆特瓦帕港和焦尔港的贵族阶层内部的总体不平等变化相关，那么对小型港口而言，其兴盛期和衰败期的特征便是较高的不平等程度，而在介于中间的发展变化期，考古不平等指数必定是低值。基于根据姆特瓦帕港和焦尔港复原的手工艺品算出的多个基尼系数，我们计算了这两个港口经历时代变迁的考古不平等指数，以检验对其贵族阶层间不平等发展趋势的假设。与本书其他章节不同，我们在计算时没有将基于房屋面积的基尼系数包括在内。由于都是贵族房屋，其水平增长受城内房屋密集程度的限制。这些贵族宅邸面积在100~150平方米，基尼系数较低。这种房屋面积体现出的相对平等和之前苏联城市的考古观测结果以及我们得出的卡库马难民营和美索不达米亚地区（见第九章）的结果相似。虽经历时代变迁，房屋几经易主，但面积却无太大变化。由于本章意在检验历经时空变迁，考古不平等指数发展趋势的假设，而房屋面积并无变化且与工艺品的分配无相关性，因此在计算考古不平等指数时并未将基于房屋面积的基尼系数包括在内。

姆特瓦帕港

约公元 800 年，姆特瓦帕以港口身份出现，于公元 1750—1800 年衰落。港口城市的贵族阶层在外国商人和本地生产商之间做生意（Kusimba 1999）。为维持这种贸易状态，贵族阶层像企业集团那样，通过公开举行各类庆典、举办商业场所落成仪式以及商务宴请等社会活动使彼此（也包括他们自己）的地位稳固化、合法化，同时控制商业经济（Blanton et al.1996; Kusimba 1999; Kusimba and Oka 2009; Robertshaw 2003）。此类联盟确保了公元 800 年至 1600 年所需商品在内陆和国外市场间的持续流通。而在小型港口的衰败期，由于贵族阶层集团间的竞争，原先的联盟瓦解，整个印度洋沿岸皆是如此。

基于上述分析，我们认为，公元 800—1000 年考古不平等指数应上升，公元 1000—1600 年应下降，而在公元 1600 年后上升，高度不平等体现了姆特瓦帕作为贸易城市的兴衰。用以计算基尼系数的考古数据主要是斯瓦希里贵族阶层所钟爱的珍贵器皿：釉彩瓷、青瓷、青花瓷以及白瓷。这些瓷器来自对姆特瓦帕老城区的 10 个大家族（居住面积在 100~150 平方米）的考古发掘。运用放射性鉴年法和考古测年法（Oka et al. 2009），这些器皿的年代被分为六个时期（公元 800 年之前、公元 800—1000 年、公元 1000—1200 年、公元 1200—1400 年、公元 1400—1600 年以及公元 1600—1800 年）。我们估计，公元

1000—1600 年斯瓦希里贵族集团的兴起与此时考古不平等指数的相对下降有关，而公元 1600 年后，贵族集团内部的竞争加剧则与考古不平等指数的上升相连。这一分析结果如图 3.3 和图 3.4 所示。

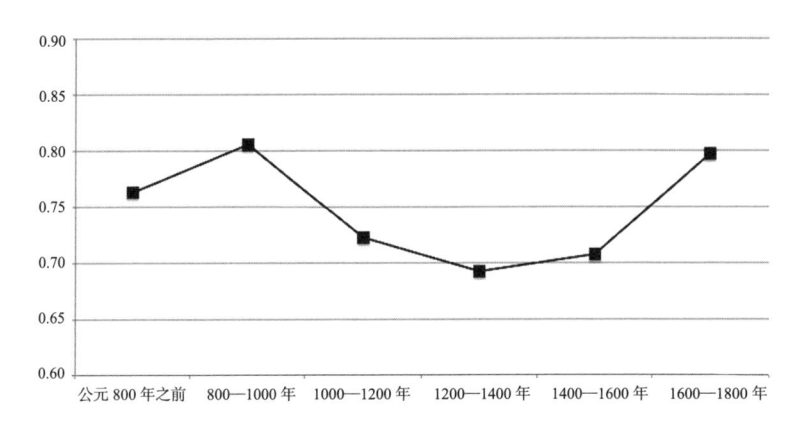

图 3.3　姆特瓦帕的考古不平等指数（公元 800 之前—1800 年）

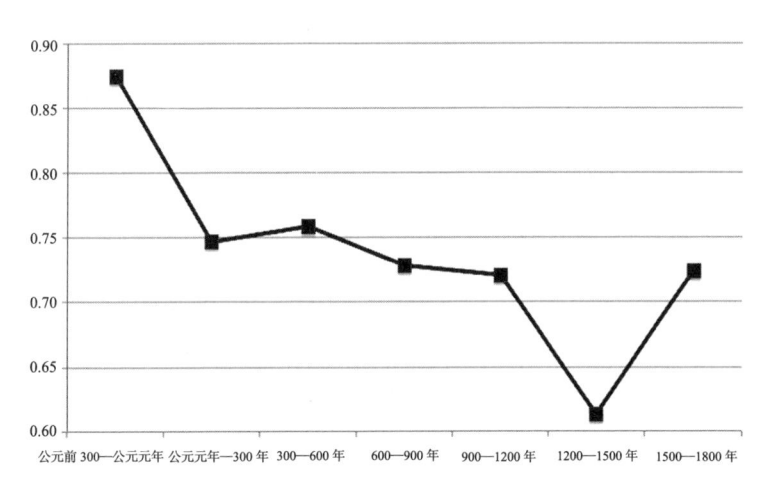

图 3.4　焦尔港的考古不平等指数（公元前 300—公元 1800 年）

表中结果清楚地表明，考古不平等指数的发展趋势符合预期模式。结果之所以可预计，是因为对发展趋势做出的假设是根据实物分配的先前分析所得的。但需要注意的是，为得出更全面的数值，考古不平等指数会尽量缩小每一实物类别中的差异。虽然各时期考古不平等指数的差异从统计学角度看并不明显，但其发展趋势的确表明经营组织从分散的关系网到集团化，再回到网状分布的变化。接下来便是根据其他实物数据计算基尼系数和考古不平等指数。这些数据包括房屋面积、综合公共区域、粗制器皿、串珠及其他高档手工艺品，还有动物和孢粉学数据。

焦尔港

焦尔港大约于公元前 300 年兴起，直至公元 1800 年，之后衰落。近代早期（公元前 300—公元 200 年）商业的繁荣促进了贵族阶层的公开竞争（Gogte et al. 2006; Ray 1994）。在所谓的"黑暗时代"（公元 300—600 年），全球贸易低迷，加之以变动性和不稳定性为特征的一众大国的再度崛起（公元 600—1200 年），致使贵族阶层为巩固其社会地位、确保在国内的自治权，积极与其他集团展开合作。这种自治权取决于港口的创收能力，而创收能力又取决于港口吸引商机、劳动力以及资本的能力。在这些动荡时期，焦尔港的商界、政界和意识形态领域的贵族不仅开始实施各团体间的合作战略，而且着力修建并维护粮库、仓库、神庙、佛塔、修道院、清真寺、犹太会堂和基督教堂等公共设施（Fukuzawa 1991; Gogte et al. 2006; Oka 2018）。

这些举动不仅促进了贵族阶层控制权力的合法性，而且成功地吸引了商机、劳动力以及资本，为商业基础设施的维护提供了资金。而商业基础设施的成功维护又会巩固贵族阶层控制权力的合法性，吸引更多的商机、劳动力以及资本。公元600—1500年，焦尔港的贵族阶层将政治、经济和意识形态三权分立制度化，在动荡莫测的政局中求生存。然而，公元1500—1800年，为在现代早期的商业繁荣之际吸引更多客户，贵族集团内部以及各集团间的竞争日益加剧。原先的三权分立变为贵族阶层与外国商人的个别联盟。由于贵族都意图在公众面前竞相炫富、显示慷慨品质，因此对公开炫富的投入不断增加（Gogte 2003）。

通过上述分析，我们预计，公元元年—1500年焦尔港的考古不平等指数将显示此时期不平等程度的持续降低，而其崛起之初（公元前300—公元元年）和陨落之际（公元1500—1800年），不平等程度处于高位。焦尔港考古发掘的实物数据分属八所房屋（面积在100~150平方米），制造年代横跨七个时期：公元前300—公元元年、公元元年—300年、公元300年—600年、公元600—900年、公元900—1200年、公元1200—1500年以及公元1500—1800年。根据串珠、手镯、铁钉（在当时价格不菲）、铁器残片、玻璃器皿（瓶、碗、瓷片和玻璃残片）、珠宝（项链、戒指等）、象牙制品以及艺术品（画像、雕像、灯具和其他高级手工艺品）的实物数据，计算出基尼系数。焦尔港历经时代变迁的考古不平等指数如图3.4所示。

不出所料，结果正如预计的一般。确切地说，表明焦尔港兴起（公元前300—公元元年）的数据恰好体现了其贵族阶层内部的高度不平等。贵族集团的出现及其存在（公元300—1200年）以及制度化的确立（公元1200—1500年）缓解了政坛和商界的动荡局面。贵族集团在港口管理及商业收益上取得的成功确保了其存在价值，由此致使考古不平等指数自公元300—1500年呈持续下降趋势。焦尔港最后衰败之时，不平等水平却突然增高。针对该现象的进一步研究用到来自八个家庭的陶瓷器皿数据以及房屋建筑数据，研究结果证实了这一趋势。尽管我们提醒各位研究人员不要将每一时期的基尼系数和考古不平等指数作为不平等程度的绝对测量方法，但随着时间的推移，预期的不平等发展趋势和实际观测到的不平等发展趋势往往是一致的。

西印度洋地区的不平等发展趋势

焦尔港和姆特瓦帕港这两个印度洋沿岸港口考古不平等指数的发展趋势和本书其他章节（第一章、第五章和第十一章）观测到的趋势一致：不平等程度越高，越预示着复杂社会的兴衰，而不平等程度越低，越表明为维持社会基本稳定，贵族阶层采取不少方法，以减少集团内部的竞争。现在，我们将历史倒回至黎凡特南部青铜时代早期，考察由多个基尼系数计算出的考古不平等指数能否验证早在公元前3000年早期，当地小型村落不平等程度变化的假设。

公元前3000年黎凡特南部努迈拉的人口聚集现象

在本章的第三个对比案例中，我们将时间倒回至青铜时代早期第三阶段，位于约旦哈希姆王国的死海平原东南部（见图3.5）的努迈拉要塞（约公元前2850—前2550年）。此要塞的出现是黎凡特南部青铜时代早期第一阶段至第三阶段（约公元前3600—前2500年）的一个关键特征（Chesson 2015）。当时的人们离开小规模的

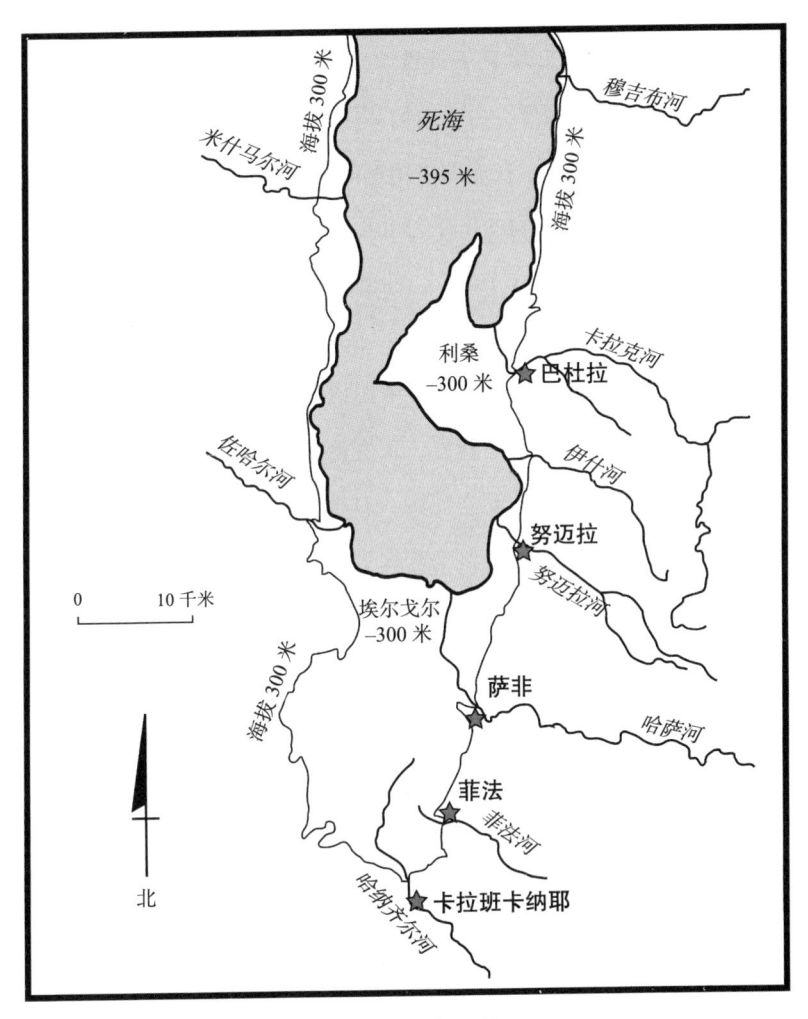

图3.5 约旦努迈拉

聚居区，迁至全新的居住地——军事要塞——从根本上改变了社交生活、经济生活、政治生活以及自然生活环境。然而，由于没有贵族阶层，也没有管理公民和组织庆典的相应机构，更缺乏普遍的贸易活动、昂贵的商品、成熟的书写体系、复杂的社会政治结构以及大量人口，这种转变明显不具备 V. 戈登·恰尔德（1950）所说的城市主义的特征。相反，由于人们聚居于由城墙圈起的村镇，加强了农业和畜牧业生产，在非居住用途的存储设施方面加大投入，因此造成村镇内日益加剧的不平等和要求确立平等关系间的拉锯战（Chesson 2015; Crumley 1987; Greenberg 2014; Harrison and Savage 2003; Philip 2008）。

这种社会重组需要人和物质资源以及人和非物质资源间的关系发生转变，尤其是土地资源、水资源和动植物资源。大量人口向村镇集中，需要重新设立规则，对财产、土地所有权、用水规划、农业体系，以及仪式和工艺知识、劳动力、亲属关系和经济关系进行规约（Chesson 2003; de Miroschedji 2009; Greenberg 2014; Philip 2008）。为养活这样庞大的人口，并满足其需求，需要有管理机构对定居点及周边地区的资源、土地和人口进行管理。要对灌溉系统、果园、梯田、道路、防御墙、行政中心、仪式场所以及各类市场（多见于较大的定居点）进行管理投资。大宗商品、土地、劳动力和水资源获取渠道的不同和对上述资源的控制力差异，构成了青铜时代早期政治、经济、社会权力和威望的基础（Chesson and Goodale 2014; Greenberg 2014）。

青铜时代早期第三阶段的约旦努迈拉遗址是该地区众多的小型要

塞之一。努迈拉遗址面积为 1 公顷①，其中 1 600 平方米已进行考古挖掘，整理出家庭经济、仓储情况、食物生产以及工艺分类方面的数据（Chesson and Goodale 2014; Chesson et al. 2018; Coogan 1984; Schaub and Chesson 2007）。此研究重点关注遗址中心三个占地面积约 1 000 平方米的住宅区，该住宅区历经努迈拉城全盛期的两个重要阶段：2A 阶段和 2B 阶段（青铜时代早期第一阶段代表要塞雏形期聚居区）。人工制品、建筑以及古人类植物学遗迹的完好保存为评估生活在青铜时代早期第三阶段的先民这两个时期社会经济结构的变化提供了物质依据（Chesson and Goodale 2014）。

对努迈拉遗址社会差异和社会不平等进行分析为研究其阶层分化和等级确立提供了不同以往的视角。无论是 2A 阶段还是 2B 阶段，三个家庭在房屋面积、房屋建筑材料、瓷器种类、地面石材和室内装饰方面的差异均非常小。三个家庭均具备食物制作功能，都有炉灶、烤箱和案板之类的工具，同时也都具备食物贮藏功能（Chesson and Goodale 2014）。三个家庭都对谷物进行集中贮存（二粒小麦或大麦），而且有类型相似的陶瓷器皿、打制石器以及磨制石器。对葡萄和大麦进行的古人类植物学分析证明，当时已使用灌溉技术（White et al. 2018）。葡萄的大量种植还表明，在极具挑战性的干旱环境中打理葡萄园需要相当大的投资，要对水资源和土地资源进行协调管理。

尽管存在上述相似性，但分析也明确了 2A 阶段和 2B 阶段两个时期三个家庭专业化程度不同。但我们认为，这些案例中的专业化并

---

① 1 公顷 =10 000 平方米。——编者注

不等同于不平等。三个家庭出土于 2B 阶段（这一时期的证据最为充分）的工艺品和植物遗骸的分布仅显示各家庭间的水平差异，并非表明不平等的直接证据，这些差异主要体现在工艺和食品生产方面。比如，某户家庭与纺织品生产联系紧密。他们的邻居则在一个房间内存有盛葡萄酒的酒坛，隔壁房间储有经过加工的大麦和小麦，明显与其他植物不同。第三户人家的陶制器皿内存有大量葡萄（也有可能是葡萄干），但没有任何进行纺织生产的工具。在 2A 阶段和 2B 阶段遗址中，考古发掘人员在一户家庭遗址中复原了若干件打制石器工具，但另外两户没有发现此类工具及原材料。三户家庭遗址中均发现像鹰嘴豆这样分布广且数量少的非本地植物。这一发现表明，这几户家庭与盛产这些植物的其他地区的居民间存在交换关系。通过观察此类模式，可以想象居住于此地的居民擅长种植某类植物（例如葡萄树），饲养某些牲畜，其邻近地区的居民则重点从事某种工艺品及食品生产（例如纺织和酿酒）。

基于青铜时代早期第三阶段努迈拉遗址社会差异的综合考古证据，我们预测，2A 阶段和 2B 阶段的考古不平等指数都处于低值（< 0.50），其余各阶段情况类似。根据 2A 阶段和 2B 阶段努迈拉遗址出土的各类实物变量计算出的基尼系数，我们确定在实物类别中，这两个时期的基尼系数接近。而在专门工具、陶瓷制品、酒精生产（或酿酒）、石器加工以及其他生产活动方面，基尼系数的较高数值（≤ 0.67）明显体现了预期的家庭差异和专门化的不同。2A 阶段和 2B 阶段偏低的考古不平等指数无明显的统计学差异，无论是存在家庭专业化的考古不平等指数（2A 阶段的考古不平等指数是 0.32，2B

阶段的考古不平等指数也是 0.32），还是不存在家庭专业化的考古不平等指数（2A 阶段的考古不平等指数是 0.19，2B 阶段的考古不平等指数是 0.22）皆如此。两个阶段的微小差别之所以在统计学上不明显，是因为具体数值表明，这两个阶段的不平等程度相对较低。

相对较小的家庭样本量（$n=3$）可能无法代表定居点的整体情况。此外，由于努迈拉河的水蚀作用，超过半数的定居点已无法寻踪，或许现存的遗址并未包括非居住用的仓储设施、仪式场所以及其他体现高度不平等的地标建筑。像巴布德拉这样与努迈拉遗址同时期的要塞，其定居点也没有体现明显的社会分化和不平等程度的考古证据。但是，更大规模的要塞（面积基本在 7 公顷以上），例如塔勒贝特伊拉要塞（Greenberg et al. 2006）、雅茅斯要塞（de Miroschedji 2009）和基尔巴昆兰撒扎昆要塞（Genz 2002），其非住宅用仓储设施、仪式场所、与埃及之间交流来往的凭证，还有更庞大的人口数量，可能都需要由法律条文对社会地位差异进行规约（Greenberg 2014）。然而，任何社会分化似乎都与房屋面积、房间数量、陶瓷用品和劳动工具这类基础资源无关。我们的分析结果表明，对纵向不平等的关注可能会掩盖横向不平等，而横向不平等主要表现为社会地位和政治地位的差异，而非物质经济方面的差别。

讨论与结论

按照联合国开发计划署的人类发展指数的计算方法，我们设计出了考古不平等指数，以便运用基尼系数评估考古遗址和人类学遗迹的物质文化分布状况。然而，我们所关注的并非对不平等程度的精准测量，而是检验历经时代变迁，人类聚居区内和各聚居区间不平等的发展趋势和模式的变化。我们运用考古不平等指数来研究这些人类社会，以检验考古学领域对于历经时代变迁对其不平等发展趋势做出的假设和预计（以努迈拉遗址、姆特瓦帕港和焦尔港遗址为例），以及由消费渠道差异引起的聚居点内不平等的复杂表现（以卡库马难民营为例）。我们的分析如下：

- 对卡库马难民营难民物质文化消费状况的比较表明，"经认定的贫困人口"（第二组）和"真正的贫困人口"（第三组）在消费能力方面存在统计学上的显著差异。基于卡库马难民营的所有难民计算出的考古不平等指数和难民营中两组"贫困人口"计算出的考古不平等指数显示，考古不平等指数的分布状况与样本范围无关，两组皆呈现高值。具体地说，第二组和第三组较高的考古不平等指数证实了消费分析的结果。两项分析都表明，有渠道获得消费资源的难民（即经认定的贫困人口，第二组）和没有渠道获得消费资源的难民（即真正的贫困人口，第三组）之间存在明显的社会地位差异和经济差异。
- 印度洋沿岸的两个港口——姆特瓦帕港和焦尔港，其贵族阶层结盟战略按照与更多合作伙伴建立关系网到建立集团，而后再回到关系网的模式转变。我们对这种预先做出的推断和假设进行了检验，证明在这两个成为稳定居住点的港口城市建立之初和衰败之时，不平等程度都非常高。两个港口都见证了贵族集团的建立及制度化，而贵族集团也为港口贸易、商业及收益的稳定做出了贡献。在这些港口由盛而衰的同时，贵族集团亦风光不再，随后商业和金融体系迎来了全球范围内更大的变化。

- 青铜时代早期第三阶段努迈拉遗址为我们提供了一个检验考古不平等指数和基尼系数的机会，在这个社会环境中，等级不平等程度低到可以忽略不计，但其日常社会生活却差异明显。这一检验证明，经济差异并不总是等同于政治、经济及社会等级结构中的经济不平等，此结论与先前考古分析的预期结果一致。

总之，虽然仅根据实物数据计算出的基尼系数可能无法作为不平等程度的精准测量工具，但多个基尼系数和考古不平等指数的严谨结合为针对考古学领域不平等动态演化的更具体的研究提供了有力的、具有探索意义的工具。确切地说，我们认为，基于多个基尼系数得出的考古不平等指数使研究人员提出各地区间及一地区内不平等发展趋势的假设。然而，需要注意的是，单一基尼系数或单个考古不平等指数不能作为不平等的绝对测量工具，因此不应将其（错误地）用作对社会进行分类的依据。考古不平等指数的主要优势在于它有能力包含任何量级的变量（只要该数据用以表明某一实物在一聚居群落的分配状况如何）。我们计算出的数据显示，考古不平等指数随变量数目的增加而趋于稳定。而考古不平等指数是否提供了既定时空不平等的合理量化范围？或许如此，但我们并不鼓励这样使用考古不平等指数。可是，通过观察由大量变量得出的考古不平等指数的变化，我们不仅能更好地理解不平等的发展趋势,并将此用于研究实践,而且通过对过去一万年间多个人类社会出现不平等现象并反复不断的原因加以分析,考古学界也可以加入社科领域对不平等的热烈讨论中。对考古学家来说,这不失为最稳妥的方式。

致谢

首先感谢澳大利亚标准协会的蒂莫西·科勒和迈克尔·史密斯最开始成立了讨论小组,感谢美洲印第安人工作室,感谢《不平等的一万年》这本书。还要感谢圣母大学、圣母高等研究院、美国国家科学基金会(NSF)、温纳-格伦基金会、国家地理学会、国家人文基金会、卡耐基学院、匹兹堡神学院、世界银行、联合国难民署,以及约旦、肯尼亚和印度几国政府及研究机构,感谢以上各方的支持和资助。还要对美洲印第安人基金会在亚利桑那州德拉贡承办我们的研讨会深表感谢。

参考文献

Alexeev, Michael. 1988. The Effect of Housing Allocation on Social Inequality: A Soviet Perspective. *Journal of Comparative Economics* 12(2):228–34.

Altekar, Anant Sadashiv. 2009. *State and Government in Ancient India*. Motilal Banarsidas Press, New Delhi, India.

Anand, Sudhir, and Amartya Sen. 1994. *Human Development Index: Methodology and Measurement*. Occasional Paper 12. UN Development Programme, Human

Development Report Office, New York.

Banerjee, Abhijit V., and Esther Duflo. 2011. *Poor Economics: A Radical Rethinking of the Way to Fight Global Poverty*. PublicAffairs, New York.

Blanton, Richard E., Gary M. Feinman, Stephen A. Kowalewski, and Peter N. Peregrine. 1996. A Dual-Processual Theory for the Evolution of Mesoamerican Civilization. *Current Anthropology* 37(1):1–14.

Chesson, Meredith S. 2003. Households, Houses, Neighborhoods and Corporate Villages. Modeling the Early Bronze Age as a House Society. *Journal of Mediterranean Archaeology* 16(1):79–102.

——. 2015. Reconceptualizing the Early Bronze Age Southern Levant Without Cities: Local Histories and Walled Communities of EBA II–III Society. *Journal of Mediterranean Archaeology* 28(1):21–79.

Chesson, Meredith S., and Nathan Goodale. 2014. Population Aggregation, Residential Storage, and Socioeconomic Inequality at Early Bronze Age Numayra, Jordan. *Journal of Anthropological Archaeology* 35:117–34.

Chesson, Meredith S., R. Thomas Schaub, and Walter E. Rast. 2018. *Numayra: Excavations at the Early Bronze Age Townsite in Jordan, 1977–1983*. Vol. 4 of *Expedition to the Dead Sea Plain*. Eisenbrauns, Winona Lake, Ind. Forthcoming.

Childe, V. Gordon. 1950. The Urban Revolution. *Town Planning Review* 21:3–17.

Coogan, Michael D. 1984. Numeira 1981. *Bulletin of the American Schools of Oriental Research* 255:75–81.

Crumley, Carole L. 1987. A Dialectical Critique of Hierarchy. In *Power Relations and State Formation*, edited by Thomas C. Patterson and Christine W. Gailey, pp. 155–69. American Anthropological Association, Washington, D.C.

Deaton, Angus. 2013. *The Great Escape: Health, Wealth, and the Origins of Inequality*. Princeton University Press, Princeton.

——. 2014. Inevitable Inequality? *Science* 244:783.

de Miroschedji, Pierre. 2009. Rise and Collapse in the Southern Levant in the Early Bronze Age. *Scienze dell'Antichità: Storia, Archeologica, Antropologia* 15:101–29.

Easterly, William. 2006. *The White Man's Burden: Why the West's Efforts to Aid the Rest Have Done So Much Ill and So Little Good*. Penguin, New York.

——. 2007. Inequality Does Cause Underdevelopment: Insights from a New Instrument. *Journal of Development Economics* 84(2):755–76.

Escobar, Arturo. 1995. *Encountering Development: The Making and Unmaking of the Third World*. Princeton University Press, Princeton.

Farmer, Paul. 2005. *Pathologies of Power: Health, Human Rights, and the New War on the Poor*. University of California Press, Berkeley.

Feinman, Gary M. 1995. The Emergence of Inequality: A Focus on Strategies and Processes. In *Foundations of Social Inequality*, edited by T. Douglas Price and Gary M. Feinman, pp. 255–79. Plenum, New York.

Flanagan, James G. 1989. Hierarchy in Simple "Egalitarian" Societies. *Annual Review of Anthropology* 18:245–66.

Frangipane, Marcella. 2007. Different Types of Egalitarian Societies and the Development of Inequality in Early Mesopotamia. *World Archaeology* 39(2):151–76.

Fukuyama, Francis 1992. *The End of History and the Last Man*. Free Press, New York.

Fukuzawa, Hiroshi. 1991. *The Medieval Deccan: Peasants, Social Systems and States, Sixteenth to Eighteenth Centuries*. Oxford University Press, Delhi.

Genz, Hermann. 2002. *Die frühbronzezeitliche Keramik von Hirbet ez-Zeraqon: Deutsch-jordanische Ausgrabungen in Hirbet ez-Zeraqon 1984–1994*. Abhandlungen des Deutschen Palaestina-Vereins 27, 2. Harrassowitz, Wiesbaden.

Ghurye, G. S. 1969. *Caste and Race in India*. Popular Prakashan, Mumbai, India.

Gogte, Vishwas. 2003. The Archaeology of Maritime Trade at Chaul, Western Coast of India. *Man and Environment* 38:67–74.

Gogte, Vishwas, Shrikant Pradhan, Abhijit Dandekar, Sachin Joshi, Rukhshana Nanji, Shivendra Kadgaonkar, and Vikram Marathe. 2006. The Ancient Port at Chaul. *Journal of Indian Ocean Archaeology* 3:62–80.

Greenberg, R. 2014. Introduction to the Levant in the Early Bronze Age. In *Oxford Handbook of the Archaeology of the Levant*, edited by Margreet L. Steiner and

Ann E. Killebrew, pp. 263–71. Oxford University Press, Oxford.

Greenberg, Raphael, Sarit Paz, and Yitzhak Paz. 2006. *Bet Yerah, the Early Bronze Age Mound*. Vol. 1, *Excavations Reports, 1933–1986*. Israel Antiquities Authority, Jerusalem.

Haq, Mahbub ul. 1995. *Reflections on Human Development*. Oxford University Press, Oxford.

Harrison, Timothy P., and Stephen H. Savage. 2003. Settlement Heterogeneity and Multivariate Craft Production in the Early Bronze Age Southern Levant. *Journal of Mediterranean Archaeology* 16(1):33–57.

Hulme, David, Karen Moore, and Andrew Shepherd. 2001. *Chronic Poverty: Meanings and Analytical Frameworks*. CPRC Working Paper 2. Chronic Poverty Research Centre. www.chronicpoverty.org/uploads/publication_files/WP02_Hulme_et_al.pdf.

Jantzen, Robert T., and Klaus Volpert. 2012. On the Mathematics of Income Inequality: Splitting the Gini Index in Two. *American Mathematical Monthly* 119(10):824–37.

Joyce, Rosemary A. 2004. Unintended Consequences: Monumentality as a Novel Experience in Formative Mesoamerica. *Journal of Archaeological Method and Theory* 11:5–29.

Karlin, Anatoly. 2012. Ayn Stalin: Soviet Inequalities in 1929–1954. Webpost in Anatoly Karlin About Economy, June 24, 2012. http://akarlin.com/2012/06/aynstalin/.

Keeley, Lawrence H. 1988. Hunter-Gatherer Economic Complexity and "Population Pressure": A Cross-Cultural Analysis. *Journal of Anthropological Archaeology* 7(4):373–411.

Kim, Jim Yong, Joyce V. Millen, Alec Irwin, and John Gershman. 2000. *Dying for Growth: Global Inequalities and the Health of the Poor*. Common Courage Press, Monroe, Me.

Kramer, Carol. 1982. *Village Ethnoarchaeology: Rural Iran in Archaeological Perspective*. Academic Press, New York.

Kuijt, Ian. 2008. Demography and Storage Systems During the Southern Levantine Neolithic Demographic Transition. In *The Neolithic Demographic Transition and Its Consequences*, edited by Jean-Pierre Bocquet-Appel and Ofer Bar-Yosef, pp. 287–313. Springer, Netherlands.

Kulke, Hermann, and Dietmar Rothermund. 1998. *A History of India*. Routledge, New York.

Kusimba, Chapurukha M. 1999. *The Rise and Fall of Swahili States*. AltaMira Press, Walnut Creek, Calif.

Kusimba, Chapurukha M., and Rahul Oka. 2009. Trade and Polity in East Africa: Re-examining Elite Strategies for Acquiring Power. In *The Changing Worlds of Atlantic Africa*, edited by Toyin Falola and Matt D. Childs, pp. 39–60. Carolina Academic Press, Durham, N.C.

Lin, Nan. 2000. Inequality in Social Capital. *Contemporary Sociology* 29 (6):785–95.

Lindert, Peter H., and Jeffrey G. Williamson. 2003. Does Globalization Make the World More Unequal? In *Globalization in Historical Perspective*, edited by Michael D. Bordo, Alan M. Taylor, and Jeffrey G. Williamson, pp. 227–75. University of Chicago Press, Chicago.

Marcus, George E. 1983. Elite as a Concept, Theory and Research Tradition. In *Elites: Ethnographic Issues*, edited by George E. Marcus, pp. 7–27. University of New Mexico Press, Albuquerque.

Meyer, Bruce D., and James X. Sullivan. 2008. Changes in the Consumption, Income, and Well-Being of Single Mother Headed Families. *American Economic Review* 98(5):2221–41.

Moyo, Dambisa. 2009. *Dead Aid: Why Aid Is Not Working and How There Is a Better Way for Africa*. Macmillan, New York.

Oka, Rahul C. 2008. Resilience and Adaptation of Trade Networks in East African and South Asian Port Polities, 1500–1800 CE. PhD dissertation, University of Illinois, Chicago.

———. 2011. Unlikely Cities in the Desert: The Informal Economy as Causal Agent for Permanent "Urban" Sustainability in Kakuma Refugee Camp, Kenya. *Urban*

Anthropology and Studies of Cultural Systems and World Economic Development 40 (3/4):223–62.

——. 2014. Coping with the Refugee Wait: The Role of Consumption, Normalcy, and Dignity in Refugee Lives at Kakuma Refugee Camp, Kenya. *American Anthropologist* 116(1):23–37.

——. 2018. Trade, Traders, and Trading Systems: Exchange, Trade, Commerce and the Rise/Demise of Civilizations. In *Trade and Civilization,* edited by Kristian Kristiansen, pp. 333–79. Cambridge University Press, Cambridge. Forthcoming.

Oka, Rahul C., and Dianna Bartone. 2013. Reclaiming Poverty for Anthropology: How Archaeology Can Form the Basis for Understanding the Evolution, Endurance, and Ubiquity of Global Poverty. Presented at the 78th Annual Meetings of the Society for American Archaeology, Honolulu, Hawai'i, April 3–7, 2013.

Oka, Rahul C., Chapurukha M. Kusimba, and Vishwas D. Gogte. 2009. Where Others Fear to Trade. In *The Political Economy of Hazards and Disasters*, edited by Arthur Murphy and Eric Jones, pp. 201–32. Monographs in Economic Anthropology. Altamira Press, Walnut Creek, Calif.

Ostrom, Elinor. 2005. *Understanding Institutional Diversity*. Princeton University Press, Princeton.

Paynter, Robert. 1989. The Archaeology of Equality and Inequality. *Annual Review of Anthropology* 18:369–99.

Philip, Graham. 2008. The Early Bronze I–III Ages. In *Jordan: An Archaeological Reader*, edited by Russell Adams, pp. 161–226. Equinox Press, London.

Piketty, Thomas. 2014. *Capital in the Twenty-First Century*. Harvard University Press, Cambridge, Mass.

Prentiss, Anna Marie, Thomas A. Foor, Guy Cross, Lucille E. Harris, and Michael Wanzenried. 2012. The Cultural Evolution of Material Wealth Based Inequality at Bridge River, British Columbia. *American Antiquity* 77:542–64.

Price, T. Douglas, and Gary M. Feinman (editors). 1995. *Foundations of Social Inequality*. Plenum Press, New York.

Ray, Himanshu Prabha. 1994. *The Winds of Change: Buddhism and the Maritime Links of Early South Asia*. Oxford University Press, New Delhi.

Rist, Gilbert. 2007. Development as a Buzzword. *Development in Practice* 17 (4–5): 485–91.

Robertshaw, Peter. 2003. The Origins of the State in East Africa. In *East African Archaeology: Foragers, Potters, Smiths, and Traders*, edited by Chapurukha M. Kusimba and Sibel B. Kusimba, pp. 149–66. University Museum of Pennsylvania Press, Philadelphia.

Sargsyan, G. S. 1990. Level, Rates and Proportions of Growth of Real Incomes Under Socialism. Central Economics and Mathematics Institute of the USSR. http://50.economicus.ru/index.php?ch=2&le=20&r=5&z=1.

Schaub, R. Thomas, and Meredith S. Chesson. 2007. Life in the Earliest Walled Towns on the Dead Sea Plain: Numeira and Bâb adh-Dhrâ. In *Crossing Jordan: North American Contributions to the Archaeology of Jordan*, edited by Thomas Evan Levy, P. M. Michele Daviau, Randall W. Younker, and May Shaer, pp. 246–52. Equinox Press, London.

Sen, Amartya. 1992. *Inequality Reexamined*. Oxford University Press, Oxford.

Smith, Michael E., Timothy Dennehy, April Kamp-Whittaker, Emily Colon, and Rebecca Harkness. 2014. Quantitative Measures of Wealth Inequality in Ancient Central Mexican Communities. *Advances in Archaeological Practice* 2 (4):311–23.

UNDP. 2010. Calculating the Human Development Index. United Nations Development Programme, New York. http://hdr.undp.org/en/content/human-development-index-hdi.

White, Chantel, David McCreery, and Fabian Toro. 2018. Crop Storage, Processing, and Cooking Practices at Numayra: The Plant Remains. In *Numayra: Excavations at the Early Bronze Age Townsite in Jordan, 1977–1983*, edited by Meredith S. Chesson, R. Thomas Schaub, and Walter E. Rast. Eisenbrauns, Winona Lake, Ind. Forthcoming.

第四章

不列颠哥伦比亚省布里奇河遗址渔业采集业社会不平等出现假设的检验

安娜·玛丽·普伦蒂斯、托马斯·福尔、
玛丽-玛格丽特·墨菲

近年来,民族志和考古学的比较研究（Mattison et al. 2016; Borgerhoff Mulder et al. 2009; Shennan 2011; Smith et al. 2010）已经确定了影响制度化不平等产生的关键潜在因素（Wiessner 2002）。这些因素包括经济上具有防御性的资源以及可代际传递的财富。在这样的社会背景下,由于选择有限,新兴的下级阶层不得不接受不平等（Kennett et al. 2009; Smith and Choi 2007）。由于存在明显具有防御性和可传递性的财富,符合上述条件的例子在农业社会和畜牧业社会中比比皆是。而在家庭种植和以狩猎-采集为主的社会中,这种模式并不明显（Borgerhoff Mulder et al. 2009）。部分狩猎-采集社会是例外情况,这些社会在每年的特定时间内,食物资源极为丰富,但只有在关键的狩猎-采集点才可获取（Mattison et al. 2016）。

虽然对催生制度化不平等条件的了解已取得明显进展，但对不平等测量方面的发展及严格定量分析技术的运用以及对相关假设的验证明显关注不足。基尼系数已被广泛应用于社会科学和经济学领域（例如，Allison 1978; Cowell 1977; Gastwirth 1972），但在考古学领域只是偶尔使用（例如，Hayden and Cannon 1984; Kohler and Higgins 2016; McGuire 1983; Schulting 1995; Smith et al. 2014; 另见本书第一章）。在本章中，我们将讨论如何使用基尼系数来检验不列颠哥伦比亚省弗雷泽峡谷中部的大型聚居村落，即布里奇河遗址社会不平等出现的假说。

几十年来，弗雷泽峡谷中部一直是研究复杂的狩猎-采集社会结构的重要背景（Hayden 1997; Prentiss and Kuijt 2012），但此地仍有不少未解之处。部分原因是考古调查有限（例如，与美国西南部相比），但也有测量方法局限性的原因。因此，本文的另一个贡献正在于，运用基尼系数在复杂的狩猎-采集社会背景下测量不同形式的不平等时所面临的挑战。首先，我们回顾了弗雷泽峡谷中部地区的考古研究，此研究包括对准备检验的特定假设的说明。接下来，我们梳理了在使用基尼系数方法上应注意的问题。随后，我们呈现研究结果和结论，着重界定了布里奇河遗址社会不平等形式和规模上的变化。通过与奥泽特遗址出土手工艺品及房屋面积计算出的基尼系数的对比，更加明确了布里奇河遗址的研究结果。奥泽特遗址是有名的西北部沿海村落，其特点是房屋之间及屋内陈设有明显的社会等级区分（Samuels 2006）。

布里奇河遗址及弗雷泽峡谷中部的考古研究

先前对布里奇河地区村落遗址房屋地基的考古研究表明，基于家庭间数据测量出的财富不平等出现于整个村落都存在生存压力的短暂时期（Prentiss et al. 2012，2014）。布里奇河村落建成时间距今约1800年，历经三个阶段［布里奇河1期至布里奇河3期］的发展达到鼎盛期（Prentiss et al. 2008）。迄今为止，对布里奇河1期（距今约1800—1600年）的了解仍极为有限，布里奇河村落于此时初建，并形成了以食物存储为基础、渔民-食物采集者为主要生产者的社会经济发展模式。社会经历迅速发展（见图4.1），进入布里奇河2期（距今约1600—1300年）。在这个时期，人口趋于稳定，其标志是几何排列的多家庭联排住宅的出现。布里奇河3期（距今约1300—1000年）的明显特点是由房屋数量算出村落面积增加了一倍（见图4.1）。在布里奇河2期至布里奇河3期，房屋数量的增加并非简单的累积，因为布里奇河3期新的环状联排房屋建成时，布里奇河2期几乎所有的住宅都已被废弃。距今约1200—1150年，整个村落开始荒废，距今约1000年，它已成为一座废城。直至距今约400年，布里奇河村落才恢复生机，进入布里奇河4期。布里奇河遗址的发展历史与弗雷泽峡谷中部其他大型村落类似（Hayden and Ryder 1991; Prentiss et al. 2007, 2011; Prentiss and Kuijt 2012）。

布里奇河2期向3期的过渡阶段正是社会经济和政治的重大变革期。从整个村落的角度看，两项基本生存资源数量减少。我们发现集中的鹿骨越来越少，由布里奇河2期的食用整头鹿到布里奇河3期

图 4.1 布里奇河遗址 2 期（左图）和 3 期（右图）对比图

马修·沃尔什绘制

122　　不平等的一万年

的食用部分（Prentiss et al. 2014），这一变化很可能反映了觅食距离变远导致食物运输成本增加（例如，Broughton 1994）。虽然整个村落都经历了这种转变，但筛选出的几个家庭比其他家庭有更多获得鹿肉的渠道，从整体鹿骨的数量以及鹿身和鹿头骨的数量便可看出（Prentiss et al. 2014）。一旦每年鲑鱼洄游的数量不确定，能否猎捕到鹿就格外关键。既猎鹿又捕鱼的家庭还会养狗，可以用作食物，还可以作为狩猎-采集的助手（Cail 2011; Prentiss et al. 2014）。在各家庭间自给自足的经济模式发生变化的同时，我们发现，各家庭获取各类非自产物品的渠道也存在差异。在布里奇河3期，经济实力最强的家庭积攒了数量可观的非本地产石材、装饰品（例如，串珠、吊坠和玉器），还有用作装饰和展示的原料（滑石、软玉和铜）。由此可得出如下结论：随着人口达到峰值，从获取食物及其他物质资源的角度衡量，家庭间产生了不平等。于是我们在研究中对根据房屋面积、生活物品遗迹和手工艺品计算出的基尼系数所得的结论进行进一步验证。

布里奇河遗址考古研究的结论为预测人口流失、人际合作的减少以及马尔萨斯危机期间短期物质不平等出现的可能性的人口结构统计模型提供了支持（Boone 1998; Hegmon1991; Puleston and Tuljapurkar 2008; Puleston et al. 2014; Winterhalder et al. 2015）。然而，这些发展进程是如何在各个家庭中发生的，仍存在不少疑问。鉴于在布里奇河3期，家庭间已出现不平等，可以想见，当时家族内部存在合作以及与其他地位相近的家族竞争。可做如下设想，家中成员相互配合制作和储存食物，共享相关工具和用具。在这种情形下，由于食品安全压力越来越大，对不劳而获的限制也逐渐放松，允许暂时为生计疲于奔命的家庭成员留在家族内（Angourakis et al. 2015）。另一种设想则是，竞争条件导致战略关系网的出现，甚至波及家族内部。如此一来，家族间的合作就会减少，不平等就会出现（Boone 1998）。在这种情形下，考虑到若身处家族之外，极有可能承受更糟糕的结果，那些获取食物资源渠道有限的成员会选择留在家族内（Boone 1992）。

在本章中，我们首先对布里奇河 3 期家庭间不平等的假设进行了额外检验。我们按照马尔萨斯人口天花板条件下一户家庭内社会变动的可选择性设定的验证方法，提取布里奇河遗址地层断代明确的一户家庭的发掘数据进行检验。54 号房屋坑洞的家庭虽跨越布里奇河 2 期和 3 期两个阶段，但在布里奇河 2 期向 3 期过渡时，其房屋面积增加了一倍，它标志着这时整个村落面积也增大了一倍，并进行了重新规划。我们的方法是重新梳理 54 号房屋坑洞的家庭的地层序列组，对该家庭的人口变动、关键食物和物质资料的获得渠道的变化进行了检验，最后对家庭内部合作性质随物质资源获取渠道变化而变化的可能性进行评估。我们根据爆破所取的岩体、关键食物（鲑鱼和鹿）、重要物品［石铲、装饰/展示（体现声望）的物品以及非本地产原材料］数据计算出的基尼系数测量不平等程度。我们所测量的合作情况，一是基于地上食物存储空间或地下食物窖藏空间，二是基于以家庭建筑面积为单位的不同活动区域间的工具分布状况。如果数据反映的是在地层连续分布中始终存在食物分享和食物存储合作的证据，那么，我们可以暂时得出结论，即当时很可能出现了合作模式；相反，如果发现地层间有证据表明合作减少、不平等增加，那么，我们会接受当时很可能出现竞争这一假设。

用基尼系数测量考古背景下的不平等

普遍关心的问题

对不平等进行量化的方法有很多（见本书第二章；Coulter 1989），但应用最广泛的可能是基尼系数（Allison 1978; Cowell 1977; Gastwirth 1972）。对基尼系数最简单的定义是对源自先验数据的洛伦茨曲线和理论上定义的等值线间面积的测量。与任何测量方法一样，基尼系数的变化受许多因素的影响。在理想状况下，只要测量精确，此测量方法就会反映财富的差异。过去几十年间，考古学家对基尼系数的使用频率极为有限（Ames 2008; Hayden and Cannon 1984; Kohler and Higgins 2016; McGuire 1983: Pailes 2014; Peterson et al. 2016; Schulting 1995; Smith et al. 2014; Windler et al. 2013; Wright 2014）。这使得人们在应用基于考古数据计算出的基尼系数时，往往考虑得越来越复杂（Pailes 2014; Peterson et al. 2016; Windler et al. 2013；另见本书第二章、第六章、第八章和第十章）。在接下来的讨论中，我们将考虑不平等形式上的可变性，对其进行量化的方法，特别是运用考古数据，以及测量不平等的恰当时代背景。最后，对测量布里奇河遗址不平等的方法进行简要回顾。

不平等的呈现形式有很多。最常用来衡量收入不平等的是基尼系数（Kuznets 1955; Milanovic 2011）。但是，不平等还能以其他方式呈现，尤其是在工业化之前的社会（Milanovic et al. 2011）。在货币尚未出现的地区，获得生存资源是人类学研究领域一个有用的指标（Smith 1991），但考古学界对此研究不足。其实，克里斯蒂安·彼得森及其同事（2016；另见本书第二章）鉴于保存状况和处理方式的差异，对动物骸骨在考古学中使用应注意的问题进行了概述。对土地的所有，比如，拥有果园（Curtis 2013; Gasco 1996; Smith et al. 2014；另见本书第六章、第八章和第十章），是衡量食物生产不平等的另一种方法。无论使用基尼系数（见本书第五章、第七章和第九章；Hayden 1997; Smith et al. 2014）还是其他测量工具（Coupland and Banning 1996，以及二位在这一领域的贡献），房屋面积向来是用以量化不平等变量的有用指标，一般会认为房屋面积反映的是家庭人口规模，吸引外部建设、维护及仪式关注能力等家庭经济生活的方方面面。然而，不少学者认为，房屋面积只反映人口状况，而非财富状况（例如，Cutting 2006; Olson and Smith 2016）。由于手工艺品的生产取决于社会供给手工艺品生产者的能力以及维系贸易的程度，因此常被考古学家用来衡量物质财富的可变性（Ames 2008; Olson and Smith 2016; Peterson et al. 2016; Schulting 1995; Windler et al. 2013; Wright 2014）。彼得森及其同事（2016）提出了与手工艺品相关的值得注意的问题，主要是手工艺品的数量可能更多反映的是考古取样的影响、遗址居住者的数量以及居住的时间。替代手工艺品简单计数的方法是对每个家庭生产的全部手工艺品进行成本估算，正如本书第二章中论述的。

西蒙·库兹涅茨（1955）提出了运用基尼系数测量收入不平等的五项标准，其中两项与考古学相关：指数所测量的必须是家庭收入；分布状况必须完整（例如，在测量国民收入差距时，该国所有收入群体都应被计算在内，不应只考虑社会上层和社会底层）。测量家庭收入意味着要对家庭进行分类，这是考古学家惯常的做法（Hayden 1997;

Hayden and Cannon 1984; Peterson et al. 2016; Smith et al. 2014; Wright 2014)。学界对基于手工艺品和随葬品的不平等测量表示担忧（例如，Ames 2008; McGuire 1983; Schulting 1995），也意识到个体的随葬品不能反映家庭的情况（Smith et al. 2014）。在考古学中，对几十个乃至上百个家庭组成的考古遗址进行采样往往需要漫长的时间，投入巨大的成本，因此，测量完整的分布状况是极大的挑战。如果大规模的遗址发掘（例如，Peterson et al. 2016; Wright 2014）难以实现，那么可进行符合发掘要求的地上房屋形制的考古分析（Hayden 1997; Smith et al. 2014）。

基尼系数还会受到样本数量的影响，根据小样本计算出的基尼系数往往会低（Deltas 2003; Dixon et al. 1987）。为控制样本数量变化，我们使用数据分析软件 StatsDirect 中的基尼系数模块计算出人口基尼系数的无偏差估计量。随后，多位学者对使用基尼系数进行统计推断表示担忧，并建议用置信区间计算，以比较样本的变化（Dixon et al. 1987; Mills and Zandvakili 1997; 本书第二章）。按照 Jeffrey Mills and Sourushe Zandvakili（1997）提出的方法，我们用 StatsDirect 软件以自举法（重复次数十万次）计算的置信区间为 95%。自举法对基于小型样本计算置信区间尤其有效（Mills and Zandvakili 1997）。

布里奇河遗址不平等状况的测量

我们根据房屋面积、爆破所取岩体（FCR）的密度、关键的生存食物（鹿和鲑鱼的遗骸）以及三种手工艺品——石板石刮（用于皮革加工）、非本地产石材和体现社会地位的手工艺品数据（见表 4.1 和表 4.2）计算出基尼系数，来测量不平等程度。在此进行逐一回顾。

表 4.1　布里奇河 2 期和 3 期房屋坑洞差异所计算出的基尼系数

阶段	物质资料	基尼系数	标准差（自举法）	无偏差人口基尼系数	自举法置信区间 低值	自举法置信区间 高值
布里奇河 3 期						
	房屋面积	0.18	0.02	0.19	0.16	0.25
	哺乳动物	0.34	0.09	0.43	0.40	0.48
	鲑鱼	0.40	0.14	0.50	0.41	0.54
	非本地产原材料	0.42	0.12	0.51	0.40	0.70
	体现社会地位的手工艺品	0.48	0.12	0.60	0.47	0.71
布里奇河 2 期						
	房屋面积	0.20	0.03	0.21	0.18	0.29
	哺乳动物	0.39	0.17	0.58	0.58	0.60
	鲑鱼	0.46	0.18	0.69	0.69	0.72
	非本地产原材料	0.13	0.04	0.20	0.20	0.22
	体现社会地位的手工艺品	0.48	0.12	0.60	0.47	0.71

注：表中数据来自 Prentiss et al. 2012（食物残骸和手工艺品）和 Prentiss et al. 2005（房屋面积）

128　　　　　　　　　　　　　　　　　　　　　　不平等的一万年

表 4.2 54 号房屋坑洞 5 个地层的基尼系数

物质资料	地层	基尼系数	标准差（自举法）	无偏差人口基尼系数	自举法置信区间 低值	自举法置信区间 高值
灼烧所致碎裂岩块						
	IIa	0.22	0.08	0.33	0.33	0.42
	IIb	0.32	0.08	0.43	0.35	0.51
	IIc	0.17	0.05	0.23	0.22	0.29
	IId	0.15	0.07	0.21	0.18	0.22
	IIe	0.40	0.14	0.59	0.59	0.66
石板刮刀						
	IIa	0.19	0.07	0.26	0.26	0.28
	IIb	0.26	0.11	0.39	0.29	0.52
	IIc	0.45	0.16	0.68	0.68	0.75
	IId	0.25	0.10	0.38	0.38	0.50
	IIe	0.45	0.16	0.67	0.67	0.72
鹿						
	IIa	0.05	0.03	0.10	0	0.10
	IIb	0.18	0.05	0.23	0.23	0.28
	IIc	0.65	0.18	0.87	0.73	0.95
	IId	0.28	0.10	0.43	0.42	0.46
	IIe	0.19	0.10	0.38	0	0.38
鲑鱼						
	IIa			缺少数据		
	IIb	0.05	0.02	0.09	0	0.09
	IIc	0.60	0.21	0.89	0.72	1.0
	IId	0.46	0.12	0.61	0.53	0.79
	IIe	0.38	0.16	0.57	0.57	0.59
非本地产原材料						
	IIa	0.22	0.07	0.32	0.32	0.36
	IIb	0.31	0.09	0.42	0.38	0.49
	IIc	0.30	0.09	0.39	0.33	0.40
	IId	0.38	0.11	0.51	0.45	0.58
	IIe	0.47	0.16	0.71	0.71	0.78
体现社会地位的手工艺品						
	IIa	0.05	0.03	0.10	0	0.10
	IIb	0.18	0.05	0.23	0.23	0.28
	IIc	0.65	0.18	0.87	0.73	0.95
	IId	0.28	0.10	0.42	0.42	0.46
	IIe	0.19	0.10	0.38	0	0.38

虽然在北美西北部沿海村落，房屋面积历来是社会地位的衡量指标（Sobel et al. 2006 及其著作的部分章节中涉及），但对高地村落而言，仅房屋面积这一项能否作为社会地位的准确衡量指标尚不明确。布赖恩·海登（1997）证明，肯特利溪遗址的房屋面积存在显著差异，他认为，这与财富级差的参照标准有关。然而，单独进行检验并未证实预期的差异（Harris 2012）。同样，布里奇河遗址也未发现房屋面积与独立的财富衡量标准间存在明显相关性（Prentiss et al. 2012）。上述结果产生的背后有诸多因素，包括季节性变化、家庭功能及家庭人口数量。本研究提供了另一个机会，以验证房屋面积是否可作为不平等的标记，即使用基于布里奇河遗址 2 期（n=19）和布里奇河遗址 3 期（n=28）房屋面积计算出的基尼系数。

安娜·玛丽·普伦蒂斯及其同事（2007，2012）证明爆破所取岩体的密度可相对性地代表弗雷泽峡谷中部居民家庭人口规模这一结论的可能性。若真是如此，它就为在一户家庭内对多户家庭的人口统计学可变性进行测量提供了机会，这种情况在布里奇河遗址 1 期至 3 期以及弗雷泽峡谷中部其他地区比较典型（Hayden 1997; Prentiss and Kuijt 2012）。如果家庭规模的变动与经济上的成功以及如今被定义为"财富"的物质资料的获得关联，那么上述信息就尤为重要。因此，我们根据布里奇河遗址 54 号房屋坑洞最上端五个地层爆破所取岩体的密度计算基尼系数，以此作为评估家庭人口规模不平等的方法。我们认识到，我们实际上测量的是当时居民用滚烫的石块烹饪食物的密集程度，而这些石块经破碎直至最后被弃的过程中发生的变动会对结果产生影响。我们重点关注的是无论爆破所取岩体的数量是多还是少，以及其蕴含的不同以往的特征的出现和缺失。因此，要进行此类计算，我们只取用嵌入地层中用于烹饪和储存功能的石块。只对卵石和卵石大小的碎片进行计数以控制取样大小的可变性（大小的区别参照温特沃兹粒度表），过小的碎片不在计数范围内。

我们认为，动物遗骸可能是太平洋西北部沿海村落不平等状况的有效测量依据，原因如下。首先，众所周知，太平洋西北部沿海村落社会地位排序以及高地村镇的排位先后主要反映在生活质量方面，取决于获取完成特定渔猎活动（例如，太平洋西北部海岸的捕鲸）所需物质资源和非物质资源渠道的差异（Ames and Maschner 1998）。其次，获取最佳渔猎地点的权利是由排序位次决定的（Ames and Maschner 1998; Hayden 1997; Matson and Coupland 1995; Prentiss and Kuijt 2012）。最后，本研究所涉及的太平洋西北部沿海村落的长屋和房屋坑洞皆完整地保存了包括大量鱼类在内的动物骸骨，因此无须太过担忧数量小且集中程度低的其他因素对差异性的干扰。数据来自对包含屋顶、地板和垃圾坑在内的房屋沉积层的集中取样，降低了因废弃物差别而造成的取样偏差的影响。我们根据家庭间（布里奇河遗址 2 期和 3 期）以及家庭内地层（54 号房屋坑洞）发掘的关键生活资料（鹿和鲑鱼），对不平等进行检验。

而出土的手工艺品则为测量布里奇河遗址 2 期和 3 期家庭间以及 54 号房屋坑洞上端地层间基于财富的潜在不平等提供了关键数据。我们用基于代表社会声望的手工艺品（磨制石碗、珠串、吊坠和玉器等物品；Prentiss et al. 2012，2014）的总和计算出的基尼系数，测量进行非本地产石材交换中产生的不平等（Prentiss et al. 2012），以及累积财富中的不平等。正如研究动物骸骨时遇到的情形一般，我们有理由相信，物质财富的集中不会因取样、该物品使用时间以及使用每件物品的人员数而产生偏差。

布里奇河遗址 2 期和 3 期房屋坑洞间的差异是取样发掘的结果，尽管使用的物品皆为废弃物，以此来减少偏差，但结果还是会受到偏差的影响。在选择该对哪个房屋坑洞进行发掘时肯定会产生偏差，因为我们不可能对整个村落进行挖掘。然而，每次取样都力求选取该遗址各个地区和各个时期面积大小不同的房屋坑洞（Prentiss et al. 2012）。我们尽量通过多种方法对出土物品的使用时间进行限定。所有布里奇河遗址的手工艺品和动物骸骨数据都以密度计算，由此对累积沉积物的变化加以控制。我们的数据中所展现的房屋地层皆取自单一时间断代。经放射性鉴年法证实，布里奇河遗址 54 号房屋坑洞每个地层的循环周期约为 20 年。鉴于相近时间范围内人类学对坑洞顶部和地层的回收证据（Alexander 2000; Prentiss and Kuijt 2012; Teit 1900, 1906）以及这些地层均与 54 号房屋坑洞地层的厚度相近，上述推断也适用于布里奇河遗址其他房屋所处地层。最后，我们发现，布里奇河遗址家庭人口密度和代表社会地位的手工艺品的集中拥有数量间不存在明显相关性（Prentiss et al. 2012）。我们在 54 号房屋坑洞取得了基本完整的地层数据，极大地减少了取样偏差的可能性。

布里奇河遗址整个村落的不平等状况

众所周知，早在殖民初期，太平洋西北部沿海村落和弗雷泽峡谷中部地区就存在财富不平等（Ames and Maschner 1998; Matson and Coupland 1995; Prentiss and Kuijt 2012; Teit 1906）。但距今 1 000 年的弗雷泽峡谷中部地区村落的不平等程度究竟如何，尚存争议。至于其不平等的表现形式，人们更是了解甚少。海登（1994，1997，2000）一直推崇稳定的社会等级世袭模型，该模型的主要特征是海登和琼·赖德（Hayden and Ryder 1991）所称的"古典利卢埃特时期"（距今约 2000—1000 年）家庭和个人间显著的财富不平等。普伦蒂斯及其同事（2007, 2008, 2012, 2014; Prentiss and Kuijt 2012）则认为，在此期间的确存在财富不平等，但海登提出的这种模式直到距今约 1 300 年才出现。露西尔·哈里斯（2012）提出了一种高原社会机构模型，该模型做出了平等主义社会结构和不稳定村落居住模式的假设。在本章的研究中，我们将针对房屋面积、鲑鱼和鹿的遗骸化石以及两类手工艺品进行基尼系数计算，作为对上述几种设想的附加检验。

布里奇河遗址 2 期和 3 期房屋面积的基尼系数都偏低，且变化极小（见图 4.2）。之前的研究认为，房屋面积并不能充分说明存在不平等，它很可能与居住人口数量变化有关。这或许是人类发展初期村落的典型特征，而基尼系数恰好证实了这一研究结果（Prentiss et al. 2008, 2012）。

虽然奥泽特遗址的样本量极小（仅三所房屋），但由房屋直径计算出的基尼系数同样很低（见表 4.3、图 4.3）。对布里奇河遗址 2 期和 3 期房屋坑洞中出土的手工艺品基尼系数的查验表明，体现社会地位的手工艺品及非本地产原材料方面存在显著变化，表明布里奇

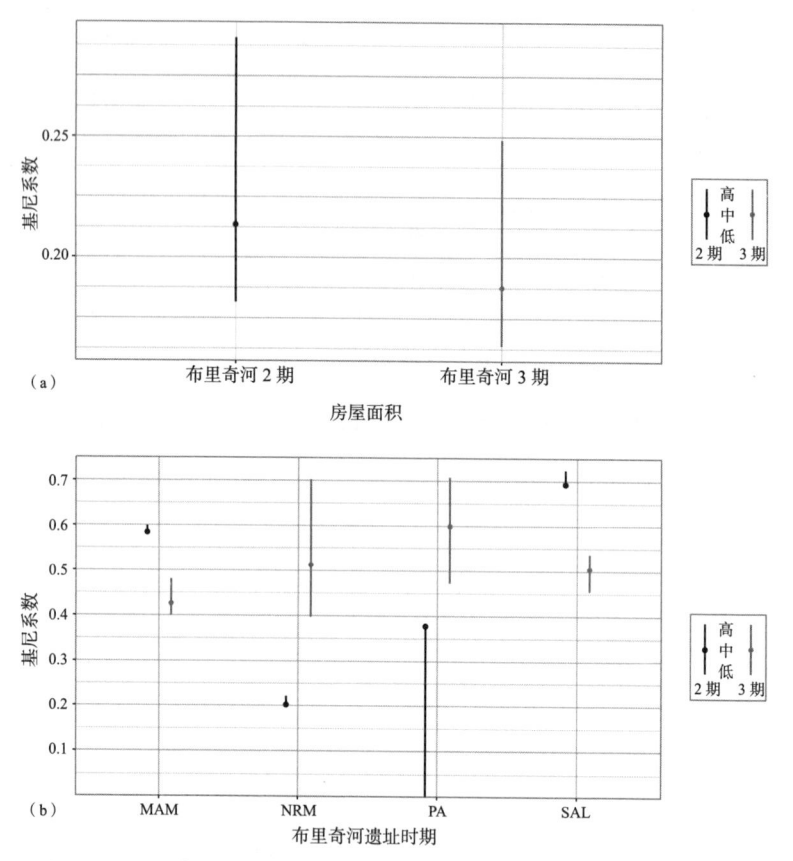

图4.2 （a）布里奇河遗址2期和3期房屋面积的基尼系数；（b）布里奇河遗址2期和3期测量各家庭生存资料及物质财富计算出的基尼系数，以自举法控制样本规模，置信区间为95%（MAM：哺乳动物；NRM：非本地产原材料；PA：体现社会地位的物品；SAL：鲑鱼）

河遗址3期很可能存在更明显的不平等（见图4.2）。奥泽特遗址手工艺品基尼系数的最高值也与体现社会地位的物品相关，该遗址中的这类物品为木盒及装饰品，尽管小件木工工具和织物的置信区间往往与前二者重合（见表4.3、图4.3）。最后，我们发现，布里奇河

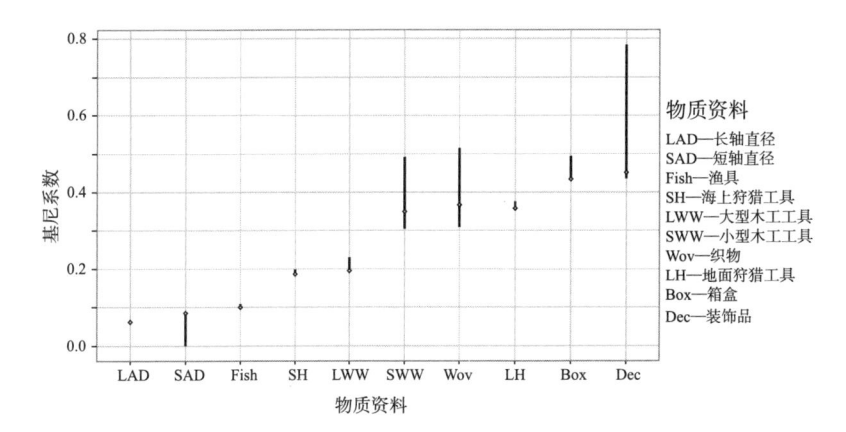

图 4.3 奥泽特遗址基于房屋直径、织物、箱盒、地面狩猎工具、海上狩猎工具、渔具、小型木工工具、大型木工工具以及装饰品计算出的基尼系数，自举法置信区间 95%

遗址 2 期和 3 期房屋坑洞的鲑鱼和哺乳动物骸骨的基尼系数都很高。此外，布里奇河遗址 2 期中基于房屋计算出的基尼系数最高。我们猜测这些房屋的历史背景复杂，须对屋主家族的历史进行详尽评估，才可以充分了解，因为居住空间各异，各家对食物残渣的处理方式差异不小，一来取决于获取资源的渠道不同，二来对食物清理和丢弃的方式也不一样。上述情形在奥泽特遗址中较为突出，鲸鱼骨聚于一室，而鱼骨和蚌壳却分散于各屋（Huelsbeck 1988; Wessen 1988）。通过检验布里奇河遗址 54 号房屋坑洞的地层数据，可以对上述问题做进一步探讨。这也使得我们以家庭为单位从社会经济及政治结构的动态变化层面深究布里奇河遗址 2 期和 3 期出现的不平等现象的本质。

表 4.3 奥泽特遗址三所房屋多次测量数据的基尼系数

变量	基尼系数	标准差（自举法）	无偏差人口基尼系数	自举法置信区间 低值	自举法置信区间 高值
长轴直径	0.04	0.02	0.06	0.06	0.06
短轴直径	0.09	0.03	0.09	0.06	0.09
织物	0.25	0.11	0.37	0.31	0.51
箱盒	0.29	0.10	0.44	0.44	0.50
地面狩猎工具	0.25	0.09	0.36	0.36	0.38
海上狩猎工具	0.12	0.04	0.18	0.18	0.20
渔具	0.07	0.03	0.10	0.10	0.11
小型木工工具	0.23	0.11	0.35	0.31	0.50
大型木工工具	0.13	0.05	0.20	0.20	0.23
装饰品	0.30	0.18	0.45	0.44	0.78

注：表中数据来自 Samues, 2006。

布里奇河遗址 54 号房屋坑洞

在 2013—2016 年对布里奇河遗址 54 号房屋坑洞进行的考古工作中，发掘出时间为 2 期和 3 期有人类活动痕迹的联系地层。将空间数据以网格系统记录，以便将地层分为四个区块，每个区块由边长为 1 米的 16 个正方形组成，且分为四格。房屋坑洞地层含有多个人为沉积层，被称为屋顶沉积层（V 地层序列）和地板沉积层（II 地层序列）。屋顶沉积层展现了房屋顶部被全部或部分烧毁的样貌，由此推断，应是房屋重建前消灭虫害、清理旧木材所致（Alexander 2000）。和布里奇河遗址的大多数房屋一样，由于翻新所需或是重建之故，54 号房屋坑洞内坍塌的屋顶上直接覆以地板材料。地板所用建材为掺杂沙砾的细黏土，取自布里奇河河床。布里奇河遗址 2 期和 3 期共 16 个房屋的地板沉积层已被至少部分发掘。由发掘现场可见，这些房屋内的布局基本一致，每个发掘方格内处于中心位置的是围绕灶台的活动区（有些房屋会设有储物区和柱坑）。对这 16 个房屋地板沉积层发掘区块内的石器差异性分析表明，各个区块内的出土物代表的是单个家庭的日常活动，而非针对特定任务进行的专门活动（Prentiss and Foor 2015）。

在研究中，我们还发现，在 IIf 沉积层和 IIe 沉积层之间，不仅房屋面积增大了一倍，形状也由矩形（Ill 沉积层至 IIf 沉积层）变为圆形（IIe 沉积层至 IIa1 沉积层；II 型地层可追溯至布里奇河遗址 4 期末（即皮货贸易时期），这一发现已在相关研究中进行了论述（Prentiss 2017）。在 54 号房屋坑洞中，骨骼遗骸和植物残留保存完好。

随着新地层的诞生，原有地层为沉积物所覆盖，由此与房屋用途相关联的物品空间布局得到了完整的保存。在这一研究中，我们取得了七个几乎得到充分发掘的地层的分布数据（皆为 2013 年和 2014 年田野勘察所得）。IIg 沉积层和 IIf 沉积层代表了布里奇河遗址 2 期向布里奇河遗址 3 期早期的过渡阶段，IIe 沉积层至 IIa 沉积层代表了布里奇河遗址 3 期。面积较小的矩形房屋所属的两个地层埋藏较深，由于未对其进行空间格局的深层研究，因此无法提供确切数据，以进行基尼系数的准确运算。然而，鉴于房屋面积较小且家庭成员活动空间有限，我们认为，通过多个数据集来证明不平等现象的持续性，证据仍显不足。由此，我们重点计算 IIa 沉积层至 IIe 沉积层的基尼系数，即距今约 1250—1150 年。

54 号房屋坑洞展现的不平等与合作

我们通过计算 IIe 沉积层至 IIa 沉积层爆破所取岩体密度的基尼系数，对家庭人口变化进行评估（见图 4.4）。结果表明，IIe 沉积层的数值变化最大，IIc 沉积层和 IId 沉积层变化最小，IIa 沉积层和 IIb 沉积层居于二者之间。我们利用基于 IIg 沉积层至 IIa 沉积层鲑鱼（大马哈鱼属）骨骼和鹿（空齿鹿属）骨骼地层分布密度计算出的基尼系数，测量了各个家庭不同时代在主要食物获取模式上产生的变化（见图 4.4）。结果表明，每一类食物获取的模式基本相似。我们还发现，除 IIc 沉积层外，所有地层的重合置信区间皆为 95%，而 IIc 沉积层的基尼系数非常高，且置信区间仅与 IId 沉积层在鲑鱼骨骼分布上有轻度重合。我们还计算了石制刮刀地层分布密度的基尼系数，以此作为家庭生产活动的额外测量标准，因为这类工具的使用和损耗实则代表了易为人所忽视的生产活动（Prentiss et al. 2015）。计算结果表明，与其他数值较低的地层相比，IIe 沉积层和 IIc 沉积层的数值较高，而 IIa 沉积层的数值最低（见图 4.4）。体现社会地位的物品（装饰品及体现社会地位的手工艺品）的分布模式与鹿骨骼地层分布模式基本相同，与鲑鱼骨骼地层分布模式极为接近（见图 4.4）。而在这两项指标上，IIc 沉积层的数值又是最高的，非重合的置信区间为 95%。非本地产原材料的地层分布模式与本地产原材料的分布模式差异巨大（见图 4.4）；到目前为止，这项指标数值最高的是 IIe 沉积层，其他地层则或多或少向数值最低的 IIa 沉积层倾斜。

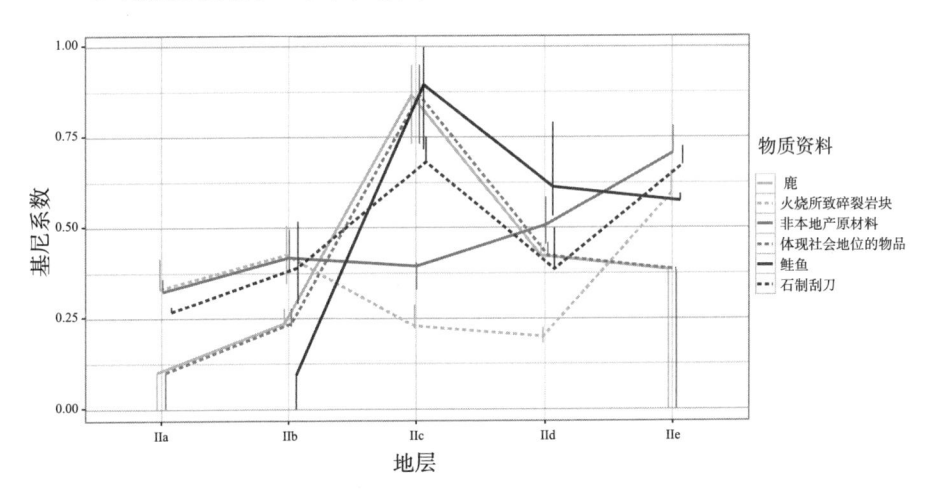

图 4.4　基尼系数控制了样本数量，以 95% 的置信区间对 54 号房屋坑洞五个沉积层的火烧所致碎裂岩块、鲑鱼骨骼地层、鹿骨骼地层、石制刮刀、体现社会地位的物品以及非本地产原材料的分布状况进行取样

第四章　不列颠哥伦比亚省布里奇河遗址渔业采集业社会不平等出现假设的检验

我们首先考察了最低生活水平和家庭人口规模的总体趋势，然后对54号房屋坑洞晚期地层的基尼系数的变化进行了研究。我们计算出所有房屋地层中鲑鱼骨骼及鹿骨骼的分布密度，以了解最低生活水平的总体发展趋势（见表4.4）。我们设计了一个因子，该因子反映的是火烧所致碎裂岩块的状况，是家庭烹饪活动的指数综合［年/地层（20；日期序列从54号房屋坑洞起计算；Alexander 2000；Teit 1900, 1906），天/年（×365），房屋使用年限（×0.33；Alexander 2000；Teit 1900, 1906），屋顶废弃率（÷2；以54号房屋坑洞屋顶及地板地层模式为准），以及灶台数量（÷15∶3灶台数量×5人；Hayden et al. 1996）］，以此对家庭人口规模进行估算。后一项计算结果表明，家庭人口规模在最少5人（IIg沉积层）、最多22人（IIa沉积层）这一区间变动。图4.5呈现了估算出的人口发展趋势，IIe沉积层出现峰值，紧接着急转跌入谷底，IIa沉积层再次迎来峰值。而房屋在此时遭废弃（但很可能于大约100年后再度被用作临时居所，由此形成IIa1沉积层，而到了皮货贸易兴盛期，则被当时的居住者彻底拆除）。鲑鱼骨骼地层分布状况与我们所估计的人口分布状况大体相反，这表明，鲑鱼的数量减少后，人口数量开始减少（见图4.5）。这一结论暗示，鲑鱼数量的不稳定导致了新生人口数量的不稳定。反过来说，在鲑鱼捕获量较多的年份，人口数量也出现快速增长。鹿骨骼地层分布状况与鲑鱼的情况相似，只是稍有差异（见图4.5）。而鹿的数量则更易受人类捕猎活动频繁的影响。我们得出的数据表明，IIe沉积层人口数量达到峰值，鹿的数量急速下降，人口增长陷入低谷，鹿的数量反弹。IIc沉积层至IIa沉积层期间，人口数量迅速攀升，鹿几乎被捕获殆尽。正如我们在其他论文中所提到的（Prentiss et al. 2014），IId 沉积层至 IIc 沉积层人口低谷期反映出了马尔萨斯人口天花板效应对整个村落的影响。

表 4.4 估算人口数量（×10）与重要生存所需物品分布密度的相对变化

地层	鹿	鲑鱼 ÷10	估算人口数量 ×10
IIa	1	2	220
IIb	43	105	120
IIc	49	119	90
IId	20	36	100
IIe	35	19	120
IIf	27	54	100
IIg	20	23	50

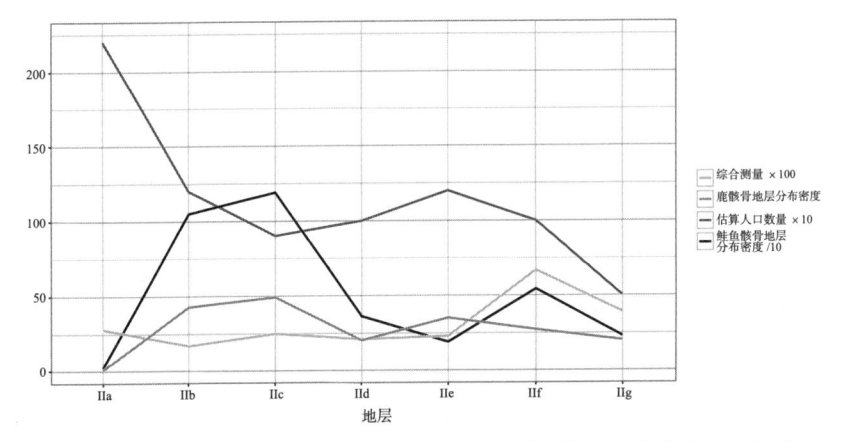

图 4.5 估算两种主要猎物的相对种群规模和骸骨地层分布密度，以及综合变异系数（Coefficient of variation, CV），得到 54 号房屋坑洞地层 7 个房屋石制劳动工具使用状况

基于爆破所取岩体的密度计算得出的基尼系数构成了一个近似人口数量估算模式。该模式表明，骸骨在地层中的分布密度越高，变化

越明显，例如 IIe 沉积层和 IIb 沉积层。与此相反，骸骨在地层中的分布密度越低，其基尼系数越小。虽然我们都知道，基尼系数会受样本数量的影响（Deltas 2003），但我们的计算是基于对样本数量的控制，因此计算结果会反映出社会人口构成的实际变化。可能出现的一种情况是，人口数量经历一段低谷期后迅速增长，而新增人口的活动半径以房屋为中心呈不均衡分布。无论是家庭内部，还是在整个村落，生存指标及声望目标方面的不平等程度往往都会在人口密度处于低谷期时达到峰值（Prentiss et al. 2012, 2014）。在 IIe 沉积层中，非本地产原材料的基尼系数达到最大值，值得注意的是，此时房屋面积增加一倍，人口密度亦趋近峰值。从中反映出老房子迎来新住户，石材被用于新的贸易领域。与此相反，另一种观点则认为，在这一转变过程中，家庭社会秩序发生了明显的变化，贵族成员或贵族家庭建立起新的社会关系网，而这一社会关系网不再与非贵族群体共享。倘若第二种观点正确，则意味着公认的家庭内部合作准则发生了变化，其结果是物质财富不平等及生产状况不平等在后代中不断扩大，IIc 沉积层和 IId 沉积层出土的食物资料及体现社会地位的饰品正体现了这一点。因为 IIc 沉积层体现出的不平等程度非常明显，而 IIe 沉积层和 IId 沉积层的不平等程度存在差异，所以我们目前需要明确的是不平等的出现是由于家庭间合作的增加还是减少。

我们用来衡量合作的方式有以下两种：存储食物中的合作以及劳动中的合作。民族志记载，窖藏是储存风干植物、鲑鱼和肉类等越冬食物的一种常见方式（Alexander 2000; Prentiss and Kuijt 2012; Teit 1900, 1906）。我们认为，食物存储区的空间布局反映出家庭成员间合作状况的信息。房屋内特定区域出现的多个存储坑很可能反映了该家庭成员在存储食物方面的充分合作，这与皮货贸易时期设定专门区域用于烹饪、制造工具和就寝极为类似（Prentiss 2017; Teit 1900）。与此相反，若存储区为家庭所特有且所存储的资源不为整栋房屋的使用者共享，则存储坑的规模会更小，分布也会更分散，有些存储方式甚至较为隐蔽。54号房屋坑洞IIg沉积层和IIc沉积层中存储坑的位置就存在明显的变化。事实上，在IIe沉积层和年代更早的地层中，存储坑的容积较大，且位于房屋南角，而在IId沉积层和IIa沉积层中，存储坑的容积变小，数量减少，位置也并不固定。我们认为，这一变化反映了家庭私有财产逐渐受到重视，家庭成员在食物准备和食物存储方面的合作开始减少。

假如在IId沉积层及年代更晚的地层中，食物存储方面的合作逐渐减少，那么家庭的整体分工合作也会相应减少。基于这一情况，我们要找到体现房屋所处地层以用途决定房屋结构的指标，假设部分家庭成员专门从事特定劳作，与其他成员分享他们的劳动产品。与此相反，如果这些家庭成员的劳动产品没有与其他成员共享，我们便无法找到从事专门劳作人员存在的证据，进而也无法获得住宅各个区域间房屋结构高度一致的证明。为验证这一假设，我们对地层中各类工具的主要构件进行了主成分分析（Prentiss and Foor 2015）。工具构件简单易懂，种类包括木工（构件1）、石器打磨加工及使用（构件2）、皮革加工及装饰制造（构件3）、武器制造（构件4）以及缝纫（构件5）。接下来，我们计算出了每一种构件的得分，以此反映各个地层中每一处活动区域所占比重（见表4.5）。然后，我们基于距离矩阵（从技术上说，其计算参照简单差异矩阵）设计了一个变异系数，该矩阵是依据构件负载（其中不包括构件5，因其在原始构件中方差较低）计算出各个地层中（IIg沉积层至IIa沉积层）每个构件的数值（见表4.6）。由于变异系数反映了每一地层中为不同活动所设置的区域间的一系列完整关系，我们得以在变异系数中捕捉到构件数值多样性构成的最大程度。因为IIf沉积层和IIg沉积层仅有两个变量，所以这两个地层的变异系数可直接由构件数值算出。接下来，我们依据构件特定变异系数计算出总变异系数值（见表4.7），以总结合作的可能性，表明较高的变异系数值提高了合作的可能性，低则相反。

表4.5　工具类主成分分析得分表

发掘区	地层	成分 1	2	3	4	5
A	IIa	−0.65	−0.31	−0.02	0.26	−1.10
	IIb	−0.82	−0.25	−0.78	−0.63	−0.11
	IIc	0.16	−0.59	−0.65	−0.35	0.36
	IId	−0.19	−0.31	−0.88	−0.94	−0.66
	IIe	−1.34	−0.92	−0.18	0.85	1.38
	IIf	−0.92	−0.50	0.89	−1.65	0.44
	IIg	2.12	0.64	−0.16	−0.11	−0.56
B	IIa	0.61	0.04	−0.15	−1.02	1.97
	IIb	−0.81	−0.41	−0.46	0.42	−0.92
	IIc	0.36	−0.56	−0.87	−1.09	1.25
	IId	0.06	−0.26	−0.36	−0.80	−0.79
	IIe	−0.73	0.01	2.36	−0.59	0.98

（续表）

发掘区	地层	成分 1	2	3	4	5
C	IIa	−1.16	−0.57	−0.05	0.18	−0.73
	IIb	−0.15	0.14	−0.88	−0.77	−0.00
	IIc	−0.54	0.78	−0.74	0.14	−1.64
	IId	0.66	0.00	−0.62	1.90	1.22
	IIe	−0.00	0.18	1.20	1.77	1.10
	IIf	1.41	−0.55	2.77	−0.57	−1.44
	IIg	−0.77	4.06	0.15	−0.14	0.20
D	IIb	2.48	−0.01	−0.84	−0.15	0.18
	IIc	0.36	0.11	0.34	1.54	−0.29
	IId	−0.13	−0.72	−0.11	1.68	−0.85

表 4.6 基于地层及构成成分的基准变异系数数据

地层	构成成分	变量	标准差	平均值	项数	变异系数
IIa	1	0.47	0.68	1.21	3	0.55
	2	0.03	0.18	0.40	3	0.44
	3	0.00	0.07	0.08	3	0.82
	4	0.45	0.67	0.85	3	0.78
IIb	1	2.19	1.48	1.76	6	0.84
	2	0.05	0.22	0.34	6	0.66
	3	0.03	0.17	0.22	6	0.78
	4	0.15	0.38	0.68	6	0.57
IIc	1	0.16	0.40	0.48	6	0.82
	2	0.17	0.41	0.85	6	0.49
	3	0.21	0.45	0.55	6	0.82
	4	0.13	0.36	0.61	6	0.59
IId	1	0.11	0.34	0.46	6	0.74
	2	0.05	0.23	0.37	6	0.61
	3	0.04	0.21	0.43	6	0.49
	4	1.48	1.21	1.52	6	0.80

(续表)

地层	构成成分	变量	标准差	平均值	项数	变异系数
IIe	1	0.15	0.39	0.89	3	0.44
	2	0.24	0.49	0.73	3	0.68
	3	0.55	0.74	1.70	3	0.44
	4	0.53	0.73	1.57	3	0.44
IIf	1	n/a	1.65	0.25	2	0.67
	2	n/a	0.04	0.53	2	0.78
	3	n/a	1.33	1.83	2	0.73
	4	n/a	0.76	1.11	2	0.68
IIg	1	n/a	2.05	0.68	2	0.30
	2	n/a	2.40	2.35	2	0.10
	3	n/a	0.05	0.00	2	0.24
	4	n/a	0.03	0.13	2	0.21

表 4.7　各地层变异系数数据

地层	变异系数
IIa	0.28
IIb	0.17
IIc	0.25
IId	0.21
IIe	0.23
IIf	0.67
IIg	0.39

由计算结果可知，IIg 沉积层至 IIf 沉积层变异系数值最高，而 IIe 沉积层至 IIa 沉积层较低（见表 4.7、图 4.5）。这一结果与坑洞分布的结果相近，即手工艺品生产中体现的合作程度较低，而食物存储活动中的合作程度较高，但 IIe 沉积层的情况除外。年代较晚的地层标志着一个过渡期，因为较晚的地层往往是房屋全面扩建的基层，此

时鲑鱼资源减产，但人口数量相对较多。总变异系数值也与这一时期不平等程度极为明显的情况相吻合，表明家庭内部的合作，至少在石器制造及食物存储方面的合作，并非动荡期54号房屋坑洞的主要生活特征。

讨论

弗雷泽中部地区考古

尽管考古学不大会将合作与不平等放在一起研究，但二者天生不可分。我们提出了关于家庭内部合作及不平等程度的替代假说，至少从食物及物质资料的数据中来反映家庭间的不平等。也就是说，我们想搞清楚当整个村落的社会现实逐渐具有竞争性时，家庭间的社会关系会发生何等变化。策略之一是通过村落中的店铺的食物分享以及劳动力共享来维持甚至加强家庭间的合作，允许有一技之长的手艺人以自己的专长换取其他生产者生产的商品。另一种策略是认识到，随着该村落达到其人口上限，社会竞争不仅存在于家庭间，而且出现在家庭内乃至个体间。在这种情况下，在多个家庭构成的大家族中，各个家庭及家庭中的各个成员会和其他家族乃至其他村落的成员建立联系，以保证自己的生计，而不会像合作假设中提出的采取食物资料的公开分享策略。

在本研究中，我们提供数据，以进一步证明布里奇河遗址的各家庭间存在基于物质财富的不平等（与 Prentiss 等学者 2012 年和 2014 年的研究进行比较）。在研究过程中，我们也证实，目前缺乏房屋面积不平等的证据；在布里奇河的村落中，拥有一所豪宅并不能说明屋主的社会地位很高。鉴于奥泽特遗址类似的考古结果，我们认为，该模式实际上是太平洋西北地区内陆及沿海村落的典型特征。此外，我们还运用了几种方法来测量几个地层中所反映的某一家庭的不平等状况以及合作情况，从村落初建（布里奇河遗址 3 期早期）直至出现马尔萨斯人口天花板（布里奇河遗址 3 期中期至晚期）。目前的研究结果表明，在这两个时期，社会劳作方法和食物存储方法都发生了改变。早期地层的特征是存储区有明显区分，且劳作中合作频繁。而晚期地层要么缺乏存储区存在的证据，要么证据显示存储区既有限又分散。同时，也没有证据体现早期地层中存在劳动合作。其结果是，无论基于食物种类还是商品种类测量的不平等程度，都表明晚期地层中家庭间不平等状况的变化。因此，总的来说，尽管还有值得关注的细微差别，但所有数据都表明，该模式中存在家庭间的竞争和不平等。

这项研究有诸多意义。研究结果提供了证实弗雷泽中部地区村落的不平等现象不是简单作为从村落初建到最终陨落的一项特征而存在，而是随时间推移不断演进的结果（Hayden 1994, 1997; Hayden and Ryder 1991）。此外，不平等似乎是一种短暂存在的现象，因为在弗雷泽中部地区村落发展至全盛期的这二三百年间，村落开始衰败，人口稠密的村镇遭到遗弃。加拿大上利卢埃特的民族志中记录了这样一种不平等体系，以家庭的等级排序体现，表现了其应得社会地位的差异（Teit 1900, 1906）。但我们尚未从最近的前殖民时期和殖民时期找到家庭间存在不平等的考古证据（Prentiss 2017; Smith 2014）。而出现年代较晚（布里奇河遗址 4 期）的家庭间不平等状况尚未进行充分研究。我们认为，对早期不平等的久远记忆很可能延续至民族志记载的时期，亦对人类学家詹姆斯·泰特的写作产生了影响，而在皮货贸易及淘金热时期的日常生活中，各生产组却维持着较高程度的平均主义，至少基于考古记录进行测量的结果是如此。

在布里奇河遗址 3 期这一阶段，弗雷泽中部地区村落物质不平等的实质是什么？相关证据表明，这一不平等在多个领域都有所体现。我们已确定了基于物质财富的不平等，其中包括村落间、邻里间（布里奇河河谷）乃至家庭间获取关键食物资源的不同渠道。如今我们也发现了家庭内不平等的证据。鉴于基于物质财富的不平等和竞争在多个领域都有所体现，我们推断出当时存在一种如理查德·布兰顿及其同事（1996）所定义的网络式的社会策略。到目前为止，我们仍未发现任何通过永久性的仪式设施、从周边聚居群落收集而来的贡品或是对聚居群落内部及群落间专门劳动的集中控制体现的证据，以证实中央集权的存在（例如，Marcus and Flannery 1996）。但是，我们有证据表明，一个多等级的定居体系必然包含像布里奇河聚居区和科特利溪聚居区这样的大型"居住中心"（Hayden 1997; Prentiss and Kuijt 2012），每个"居住中心"在空间上很可能由环状"居住区"（Prentiss et al. 2014）和交互式关系网组成，此结论由每个村落的相同的石材原料测定得出。

我们提出了另一种可能性，即基于物质财富的不平等是依据分布于多个村落的宗族成员推断而出的。如此一来，布里奇河遗址 3 期的任意村落便存在两个或多个地位显赫的宗族。按这种情形推断，宗族内成员及宗族间的社会地位很有可能是依据宗族内成员及各宗族的社会等级地位以及社会关系网构建能力得出的。詹姆斯·泰特（1906）和查尔斯·希尔-陶特（1905）在民族志中对这种社会策略进行了大致的描述，认为不止一个村落中存在这类宗族或是社会群落（单独地），社会地位最高的大宗族掌控最大的村落。如果我们的分析正确，那么弗雷泽中部地区村落的社会权力分配便有可能兼具等级制的特点，其表现为基于财富的多重不平等、层级递阶性，以及数十个大大小小的村落中彼此制衡的宗族集团。

探讨这样一个复杂的社会政治体系并非本章的目的。然而，我们认为，从布里奇河遗址 2 期第一批重建房屋的几何布局结构中可看出这一复杂体系的端倪。这种房间布局可容纳首个宗族式社会群落或是物质条件更趋于平等的社会群落。我们所认为的像布里奇河遗址 2 期这样的人口高原期可能是一个温和的马尔萨斯人口平稳期，随后被人口快速增长期打断，接着便过渡到布里奇河遗址 3 期。而触发人口快速增长的原因尚不明了。一种可能性是大量鲑鱼的洄游周期变短。东太平洋渔业生产记录中提到过这种可能性，鱼类捕捞量显然是在距今约 1400—1200 年达到峰值的（Hay et al. 2007; Patterson et al. 2005; Tunnicliffe et al. 2001）。还有另一种可能性，在距今约 1350—1300 年的关键时间节点，出现了对社会经济策略及政治谋略本质的革命性反思，正如布里奇河村落的彻底重建一样。这种对社会关系的反思需要形式为鱼类、偶蹄动物，还有可能包括精选植物类食材的集中收获的新资本的注入，以供养短期内迅速增加的人口（IIe 沉积层人口达峰值），最终出现马尔萨斯人口天花板（IId 沉积层和 IIc 沉积层人口低谷期）。以上这些情况在我们的数据集中均有所反映。

运用基尼系数测量不平等

基尼系数有助于区分不平等的不同构成部分。我们的研究体现了以下几点启示。首先，正如本书其他章节所提到的（例如第二章、第三章、第六章、第八章和第十章），基尼系数会出现偏差。我们所面临的最大挑战是，数据欠完整、欠集中，难以对大量抽样行为进行控制。考古学所面临的最棘手的挑战是对完整群体进行抽样。在北美考古学界，完整发掘一处遗址的情况极为罕见（奥泽特遗址是个例外），更别说发掘出便于进行基尼系数对比的遗址了。谈到这一点，我们可以对比一下北美考古学和日本考古学（Habu 2004）。虽然存在不少潜在困难，但严谨的数据管理和具有创造性的测量方法仍能产生有用的结果。

其次，基尼系数有助于定义不平等本质上的差异（见本书第十章）。例如，本研究证实，不平等通过食物资料及物质产品的不同获取方式得以体现，而房屋面积显然已不再重要。这个结论是与其他诸多研究对比后得出的，其中也包括本书中的几项研究。最后，正如本书第五章、第八章和第九章所述，基尼系数中展现的时间演进趋势对我们解决历时性问题颇有帮助，尤其是还能同时使用其他数据集。我们认为，人口发展趋势和生存发展趋势对社会策略产生了影响，就像食物和体现社会地位的物品的不平等出现的同时未必会出现基于石材原料测量出的对非本地商品获取的不平等一样。这就提出了一种显而易见的可能性，即我们对当地人口构成、社会经济关系与社会关系网之间的关系方面仍存在不少需要了解之处。

致谢

布里奇河遗址考古项目是与蒙大拿大学、埃克斯维斯滕大学以及布里奇河印第安乐队共同合作完成的。本项目得到了美国国家科学基金会（对2007—2009年的田野调查提供资助，项目编号BCS-0713013）和美国国家人文基金会（对2012—2014年54号房屋坑洞的发掘提供资助，项目编号RZ-51287-11）的慷慨资助。本章中所涉及的观点、发现、结论或建议皆不代表美国国家人文基金会。感谢蒂莫西·科勒和迈克尔·史密斯邀请我们参加美国考古学家学会专题研讨会和美洲印第安人学术研讨会，并参与这本书的撰写。最后，感谢两位审稿人的宝贵意见。

参考文献

Alexander, Diana. 2000. Pithouses on the Interior Plateau of British Columbia: Ethnographic Evidence and Interpretation of the Keatley Creek Site. In *The Ancient Past of Keatley Creek*, vol. 2, *Socioeconomy*, edited by Brian Hayden, pp. 29–66. Archaeology Press, Simon Fraser University, Burnaby, B.C.

Allison, Paul D. 1978. Measures of Inequality. *American Sociological Review* 43: 865–80.

Ames, Kenneth M. 2008. The Archaeology of Rank. In *Handbook of Archaeological Theories*, edited by R. Alexander Bentley, Herbert D. G. Maschner, and Christopher Chippindale, pp. 487–514. Altamira Press, Lanham, Md.

Ames, Kenneth M., and Herbert D. G. Maschner. 1998. *Peoples of the Northwest Coast: Their Archaeology and Prehistory*. Thames and Hudson, London.

Angourakis, Andreas, Jose Ignacio Santos, Jose Manuel Galan, and Andrea L.

Balbo. 2015. Food for All: An Agent-Based Model to Explore the Emergence and Implications of Cooperation for Food Storage. *Environmental Archaeology* 20:349–63.

Blanton, Richard E., Gary M. Feinman, Stephen A. Kowalewski, and Peter N. Peregrine. 1996. A Dual Processual Theory for the Evolution of Mesoamerican Civilization. *Current Anthropology* 37:1–14.

Boone, James L. 1992. Competition, Conflict, and the Development of Social Hierarchies. In *Evolutionary Ecology and Human Behavior*, edited by Eric Alden Smith and Bruce Winterhalder, pp. 301–38. Aldine de Gruyter, New York.

——. 1998. The Evolution of Magnanimity: When Is It Better to Give Than to Receive? *Human Nature* 9:1–21.

Borgerhoff Mulder, Monique, Samuel Bowles, Tom Hertz, Adrian Bell, Jan Beise, Greg Clark, Ila Fazzio, et al. 2009. Intergenerational Wealth Transmission and the Dynamics of Inequality in Small-Scale Societies. *Science* 326:682–87.

Broughton, Jack M. 1994. Late Holocene Resource Intensification in the Sacramento River Valley: The Vertebrate Evidence. *Journal of Archaeological Science* 21:501–14.

Cail, Hannah S. 2011. Feasting on Fido: Cultural Implications of Eating Dogs at Bridge River. MA thesis, University of Montana, Missoula.

Coulter, Phillip B. 1989. *Measuring Inequality: A Methodological Handbook*. Westview Press, Boulder, Colo.

Coupland, Gary, and E. B. Banning (editors). 1996. *People Who Lived in Big Houses: Archaeological Perspectives on Large Domestic Structures*. Monographs in World Archaeology 27. Prehistory Press, Madison, Wis.

Cowell, F. A. 1977. *Measuring Inequality: Techniques for the Social Sciences*. John Wiley and Sons, New York.

Curtis, Daniel R. 2013. Is There an "Agro-Town" Model for Southern Italy? Exploring Diverse Roots and Development of the Agro-Town Structure Through Comparative Case Study in Apulia. *Continuity and Change* 28(3):377–419.

Cutting, Marion. 2006. More Than One Way to Study a Building: Approaches to

Prehistoric Household and Settlement Space. *Oxford Journal of Archaeology* 25: 225–46.

Deltas, George. 2003. The Small-Sample Bias of the Gini Coefficient: Results and Implications for Empirical Research. *Review of Economics and Statistics* 85: 226–34.

Dixon, Philip M., Jacob Weiner, Thomas Mitchell-Olds, and Robert Woodley. 1987. Bootstrapping the Gini Coefficient of Inequality. *Ecology* 68:1548–51.

Gasco, Janine. 1996. Cacao and Economic Inequality in Colonial Soconusco, Chiapas, Mexico. *Journal of Anthropological Research* 52:385–409.

Gastwirth, Joseph L. 1972. The Estimation of the Lorenz Curve and Gini Index. *Review of Economics and Statistics* 54: 306–16.

Habu, Junko. 2004. *Ancient Jomon of Japan*. University of Cambridge Press, Cambridge.

Harris, Lucille. 2012. Heterarchy and Hierarchy in the Formation and Dissolution of Complex Hunter-Gatherer Communities on the Northern Plateau of Northwestern North America, ca. 2000–300 B.P. PhD thesis, University of Toronto, Toronto.

Hay, Murray B., Audrey Dallimore, Richard E. Thomson, Stephen E. Calvert, and Reinhard Pienetz. 2007. Siliceous Microfossil Record of Late Holocene Oceanography and Climate Along the West Coast of Vancouver Island, British Columbia (Canada). *Quaternary Research* 67:33–49.

Hayden, Brian. 1994. Competition, Labor, and Complex Hunter-Gatherers. In *Key Issues in Hunter Gatherer Research*, edited by Ernest S. Burch and Linda L. Ellana, pp. 223–39. Berg Press, Oxford, U.K.

———. 1997. *The Pithouses of Keatley Creek*. Harcourt Brace College Publishers, Fort Worth, Tex.

——— (editor). 2000. *The Ancient Past of Keatley Creek*, vol. 2, *Socioeconomy*. Archaeology Press, Simon Fraser University, Burnaby, B.C.

Hayden, Brian, and Aubrey Cannon. 1984. *The Structure of Material Systems: Ethnoarchaeology in the Maya Highlands*. SAA Papers 3. Society for American

Archaeology, Washington, D.C.

Hayden, Brian, Gregory Reinhardt, Richard MacDonald, Dan Holmberg, and David Crellin. 1996. Space Per Capita and the Optimal Size of Housepits. In *People Who Lived in Big Houses: Archaeological Perspectives on Large Domestic Structures*, edited by Gary Coupland and E. B. Banning, pp. 151–64. Prehistory Press, Madison, Wis.

Hayden, Brian, and June Ryder. 1991. Prehistoric Cultural Collapse in the Lillooet Area. *American Antiquity* 56:50–65.

Hegmon, Michele. 1991. The Risks of Sharing and Sharing as Risk Reduction: Interhousehold Food Sharing in Egalitarian Societies. In *Between Bands and States*, edited by Susan A. Gregg, pp. 309–29. Occasional Paper 6. Center for Archaeological Investigations, Southern Illinois University, Carbondale.

Hill-Tout, Charles. 1905. Report on the Ethnology of the Stlatlumh (Lillooet) of British Columbia. *Journal of the Royal Anthropological Institute* 35:126–218.

Huelsbeck, David R. 1988. The Surplus Economy of the Central Northwest Coast. In *Prehistoric Economies of the Pacific Northwest Coast*, edited by Barry L. Isaac, pp. 149–78. Research in Economic Anthropology Supplement 3. JAI Press, Greenwich, Conn.

Kennett, Douglas J., Bruce Winterhalder, Jacob Bartruff, and Jon M. Erlandson. 2009. An Ecological Model for the Emergence of Institutionalized Social Hierarchies on California's Northern Channel Islands. In *Pattern and Process in Cultural Evolution*, edited by Stephen Shennan, pp. 297–314. University of California Press, Berkeley.

Kohler, Timothy A., and Rebecca Higgins. 2016. Quantifying Household Inequality in Early Pueblo Villages. *Current Anthropology* 57(5):690–97.

Kuznets, Simon. 1955. Economic Growth and Income Inequality. *American Economic Review* 45:1–28.

Marcus, Joyce, and Kent Flannery. 1996. *Zapotec Civilization: How Urban Society Evolved in Mexico's Oaxaca Valley*. Thames and Hudson, London.

Matson, R. G., and Gary Coupland. 1995. *Prehistory of the Northwest Coast*.

Academic Press, San Diego, Calif.

Mattison, Siobhan M., Eric A. Smith, Mary Shenk, and Ethan E. Cochrane. 2016. The Evolution of Inequality. *Evolutionary Anthropology* 25:184–99.

McGuire, Randall H. 1983. Breaking Down Cultural Complexity: Inequality and Heterogeneity. *Advances in Archaeological Method and Theory* 6:91–142.

Milanovic, Branko. 2011. *The Haves and Have-Nots: A Brief and Idiosyncratic History of Global Inequality*. Basic Books, New York.

Milanovic, Branko, Peter H. Lindert, and Jeffrey G. Williamson. 2011. Pre-industrial Inequality. *Economic Journal* 121:255–72.

Mills, Jeffrey A., and Sourushe Zandvakili. 1997. Statistical Inference via Bootstrapping for Measures of Inequality. *Journal of Applied Econometrics* 12:133–50.

Olson, Jan Marie, and Michael E. Smith. 2016. Material Expressions of Wealth and Social Class at Aztec-Period Sites in Morelos, Mexico. *Ancient Mesoamerica* 27:133–47.

Pailes, Matthew C. 2014. Social Network Analysis of Early Classic Hohokam Corporate Group Inequality. *American Antiquity* 79:465–86.

Patterson, R. Timothy, Andreas Prokoph, Arun Kumar, Alice S. Chang, and Helen M. Roe. 2005. Late Holocene Variability in Pelagic Fish Scales and Dinoflagellate Cysts Along the West Coast of Vancouver Island, NE Pacific Ocean. *Marine Micropaleontology* 55:183–204.

Peterson, Christian E., Robert D. Drennan, and Kate L. Bartel. 2016. Comparative Analysis of Neolithic Household Artifact Assemblage Data from Northern China. *Journal of Anthropological Research* 72:200–225.

Prentiss, Anna Marie (editor). 2017. *The Last House at Bridge River: The Archaeology of an Aboriginal Household during the Fur Trade Period*. University of Utah Press, Salt Lake City.

Prentiss, Anna Marie, Hannah S. Cail, and Lisa M. Smith. 2014. At the Malthusian Ceiling: Subsistence and Inequality at Bridge River, British Columbia. *Journal of Anthropological Archaeology* 33:34–48.

Prentiss, Anna Marie, James C. Chatters, Natasha Lyons, and Lucille Harris. 2011.

Archaeology of the Middle Fraser Canyon, British Columbia: Changing Perspectives on Paleoecology and Emergent Cultural Complexity. *Canadian Journal of Archaeology* 35:143–74.

Prentiss, Anna Marie, Guy Cross, Thomas A. Foor, Dirk Markle, Matt Hogan, and David S. Clarke. 2008. Evolution of a Late Prehistoric Winter Village on the Interior Plateau of British Columbia: Geophysical Investigations, Radiocarbon Dating, and Spatial Analysis of the Bridge River Site. *American Antiquity* 73:59–82.

Prentiss, Anna Marie, and Thomas A. Foor. 2015. Lithic Tools and Debitage. In Report of the 2014 University of Montana Investigations at the Bridge River Site (EeRl4): Housepit 54 During Bridge River 2 and 3 Periods, edited by Anna Marie Prentiss, pp. 56–94. Report on file, University of Montana (http://hs.umt.edu/bridgeriver/data/default.php), National Endowment for the Humanities, and Bridge River Indian Band.

Prentiss, Anna Marie, Thomas A. Foor, Guy Cross, Lucille E. Harris, and Michael Wanzenried. 2012. The Cultural Evolution of Material Wealth Based Inequality at Bridge River, British Columbia. *American Antiquity* 77:542–65.

Prentiss, Anna Marie, Nathan B. Goodale, Lucille E. Harris, and Nicole Crossland. 2015. The Evolution of the Ground Slate Tool Industry at the Bridge River Site, British Columbia. In *Lithic Technological Systems and Evolutionary Theory*, edited by Nathan Goodale and William Andrefsky Jr., pp. 267–92. Cambridge University Press, Cambridge.

Prentiss, Anna Marie, and Ian Kuijt. 2012. *People of the Middle Fraser Canyon: An Archaeological History*. University of British Columbia Press, Vancouver.

Prentiss, Anna Marie, Natasha Lyons, Lucille E. Harris, Melisse R. P. Burns, and Terence M. Godin. 2007. The Emergence of Status Inequality in Intermediate Scale Societies: A Demographic and Socio-Economic History of the Keatley Creek Site, British Columbia. *Journal of Anthropological Archaeology* 26: 299–327.

Prentiss, William C., David S. Clarke, Dirk Markle, Jessica Bochart, Jake Foss, and

Sierra Mandelko. 2005. Report of the 2004 University of Montana Investigations at the Bridge River Site (EeRl4). Report on file, Bridge River Indian Band and National Science Foundation.

Puleston, Cedric O., and Shripad Tuljapurkar. 2008. Population and Prehistory II: Space Limited Human Populations in Constant Environments. *Theoretical Population Biology* 74:147–60.

Puleston, Cedric, Shripad Tuljapurkar, and Bruce Winterhalder. 2014. The Invisible Cliff: Abrupt Imposition of Malthusian Equilibrium in a Natural Fertility, Agrarian Society. *PLoS ONE* 9(1) e87541.

Samuels, Stephan R. 2006. Households at Ozette. In *Household Archaeology on the Northwest Coast*, edited by Elizabeth A. Sobel, D. Ann Trieu Gahr, and Kenneth M. Ames, pp. 200–232. Archaeological Series 16. International Monographs in Prehistory, Ann Arbor, Mich.

Schulting, Rick J. 1995. *Mortuary Variability and Status Differentiation on the Columbia-Fraser Plateau*. Archaeology Press, Simon Fraser University, Burnaby, B.C.

Shennan, Stephen. 2011. Property and Wealth Inequality as Cultural Niche Construction. *Philosophical Transactions of the Royal Society B* 366:918–26.

Smith, Courtland L. 1991. Patterns of Wealth Concentration. *Human Organization* 50:50–60.

Smith, Eric Alden, and Jung-Kyoo Choi. 2007. The Emergence of Inequality in Small Scale Societies: Simple Scenarios and Agent Based Simulations. In *The Model-Based Archaeology of Socio-Natural Systems*, edited by Timothy A. Kohler and Sander E. van der Leeuw, pp. 105–20. School of Advanced Re- search, Santa Fe, N.Mex.

Smith, Eric A., Kim Hill, Frank W. Marlowe, David Nolin, Polly Weissner, Michael Gurven, Samuel Bowles, Monique Borgerhoff Mulder, Tom Hertz, and Adrian Bell. 2010. Wealth Transmission and Inequality Among Hunter-Gatherers. *Current Anthropology* 51:19–34.

Smith, Lisa M. 2014. The Effects of the Fur Trade on Aboriginal Households in the Middle Fraser Region of British Columbia. PhD dissertation, Department of Anthropology, University of Montana, Missoula.

Smith, Michael E., Timothy Dennehy, April Kamp-Whittaker, Emily Colon, and Rebecca Harkness. 2014. Quantitative Measures of Wealth Inequality in Ancient Central Mexican Communities. *Advances in Archaeological Practice* 2:311–23.

Sobel, Elizabeth A., Gahr, D. Ann Trieu, and Kenneth M. Ames. 2006. *Household Archaeology on the Northwest Coast*. Archaeological Series 16. International Monographs in Prehistory, Ann Arbor, Mich.

Teit, J[ames]. 1900. *The Thompson Indians of British Columbia*. Memoirs of the American Museum of Natural History, Jesup North Pacific Expedition 1:63–392.

———. 1906. *The Lillooet Indians*. Memoirs of the American Museum of Natural History, Jesup North Pacific Expedition 2:193–300.

Tunnicliffe, V., J. M. O'Connell, and M. R. McQuoid. 2001. A Holocene Record of Marine Fish Remains from the Northeastern Pacific. *Marine Geology* 174:197–210.

Wessen, Gary C. 1988. The Use of Shellfish Resources on the Northwest Coast: The View from Ozette. In *Prehistoric Economies of the Pacific Northwest Coast*, edited by Barry L. Isaac, pp. 179–210. Research in Economic Anthropology Supplement 3. JAI Press, Greenwich, Conn.

Wiessner, Polly. 2002. The Vines of Complexity: Egalitarian Structures and the Institutionalization of Inequality. *Current Anthropology* 43:233–71.

Windler, Arne, Rainer Thiele, and Johannes Muller. 2013. Increasing Inequality in Chalcolithic Southeast Europe: The Case of Durankulak. *Journal of Archaeological Science* 40:204–10.

Winterhalder, Bruce, Cedric Puleston, and Cody Ross. 2015. Production Risk, Interannual Food Storage by Households and Population Level Consequences in Seasonal Prehistoric Agrarian Societies. *Environmental Archaeology* 20:337–48.

Wright, Katherine I. (Karen). 2014. Domestication and Inequality? Households, Corporate Groups, and Food Processing Tools at Neolithic Catalhoyuk. *Journal of Anthropological Archaeology* 33:1–33.

第五章

束缚还是解脱？

公元600—1300年西南部普韦布洛地区变动的社会契约

蒂莫西·A.科勒、劳拉·J.埃里森

人生而自由，亦处处受限。

——让·雅克·卢梭[（1762）2006]

为了解北美洲西南部普韦布洛人在成为西班牙语裔之前的历史，需要着手建立一个框架。而在这一框架建立的几十年间，几乎没有人认为北美洲西南部仍存在普韦布洛族群，欧洲人最初见到普韦布洛人是在16世纪，而对于在欧洲人发现之前近千年的普韦布洛人的社会和政治组织结构来说，这一框架或许并不合适。

20世纪80年代引人注目的格拉斯哈珀遗址及查韦斯帕斯遗址争论的出现，使得这种情况也开始改变。当时考古学界存在着截然不同的观点，认为史前晚期（莫戈隆人）规模较大的普韦布洛人格拉斯哈珀遗址是一个独立村落，其内部结构依据共同居住的血缘关系、亲属关系、年龄及性别而构成。另一派的观点是存在跨多个大型村落的更能体现等级制的社会政治组织结构，对被称为查韦斯帕斯的大型锡那瓜遗址及周边区域的考古学调查为其提供了不具说服力的佐证。即使两处遗址的数据不足，尤其是查韦斯帕斯遗址殓尸房的重要数据本身存在问题（Whittlesey and Reid 2001），绝大多数考古学家无法由此判定哪一派观点获胜，此结论也极为重要。直至 20 世纪 90 年代，研究普韦布洛族的考古学家相较 20 年前对古代社会构成的诸多可能性才有了更为开放的态度。

在这场争论开始之前，美国国家公园管理局已经在新墨西哥州中北部的查科峡谷启动了一个长期项目。该项目的田野调查横跨整个 20 世纪 70 年代，而项目分析尚未完成，便于 80 年代中期终止。该项目产生的重要报告直到 10 年前还在陆续出现（Lekson 2006）。几乎所有从事北美洲西南部考古研究的学者都认为，普韦布洛 I 期晚期和普韦布洛 II 期的查科峡谷"现象"正是对普韦布洛族群社会政治结构是典型"平等主义"这一传统观点的最有力的反驳（Lekson 2015）。最新的报道称，普韦布洛博尼托著名的"贵族地穴"（即查科峡谷中最大的"豪宅"）埋葬的家族成员中，9 人有相同的线粒体基因组，构成了一个自公元 9 世纪中期起发展延续的母系家族，其最初成员为 14 人，大量随葬品为该地区前所未有（Kennett et al. 2017）。20 世纪 70 年代晚期和 80 年代早期的另一个大型考古项目是多洛雷斯考古计划（DAP; Breternitz et al. 1986）。为谨慎起见，将其年代定为普韦布洛社会或许尚未展现更复杂的组织结构之前的公元 600—900 年［篮筐编织者文明 III 期（BMIII）至普韦布洛 I 期］。即使如此，仍存在争论（例如，Lipe and Kane 1986），因为多洛雷斯考古计划开展区域的普韦布洛 I 期晚期的村落与当时在东南部约 200 千米处的查科峡谷开始兴起的同时期的"豪宅"居然有一些相同的特征。

本章的目的是要提出与普韦布洛社会性质略有区别的证据。该证据关注的并非基础政体的本质［或正如部分学者所说的，是仪式（Mills 2002; Yoffee et al. 1999）］，而是考古学家未能足够重视的鲜活的社会体验。具体来说，我们列出了与当代社会财富分配类似的数据集，并进行了分析。在我们的参照背景下，我们使用家庭居住和存储空间的面积分配来衡量财富。这些数据虽说与一个社会的等级程度有关［罗马帝国的基尼系数几乎是典型园艺社会的两倍（Morris 2015: 57）］，但同时还与并非完全独立且稍具特色的社会生活相关，而这正是我们要探讨的。

普韦布洛人发展历史及其对基尼系数产生的影响

本书第一章和第二章介绍了基尼系数，它是我们用来测量分布集中程度的工具。第一章也为我们将房屋面积作为衡量不同类型社会家庭财富的可靠指标提供了佐证（参见 Smith et al. 2014: 312）。当然，我们所说的财富并非资本主义所指的狭义的"财富"，而是以最广泛的方式尽可能涵盖莫妮克·伯格霍夫·米尔德及其同事（2009）所提出的本体财富、关系财富以及物质财富。

依据莫妮克·伯格霍夫·米尔德及其同事（2009）所使用的经济体系分类法，在本章中，我们要研究的社会显然是公元 7—10 世纪出现的"园艺社会"。也就是说，社会成员人均土地面积充足（限制产量的可能不是土地，而是劳动力），狩猎几乎是动物蛋白获取的唯一来源，且居住流动性较高（Kohler and Reed 2011; Wills et al. 2012）。

人类骸骨的年龄分布（Kohler and Reese 2014）以及不同时期考古遗址的面积和出现频率（Ortman 2014; Schwindt et al. 2016）表明，第一个千年的下半叶和第二个千年的头一两个世纪，当地和地区范围内的人口增长非常迅速。因此，梅萨维德中部地区绝大多数家庭为本地居民，发展至普韦布洛 II 期和 III 期时，农业用地越发减少。如此一来，现有房屋结构及场地使用的持续时间明显增加。利用从一系列概率取样和树木年轮测定地点计算出的碎片累积率，马克·威瑞恩及其同事（Varien and Ortman 2005; Varien et al. 2007）估计，规模较小的梅萨维德中部遗址的房屋使用年限由公元 6 世纪的平均约 8 年至公元 8 世纪和 9 世纪的约 18 年，直至公元 13 世纪的最长年限 45 年。在这一时间序列中，梅萨维德中部村落房屋的使用年限似乎比其他小型村落的稍长。到公元 11 世纪晚期，捕猎野生动物已不敌饲养火鸡重要，而到了 13 世纪中期（尽管不是在此之前），食物构成中对玉米的依赖已到了不健康的程度（Matson 2016）。简而言之，尽管在这些社会中，农人并未使用犁进行劳作，但普韦布洛 II 期和 III 期此类社会的其他方面仍符合莫妮克·伯格霍夫·米尔德及其同事（2009）定义的"农耕社会"。13 世纪中晚期，整个普韦布洛北部地区，包括梅萨维德中部地区的人口减少。迪伦·施温特及其同事（2016）详细记录了这个情况。这些总结概括可能也适用于查科地区，但普韦布洛 III 期的居民可能是个例外，对这一阶段居民的人数及生活状况的了解要少于篮筐编织者文明 III 期至普韦布洛 II 期。

在第一章中，我们提到，财富由一代传至下一代，是财富差距不断扩大的关键。因此，在篮筐编织者文明 III 期至普韦布洛 III 期的这个时期内，基尼系数应该随房屋使用年限的增加而增加，使对耕地的占有在家族间得到延续。

然而，以下三个因素使得这一看似顺理成章的结果没那么容易达成。首先，对基于多洛雷斯考古计划区域（位于梅萨维德中部地区）篮筐编织者文明 III 期和普韦布洛 I 期居民的住宅区及存储区计算出的基尼系数的最新查验表明，在这 300 年的岁月中，基尼系数基本没有发生变化（Kohler and Higgins 2016）。但我们注意到，居住在村落内（通常设有仪式举行场所）的家庭相较于居住在村落附近的家庭在存储区的安排上往往变动更频繁（因此基尼系数也更高）。如果我们将存储区看作收入的衡量指标（与玉米的预期收成和实际收获成正比），将住宅区看作总财富的衡量标准（包括家庭人数），就可推断出，仪式的作用就像税收或财富让渡，使参与仪式体系的家庭变得平等。这一推断的依据是，各家庭"收入"的不同并未产生各家庭显著的"财富"差别。蒂莫西·科勒和丽贝卡·希金斯（2016）断定，这部分人口基尼系数的最佳单一估值为 0.28，此数值与迈克尔·葛文及其同事研究报告中 15 个园艺家庭的平均财富指标 0.27 非常接近（2010：表 3）。

科勒和希金斯所提出的基尼系数的恒常性的确是一个使我们质疑篮筐编织者文明 III 期至普韦布洛 III 期基尼系数是否会逐渐增大的理由，因为基尼系数的恒常性表明，仪式（或政治）体制从本质上来说

第五章　束缚还是解脱？

在影响家庭财富分配方面和房屋使用年限同等重要。另一个更值得注意的不确定因素是 9 世纪中叶查科峡谷的崛起。此地显然在公元 11 世纪初就形成了一个区域体系,其特征是大张旗鼓地展示造型夸张的庞大建筑的"豪宅"和"地宫",同时还有各类建筑和道路,绝大多数的物品交换都集中在西南部地区,但也有一部分延伸至中美洲（Crown and Hurst 2009）。到公元 12 世纪初,查科地区发展到鼎盛期,上述这些特征将距离查科峡谷 250 千米远的地区联系在了一起。作为该体系核心的查科峡谷虽然于公元 12 世纪中叶衰落,但其后续发展使得接下来这一个世纪,圣·胡安中部地区和梅萨维德中部地区（还包括我们目前关注领域之外的地区）的考古工作复杂化,后来这些地区也衰落了。

因此,我们预计,查科峡谷兴起和衰落的史实将会妨碍基尼系数随时间推移一直保持的持续增长的趋势。仅从房屋使用年限及遗址的时间来判断,我们认为基尼系数有可能会持续增长,至少查科峡谷地区的社会权力和财富出现明显分化这一论断是正确的。

最后,篮筐编织者文明 III 期至普韦布洛 III 期这个时期,普韦布洛社会发展的历史相较之前的人类社会,开始呈现出更多的偶发性,延续性减少。凯尔·博钦斯基及其同事（2016）分析了北美洲西南部高地考古遗址中所能找到的树木年轮数据。分析验证了树木年轮出现频率上的四个高峰,大致与篮筐编织者文明 III 期至普韦布洛 III 期每个佩科斯时期的后半段相对应。这些频率峰值是迈克尔·贝里之前注意到的（1982）,尽管存在更大的数据库,但峰值依旧明显,其产生原因主要是文化资源管理优先权,而不是调查人员的好奇心。博钦斯基及其同事（2016）利用不同种树木年轮来估算整个北美洲西南部高地的全年气温和降水量，在此基础上绘制地图，显示在任何年份，在没有水资源管理的情况下，何地可种植玉米。这样便可推断出该地区有人类繁衍生息之时，周边土地是否曾种植过抗旱玉米。

　　研究发现，以建筑活动高频发生为标志的四个时期（"探索期"）都以建筑活动的气候性衰退宣告结束。气候性衰退使得之前共识的置信度荡然无存，全新的地点、不同的信仰以及新的规范所组成的架构诞生，数十年的"探索期"正式开启。最终，在全新地点，以崭新建筑配置完成的建筑为标志的新共识（或社会契约）确立起来。典型的佩科斯时期建筑风格及结构规范的出现使得探索期的各个阶段彼此存在差异，且与之前的发展阶段存在不同。"区域规模大、集中化，陶瓷制品生产、交易专业化，农业集约化"正是探索期的特点（Bocinsky et al. 2016）。我们推断的气候冲击导致社会庆典默认的规范及流程的权威性受到冲击，进而瓦解，代之以"形式感较弱"的模式，即区域面积减小，建筑简洁便利，商品交易减少，农业生产更分散，社会结构或许更平等、更多元，直至出现新的社会结构，并将其替代，而这一结构由于在当地大获成功，要么引得周边地区争相效仿，要么强制要求周边地区执行（Kohler and Bocinsky 2017）。研究分析假定，新石器时代人类社会［例如，古城邦（Feinman 2016）］合作基础的本质是仪式性质的，因此将仪式体系确立为稳固的合作基础所花的时间要比取消其合法性更长。

　　总的来说，我们预计基尼系数会随时间推移而增大，由此反映出该地区家庭居住时间的不断延长，从而增强了对上一代优势（或劣势）的跨代继承，但开拓期（尤其以查科峡谷为例）所体现的财富不平等较之前和之后的时期更为突出。

样本及其局限性

本章的研究报道了 177 栋房屋面积，其中包括科勒和希金斯（2016）提到的用以推断家庭对空间利用的"莱特福特协议"（本研究也予以采用）所确定的 38 栋房屋。研究中提及的另外 139 栋房屋为普韦布洛 II 期至普韦布洛 III 期所建，绝大多数位于梅萨维德中部地区及查科地区。基本数据及其来源，参见 Kohler and Ellyson 2017：表 A5.1。

我们将研究范围限定在梅萨维德中部地区及查科地区（见图 5.1），是因为这两个地区的地层序列容易把握。即便如此，我们在研究中仍遇到了不少困难。由于不少遗址发掘不充分而难以识别房屋全貌，因此通常看到的都是坑洞结构，外加裸露于地表的房间及用于储存的区域。然而，即使是已充分发掘的遗址，也并非所有考古学家都愿意推断不同房屋结构间的社会联系，我们自己也一样。究其原因，许多像地层结构、手工艺品的组合方式、连通房间的难以辨认的各式房门等这些细微的考古特征，唯有最初发掘者能体味其中妙处。（为数不多的案例是由我们进行推断的，但还是尽可能选取已有定论的遗址进行分析研究。）部分遗址由于占地面积大、生成年代久（查科峡谷的普韦布洛博尼托遗址前后建了将近三个世纪），成套的完整房屋已很难留存，尤其是这样的"豪宅"往往是两层甚至更多层，顶层的保存状况通常欠佳。

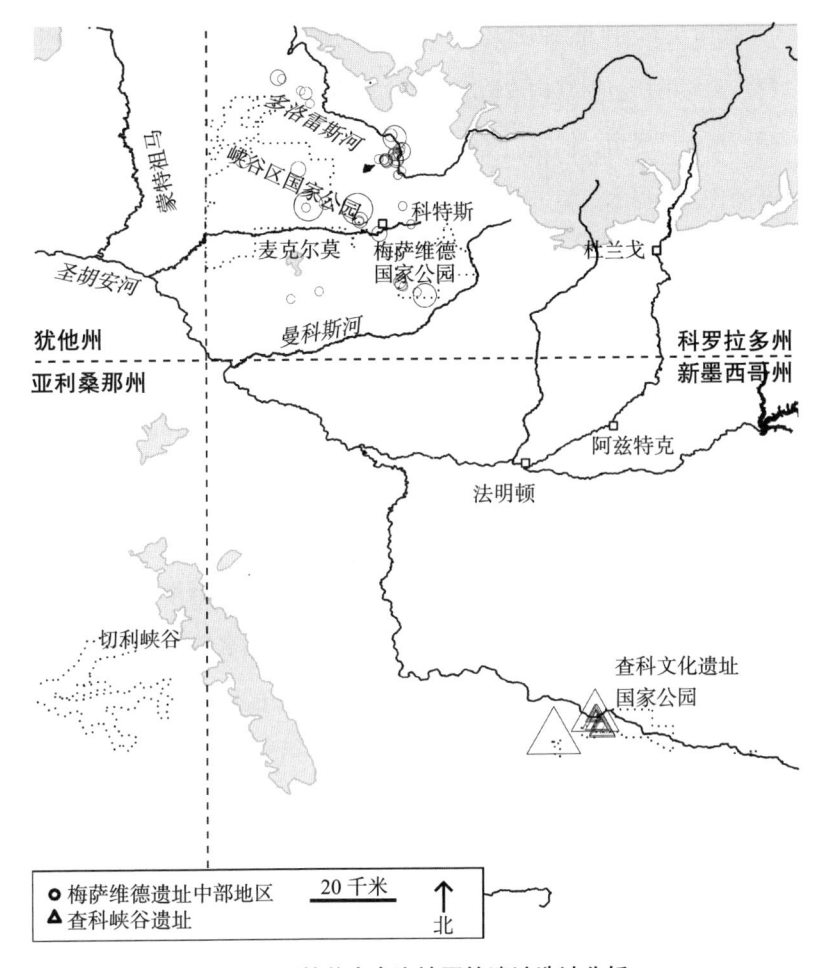

图 5.1　两处普韦布洛地区的遗址选址分析
注：符号大小与每处遗址样本中的房屋数量成比例。

本书的许多章节都提到了另一个问题，即如何对房屋进行抽样，才能准确评估复杂社会的财富不平等。如果所有家庭的财富状况都相同，那么小样本也没问题。但就像营养金字塔一样，分层社会的本质是社会等级金字塔的上层——贵族阶层和他们的房屋——要比下层

（平民阶层和他们的住所）少得多。任何抽样如果不涵盖社会生活中同一阶层的所有财富构成情况，那么所得的财富分配估算结果就不准确。尽管已尽力，但我们知道，我们的研究仍无法包括所列的所有社会的代表性样本。关于这一点，会在涉及之时详加说明。

历数之前的研究（Kohler and Higgins 2016），我们能够对每栋房屋的存储区和生活区加以区分。而这在本章的研究中却无法实现，部分原因是查科"豪宅"的大量空间既非明显的生活区，又非明显的存储区。我们在研究中只能列举每栋房屋的总面积，但在其他研究中（Kohler and Ellyson 2017: 表 A5.1），我们会尽可能划分出生活区和存储区。

有两个时期需要进一步探讨。查科地区周边的篮筐编织者文明 III 期开拓期（公元 500—600 年）目前仅包括闻名遐迩的（亦饱受争议的）沙比克埃舍的房屋坑洞村落（Roberts 1929）。弗兰克·罗伯茨将这处遗址分为早期和晚期两部分。一项被多次引用的关于早期沙比克埃舍的房屋坑洞村落的社会分化和领导能力发展的分析似乎也用到了上述两个时期，且将这两个时期都定在公元 600—700 年（Lightfoot and Feinman 1982）。后来的研究（Wills and Windes 1989）提出，该遗址范围内的房屋结构比弗兰克·罗伯茨发掘出的要多，并认为基于罗伯茨的发掘结果生成的具有高置信度的遗址内房屋结构形成年表并不成立。威尔斯和温兹两位学者将篮筐编织者文明 III 期的时间节点定为公元 6 世纪中期至公元 7 世纪左右。我们使用弗兰克·罗伯茨的划分结果，并将他归在遗址早期的 9 个房屋坑洞划分为我们断代的公元 500—600 年，将罗伯茨归在遗址晚期的房屋坑洞划分为我们断代的公元600—700年。威尔斯和温兹（1989: 364）认为，所有置于屋外的存储箱不属于任何家庭的私有物，但肯特·莱特福特和加里·法因曼（1982）认为，所有或至少大部分这些外部设施为特定家庭所有。我们则采取折中观点，将罗伯茨提到的几个存储箱归为距其最近的家庭所有（见 Kohler and Ellyson 2017: 表A5.1）。于是，会有不少无法划归任何房屋坑洞的存储箱，这些存储箱不在我们的计算范围内。

至于普韦布洛 II 期（包括梅萨维德中部地区的普韦布洛 III 期），则需要做出几项重大决定。这些被称作"豪宅"的大型建筑到底是何用途，考古学家尚无定论。尽管部分遗址已被发掘，但发掘工作大都在考古学创立初期完成。此外，正如前文所述，这些房屋年代久远、背景复杂。可以肯定，这些房屋对曾居住于此的社会成员而言用途多样、意义非凡。查科峡谷的房屋，以及圣胡安盆地和盆地周边的几栋小型房屋群落必定在包括宴会在内的社会核心庆典活动中起到了作用（Cameron 2008: 302; Cameron and Toll 2001; Safi and Duff 2016）。许多房屋位置显要，以便它们的居住者明确自己的地位，他人亦了解他们的地位（Van Dyke et al. 2016）。至少查科峡谷的那些豪宅是由来自75千米以外森林的木材建造而成的，劳动力成本很高（Guiterman et al. 2016）。先将房屋的所有社会角色和其他特征搁置不提，我们认为"豪宅"首先是拥有大量存储空间的贵族家族的宅邸。这与史蒂芬·莱克森（2015: 36-40）的观点一致，但未获得广泛认同。事实上，很多研究"豪宅"的考古学家在这一重要问题上观点不明确。如何看待这个问题对我们计算基尼系数会产生明显的影响。

最后，为基尼系数的计算确定准确的空间范围和适当的社会维度并非易事。在某种程度上，整个普韦布洛世界应该能够意识到自身的存在及其内部的互动，也许我们只需算出这一庞大区域每个时间细分维度下的基尼系数即可。然而，各个区域内的互动定会更充分。理想的情况是，我们应当对决定并允许社会不均衡性发展的整个社会单位进行抽样。一般来说，社会不均衡性越普遍，意味着社会体系越庞大。

因此，我们认为，"遗址"规模太小，就无法进行基尼系数计算，除非整个社会规模极小且高度平等。包含多处遗址的"社会群落"当然更理想，但确定这些社会群落存在困难，尤其是普韦布洛 I 期晚期之前的这个时期（参见 2014 年学者里斯关于梅萨维德国家公园的那个有名的论断）。如果大多数社会群落都执行一种礼仪制度及社会制度，这个计算对象亦合理。但遗憾的是，确定这种制度的困难程度丝毫不亚于界定执行这种制度的社会群落。

在本研究中，我们会计算整个样本随时间变化的基尼系数，并对已有数据收集的两个区域分别计算。在特定时期，这两个区域皆有较强的独立性（篮筐编织者文明 III 期和普韦布洛 I 期）。如果样本数量充足且具有代表性，分别计算再合适不过。以查科地区的鼎盛期为例，即下文所称的"普韦布洛 II 期开拓期"，我们认为，将二者作为单一政体互相作用的两部分综合考量，才可得出最准确的计算结果（Crabtree et al. 2017）。

结论

表 5.1 和图 5.2 将普韦布洛西南部这两个地区的基尼系数按时间分别呈现，汇总为一个样本，绘制在四个佩科斯时期探索期/开拓期分区的八个中点上，得出一个世纪左右的平均时间分辨率。

表 5.1　按亚期和亚区域划分的样本数量和基尼系数

亚期[a]	年份（公元）	查科地区项数	查科地区基尼系数	CMV[b]项数	CMV[b]基尼系数	总基尼系数
篮筐编织者文明Ⅲ期探索期	500–600	9	0.29	5	0.27	0.29
篮筐编织者文明Ⅲ期开拓期	601–700	14	0.26	14	0.21	0.34
普韦布洛Ⅰ期探索期	701–790	4	0.22	11	0.30	0.27
普韦布洛Ⅰ期开拓期	791–890	5	0.65	27	0.28	0.36
普韦布洛Ⅱ期探索期	891–1035	9	0.47	11	0.23	0.55
普韦布洛Ⅱ期开拓期	1036–1145	32	0.44	13	0.42	0.43
普韦布洛Ⅲ期探索期	1146–1200	0	—	8	0.23	0.23
普韦布洛Ⅲ期开拓期	1201–1285	0	—	15	0.36	0.36
全部家庭		73		104		

[a] 在 Bocinsky 等人 2016 年研究之后。
[b] CMV= 梅萨维德中部地区。

从 6 世纪中叶至 9 世纪初，查科地区和梅萨维德中部地区的房屋面积分布情况极为相近（基尼系数亦如此）。即使有如此之多的相似之处，但依据二者的基尼系数在 80% 的置信区间并没有重叠来判断，至 8 世纪中叶，梅萨维德中部地区的平等性显然不如查科地区。理查德·威尔舒森和露丝·范·戴克（2006: 239）也指出，公元 875 年，查科地区小型村落的房屋面积比同时代北部圣胡安的村落还要小。虽然房屋面积和基尼系数并不一定具有相关性，但本书第八章证明，平

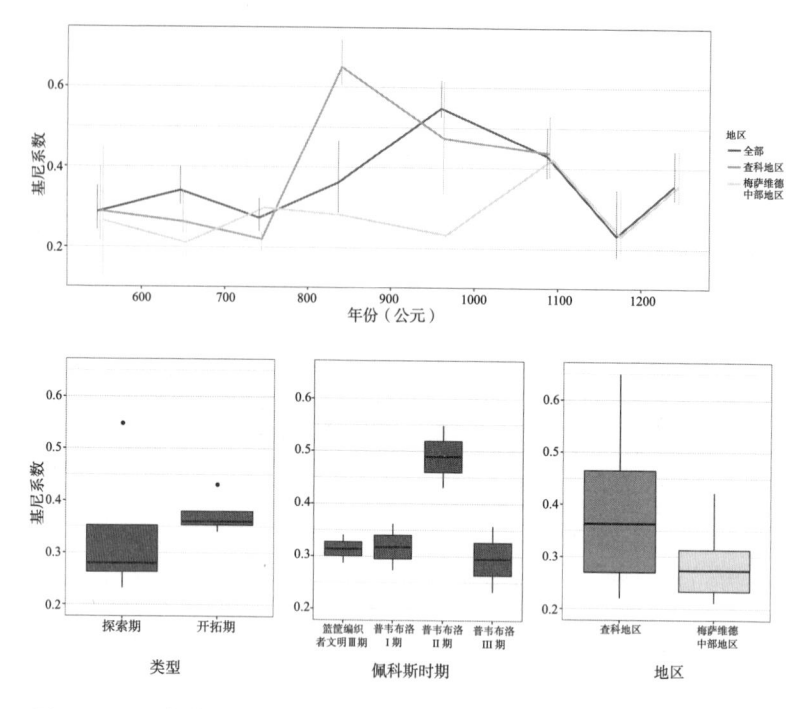

图 5.2 基于梅萨维德中部地区和查科地区房屋面积分布状况的基尼系数（上图），可见这两个地区都为集中分布；（左下）依据开拓期及开拓期亚期类型划分（包括所有房屋，两个地区都为集中分布）；（中下）佩科斯时期（包括所有房屋，两个地区都为集中分布）；（右下）按地区划分

均房屋面积和基尼系数往往具有相关性。

这两个地区基尼系数的普遍相似性一直延续至 9 世纪中叶，我们的样本恰好包括了首批被认定为普韦布洛博尼托地区的房屋（Wilshusen and Van Dyke 2006: fig.7.6A）。尽管在接下来的普韦布洛 II 期探索期亚期（基本集中在公元 10 世纪），普韦布洛博尼托地区的"豪宅"数量持续增加，但这一时期查科地区的财富差距却开始缩小，我们所选取的样本中包含该时期的 5 所房屋（Wilshusen and Van

Dyke 2006: fig.7.6B）。然而，这两个时期的置信区间几乎没有重合的部分。在整个 9 世纪和 10 世纪，直至 11 世纪的最后几十年，梅萨维德中部地区的基尼系数都维持在较低水平，与查科地区形成了鲜明对比。

由于我们的样本中还包括普韦布洛阿尔托地区的几所房屋（Windes 1987），因此在查科地区普韦布洛 II 期开拓期（公元 1036—1145 年），即查科地区社会体系的鼎盛期，其基尼系数较高，这一结果较为罕见。这所"豪宅"为新近发掘的，且使用年限不长，解读起来并不困难。公元 1070 年前后，梅萨维德中部地区也开始出现此类"豪宅"，它们体现出的普韦布洛 II 期开拓期家庭层面的不平等与查科地区的情形几乎完全匹配。我们在梅萨维德中部地区选取的样本中仅有一所面积较小的"豪宅"——埃斯卡兰特豪宅（Hallasi 1979）。尽管这一时期"豪宅"在梅萨维德中部地区已相当常见（Glowacki and Ortman 2012），但我们所见到的"豪宅"中没有一所是以这样的方式被发掘出来的。

我们对查科地区的测量节点是普韦布洛 II 期结束之时。虽然查科峡谷地区在经历了 12 世纪中叶的人口减少之后迎来了 13 世纪的人口增长，但我们难以将样本中的几所房屋从其居住年限中成功分离出来。我们对梅萨维德中部地区普韦布洛 III 期探索期（1146—1200 年）所选取的样本数量也很小（仅有 8 所房屋）。

我们在梅萨维德中部地区针对普韦布洛 III 期开拓期（即 13 世纪）选取的样本主要集中于尘沙峡谷普韦布洛族（Kuckelman et al. 2007）及其邻近的阿尔伯特波特地区的普韦布洛时期（Ryan 2015），而这个时期要更早些。阿尔伯特波特镇房屋的代表性特征体现在内设地下礼堂（基瓦 108 和基瓦 113 为相连的房间）的"豪宅"上。苏珊·瑞安（2015）在一篇报道中指出，基瓦 112 及相连的房间是首批建成的，体现了这栋"豪宅"的精髓。样本所选取的这几所房屋的大多数房间是凭借建屋所用石材的碎块加之地球物理学的测定得以鉴别的。而其余房间并未在我们的计算范围之内，因为它们可能处于"豪宅"未经发掘的区域。"豪宅"中有两栋来自阿尔伯特波特镇（一栋中有地下礼堂基瓦 108 及其套房，一栋中有地下礼堂基瓦 113 及其套房），使得这一时期尾声阶段的基尼系数明显提高。

图 5.2 左下的图依照探索期亚期或开拓期亚期基尼系数的隶属关系进行排列，使用梅萨维德中部地区和查科地区所有房屋的可靠计算结果（见表 5.1）。尽管有一点需要注意，即样本数量较小（每一区块仅包含四个亚期），但这些亚期类型间的差异值得关注。正如先前预测的一般，开拓期亚期基尼系数的中位数较高，表明家庭财富不平等程度加剧。然而，由于探索期亚期的标准化程度不及开拓期亚期，因此我们预测，探索期亚期的变化范围不会太大。

图 5.2 中下的图也采用了"二者兼顾"的做法（即在进行基尼系数计算时同时考虑两个地区的所有家庭），将时间段划分在佩科斯时期。在这个图中，普韦布洛 II 期的基尼系数明显异常，基尼系数中位数接近 0.5，但背景数值约为 0.3。

最后，图 5.2 右下的图按地区对数值序列进行了划分。虽然这两个地区出现重合，但无论是基尼系数中位数还是基尼系数随时间维度的变化，查科地区都高于梅萨维德中部地区。

讨论

如图 5.2 中下的图所示，篮筐编织者文明 III 期、普韦布洛 I 期及普韦布洛 III 期的平均基尼系数在 0.3 左右，与园艺社会的预估值一致（Gurven et al. 2010: 61）。相较之下，农业社会的基尼系数预估值更高。申克及其同事（2010）对两个历史时期六个同时代农业社会进行了研究。他们认为，物质财富远比本体财富或关系财富重要，它同时也是分配最不平等和具有高传递性的财富形式。这六个社会物质财富分配的平均基尼系数为 0.57，略高于我们对普韦布洛 II 期社会计算的基尼系数中位数（见图 5.2）。但依据这六个社会两项衡量关系财富的指标（一项是基普西吉人中发生牛群借贷关系的人数，另一项是班加罗尔人中姻亲网络的规模）计算出的平均基尼系数却是 0.46。存在这样一种观点，即普韦布洛各时期房屋面积的变化既反映了家庭物质财富的差异，又反映了亲属关系网及庆典活动中家族地位的差别（即关系财富），这与我们根据这两组相近的平均值计算出的普韦布洛 II 期数值的情形一致。

正如我们预期的，公元 600—1300 年，在这两个重要的普韦布洛亚区域，基尼系数有增大的趋势，尽管这种态势并不稳定（见图 5.2）。而查科地区社会发展的全盛期（普韦布洛 I 期晚期至普韦布洛 II 期晚期）的表现却极为反常，之前相对平等的查科峡谷地区转而成为更加不平等的社会。在查科地区社会发展的全盛期，两个亚区域（普韦布洛 II 期开拓期亚期）的基尼系数几乎相同（见表 5.1）。除非我们的（小）样本存在误导性，否则梅萨维德中部地区的不平等程度会在接下来的一个时期内开始减少，即使该地区普韦布洛 III 期探索期的置信区间与上一个时期重合（见图 5.2）。梅萨维德中部地区的不平等现象在 13 世纪再度出现，而此时的置信区间与下一个时期早期有轻度重合。

梅萨维德中部地区 13 世纪再次出现的不平等现象与唐娜·格洛瓦茨基（2015: 164-173）所说的"麦克尔莫强化现象"相一致。在对遗址的组织结构、公共建筑类型以及获取这些资源的机会分析的基础上，格洛瓦茨基认为，随着个人或群体权力的日益巩固，这些大型村落发展晚期的不平等程度日益增加。黄蜂普韦布洛群落的"巨塔综合体"（Kuckelman 2003）正是说明关键资源的获取越来越受限的重要案例。而我们通过基尼系数分析出的趋势与格洛瓦茨基的评估结果一致。

一般来说，开拓期的基尼系数要高于探索期（见图 5.2）。从开拓期向探索期过渡的每一次转变都代表着原先稳定的经济、仪式及社会组织方面的惯例要么被彻底颠覆，要么进行局部调整。因此，随之而来的问题便是，到底是（或者说在多大程度上是）针对日益严重的社会不平等的一致反应导致这一系列惯例的崩溃，还是这些不平等现象的减少只是社会生产力崩溃的间接结果，从而降低了贵族阶层通过税收来养活自己的能力（我们用的这个词有些隐喻之意，Crabtree et al. 2017，以及 Drennan and Peterson 2012 曾提出过类似说法）。

此处所讨论的 14 世纪之前的历史，与北美洲西南北部地区人口减少后格兰德河北部地区相对不断有人群定居的历史进行对比，或许证实了这些崩溃是由日益加剧的社会不平等所引起的这一假说。对于 14 世纪之后格兰德河北部地区人口居住情况，我们并未准备进行基尼系数计算，原因是这一地区家庭活动空间难以界定，居住时间跨度较长，加之新近发掘遗址少。尽管如此，北美洲西南北部地区早期"繁荣之后便萧条"循环往复的特征似乎在 14 世纪之后的格兰德河北部地区要么根本不存在，要么表现得极不明显。我们推测，如果对这些社会进行基尼系数计算，其数值会低于普韦布洛 II 期的基尼系数，可能和两个亚区域的长期平均数值相一致。尽管同时发生的其他变化使得这两段历史的比较变得复杂，比如，降雨对农业重要性的影响减弱、暴力事件发生率降低、商品流通增加、经济专业化水平增强、经济规模总体增大以及礼仪形式的变化（参见 Kohler et al. 2014），但我们推测，这一时期的相对社会平等有助于 14 世纪后格兰德河北部地区社会稳定局面的出现。我们的推理对以下观点提供了支持，即不平等现象的偶然性增多可能会导致偶然性经济崩溃的发生。

我们尝试提出的另一条证据链则更直接地表明，梅萨维德中部地区任何一种社会不平等都会经常受到挑战，而挑战者大多是社会不平等中的非受益方。图 5.3 将萨拉·科尔（2012）基于人类骸骨数据得出的暴力事件发生时间序列与该地区的基尼系数时间序列并列呈现。这两个序列依据不同的时间粒度计算得出：暴力事件发生序列是依据"村落生态动力学项目"确定的 14 个时间段的中间点绘制的（Varien et al. 2007，平均周期长度约为 50 年），而基尼系数则是依据博钦斯基及其同事（2016，见表 5.1）确定的四个佩科斯周期和两个亚期类别（探索期与开拓期）之间的 8 个交集的中间点绘制的。

继彼得·图尔钦和安德烈·科罗塔耶夫之后（2006），科勒及其同事（2009）发现，由于与人口增长之间存在滞后的动态联系，约公元 1000 年前梅萨维德中部地区的暴力事件呈现出某种变异性。我们还认为，这一时间序列（尤其是晚期）暴力事件的变异性取决于暴力事件的数量和每个时期粮食潜在生产力标准差之间的正相关关系（Kohler et al. 2014）。因此，似乎没必要过于依赖这一时间序列。然而，我们必须承认，任何复杂体系中都存在试图囊括一切利害关系而出现的暂时性的理解以及不充分的形式主义（Cilliers et al. 2013; Mikulecky 2007）。我们还须竭尽所能，厘清高关联度、高复杂性和多尺度的社会系统变化模式。我们提出这样一种可能性，即我们在梅萨维德中部地区发现的一些偶发性暴力事件，其目的是挑战高度的社会不平等；每个地区暴力事件的高峰期都出现在当地社会不平等高峰期之后或与之同时出现（见图 5.3）。普韦布洛 I 期开拓期、II 期开拓期和 III 期开拓期结束时皆伴有暴力冲突的增多。当然，我们也不能

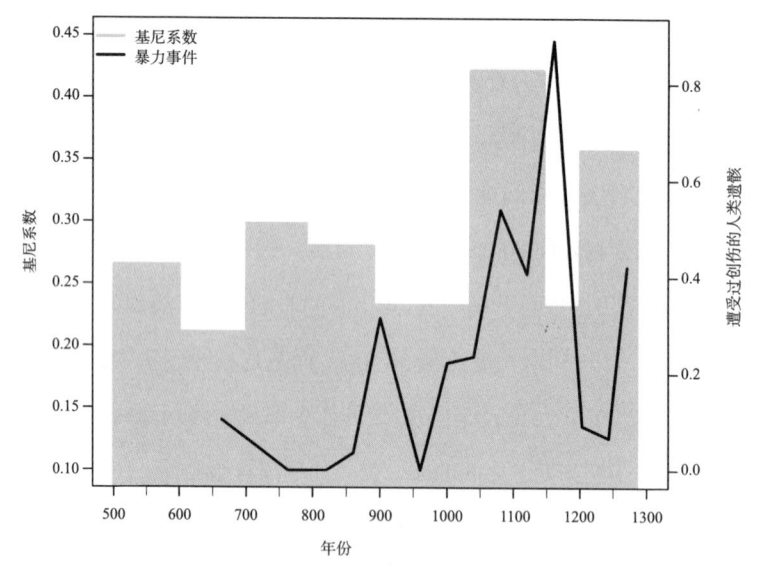

图 5.3　梅萨维德中部地区暴力事件（以遭受暴力创伤的人类骸骨比例为代表）与财富不平等（以房屋面积随时间变化的基尼系数为代表）对比图

完全排除另一种因果关系的存在：现有社会契约的约束力不再，生产力下降，导致社会混乱，从而引发暴力事件。事实上，有充分理由认定，这两种因果推论都有效，且共同促成既定结果。

而无论在哪种情况下，虽然沃尔特·沙伊德尔预测的不平等程度暂时降低导致暴力事件增多纯属巧合，但他的理论普遍适用于非西方国家的小型社会群落。沙伊德尔提出，社会稳定往往有利于不平等现状的维持或不平等程度的增加。根据沙伊德尔的分析，只有以下四类进程（参见他所著的《平等四骑士》一书）才能有效压制社会不平等，即大量人口参与的战争、变革性革命、国家瓦解以及流行性疾病（Scheidel 2017: 6）。而任何非国家背景下的战争都有可能是"大量人口参战"，因为这类社会群落之间发生的冲突不会只涉及训练有素的专业人员（例如，士兵）。此外，从特定角度来看，公元 12 世纪中叶查科文明的陨落（历史文献中记载的最严重的暴力事件）实际上就是一个王国的瓦解。从更宽泛的角度来讲，沙伊德尔的理论认为，公元 9 世纪晚期、12 世纪中叶以及 13 世纪晚期不平等程度的下降，可能是影响深远且激进的自然规律的干扰所致。因此，在其长期的发展轨迹中，对不平等的变化加以识别不仅对不平等本身具有价值，而且对我们了解社会生活经验极具意义。总的来说，社会不平等维持现状或不平等程度加剧都意味着社会稳定。而降低不平等程度需要大量干预。不平等减少的程度正是社会稳定遭严重破坏的指标。尽管我们认为财富不平等会产生负面影响，但不平等消失所造成的影响是我们不愿意看到的，甚至对许多非特权阶层来说亦如此。

有些证据表明，在普韦布洛 III 期开拓期的最后几年，梅萨维德中部地区的社会不平等有所下降。据我们所知，公元 1225 年之后，该地区再未建造过"豪宅"（Glowacki and Ortman 2014: 表 14.2），1260 年后，"豪宅"亦无人居住。我们的样本中年代最晚的几栋尘沙峡谷普韦布洛族群的房屋（参见 Kohler and Ellyson 2017: 表 A5.1）在面积上差别不大。如果高度的不平等引起普遍的社会不满，降低了合作意愿，从而引发社会崩溃，暴力事件频发，那么在这个最后阶段，仅凭这样的努力恐怕难以力挽狂澜。

总结

> "事实并非如你所见。"
>
> ——格里·戈芬和卡罗尔·金，《枷锁》（1980）

在本章中，我们得出的很多结论对研究北美洲西南地区的考古学家来说不足为奇。如果我们认为"豪宅"是贵族阶层的居所，那么这些"豪宅"所在的地区及它们所出现的时期必定是这一时间序列中不平等程度最严重的，这一点的确得到了证实。然而，这种分析产生了三个令人意想不到的结果。

首先，我们表明，查科文明时期的社会不平等程度与农业社会（与园艺社会相对而言）的预估结果极为接近。假设在查科政权的鼎盛时期，这些农耕社会缺的是土地，而非劳动力，或许我们重构的社会不平等率先出现在查科峡谷地区，也是意料之中了。R. 格温·薇薇安和亚当·沃森（2015）对查科峡谷的农耕策略进行回顾后强调，各种水资源控制策略能够显著拉大水资源丰富和水资源贫乏地区的生产梯度，产量出现地区化差异，经济更具有地区防御性。（本书第一章对明确资源梯度和经济防御性对社会不平等程度增加至关重要的理论进行了回顾。）此外，查科峡谷地区玉米花粉随处可见这一事实有力驳斥了该地区绝大部分甚至全部玉米都来自进口的观点（Geib and Heitman 2015）。查科峡谷地区扩展控制体系以确保贡品向中心地区输送的能力（正如 Crabtree 等人在 2017 年所论证的那样）强化了整个普韦布洛 II 期北美洲西南部气候干燥、适宜生产这一印象（Kohler and Reese 2014）。因为对想摆脱查科地区控制体系的人而言，人口饱和或许会使"不支持该体系"的可能性复杂化。

其次，即使我们的分析建立在完全独立的基础上，但博钦斯基及其同事（2016）最近提出的北美洲西南部历史的宏观结构在总结家庭层面的财富不平等随时间变化而发展方面被证明是有用的。从整体上看，普韦布洛地区经历了至少四个由盛而衰的循环周期。1927 年，聚集在佩科斯的考古学家在不知道其成因及确切年代的情况下就明确了这一结构的存在，并运用我们现在所说的"佩科斯分类法"将其系统化。至少从篮筐编织者文明 III 期开始，每个佩科斯时期都以为构建繁荣社会而在社会生活的方方面面、各个领域（包括经济模式、社会模式、仪式模式以及政治模式）努力探寻为开端。在探索的过程中，当时的人们最终掌握了社会繁荣的关键，而这些要诀要么为周遭城邦所效仿，要么深藏于繁荣表象之中。不管是哪种情况，这种社会组织模式都得到了推广，其发展结果便是我们今天所确定的篮筐编织者文明 III 期、普韦布洛 I 期等时期。但这并非整个时期，而只是社会组织规则得到最广泛采纳、展现最明确的开拓期亚期。

我们在此向这个模型添加的证据是，财富不平等通常会在开拓期（或开拓期之初）加剧，可能最终导致无法获益的群体对现行组织结构不满。（梅萨维德中部地区篮筐编织者文明 III 期可能是个反例，但如图 5.2 所示，篮筐编织者文明 III 期开拓期的置信区间过大，无法得出明确的结论。）不平等的加剧似乎为气候衰退期传统的打破做好了准备，而在此期间，本应采取行动帮助维持生产的传统政治领袖失去了信誉。这往往导致暴力事件的发生，即使没有发生暴力事件，处境最不利的群体也可能引发社会崩溃，而社会的分崩离析会进一步危及当前的秩序。随着新一轮探索期的开启，在大多数情况下，社会不平等会重回开拓期之前的水平。

图 5.2 左下的图显示了另一条调查路线。尽管开拓期不平等的中值要高于探索期，但真正值得关注（这便是我们上文提到的第三个意想不到的结果）的是开拓期不平等的范围大大缩小。如果我们承认关注功能对描述社会运行特征而并非理解社会实践起源有效（Dubrieul 2010: 207-211），那么这一对比表明，极小范围内的不平等为规范普及、区域体系发展及"固定模式"的建立提供了绝佳条件。尽管通过考古史料来进一步证实这个观点并非易事，但几位经济学家（例如，Stiglitz 2012）在当代社会也发现了类似的现象，即社会不平等程度过高或过低，就无法有效创造财富并引发效仿。

在我们论证的基础上又引出了新问题。社会体制的重点建设和关键拓展（普韦布洛 I 期村落的生活方式，以"豪宅"为标志的查科地区社会体系）代表了社会组织结构的成长，而这会在一段时间内为社会成员的平均劳动创造财富、增加价值。社会组织结构的这种成长是会导致不平等的加剧，抑或仅引起数十年的不平等？想要回答这个问题，必须准确评估社会成员参与的公共物品生产领域的投入和产出。在一定情况下，该领域的回报为规模增长。而这类问题刚刚引起考古学家的关注（Kohler et al. 2012; Ortman et al. 2015）。

致谢

我们的样本包含了丽贝卡·希金斯提供的房屋面积测量数据，该数据2016年在科勒和希金斯的研究报告中被引用。在此，对比尔·利佩、马克·威瑞恩、奇普·威尔斯以及汤姆·温兹为判别解释本研究所使用的一些数据来源，以及大量的调查工作（参见 Kohler and Ellyson 2017: 表A5.1）所提供的帮助表示感谢。正是有了他们几十年的付出，像我们这样的研究才得以最终成形。本研究中的分析在美国国家科学基金会 DEB-0816400 项目和 SMA-1620462 项目资助下完成。

参考文献

Berry, Michael S. 1982. *Time, Space, and Transition in Anasazi Prehistory*. University of Utah Press, Salt Lake City.

Bocinsky, R. Kyle, Johnathan Rush, Keith W. Kintigh, and Timothy A. Kohler. 2016. Exploration and Exploitation in the Macrohistory of the Prehispanic Pueblo Southwest. *Science Advances* 2, e1501532. doi:10.1126/sciadv.1501532.

Borgerhoff Mulder, Monique, Samuel Bowles, Tom Hertz, Adrian Bell, Jan Beise,

Greg Clark, Ila Fazzio, et al. 2009. Intergenerational Wealth Transmission and the Dynamics of Inequality in Small-Scale Societies. *Science* 326:682–88.

Breternitz, David A., Christine K. Robinson, and G. Timothy Gross (compilers). 1986. *Dolores Archaeological Program: Final Synthetic Report*. USDI Bureau of Reclamation, Engineering and Research Center, Denver.

Cameron, Catherine M. (editor). 2008. *Chaco and After in the Northern San Juan: Excavations at the Bluff Great House*. University of Arizona Press, Tucson.

Cameron, Catherine M., and H. Wolcott Toll. 2001. Deciphering the Organization of Production in the Chaco World. *American Antiquity* 66:5–13.

Cilliers, Paul, Harry C. Biggs, Sonja Blignaut, Aiden G. Choles, Jan-Hendrik S. Hofmeyr, Graham P. W. Jewitt, and Dirk J. Roux. 2013. Complexity, Modeling, and Natural Resource Management. *Ecology and Society* 18(3):1. http://dx.doi.org/10.5751/ES-05382-180301.

Cole, Sarah M. 2012. Population Dynamics and Warfare in the Central Mesa Verde. In *Emergence and Collapse of Early Villages: Models of Central Mesa Verde Archaeology*, edited by Timothy A. Kohler and Mark D. Varien, pp. 197–218. University of California Press, Berkeley.

Crabtree, Stefani, R. Kyle Bocinsky, Paul L. Hooper, Susan C. Ryan, and Timothy A. Kohler. 2017. How to Make a Polity (in the Central Mesa Verde Region). *American Antiquity* 82:71–95.

Crown, Patricia L., and W. Jeffrey Hurst. 2009. Evidence of Cacao Use in the Prehispanic American Southwest. *PNAS*. doi:10.1073/pnas.0812817106.

Drennan, Robert D., and Christian E. Peterson. 2012. Challenges for the Comparative Study of Early Complex Societies. In *The Comparative Archaeology of Complex Societies*, edited by Michael E. Smith, pp. 62–87. Cambridge University Press, Cambridge.

Dubreuil, Benoît. 2010. *Human Evolution and the Origins of Hierarchies: The State of Nature*. Cambridge University Press, Cambridge.

Feinman, Gary M. 2016. Variation and Change in Archaic States: Ritual as a Mechanism of Sociopolitical Organization. In *Ritual and Archaic States*, edited by Joanne M. A. Murphy, pp. 1–22. University Press of Florida, Gainesville.

Geib, Phil C., and Carrie C. Heitman. 2015. The Relevance of Maize Pollen for Assessing the Extent of Maize Production in Chaco Canyon. In *Chaco Revisited: New Research on the Prehistory of Chaco Canyon, New Mexico*, edited by Carrie C. Heitman and Stephen Plog, pp. 66–95. University of Arizona Press, Tucson.

Glowacki, Donna M. 2015. *Living and Leaving: A Social History of Regional Depopulation in the Thirteenth-Century Mesa Verde*. University of Arizona Press, Tucson.

Glowacki, Donna M., and Scott G. Ortman. 2012. Characterizing Community-Center (Village) Formation in the VEP Study Area, A.D. 600–1280. In *Emergence and Collapse of Early Villages: Models of Central Mesa Verde Archaeology*, edited by Timothy A. Kohler and Mark D. Varien, pp. 219–46. University of California Press, Berkeley.

Guiterman, Christopher H., Thomas W. Swetnam, and Jeffrey S. Dean. 2016. Eleventh-Century Shift in Timber Procurement Areas for the Great Houses of Chaco Canyon. *PNAS* 113:1186–90.

Gurven, Michael, Monique Borgerhoff Mulder, Paul L. Hooper, Hillard Kaplan, Robert Quinlan, Rebecca Sear, Eric Schniter, et al. 2010. Domestication Alone Does Not Lead to Inequality: Intergenerational Wealth Transmission Among Horticulturalists. *Current Anthropology* 51:49–64.

Hallasi, Judith Ann. 1979. Archaeological Excavation at the Escalante Site, Dolores, Colorado, 1975 and 1976. In *The Archaeology and Stabilization of the Dominguez and Escalante Ruins*, edited by Alan D. Reed, Judith Ann Hallasi, Adrian S. White, and David A. Breternitz, pp. 203–425. Cultural Research Series 7. Bureau of Land Management, Denver.

Kennett, Douglas J., Stephen Plog, Richard J. George, Brendan J. Culleton, Adam S. Watson, Pontus Skoglund, Nadin Rohland, et al. 2017. Archaeogenomic Evidence Reveals Prehistoric Matrilineal Dynasty. *Nature*. doi: 10.1038/ncomms14115.

Kohler, Timothy A., and R. Kyle Bocinsky. 2017. Crises as Opportunities for Culture

Change. In *Crisis to Collapse: The Archaeology of Social Breakdown*, edited by Tim Cunningham and Jan Driessen, pp. 263–73. Presses Universitaires de Louvain, Louvain-la-Neuve, Belgium.

Kohler, Timothy A., Denton Cockburn, Paul L. Hooper, R. Kyle Bocinsky, and Ziad Kobti. 2012. The Coevolution of Group Size and Leadership: An Agent-Based Public Goods Model for Prehispanic Pueblo Societies. *Advances in Complex Systems* 15(1–2):1150007. doi:10.1142/S0219525911003256.

Kohler, Timothy A., Sarah Cole, and Stanca Ciupe. 2009. Population and Warfare: A Test of the Turchin Model in Puebloan Societies. In *Pattern and Process in Cultural Evolution*, edited by Stephen Shennan, pp. 297–95. University of California Press, Berkeley.

Kohler, Timothy A., and Laura J. Ellyson. 2017. Table A5.1. Available at https://core.tdar.org/dataset/436268/table-a51.

Kohler, Timothy A., and Rebecca Higgins. 2016. Quantifying Household Inequality in Early Pueblo Villages. *Current Anthropology* 57(5):690–97.

Kohler, Timothy A., Scott G. Ortman, Katie E. Grundtisch, Carly M. Fitzpatrick, and Sarah M. Cole. 2014. The Better Angels of Their Nature: Declining Violence Through Time Among Prehispanic Farmers of the Pueblo Southwest. *American Antiquity* 79:444–64.

Kohler, Timothy A., and Charles Reed. 2011. Explaining the Structure and Timing of Formation of Pueblo I Villages in the Northern U.S. Southwest. In *Sustainable Lifeways: Cultural Persistence in an Ever-Changing Environment*, edited by Naomi F. Miller, Katherine M. Moore, and Kathleen Ryan, pp. 150–79. University of Pennsylvania Museum of Archaeology and Anthropology, Philadelphia.

Kohler, Timothy A., and Kelsey M. Reese. 2014. Long and Spatially Variable Neolithic Demographic Transition in the North American Southwest. *PNAS*. doi:10.1073/pnas.1404367111.

Kuckelman, Kristin A. 2003. Architecture. In *The Archaeology of Yellow Jacket Pueblo: Excavations at a Large Community Center in Southwestern Colorado*, edited by Kristen A. Kuckelman. Crow Canyon Archaeological Center, Cortez,

Colo. Electronic document, www.crowcanyon.org/ResearchReports/Yellow Jacket/Text/yjpw_architecture.asp.

Kuckelman, Kristin A., Bruce A. Bradley, Melissa J. Churchill, and James H. Kleidon. 2007. A Descriptive and Interpretive Summary of Excavations, by Architectural Block. In *The Archaeology of Sand Canyon Pueblo: Intensive Excavations at a Late-Thirteenth-Century Village in Southwestern Colorado*, edited by Kristin A. Kuckelman. Crow Canyon Archaeological Center, Cortez, Colo. Electronic document, www.crowcanyon.org/sandcanyon.

Lekson, Stephen H. (editor). 2006. *The Archaeology of Chaco Canyon: An Eleventh-Century Pueblo Regional Center*. School of American Research Press, Santa Fe, N.Mex.

——. 2015. *The Chaco Meridian: One Thousand Years of Political and Religious Power in the Ancient Southwest*. 2nd ed. Rowman and Littlefield, Lanham, Md.

Lightfoot, Kent G., and Gary M. Feinman. 1982. Social Differentiation and Leadership Development in Early Pithouse Villages in the Mogollon Region of the American Southwest. *American Antiquity* 47:64–86.

Lipe, William D., and Allen E. Kane. 1986. Evaluation of the Models with Dolores Area Data. In *Dolores Archaeological Program: Final Synthetic Report*, compiled by David A. Breternitz, Christine K. Robinson, and G. Timothy Gross, pp. 703–7. USDI Bureau of Reclamation, Denver.

Matson, R. G. 2016. The Nutritional Context of the Pueblo III Depopulation of the Northern San Juan: Too Much Maize? *Journal of Archaeological Science: Reports* 5:622–31.

Mikulecky, Donald C. 2007. Complexity Science as an Aspect of the Complexity of Science. In *Worldviews, Science and Us: Philosophy and Complexity*, edited by Carlos Gershenson, Diederik Aerts, and Bruce Edmonds, pp. 30–52. World Scientific Publishing, Hackensack, N.J. http://dx.doi.org/10.1142/9789812707 420_0003.

Mills, Barbara M. 2002. Recent Research on Chaco: Changing Views on Economy, Ritual, and Society. *Journal of Archaeological Research* 10:65–117.

Morris, Ian. 2015. *Foragers, Farmers, and Fossil Fuels: How Human Values Evolve*.Princeton University Press, Princeton.

Ortman, Scott G. 2014. Uniform Probability Density Analysis and Population History in the Northern Rio Grande. *Journal of Archaeological Method and Theory*. doi:10.1007/s10816-014-9227-6.

Ortman, Scott G., Andrew H. F. Cabaniss, Jennie O. Sturm, and Luís M. A. Bettencourt. 2015. Settlement Scaling and Increasing Returns in an Ancient Society. *Science Advances* 1:e1400066.

Reese, Kelsey M. 2014. Over the Line: A Least-Cost Analysis of "Community" in Mesa Verde National Park. Master's thesis, Washington State University, Pullman.

Roberts, Frank H. H. 1929. *Shabik'eschee Village: A Late Basket Maker Site in the Chaco Canyon*. Bureau of American Ethnology Bulletin 92. U.S. Government Printing Office, Washington, D.C.

Rousseau, Jean-Jacques. 2006. *The Social Contract*. Translated by Maurice Cranston. Penguin, New York. Orig. pub. 1762.

Ryan, Susan C. (editor). 2015. *The Archaeology of Albert Porter Pueblo (Site 5MT 123): Excavations at a Great House Community Center in Southwestern Colorado*. Crow Canyon Archaeological Center, Cortez, Colo. Electronic document, www.crowcanyon.org/albertporter.

Safi, Kristin N., and Andrew I. Duff. 2016. The Role of a Chaco-Era Great House in the Southern Cibola Region of West-Central New Mexico: The Largo Gap Great House Community. *Journal of Field Archaeology* 41:37–56.

Scheidel, Walter. 2017. *The Great Leveler: Violence and the History of Inequality from the Stone Age to the Twenty-First Century*. Princeton University Press, Princeton.

Schwindt, Dylan M., R. Kyle Bocinsky, Scott G. Ortman, Donna M. Glowacki, Mark D. Varien, and Timothy A. Kohler. 2016. The Social Consequences of Climate Change in the Central Mesa Verde Region. *American Antiquity* 81:74–96.

Shenk, Mary K., Monique Borgerhoff Mulder, Jan Beise, Gregory Clark, William Irons, Donna Leonetti, Bobbi S. Low, et al. 2010. Intergenerational Wealth Transmission Among Agriculturalists: Foundations of Agrarian Inequality.

Current Anthropology 51(1):65–83.

Smith, Michael E., Timothy Dennehy, April Kamp-Whittaker, Emily Colon, and Rebecca Harkness. 2014. Quantitative Measures of Wealth Inequality in Ancient Central Mexican Communities. *Advances in Archaeological Practice* 2:311–23.

Stiglitz, Joseph E. 2012. *The Price of Inequality: How Today's Divided Society Endangers Our Future*. Norton, New York.

Turchin, Peter, and Andrey Korotayev. 2006. Population Dynamics and Internal Warfare: A Reconsideration. *Social Evolution and History* 5(2):112–47.

Van Dyke, Ruth M., R. Kyle Bocinsky, Thomas C. Windes, and Tucker J. Robinson. 2016. Great Houses, Shrines, and High Places: Intervisibility in the Chacoan World. *American Antiquity* 81:205–30.

Varien, Mark D., and Scott G. Ortman. 2005. Accumulations Research in the Southwest United States: Middle-Range Theory for Big-Picture Problems. *World Archaeology* 37:132–55.

Varien, Mark D., Scott G. Ortman, Timothy A. Kohler, Donna M. Glowacki, and C. David Johnson. 2007. Historical Ecology in the Mesa Verde Region: Results from the Village Project. *American Antiquity* 72:273–99.

Vivian, R. Gwinn, and Adam S. Watson. 2015. Revaluating and Modeling Agricultural Potential in the Chaco Core. In *Chaco Revisited: New Research on the Prehistory of Chaco Canyon, New Mexico*, edited by Carrie C. Heitman and Stephen Plog, pp. 30–65. University of Arizona Press, Tucson.

Whittlesey, Stephanie M., and J. Jefferson Reid. 2001. Mortuary Ritual and Organizational Inferences at Grasshopper Pueblo, Arizona. In *Ancient Burial Practices in the American Southwest: Archaeology, Physical Anthropology, and Native American Perspectives*, edited by Douglas R. Mitchell and Judy L. Brunson-Hadley, pp. 68–96. University of New Mexico Press, Albuquerque.

Wills, W. H., and Thomas C. Windes. 1989. Evidence for Population Aggregation and Dispersal During the Basketmaker III Period in Chaco Canyon, New Mexico. *American Antiquity* 54:347–69.

Wills, W. H., F. Scott Worman, Wetherbee Dorshow, and Heather Richards-Rissetto.

2012. Shabik-eschee Village in Chaco Canyon: Beyond the Archetype. *American Antiquity* 77:326–50.

Wilshusen, Richard H., and Ruth M. Van Dyke. 2006. Chaco's Beginnings. In *The Archaeology of Chaco Canyon: An Eleventh-Century Pueblo Regional Center*, edited by Stephen H. Lekson, pp. 211–59. School of American Research Press, Santa Fe, N.Mex.

Windes, Thomas C. 1987. The Identification of Architectural Units (Suites). In *Investigations at the Pueblo Alto Complex, Chaco Canyon*, vol. 1, edited by Thomas C. Windes, pp. 337–82. Publications in Archeology 18F. USDI, National Park Service, Santa Fe, N.Mex.

Yoffee, Norman, Suzanne K. Fish, and George R. Milner. 1999. Comunidades, Ritualities, Chiefdoms: Social Evolution in the American Southwest and Southeast. In *Great Towns and Regional Polities in the Prehistoric American Southwest and Southeast*, edited by Jill E. Neitzel, pp. 261–71. Amerind Foundation and University of New Mexico Press, Albuquerque.

第六章

动荡时期—成不变的社会不平等

霍霍卡姆地区结构数据的区域模式研究

马修·佩尔斯

美国亚利桑那州南部的霍霍卡姆，为评估长期以来关于生存经济和社会不平等现象出现的人类学推论提供了有利的研究背景。霍霍卡姆地区以菲尼克斯盆地遗址的发掘最为有名，包括盐河和希拉河（见图6.1）。霍霍卡姆核心区域的居民近千年来严重依赖灌溉农业，人口经历大规模增长后便急剧下降。沿袭霍霍卡姆地区传统的周边地区对灌溉农业的依赖程度则各不相同，总的来说表现为更广泛和更多样化的生产方式，人口密度较低。

上述对比表明，自给自足型的生产管理可能面临不同的障碍：核心区域或许资源有限，而周边盆地更易受潜在劳动力短缺的影响。相对于资源有限这一基本分类，劳动力短缺是许多不平等理论的基础，人们普遍认为后者会引发更严重的不平等（Fochesato and Bowles 2017）。而之前研究人员发现，霍霍卡姆地区的确是关于自给

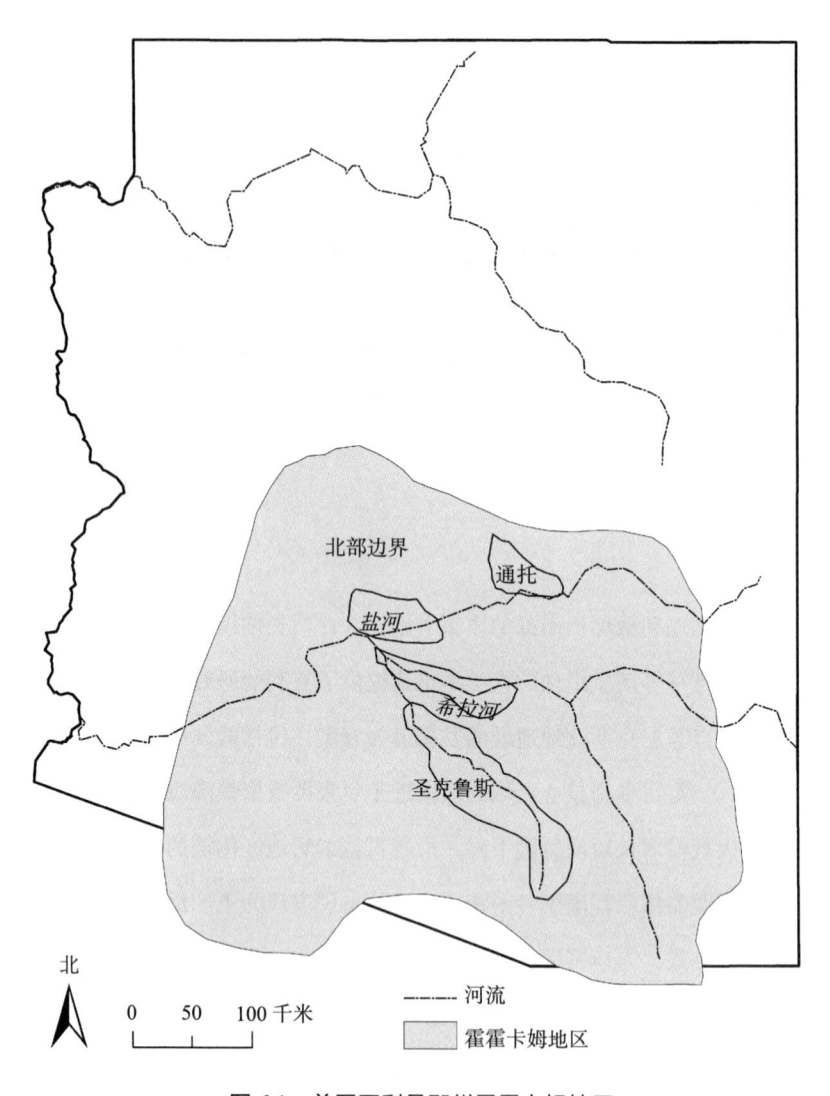

图 6.1　美国亚利桑那州霍霍卡姆地区

注：图中为本章正文中提到的以盆地为标准进行的划分。

自足型生产、人口分布以及社会组织结构方面适合的研究案例，像卡尔·威特福格尔（1957）将灌溉农业和政权集中联系在一起（Abbott 2000; Woodbury 1961），埃斯特尔·博塞拉普（1965）则认为，人口压力会促使不平等加剧（McGuire 1984）。本章的分析以前人的研究为基础，试图打破地域限制，在更大的范围内对这些模式进行评估，这在国内结构数据中有所反映。

霍霍卡姆文化发展历史上的巅峰

霍霍卡姆的发展历史始于公元400年，主要标志是陶器的风格、村落的布局以及贝壳饰品的使用（参见S. K.Fish and Fish 2007相关章节）。霍霍卡姆人并非凭空出现的，而是由公元150年就已出现的定居于村落的群体发展而来的（Wallace and Lindeman 2003），野生玉米驯化的历史可追溯至1 000多年前（Mabry 2005）。霍霍卡姆人是从这些早期的定居群落中逐渐分化出来的，而霍霍卡姆人源起何时，仍争论未决。较为明确的一点是，霍霍卡姆的历史大约在公元1450年走到尽头，当时人口明显下降，还出现了大规模的文化重组（Hill et al. 2004）。因此，霍霍卡姆的历史从长度上来算约为1 000年。在1450年文化重组之前，霍霍卡姆的人口可能已达4万左右，面积约为9.5万平方千米。人口绝大多数集中在河谷地区。因此，对整个地区进行人口密度估算已价值不大。霍霍卡姆最大的居住区可能容纳数百人（Doelle 1995），尽管霍霍卡姆地区的人口数量估算方面常出现明显差别。

纵观霍霍卡姆的发展历史,社会结构的变化逐渐发生。至殖民时期(公元 750—950 年),标准村落模式出现,即多栋房屋共用一个庭院(见图 6.2,左图)。部分学者将大型群落称为村落(Henderson 1987; Howard 2000; Huntington 1986)。研究人员(S. K. Fish and Fish 2000a, 2000b)推断,定居点以及由多个定居点组成的聚居区在像土地占有和水资源占有这类社会契约层面构成重要的关系层级。庆典场所的特征既是固定的聚居区(Doyel 1991a; P. R. Fish and Fish 2007),同时又是自殖民时期以来直至定居期(公元 950—1150 年)经济和政治活动的中心(Abbott et al. 2007; Scarborough and Wilcox 1991)。这些场地似乎也是本书第一章所讨论的公共物品的明显例证。

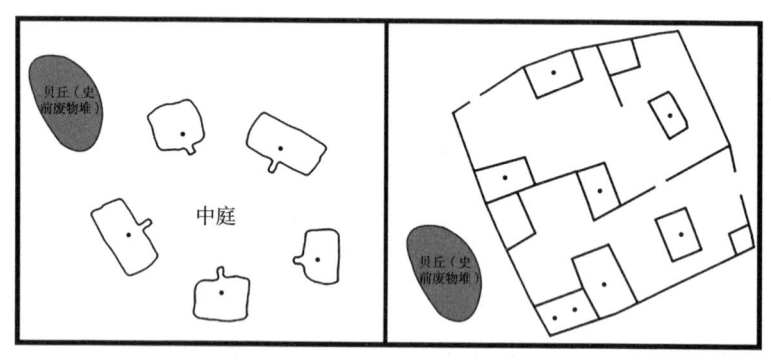

图 6.2 前古典期院落结构设想(左图),古典期复合院落设想(右图)

霍霍卡姆社会的关键性重组发生在公元 1150—1450 年,即刚迈入古典期之时(Bayman 2001; Doyel 1980; S. K. Fish and Fish 2015)。单一院落往往为复合院落所取代,且多个单一院落合并成复合院落(见图 6.2,右图)(Doelle and Wallace 1991; S. K. Fish and Fish 2015)。复合院落的面积要比先前的单一院落群大。在这种更具社会包容性的大范围区域，面积较小的土丘取代了大面积的环形庆典场所（P. R. Fish and Fish 2007; S. K. Fish and Fish 2015）。土丘间的固定间距表明，它们在农业灌溉及农业生产的其他领域有着重要的政治地位，同时亦作为多个仪式举行的场所（Crown 1987）。一些研究人员（Howard 1987; Wilcox 1991b; Wilcox et al. 2008）提出，盐河盆地和希拉河盆地的核心区域社会包容性更强，范围包括两河干流沿线的多个土丘区，甚至整个盆地聚居群落。最新的重构理论提出了假设，人口压力和环境变化迫使自给自足的经济生产接受更为严格的管控，致使古典期社会复杂性增强，社会不平等也随之而来（Abbott 2003; Bayman 2001; S. K. Fish and Fish 1994, 2015; Wilcox 1991a; Wilcox et al. 2008）。虽然也存在不同的理解，但不断增加的生存风险和生存压力已成为这一时期最主要的特征（McClelland 2015）。从最基本层面分析，公共建筑规模的增大以及排他性的增强皆表明，涉及办公室政治思想形态领域的社会声望会出现较大差异（Elson 1996）。与此同时，区域内的整体交流减少，可能出现多种关系交流模式的小范围割据（Abbott et al. 2006, 2007; Doyel 1991b）。

尽管这几个地区的社会存在形式明显相同，但在定居模式和大致的社会组织结构规则方面仍存在显著差异。菲尼克斯盆地地势平坦、水系发达，因而极度依赖灌溉农业。而纵观霍霍卡姆历史，盐河盆地和希拉河盆地的人口最为稠密（Doelle 1995; Hill et al. 2004, 2012）。这两处及周边盆地区域皆是以定居模式为主，较少依赖灌溉农业，最典型的是圣克鲁斯（例如，S. K. Fish and Fish 1992）。包括使用临时排水系统、特定地形条件下利用雨水灌溉以及广泛栽培抗旱作物在内的各种替代型农业生产技术，在这些地区自给自足的经济模式中发挥了更大的作用（S. K. Fish and Fish 2004, 2006）。而这些人口统计参数和生态参数肯定会导致整个地区土地资源、水资源和劳动力资源的相对价值发生变化。

研究热点

本章试图解决的问题是：在霍霍卡姆发展进程中，其社会结构规模所反映的社会不平等的变化，究竟是共时性的还是历时性的？在趋势可识别的程度上，究竟存在哪种地域偏差，而这种偏差又在多大程度上与人口和生态状况的推断相吻合？

为了回答这些问题，我根据已发表的研究成果和自己研究领域的案例，正在建一个住宅结构方面的数据库（Pailes 2011）。目前，我已经收集了约2 600个住宅结构数据，但基于年代、结构完整性和结构功能性等方面的考虑，将样本减少为约1 580个。我希望这个数据库能很快上线。本章所采用的研究方法遵照第一章中回顾的研究，无论对霍霍卡姆社会而言（Craig 2001; Mc Guire 1983），还是对更广泛的社会类型而言，建筑领域都是相对了解劳动力资本、社会资本和人力资本的有效渠道（Abrams 1989; Feinman and Neitzel 1984）。然而，细致严谨的论证仍是必要的，需确切考虑究竟要测量什么，而结果又能表明什么。

为了对社会不平等进行定量研究，研究人员必须保持一个分析单位恒定不变，同时在给定的维度对单个单位进行充分抽样（Deininger and Jin 2006）。对霍霍卡姆地区而言，这应当是相当容易满足的一系列条件。几十年来，该地区的研究一直专注于确定社会权利和关系财富产生之间的关系。下文便是罗伯特·McC 提出的人类学模型。奈汀和其他学者认为（Netting 1982, 1993; Netting et al. 1984），在规模较小的园艺社会中，家庭是有关生产、分配以及消息传递等决策的主要场所，这一观点已被广泛接受。因此，家庭是评估霍霍卡姆社会不平等最理想的分析单位。目前学界的共识表明，霍霍卡姆人的家庭房屋正与前古典期以共享庭院为中心的组合院落结构相对应（例如，Craig 2007; Henderson 2001; Howard 1985; Huntington 1986, 1988; Wilcox 1991a）。而到了古典期，这种对应关系不再明显。无论是有着多个房间的房屋布局，还是复合院落，都是最合适的家庭分析单位（参见 Doelle and Wallace 1991; S. K. Fish and Fish 2000b; Wilcox 1991a）。还有另一种观点，克雷格和亨德森（Craig 2007; Craig and Henderson 2007）认为，庭院，或许还包括组合院落，都可以概念化为列维-斯特劳斯所说的"住宅"。这一观点为家族内部的各个组成家庭提供了更多的自主权。在本文讨论之余，我从考古学角度将"家族"与庭院及组合院落联系起来，又将"家庭"与单个房屋结构联系起来。

将庭院及组合院落（家族）作为分析单位其实不妥，因为考古学调查的关键分析单位是结构（家庭）。也就是说，虽然大多数考古学家认为，绝大多数人类行为集中在庭院及组合院落层面，但大多数数据只能在较小的从属单位层面完成。打个比方：如果一项针对不平等的研究仅对美国家庭的卧室进行了测量，而并未考虑整体住宅面积，那么我们如何看待这项研究？我们可能会认为，研究数据体现的是卧室使用者之间的不平等，因为住宅面积越大，卧室面积也会越大，所以只要样本足够大，就能提供村镇、州市乃至国家的不平等模式。然而，我们必须认识到，任何关于家庭间不平等的判定都值得怀疑，因为不清楚较大的住宅的房间数是 3 个还是 20 个。

这和霍霍卡姆案例中的数据很相似：我们掌握的单个家庭的数据很多，但家族层面的完整数据却相对较少。这类方法论方面的难题并非只有本章遇到（见本书第七章和第九章）。有几处遗址的发掘记录翔实，足以生成庭院及组合院落建筑的准确统计数据（例如，Craig 2001）。这些能确定的数据毕竟是少数，且家族住宅的同代判别往往不易实现。

尽管存在这样明显的困难，但考虑到陈述的研究问题和关于家族内部组织结构的宽泛推论，我认为家庭层面的数据仍非常有用。基于上述论证，我试图探索的形成差异的主要维度是，相对于生产潜力的潜在稀缺，劳动究竟在多大程度上为家族所重视。在资源有限的小农家庭中，由于存在长子继承制等制度，过剩人口往往被迫离家。当劳动投资已经达到收益递减点时，通常会出现这种局面。也就是说，激化不是选择，而是必然。相较之下，在劳动力匮乏的偏远地区，受更公平的分配规则和传递规则的吸引，更多家庭成员会选择留下来。将这一概念应用到霍霍卡姆地区，我们或许会以为，盐河和希拉河核心区域高度依赖灌溉农业的菲尼克斯盆地面临的资源压力比其他区域更大。当然，并非所有研究霍霍卡姆地区的考古学家都认为位于菲尼克斯盆地的聚居群落一度需要削减剩余劳动力。但如果我们将这段过往视作连续发展史上的一个节点，就可合理推断出，与其他内陆地区的聚居群落相比，菲尼克斯盆地的聚居群落担心的不是劳动力不足，而是资源匮乏。换句话说，菲尼克斯盆地任何家族的族长都不大会为一个仅对自己子嗣的既定家族财产继承权构成威胁的侄子动用人力和物力，修建全新宅邸。相对而言，圣克鲁斯地区家族的族长只想借由生产扩大土地面积。实际上，研究霍霍卡姆地区的研究人员提出，家族中的各个家庭扮演着自由代理人的角色。随着经济机会的变化，这些家庭对家族的忠诚发生了改变，变得更加独立（Ciolek-Torello et al. 2000: 86; Doelle et al. 1987; Huntington 1986）。需要着重指出的是，作为有偿使用剩余劳动力的一种方式，工艺专业化似乎是古典期之前更为强劲的经济策略（Abbott 2000）。

在进行分析之前，我会简要说明未来其他数据链如何提升分析效果。存储空间的分布是考古学中常见的不平等指标。在霍霍卡姆地区，不仅室内存储坑随处可见，地面上的独立存储室也很常见。遗址的实际挖掘策略往往使得存储结构和构成庭院及组合院落的家庭之间的关系模糊不清。同样，在一处庭院及组合院落不可能发掘出完整的房屋结构。因此，我们不可能仅在家庭或家族层面重新创造这一变量。地层组合数据倒是提供了一定的可能性。然而，汇编这类数据将是一项更大的工程。和房屋结构领域相同，地层组合数据同样会面临取样时的分析单位偏差。绝大多数的房屋内部陈设在房屋废弃前已被移除（P. R. Fish and Fish 1991: 154）。虽然对垃圾箱内的丢弃物进行分析能提供一些思路，但这些丢弃物与建筑结构数据间的关系并不明确（Peterson et al. 2016; 另见本书第二章）。

因此，丧葬数据成为最佳补充信息来源。霍霍卡姆人在丧葬供品方面差异极为明显（McGuire 1992），盐河地区几处遗址都进行了丧葬数据的详细不平等分析，计算出的基尼系数范围是 0.7~0.77，分别对应前古典期的拉休达遗址（McGuire 1987）和古典期的普韦布洛格兰德遗址（Mitchell 1994）。最近的研究概要（Mitchell and Brunson-Hadley 2001）推断，随葬品主要体现了水平差异，而纵向不平等的部分证据基于有些逝者生前为专职宗教人员的身份（另见本书第九章）。这在古典期表现最为明显，或许表明了与土丘使用特权相关的基于血统的社会不平等。在多个沉积层之间分离出霍霍卡姆火葬形式的做法虽然给数据集带来了一些干扰（Cerezo-Román 2015），但是可控的。然而，这部分数据面临着和建筑数据同样的类别归属难题。对大多数单个数据而言，将其明确归为特定的家庭或家族显然不可能。因此，该数据集涉及遗址范围内的单个数据和模式，样本大小以及可靠的类别归属才能使数据具有一定的研究价值。亟待解决的是，这些数据似乎指向社会声望这一不平等的维度（参见本书第一章），而这恰恰是基于财富的测量标准未能涵盖的，因此可以将二者进行对比。

研究方法

样本包括多处遗址发掘报告中的结构区域（例如，判定为单个家庭住宅的区域）。下面是对结构主体分析的具体指导及假设。任何面积小于 5 平方米的建筑都被假定为非住宅型建筑，因而被排除在分析之外，除非遗址的最初勘察人员确定其为住宅型建筑。无论何种原因，只要遗址的最初勘察人员认定为"非住宅型建筑"，该建筑就会被排除在分析之外。[1] 若一栋房舍只是没有壁炉，不会被排除在分析之外，除非最初勘察人员认定如此，那另当别论。[2] 对于横跨两个时期的建筑，由于多数情况为混合时期（例如，殖民地时期至定居期），该建筑应计算在后一个时期。对于居住使用期跨越一个以上时期的建筑，以及所处地层范围不充分的建筑，我都予以排除。将涉及圆形转角的校正估算法应用于数据集长度乘以宽度的面积测算。考虑到霍霍卡姆地区的典型发展时期通常为200年左右，应假设许多非当代建筑包含在单个的时间子集中。考虑到该地区建筑的断代，这种情况虽然遗憾，但确实无法避免。然而，我认为这实则摒弃了偏差，除非一个时期内不平等的性质发生了实质性的变化，就像古典期那样。

而对于列入家庭住宅的数据，应存在不同的解读。以数据集中包含的古典期卡萨格兰德遗址的组合数据A为例。这组建筑包括卡萨格兰德的"豪宅"，可以说是霍霍卡姆地区当之无愧的贵族宅邸。这栋住宅共有四层，包括顶层露台，每层各五个大房间的两层，单独一间的底层。奥达姆语中口口相传的传统认为，这栋宅子为酋长的住所（Bahr 1994）。一栋建筑是家用住宅还是仪式场所，在考古学上的解读完全不同（Wilcox and Shenk 1977）。这栋建筑中的房间该如何计算？是像其他复合建筑那样按楼层单独计算，还是作为整体统一计

---

[1] 这些信息以表格形式呈现时还较为可信。针对特性描述部分的评述不可能包含其中。

[2] 这是研究霍霍卡姆地区的考古学家常用的用以解释说明的简要表达方式。但在霍霍卡姆地区以南的区域（如索诺拉），住宅中通常不设壁炉。简单来说，这个标准极为不严谨。

算？作为专门天文观测室的豪宅顶层可被排除在外，那么，其他房间呢？我在主体分析部分只用到了底层的房间，分别计算。这是与其他推论保持一致的折中做法。下面将讨论其他方法可能存在的潜在后果。

作为一种探索实践，本研究计算了霍霍卡姆时期两处遗址的联合家族（与家庭相对）数据：希拉河沿岸的格鲁遗址、圣克鲁斯河沿岸的塞罗普列托遗址；前者属于前古典期，后者属于古典期。这样做是为与本书其他章节以组合家族数据为主要研究对象进行对比而提供可比性标准。对前古典期不同阶段的人口峰值点的格鲁遗址的数据进行构建，分析组合院落的基尼系数。而塞罗普列托样本则与古典期之初的同时代建筑结构基本一致。

基尼系数的算法如第一章和第二章所述。运用 R 软件的 BCA 函数，置信区间为 80% 采用自举法进行计算。对分布进行了 1 000 次周期/亚区域样本和 5 000 次周期/霍霍卡姆地区样本的采样。通过除以样本数量 n 的自然对数使泰尔指数（计算方法如 Conceição and Ferreira 2000 所述）规范化。（这是比较不同大小样本时的必要步骤。）规范化后的泰尔指数和基尼系数一样，取值范围从 0 到 1，0 表示完全平等，1 表示完全不平等。但泰尔指数和基尼系数的表现方式不同，泰尔指数对财富由最贫穷人口向最富有人口的转移更为敏感，且相对于基尼系数主要集中于不平等的高位区间，泰尔指数在接近 0 时更为敏感。泰尔指数的主要优势在于其可分解，这样一来，非重合子集内以及非重合子集间的基尼系数便可单独计算，通过求和得到泰尔指数的总值。而要想准确完成运算，必须知道或至少估算出子集的总财富及总人口。

和基尼系数一样，泰尔指数很容易算出像古典期盐河-希拉河盆地的数据子集。尽管这些指数很有价值，但除了基尼系数已经提供过的信息之外，再无其他。为最大限度发挥泰尔指数的潜力，该指数需包括整个样本，且对家庭、家族、聚居地、聚居区以及盆地这类社会群落结构层面的不平等进行分解。而所有这些社会群落结构层面都与财富分配有关。如上所述，目前除少数情形外，其余家族、聚居地和聚居区层面都不可行。因为要进行估算，就需要所有的分析单位包含在一个样本中，但目前还无法将所有情况都考虑在内。盆地范围内人口由联合居住区数据库进行估算（Doelle 1995; Hill et al. 2012）。本章之所以选择这些问题进行研究，是因为在样本受限的范围内，这些问题仍可得到有效解决。而许多有关不平等的亟待解决的问题须数据库进一步完善方可进行。鉴于对较大数据库项目的兴趣日渐增长，这一目标的完成亦指日可待。

为了使当前的泰尔指数测量具有可信性，财富结构必须按人口结构的比例进行抽样。目前数据库中所包含的记录结构 n 与实际的人口分布并不成比例。这一方法通过从现有数据库中抽样，并进行替换，以成比例的方式为目标地区的估算人口数量提供了最可靠的近似值。[1] 这种探索式研究方法的结果所反映的数字无疑会随样本数量的增加而改变。尽管取样存在困难，但我仍认为这种尝试具有价值，因为：1. 它促使我们更公开地思考人口与财富结构之间的关系；2. 它提出了一个观点，即仅凭基尼系数无法构建不平等结构。至于第二个原

---

[1] 样本总量设为 1 000；因此，占总人口数 50% 的盆地将进行 500 次取样（包括替代样本）。

因，应将泰尔指数原始数据的各个部分解释为不同分析层面表示的不平等比例的体现。

研究结果及解释说明

表6.1重申了这一研究方法最适合测量哪些项目，以及最不擅长说明哪些问题。表6.1展示了格鲁和塞罗普列托两处遗址的联合家族财产。[①] 需要注意的是，对前古典期的格鲁遗址而言，这个家族住宅面积测量数值太小，所以不应过多关注其中反映的时间趋势及出现的缺失。而塞罗普列托遗址的测量结果似乎体现出明显的不平等；其基尼系数的大小与查科东北部地区的计算结果相近（本书第五章已给予论证）。当测量对象为"组合建筑的总面积"时，与替代生产策略相关联的代偿土地使用要求使得塞罗普列托地区的泰尔指数膨胀。而针对"建筑内部面积"数据的彻底查验表明，此类数据很可能测量的是家庭发展周期不同阶段该家族所处的相对位置。这正是不少小农经济社会不平等的主要构成因素（参见Wilk等人1984年专著的相关章节），因此霍霍卡姆地区的数据反映出这一情况亦在意料之中。而新组建的以单一结构模式为代表的家庭，与成员众多、结构复杂的成熟家庭相

[①] 需注意的是，由于涵盖及排除的标准不同，加之其他研究方法的调整，这些数字与之前遗址发掘报告中的数字并不完全一致。塞罗普列托遗址的"组合"测量方法存在一些问题。由于部分组合建筑投入大笔资金修建露台，因此对于一些分析单位而言，进行基尼系数计算的测量面积仅包括家庭住宅面积外加住宅间的间隙。而对于另一些分析单位来说，测量面积还包括家庭的生产能力（农业梯田）。

比，显然更为贫穷。但这种情况是不平等形成原因的真实反映吗？我在之前的论证中（Pailes 2014）提出，如果将不平等的主要形式概念化为人们拥有的财富（例如，Nyerges 1992；另见 McIntosh 1999），或是本书第一章中提到的本体财富，那么这种不平等的观点才有价值。规模越大的家庭往往越可能享有更实实在在的优势。由于这种资本形式的累积和代际积累，这些价值在某种程度上与现代的财富衡量方法相关联（代际累积变量或至少是寿命累积变量）（例如，Davies et al. 2008）。但这项调查的目的是检验暂时的家庭财富不平等，这个变量与现代社会的不平等概念（通常是根据收入，而不是财富来计算）具有共同特征，但肯定不等价。也就是说，联合家庭的财产不平等要明显高于下文报道的单一结构家庭的不平等（家庭财富），这种情况并不意外，亦不存在问题。这些方法从根本上对不同类型的不平等进行了测量。两个测量对象同等重要，但本章讨论的主题是家庭财富差异。

表 6.1 霍霍卡姆地区联合家族财产的探索样本

遗址	时期	全部院落/组合面积基尼系数	屋内结构面积基尼系数[b]	家庭数
格鲁	开拓期	0.36	0.15	9
格鲁	殖民期	0.24	0.28	6
格鲁	定居期	0.12	0.17	4
塞罗普列托	古典期	0.66[a]	0.42	59

[a] 通过测量住宅群（组合院落）突出特点的范围得出。这类组合院落大多不设围墙，因此，其范围由连接测量面积所用的具有此类建筑特点的边角来界定。
[b] 基于家族或组合院落的内部面积总和计算。

图 6.3 呈现的是周期数据子集和盆地数据子集的基尼系数。表 6.2 所列的是基本汇总数据。在这个家庭层面的数据分析中，最能说明问题的方面是，无论是霍霍卡姆地区的任何下属地区还是整个地区，均未曾出现过超乎寻常的不平等现象。值得注意的是，几个独立盆地并未出现不平等持续上升的状况，而是呈现出周期性的发展态势。开拓期之初基尼系数偏高可能是由样本数量较小造成的，且由于我将"家族宅邸"（Wallace and Lindeman 2003）包括在样本中，但这并不能真实反映单个家庭的财富。同时，也不应忽视大多数置信区间明显重合的情况。然而，开拓期统一的高数值很可能表明了真实的发展趋势。

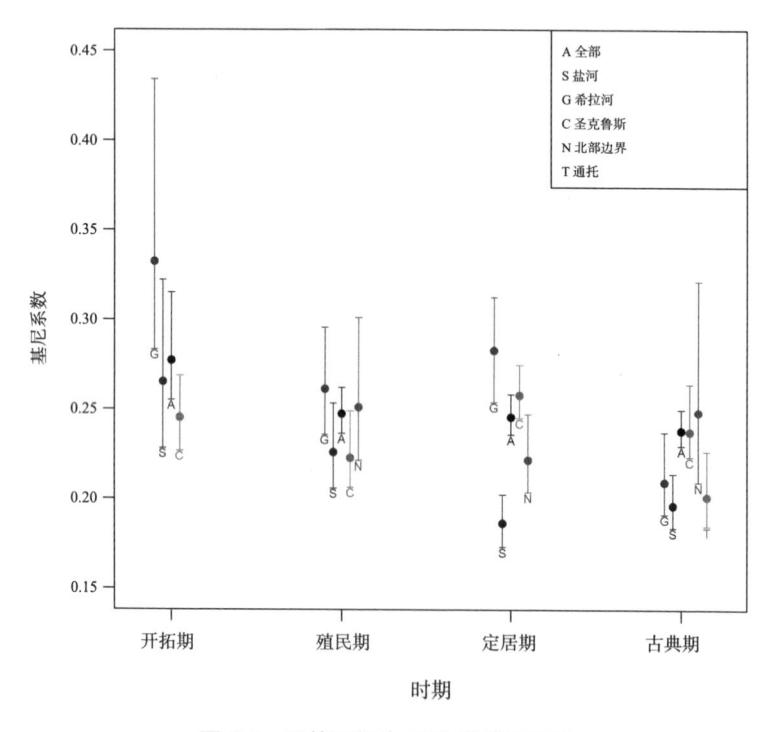

图 6.3　置信区间为 80% 的基尼系数

表 6.2 霍霍卡姆地区下属区域住宅面积（平方米）汇总统计

盆地	时期	平均值	标注差	结构数
希拉河	开拓期	18.28	14.78	49
希拉河	殖民期	14.94	7.86	80
希拉河	定居期	21.44	11.51	73
希拉河	古典期	20.95	8.08	81
北部边界	开拓期	16.05	NA	1
北部边界	殖民期	16.91	7.59	25
北部边界	定居期	17.78	7.05	72
北部边界	古典期	25.34	10.88	15
盐河	开拓期	15.67	7.48	27
盐河	殖民期	13.13	5.67	99
盐河	定居期	14.99	5.21	148
盐河	古典期	16.84	6.3	176
圣克鲁斯	开拓期	13.38	6.16	123
圣克鲁斯	殖民期	17.62	7.19	112
圣克鲁斯	定居期	15.52	7.08	155
圣克鲁斯	古典期	16.09	7.97	290
通托	古典期	25.95	9.22	60

小样本 n 往往使该样本趋近于平等（Deltas 2003）。反过来说，未能注意到古典期显著的不平等，部分原因可能是缺乏足够的贵族住宅的数据，或对贵族家族联合方式的错误估计。表 6.3 列出了卡萨格兰德地区贵族住宅数据的替代性估算，以及这些替代性估算对整个古典期基尼系数带来的影响，以希拉河样本为例。这些差异极为重要，在对后续结果进行解读时应将其牢记在心。此外，仅凭建筑结构规模这一项可能无法体现不同形式的差别劳动力投入。例如，土丘的建造成本不会将堆土成本考虑在内。我本人认同这种做法，因为这类土丘通常是家庭住宅建造之前就已筑成的，且存在了好几代（Elson and

Abbott 2000）。撇开各种警告不谈，上述结果显然与霍霍卡姆地区不平等发展轨迹的很多普遍看法背道而驰。

表 6.3　关于古典期希拉河地区卡萨格兰德
一处贵族住宅样本的替代性估算影响

楼层数	是否有合并房间	基尼系数
1	是	0.26
2	是	0.31
1	否	0.21
2	否	0.21

注：以霍霍卡姆地区为考量范围时，这些差异可忽略不计。

同样值得注意的是古典期社会复杂性高峰阶段的模式（见图 6.3）。此时，核心地区的基尼系数是低于大多数内陆盆地的。在古典期之前，希拉河地区似乎比盐河地区的不平等程度更明显，这表明，即使在核心区域，组织结构也呈现出多样性。通过对整个霍霍卡姆地区泰尔指数的分解（见表 6.4），以及前文所述人口估算结果的适当加权，可充分证实这一点。这样做只是为了检验由定居期向古典期的转变。① 鉴于先前对于泰尔指数有可能上升的揣测，该指数在定居期向古典期过渡期间基本保持不变这一点仍值得注意。然而，不同盆地之间和同一盆地内部促成整个地区不平等的相对比例在不同时期存在明显变化。在古典期，在整体不平等的促成上，不同盆地之间占有更大的比例。北部边缘地区和通托盆地较大的平均建筑结构面积成为两个时期转变

---

① 正如本章研究方法部分所述，鉴于一些相关区域的样本数量较小，估算结果价值不大。而将这种方法用在之前其他不具代表性的族群似乎并不合适。

的主要推动力。虽然北部边缘地区的样本数量小得令人担忧，但通托盆地是很好的代表。在定居期向古典期转变的过程中，盐河-希拉河地区和圣克鲁斯地区的富裕程度均不及周边区域。我认为，这些模式不仅反映了地区之间社会组织模式的差异，而且体现了当时某一特定地区被盆地割据的情形。我认为，尽管偶尔出现像卡萨格兰德那般浮夸的建筑，但核心区域有效加强了家庭建筑规模的水平机制。外围区域越多意味着变化越大。

表6.4 霍霍卡姆地区人口加权泰尔指数分析

变量及其分解	定居期	古典期
人口加权泰尔指数	0.013	0.012
盆地内 %	96	84
盆地间 %	4	16

注：在本表的分析中，盐河盆地和希拉河盆地被合并为一个单元，其余数据子集依照表6.2的数据子集。

研究结论

究竟该如何理解这组多少有些矛盾的数据？即使得出看似合理的推论，但都是事后的解释。在结论部分，我将首先给出本章论述范围内的特定结论，然后转向本书宽泛的理论主题。

本研究表明，随着时间推移，霍霍卡姆地区家庭层面不平等的变化几乎可以忽略不计。处于霍霍卡姆发展进程之初的开拓期，基尼系数高得惊人，这可能纯属例外。我最初的观点是，人口稠密的菲尼克斯盆地不会重视过剩人口，而随着时间推移，这必将导致更严重的不平等，但支持这一观点的人并不多。相反，甚至随着人口的增加，不平等似乎开始减少，或是基本维持原状。纵观历史，在霍霍卡姆地区人口较少的区域，平均不平等程度呈现略微上升的趋势，盐河地区相对于其他盆地的基尼系数一直较低，就证明了这一点。尽管房屋平均面积模式及其随时间变化在地区间产生的差异难以发觉，但其基本框架相近。与通托盆地及北部周边地区这类小样本相比，古典期的核心区域以及圣克鲁斯地区的不平等数值相对明显下降。这些模式可能表明，更靠近偏远地区的社会由于非零和资源分配体制的存在，家庭间的差异更明显，因此为部分家庭成功提供了可能。也就是说，这些地区存在更明显的赢家和输家，并非倾向于为留住家庭劳动力而平等分配资源。从人类学角度看，家庭往往更愿意用物质上的富足来换取自主。如果在资源限制较少的地区有更多的选择，上文讨论过的模式便可在此得到解释。换言之，一个家庭可以在人口稀少的地区单独打拼，在偏远地区独自发展，也可以加入更大的社会族群，借由婚姻放弃自主。核心区域则可能受限更多，尤其是环境不利的古典期。核心地区的灌溉网络需要密集的劳动力，资源需要进行公平分配，劳动力也需要公平投入，以防止人口向外围地区大量流失，这与我最初的设想相去甚远。在古典期之前，更为有利的环境可能导致前古典期的基尼系数更不稳定。

上述解释强化了本书第一章的观点，即格哈德·伦斯基（1966）所提出的，剩余生产的总体潜力将决定不平等的发展程度。按照此观点，由于人口稀少，开拓期的不平等程度更高便不足为奇，而核心地区的古典期因其潜在的边际条件，不平等程度最低。泰尔指数分解所体现的不平等结构的变化，以及定居时期或古典期各盆地间不断增加的差异，可能预示着后古典式重组的开始。这组数据至少表明，古典期区域差别水平与前古典期明显不同。也许这些不同的组织模式促使核心地区大量人口外流，最终导致了整个地区的重组。

最后，应将霍霍卡姆地区的发展置于全球背景下考量。该地区的生态特征及人口特征表明，霍霍卡姆极为符合社会进化的经典模式（见本书第八章）。这一模式将显著的社会复杂性的出现与日益加剧的不平等联系在一起。然而，尽管我们确信，霍霍卡姆地区的社会复杂性在增加，但表明其财富不平等的证据却很少。通过考察可知，政治等级制增强必然会引起经济不平等显著增加这一原则并非放之四海而皆准，霍霍卡姆地区的发展史就是最佳佐证。霍霍卡姆地区总体基尼系数较低，以及通过盆地之间的比较可知，古典期最依赖灌溉农业的人口往往基尼系数最低，都是上述结论的反映。同样，作为集约化灌溉农业完美范例的霍霍卡姆地区证明，复杂的人工农业生产体系和严重的财富不平等之间不存在简单的因果关系。通过与生产体系和不平等之间广泛推断的关系的比较，探索霍霍卡姆案例的独特性，无疑是未来研究的热点。

致谢

能参加这部书稿的研讨会，我深感荣幸。感谢研讨会的组织者，感谢蒂莫西·科勒、迈克尔·史密斯两位学者，感谢各位与会同行，感谢美洲印第安人基金会对我们考古学界的支持。还要感谢马特·皮普尔斯提供了本研究所使用的人口预算数据。该数据最初是由《西南考古》杂志和北亚利桑那州博物馆联合编制的，作为联合社区数据库2.0版的一部分。本章分析中用到的数据离不开数百位考古学家严谨的分析和计算，在此深表感谢。文中但凡有误，皆由本人一力承担。

参考文献

Abbott, David R. 2000. *Ceramics and Community Organization Among the Hohokam*. University of Arizona Press, Tucson.

——. 2003. Ceramics, Communities, and Irrigation Management. In *Centuries of Decline During the Hohokam Classic Period at Pueblo Grande*, edited by David R. Abbott, pp. 148–65. University of Arizona Press, Tucson.

Abbott, David R., Scott E. Ingram, and Brent G. Kober. 2006. Hohokam Exchange and Early Classic Period Organization in Central Arizona: Focal Villages or Linear Communities? *Journal of Field Archaeology* 31:285–305.

Abbott, David R., Alexa M. Smith, and Emiliano Gallaga. 2007. Ballcourts and Ceramics: The Case for Hohokam Marketplaces in the Arizona Desert. *American Antiquity* 72(3):461–84.

Abrams, Elliot M. 1989. Architecture and Energy: An Evolutionary Perspective. In *Archaeological Method and Theory,* vol. 1, edited by Michael B. Schiffer, pp. 47–87. University of Arizona Press, Tucson.

Bahr, Donald. 1994. *The Short, Swift, Time of the Gods on Earth*. University of California Press, Berkeley.

Bayman, James M. 2001. The Hohokam of Southwest North America. *Journal of World Prehistory* 15(3):257–311.

Boserup, Ester. 1965. *The Conditions of Agricultural Growth: The Economics of Agrarian Change Under Population Pressure*. George Allen and Unwin, New York.

Bowles, Samuel, Eric Alden Smith, and Monique Borgerhoff-Mulder. 2010. The Emergence and Persistence of Inequality in Premodern Societies. *Current Anthropology* 51:7–17.

Cerezo-Román, Jessica I. 2015. Unpacking Personhood and Funerary Customs in the Hohokam Area of Southern Arizona. *American Antiquity* 80:353–75.

Ciolek-Torello, Richard, Eric E. Klucas, and Stephanie M. Whittlesey. 2000. Hohokam Households, Settlement Structure, and Economy in the Lower Verde Valley. In *The Hohokam Village Revisited*, edited by Suzanne K. Fish, Paul R. Fish, and David E. Doyel, pp. 65–100. Southwestern and Rocky Mountain Division of the American Association for the Advancement of Science, Glenwood Springs, Colo.

Conceição, Pedro, and Pedro Ferreira. 2000. *The Young Person's Guide to the Theil Index: Suggesting Intuitive Interpretations and Exploring Analytical Applications*. University of Texas Inequality Project, Working Paper 14. University of Texas, Austin.

Craig, Douglas B. 2001. Domestic Architecture and Household Wealth at Grewe. In *Grewe Archaeological Research Project*, vol. 3, *Synthesis*, edited by Douglas B. Craig, pp. 115–30. Anthropological Papers 99-1. Northland Research, Tempe, Ariz.

——. 2007. Courtyard Groups and House Estates in Early Hohokam Society. In *The Durable House: House Society Models in Archaeology*, edited by Robin A. Beck, pp. 463–46. Occasional Paper 35. Center for Archaeological Investigations, Carbondale, Ill.

Craig, Douglas B., and Kathleen T. Henderson. 2007. Houses, Households, and Household Organization. In *The Hohokam Millennium*, edited by Suzanne K. Fish and Paul R. Fish, pp. 31–37. School for Advanced Research Press, Santa Fe, N.Mex.

Crown, Patricia L. 1987. Classic Period Hohokam Settlement and Land Use in the Casa Grande Ruins Area, Arizona. *Journal of Field Archaeology* 14(2): 147–62.

Davies, James B., Susanna Sanström, Anthony Shorrocks, and Edward Wolff. 2008.

The World Distribution of Household Wealth. UNU-Wider Discussion Paper 2008/03.

Deininger, Klaus, and Songqing Jin. 2006. Tenure Security and Land-Related Investment: Evidence from Ethiopia. *European Economic Review* 50:1245–77.

Deltas, George. 2003. The Small-Sample Bias of the Gini Coefficient: Results and Implications for Empirical Research. *Review of Economics and Statistics* 85:226–34.

Doelle, William H. 1995. Appendix D: A Method for Estimating Regional Population. In *The Roosevelt Community Development Study: New Perspectives on Tonto Basin Prehistory*, edited by Mark D. Elson, Miriam T. Stark, and David A. Gregory, pp. 513–36. Anthropological Papers 15. Center for Desert Archaeology, Tucson, Ariz.

Doelle, William H., Frederick W. Huntington, and Henry D. Wallace. 1987. Rincon Phase Community in the Tucson Basin. In *The Hohokam Village: Site Structure and Organization*, edited by David E. Doyel, pp. 71–95. Southwestern and Rocky Mountain Division of the American Association for the Advancement of Science, Glenwood Springs, Colo.

Doelle, William H., and Henry D. Wallace. 1991. The Changing Role of the Tucson Basin in the Hohokam Regional System. In *Exploring the Hohokam: Prehistoric Desert Peoples of the American Southwest*, edited by George J. Gumerman, pp. 279–345. University of New Mexico Press, Albuquerque.

Doyel, David E. 1980. Hohokam Social Organization and the Sedentary to Classic Transition. In *Current Issues in Hohokam Prehistory*, edited by David E. Doyel and Fred T. Plog, pp. 23–40. Arizona State University Anthropological Research Papers 23. Arizona State University, Tempe.

——. 1991a. Hohokam Cultural Evolution in the Phoenix Basin. In *Exploring the Hohokam: Prehistoric Desert Peoples of the American Southwest*, edited by George J. Gumerman, pp. 231–79. University of New Mexico Press, Albuquerque.

——. 1991b. Hohokam Exchange and Interaction. In *Chaco and Hohokam: Prehistoric Regional Systems in the American Southwest*, edited by Patricia L.

Crown and W. James Judge, pp. 225–52. School of American Research Press, Santa Fe, N.Mex.

Elson, Mark D. 1996. An Ethnographic Perspective on Prehistoric Platform Mounds of the Tonto Basin, Central Arizona. PhD dissertation, University of Arizona, Tucson.

Elson, Mark D., and David R. Abbott. 2000. Organizational Variability in Platform Mound–Building Groups of the American Southwest. In *Alternative Leadership Strategies in the Prehispanic Southwest*, edited by Barbara J. Mills, pp. 117–35. University of Arizona Press, Tucson.

Feinman, Gary M., and Jill E. Neitzel. 1984. Too Many Types: An Overview of Prestate Societies in the Americas. In *Advances in Archaeological Method and Theory*, vol. 7, edited by Michael B. Schiffer, pp. 39–102. Academic Press, Orlando, Fla.

Fish, Paul R., and Suzanne K. Fish. 1991. Hohokam Political and Social Organization. In *Exploring the Hohokam: Prehistoric Desert Peoples of the American Southwest*, edited by George J. Gumerman, pp. 151–75. University of New Mexico Press, Albuquerque.

———. 2007. Community, Territory, and Polity. In *The Hohokam Millennium*, edited by Suzanne K. Fish and Paul R. Fish, pp. 39–47. School for Advanced Research Press, Santa Fe, N.Mex.

Fish, Suzanne K., and Paul R. Fish. 1992. The Marana Community in Comparative Contexts. In *The Marana Community in the Hohokam World*, edited by Suzanne K. Fish, Paul R. Fish, and John H. Madsen. Anthropological Papers of the University of Arizona 56. University of Arizona Press, Tucson.

———. 1994. Prehistoric Desert Farmers of the Southwest. *Annual Review of Anthropology* 23:83–108.

———. 2000a. Civic-Territorial Organization and the Roots of Hohokam Complexity. In *The Hohokam Village Revisited*, edited by David E. Doyel, Suzanne K. Fish, and Paul R. Fish, pp. 373–90. Southwestern and Rocky Mountain Division of the American Association for the Advancement of Science, Fort Collins, Colo.

———. 2000b. The Institutional Contexts of Hohokam Complexity. In *Alternative Leadership Strategies in the Prehispanic Southwest*, edited by Barbara J. Mills, pp. 154–67. University of Arizona Press, Tucson.

———. 2004. Unsuspected Magnitudes: Expanding the Scale of Hohokam Agriculture. In *The Archaeology of Global Change: The Impact of Humans on Their Environment*, edited by Charles L. Redman, Steven R. James, Paul R. Fish, and J. Daniel Rogers, pp. 208–23. Smithsonian Books, Washington, D.C.

———. 2006. Cross-Cultural Perspectives on Prehispanic Hohokam Agricultural Potential. In *Environmental Change and Human Adaptation in the Ancient American Southwest*, edited by David E. Doyel and Jeffrey S. Dean, pp. 46–68. University of Utah Press, Salt Lake City.

——— (editors). 2007. *The Hohokam Millennium*. School for Advanced Research, Santa Fe, N.Mex.

Fochesato, Mattia, and Samuel Bowles. 2017. Technology, Institutions, and Wealth Inequality over Eleven Millennia. SFI Working Paper 2017-08-032, pp. 1–21.

Henderson, Kathleen T. 1987. The Growth of a Hohokam Village. In *The Hohokam Village: Site Structure and Organization*, edited by David E. Doyel, pp. 97–125. Southwestern and Rocky Mountain Division of the American Association for the Advancement of Science, Glenwood Springs, Colo.

———. 2001. House Clusters, Courtyard Groups, and Site Structure. In *The Grewe Archaeological Research Project*, edited by Douglas B. Craig, pp. 51–92. Anthropological Papers 99-1. Northland Research, Tempe, Ariz.

Hill, Brett J., Jeffery J. Clark, William H. Doelle, and Patrick D. Lyons. 2004. Prehistoric Demography in the Southwest: Migration, Coalescence, and Hohokam Population Decline. *American Antiquity* 69:689–716.

Hill, Brett J., David R. Wilcox, William H. Doelle, and William J. Robinson. 2012. *Coalescent Communities GIS Database Version 2.0*. Archaeology Southwest, Tucson, Ariz.; Museum of Northern Arizona, Flagstaff.

Howard, Jerry B. 1985. Courtyard Groups and Domestic Cycling: A Hypothetical Model of Growth. In *Proceedings of the 1983 Hohokam Symposium: Part 1*, edited by J. Alfred E. Dittert and Donald E. Dove, pp. 311–26. Arizona Archaeological Society, Phoenix.

——. 1987. The Lehi Canal System: Organization of a Classic Period Irrigation Community. In *The Hohokam Village: Site Structure and Organization*, edited by David E. Doyel, pp. 211–21. Southwestern and Rocky Mountain Division of the American Association for the Advancement of Science, Glenwood Springs, Colo.

——. 2000. Quantitative Approaches to Spatial Patterning in the Hohokam Village: Testing the Village Segment Model. In *The Hohokam Village Revisited*, edited by David E. Doyel, Suzanne K. Fish, and Paul R. Fish, pp. 167–96. American Association for the Advancement of Science, Southwestern and Rocky Mountain Division, Fort Collins, Colo.

Huntington, Frederick W. 1986. West Branch Site: Summary of Household Data. In *Archaeological Investigations at the West Branch Site Early and Middle Rincon Occupation in the Southern Tucson Basin*, edited by Frederick W. Huntington, pp. 349–80. Anthropological Papers 5. Institute for American Research, Tucson, Ariz.

——. 1988. Rincon Phase Community Organization. In *Recent Research on Tucson Basin Prehistory: Proceedings of the Second Tucson Basin Conference*, edited by William H. Doelle and Paul R. Fish, pp. 209–24. Anthropological Papers 10. Institute for American Research, Tucson, Ariz.

Lenski, Gerhard E. 1966. *Power and Privilege: A Theory of Social Stratification*. McGraw-Hill, New York.

Mabry, Jonathan B. 2005. Changing Knowledge and Ideas About the First Farmers in Southeastern Arizona. In *The Late Archaic Across the Borderlands: From Foraging to Farming*, edited by Bradley J. Vierra, pp. 41–83. University of Texas Press, Austin.

McClelland, John A. 2015. Revisiting Hohokam Paleodemography. *American Antiquity* 80:492–510.

McGuire, Randall H. 1983. Breaking Down Cultural Complexity: Inequality and Heterogeneity. In *Advances in Archaeological Method and Theory*, vol. 6, edited by Michael B. Schiffer, pp. 91–142. Academic Press, New York.

———. 1984. The Boserup Model and Agricultural Intensification in the United States Southwest. In *Prehistoric Agricultural Strategies in the Southwest*, edited by Suzanne K. Fish and Paul R. Fish, pp. 327–34. Anthropological Research Papers 33. Arizona State University, Tempe.

———. 1987. Analysis of Grave Lots. In *Death, Society and Ideology in a Hohokam Community: Colonial and Sedentary Period Burials from La Ciudad*, edited by Randall H. McGuire, pp. 63–106. Office of Cultural Resource Management, Department of Anthropology, Arizona State University, Tempe.

———. 1992. *Death, Society, and Ideology in a Hohokam Community*. Westview Press, Boulder, Colo.

McIntosh, Susan Keech. 1999. Pathways to Complexity: An African Perspective. In *Beyond Chiefdoms: Pathways to Complexity in Africa*, edited by Susan Keech McIntosh, pp. 1–30. Cambridge University Press, Cambridge.

Mitchell, Douglas R. 1994. The Pueblo Grande Burial Artifact Analysis: A Search for Wealth, Ranking and Prestige. In *The Pueblo Grande Project*, vol. 7, *An Analysis of Classic Period Mortuary Patterns*, edited by Douglas R. Mitchell, pp. 129–80. Soil Systems, Phoenix.

Mitchell, Douglas R., and Judy L. Brunson-Hadley. 2001. An Evaluation of Classic Period Hohokam Burials and Society: Chiefs, Priests, or Acephalous Complexity? In *Ancient Burial Practices in the American Southwest: Archaeology, Physical Anthropology, and Native American Perspectives*, edited by Douglas R. Mitchell and Judy L. Brunson-Hadley, pp. 45–67. University of New Mexico Press, Albuquerque.

Netting, Robert McC. 1982. Some Home Truths on Household Size and Wealth. *American Behavioral Scientist* 25:641–61.

———. 1993. *Smallholders, Householders: Farm Families and the Ecology of Intensive, Sustainable Agriculture*. Stanford University Press, Stanford, Calif.

Netting, Robert McC., Richard R. Wilk, and Eric J. Arnould. 1984. *Households: Comparative and Historical Studies of the Domestic Group*. University of California Press, Berkeley.

Nyerges, Endre A. 1992. The Ecology of Wealth-in-People: Agriculture, Settlement, and Society on the Perpetual Frontier. *American Anthropologist* 94(4): 860–81.

Pailes, M. C. 2011. Social Organization and Differentiation at a Hohokam Cerros de Trincheras. *Journal of Arizona Archaeology* 1(2):197–209.

——. 2014. Network Analysis of Early Classic Hohokam Corporate-Group Inequality. *American Antiquity* 79:465–86.

Peterson, Christian E., Robert D. Drennan, and Kate L. Bartel. 2016. Comparative Analysis of Neolithic Household Artifact Assemblage Data from Northern China. *Journal of Anthropological Research* (Summer):200–225.

Scarborough, Vernon, and David R. Wilcox (editors). 1991. *The Mesoamerican Ballgame in the American Southwest*. University of Arizona Press, Tucson.

Wallace, Henry D., and Michael W. Lindeman. 2003. Valencia Vieja and the Origins of Hohokam Culture. In *Roots of Sedentism: Archaeological Excavations at Valencia Vieja: A Founding Village in the Tucson Basin of Southern Arizona*, edited by Henry D. Wallace, pp. 371–405. Anthropological Papers 29. Center for Desert Archaeology, Tucson, Ariz.

Wilcox, David R. 1991a. Hohokam Social Complexity. In *Chaco and Hohokam: Prehistoric Regional Systems in the American Southwest*, edited by Patricia L. Crown and W. James Judge, pp. 253–75. School of American Research Press, Santa Fe, N.Mex.

——. 1991b. The Mesoamerican Ballgame in the American Southwest. In *The Mesoamerican Ballgame*, edited by Vernon Scarborough and David R. Wilcox, pp. 101–28. University of Arizona Press, Tucson.

Wilcox, David R., and Lynette O. Shenk. 1977. *The Architecture of Casa Grande and Its Interpretation*. Arizona State Museum Archaeological Series. University of Arizona, Tucson.

Wilcox, David R., Phil C. Wiegand, J. Scott Wood, and Jerry B. Howard. 2008. Ancient Cultural Interplay of the American Southwest in the Mexican Northwest. *Journal of the Southwest* 50:105–210.

Wilk, Richard R., Robert McC. Netting, and Eric J. Arnould (editors). 1984. *Households: Comparative and Historical Studies of the Domestic Group*. University of California Press, Berkeley.

Wittfogel, Karl. 1957. *Oriental Despotism: A Comparative Study of Total Power*. Yale University Press, New Haven, Conn.

Woodbury, Richard B. 1961. A Reappraisal of Hohokam Irrigation. *American Anthropologist* 63(3):550–60.

第七章

密西西比腹地不平等程度之探究

阿伦·贝茨豪瑟

位于美国伊利诺伊州河谷地区，坐拥密西西比河沿岸广阔的冲积平原，密西西比时期大约始于公元1050—1400年（Fortier et al. 2006）。在此期间，数万民众居住在冲积平原及紧邻平原东部和西部高地上大大小小的定居点（Milner 2006; Pauketat 2003, 2004; Pauketat and Lopinot 1997）。在这些定居点中，面积最大的是卡霍基亚，一个占地面积1.8平方千米，有100多座夯土金字塔的市政仪式建筑群（Fowler 1997）。

大卡霍基亚由三个相连的辖区——卡霍基亚、东圣路易斯和圣路易斯组成，面积超过14平方千米，从建城之初面积就不小，可能是美国的第一座城市（Emerson 2017a, 2017b）。在罗曼时期（公元1050—1100年），各式典礼平台和大小广场在大规模的布局规划中迅速建成（Baires 2017; Betzenhauser and Pauketat 2018; Dalan et al. 2003; Pauketat 2004）。接下来的斯特灵时期（公元1100—1200年）被视为卡霍基亚影响力的巅峰时期。此时，卡霍基亚地区与整个北美大陆中部及东南部密西西比河流域和林地居民有着广泛接触，这正是融合的有力证据（Kelly 1991; Pauketat 2004）。接下来的穆尔赫德时期（公元1200—1300年）和沙地草原时期（公元1300—1400年）的特征是典礼平台建成数量减少，以及卡霍基亚和北美洲河谷大部分地区人口的显著减少（Baltus 2014; Emerson and Hedman 2016; Milner 2006; Pauketat and Lopinot 1997）。

关于北美洲河谷地区密西西比时期的社会政治组织结构，该地区内不同定居点间是相互关联还是彼此独立，以及同一定居点内和不同定居点间的不平等程度究竟如何，业界存在截然不同的理解（Brown and Kelly 2015; Emerson 1995, 1997; Emerson and Pauketat 2002; Milner 1990, 2006; Pauketat 1994, 2004, 2007; Pauketat and Emerson 1999; Schroeder 2004; Trubitt 2000）。在本章中，我对北美洲河谷地区不平等存在的证据、对不平等现象的解释以及不平等的测量过程进行了简要回顾。接下来，我将描述我是如何根据具有北美洲河谷地区密西西比时期遗址建筑特征的面积测量数据计算基尼系数的，希望对密西西比腹地的不平等状况进行量化。本章的讨论部分包含界定财富、不平等，以及用现有数据确定以何种标准对这两个对象进行测量时所遇到的困难。

密西西比时期的社会不平等

大多数研究美国东南部和中西部地区密西西比时期社会的研究人员都认为，不平等现象是存在的，但对于不平等程度如何、其发展趋势怎样，以及最显著的差异于何时发生，却众说纷纭。几乎无人明确指出如何量化和比较不平等，且关于不平等与权力和复杂性关联性的讨论也很有限（尽管这一关系被假定为正相关）。而关于不平等的讨论很少明确地以财富指标或严格的经济因素来表述，却常常用声望、等级、地位、权力、影响力和对资源的控制来体现。

尤其是涉及北美洲河谷地区的研究，几乎没有研究人员尝试对不平等进行量化。蒂莫西·帕克泰特（1994）对卡霍基亚部分地区建筑及手工艺品模式进行了历时分析。虽然他的分析包括房屋的建筑面积，但以平均值和标准差对建筑进行比较，由此得出的是人口增加的证明，而不是家庭不平等的明确体现。他对手工艺品的数据进行了标准化处理，以便根据不同类手工艺品和原材料的地层埋藏密度和分布状况进行比较。帕克泰特认为，卡霍基亚 15A 区的丢弃物表明，与居住在农庄的农村居民相比，卡霍基亚的居民社会地位较高。帕克泰特还对不同领域和不同用途的物品（例如，斧头和贝壳珠）进行了论证，认为这些物品可能是由与贵族家族关系密切的手工匠人制作的。

玛丽·贝思·特鲁比特（2000）试图对北美洲河谷地区密西西比时期遗址的财富差异进行量化和比较。特鲁比特用到的是建筑面积和她认为能够反映财富状况的特定类别手工艺品（例如，石材和石器、贝壳制品残片以及装饰性陶器）的地层分布密度。她根据建筑面积大小将样本分为社会地位较高家庭和社会地位较低家庭，从房屋结构和房屋坑洞特征对物品残片进行比较。她得出的结论是，密西西比晚期穆尔赫德时期和沙地草原时期之间存在着巨大的财富差异。

最近，詹姆斯·布朗和约翰·凯利（2015）从社会关系的角度对密西西比时期的不平等进行了讨论。二位学者认为，集体筵席是用来巩固关系的，参与者身份平等，至少最开始时如此。而随着时间推移，严重的不平等和社会分层开始出现，因为不同社会群体在宴会准备过程中可动用的剩余劳动力的数量存在差异。由此得出的结论是，密西西比时期贵族家庭的出现并非基于财富积累，而是基于无余力投入社会活动的群体的特权。

不少学者从定性而非定量的角度对不平等进行了论述。比如，在论证卡霍基亚辖区 72 号土丘遗址丧葬方式的差异时援引（至少是提及）了社会地位和等级差异（Emerson et al. 2016; Fowler et al. 1999）、动物骸骨的差异分布（Kelly 1997）、密西西比时期定居模式的描述（Fowler 1978），以及农村定居点的分析（Betzenhauser 2006; Emerson 1995, 1997; Pauketat 2003）。尽管学界对记录不平等向来热衷，但对于以何种标准分析不平等以及分析哪个维度的不平等才更为确切、更有意义，却难以达成共识。

在本章中，我进行了探索性的尝试，以建筑的变化来测量不平等，在此基础上计算基尼系数。从过去几十年间整个北美洲河谷地区大规模考古发掘已出版和尚未出版的报告以及地图中，可以取得 1 000 多座密西西比时期建筑物的面积测量值和结构图（完整参考清单详见 Betzenhauser 2017a）。针对其他地区的结构分析表明，建筑结构的大小与财富之间存在直接关系，建筑规模越大代表家庭越富裕（参见本书第一章；Abrams 1989; Craig 2001）。最起码，建造更大的建筑需要更多资源，可能还会涉及劳动力的调配，而这两者都暗示了财富差异的存在。

本章的分析与其他基于建筑结构变化的分析在几个重要方面有所不同。对密西西比时期的家庭下定义，以及将某些特征和某类手工艺品归为某一特定家庭所有，这两项皆难以达成，尤其是对人口密度较大的遗址而言（Pauketat 1994: 141）。学者曾试图定义何为密西西比时期的家庭，包括定义其建筑结构特色和相关房屋坑洞特征，但仅在只有一两户家庭的小型遗址取得了成功（参见 Mehrer 1995 及 Rogers and Smith 1995 专著的几个章节）。同时代特征的集中出现，在涵盖多时代特色的遗址界定房屋外部存储坑属于哪个年代的困难，这些都对确定单个家庭单位的特征造成了障碍。此外，许多外部存储坑和垃圾坑很可能由多户家庭使用。鉴于上述各种问题，在本章的分析中，每一处住宅都被视作一户独立家庭。

密西西比时期的大多数建筑都是半地下结构，由木料和茅草搭建而成，主要被用作住宅。几类结构不同的建筑有特殊用途。其中包括超大的方形和圆形建筑；用于贮藏的规模较小的方形和圆形建筑、汗蒸屋及神庙；还有像 T 形和 L 形这类带有壁龛的不规则建筑（参见 Betzenhauser and Pauketat 2018）。这些建筑也包括在本章研究分析的样本中，因其属相关社会组织机构所有，或许会有专人进行规划设计、督办其建成，甚至代表该组织对此类建筑进行管理，这都表明了地位差异，而非财富差异。

研究方法和研究预期

北美洲河谷地区包括广阔的冲积平原，从现在的圣路易斯起，横跨密西西比河，包括伊利诺伊州三个县在内的高地地区（见图 7.1）。建筑面积测量数据来自已发表的报告、未发表的论文和伊利诺伊州考古调查局档案的注释（Brennan 2017；原始数据来自 Betzenhauser 2017b）。在某些情况下，如果建筑面积未给出或由不同方法计算得出，那么依据平面图纸进行测量。因遗址遭破坏、仅有部分裸露于地表或是仅有部分进行挖掘而无法测量建筑面积的，则被排除在外。其他进行记录的变量包括结构成分、遗址类型和建筑类别。这些遗址在规模、分布密度、存在时间长度和使用年限上存在差异。其中最小的是农庄，只有一栋或两三栋建筑。规模最大的是卡霍基亚遗址，有 100 多座土丘，是密西西比时期最大的土丘建筑群。其他类型的遗址包括未包含土丘的村落，以及仅有一座或少数几座土丘的小型遗址。建筑类别分为住宅建筑和特殊用途建筑（例如，集会场所、仓储建筑、汗蒸屋和神庙）。

除了可测量建筑面积的挖掘样本之外，我们专门选取了卡霍基亚的一座土丘样本进行顶部建筑面积的估算。这样的操作有以下几个原因。卡霍基亚的土丘中只有一座土丘顶部是按符合考古要求的方法进行挖掘并记录的（Reed 2009；参见 Pauketat 1993 部分暴露的土丘顶部结构）。但东南部其他密西西比时期遗址的历史资料及发掘记录表明，土丘顶部有此类结构（参见 Bartram 1791; Bourne 1904; Lewis and Stout 1998）。通常认为这类结构的建筑是身居高位者的住所（包括酋长），但也有可能是市政厅或神庙（Anderson et al. 2013; Pauketat 1993）。

对卡霍基亚所有记录在案的包含土丘顶部的建筑的估算已大大

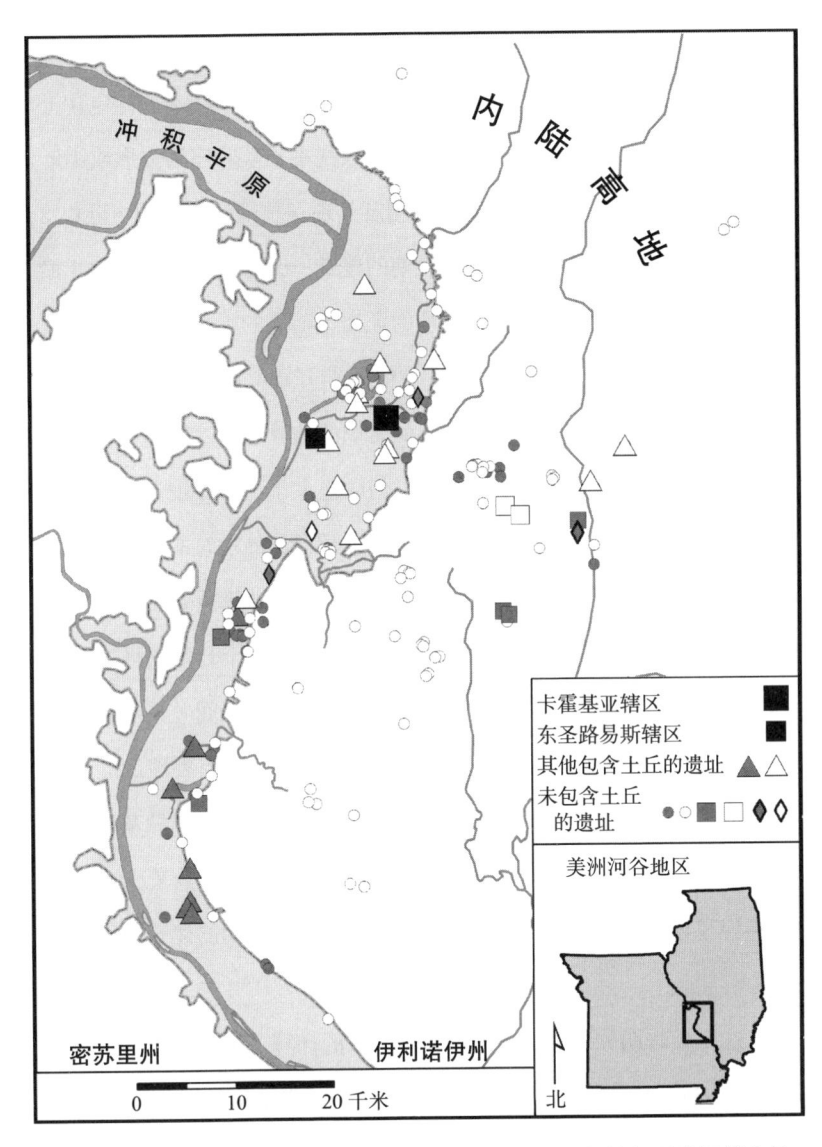

图 7.1　罗曼时期北美洲河谷地区密西西比遗址及毗邻的伊利诺伊州高地地区（改编自 Betzenhauser 2011: fig. 7.4）

第七章　密西西比腹地不平等程度之探究　　　229

超出这些建筑的总面积。而卡霍基亚遗址仅有 5% 的区域被发掘出来。因此，所有土丘中仅有 5% 顶部会建有住宅，可当作样本进行包含土丘顶部的建筑的面积计算。这些土丘必须是平顶且底座为方形或矩形的。两层高的土丘的建筑面积通过测量其现存顶部建筑面积再除以 2 可得出。估算结果可用于斯特灵时期的建筑，因为当前土丘的尺寸很可能接近彼时的大小（而土丘结构的证据在随后的穆尔赫德时期大大减少）。由于筛选出的土丘可能在罗曼时期开始建设，因此将斯特灵时期的估算值一分为二，以得到罗曼时期的估算值。这些面积估算值虽小于僧侣土丘的建筑面积测量值，但明显大于土丘外围典型住宅建筑面积测量值，且假定这些数值在包含土丘顶部的建筑的面积范围内。

使用 R 语言函数包 DescTools 中的一个函数计算重合子样本的几个基尼指数，以计算无偏差估算值，专门从 1 000 个自举法样本复本和 BCA 中导出 80% 的置信区间，以生成偏差校正区间（见本书第二章）。因为建筑面积体现出时间发展的趋势：北美洲河谷地区的住宅结构面积在密西西比时期有所增加，所以没有对样本整体做基尼系数的总运算（Milner et al.1984）。由于这几个时期的样本数量少，且建筑结构和物质文化具有相似性，因此将沙地草原晚期的建筑归于穆尔赫德时期。

这三个时期分别进行了三种基尼系数的计算。第一种包括了样本中所有的建筑结构，第二种将有可能为非住宅结构的建筑排除在外，第三种将非住宅结构和土丘顶部结构排除在外。仅针对包含土丘的遗址的建筑结构、未包含土丘的遗址的建筑结构，以及卡霍基亚的建筑结构这三类遗址进行了同样的三种基尼系数计算。有了这样的划分，就有可能对财富的相似性和差异性进行调查，因为基于遗址结构成分及类型计算出的基尼系数反映的是各类遗址及整个密西西比时期的不平等状况。

虽然由于样本不完整，加之缺乏说明建筑物的用途以及家庭住宅结构部件的书面记录，给本文的分析造成了阻碍，但大规模不间断的考古发掘及数量大种类全的样本弥补了这一缺憾。样本总共包括77处遗址的1 000多座住宅建筑和近250座特殊用途建筑。它们呈现出整个密西西比时期的居住情况。样本中约有1/3的建筑可追溯至罗曼时期，超半数的建筑属于斯特灵时期，而仅有14%属于穆尔赫德时期或沙地草原时期。特殊用途建筑主要集中在斯特灵时期，其中22%为非住宅建筑（相较之下，罗曼时期非住宅建筑仅占18%，穆尔赫德时期是11%）。下面我将分阶段对整个样本的基尼系数进行总体比较，并对每个子样本的计算结果加以描述。

假定建筑结构大小与财富相关，且基于整个地区所有遗址发掘报告的数据得出，便可为本文的分析规划预期结果。作为密西西比时期人口最多、规模最大的遗址，卡霍基亚辖区的基尼系数理应最高。至少部分卡霍基亚居民可轻易接触到并进而掌控专门手工艺品的生产技艺及外来资源的分配（Betzenhauser 2006; Pauketat 1994; Yerkes 1989）。根据斯特灵时期的建筑算出的基尼系数很可能相当高。密西西比发展年代史的斯特灵时期，卡霍基亚的人口对当地人口影响最大，与密西西比其他地区及中西部和东南部林区形成相互作用。包括农庄和村落这类未包含土丘的建筑的小型遗址，估计基尼系数会较低。这些遗址居民人数少，距财富资源集中的卡霍基亚较远，更有力地佐证了这一观点（Betzenhauser 2006; Emerson 1997; Mehrer 1995）。

其他几个变量可能会反映不平等的测量结果，但由于准确测量数据难以获得，加之这些变量能否归属于特定家庭难以界定，因此本研究分析对此予以忽略。这些变量包括存储空间、土丘数量及耕地面积。我也未对可能体现财富差异的各类手工艺品进行比较，原因之一是难以对每个家庭手工艺品的地层分布密度进行量化，原因之二是绝大多数这类实物是从二级环境回收而来的。发现于原始环境或家庭使用物品中保存下来的此类手工艺品数量极为稀少。大多数此类物品都是于房屋坑洞或多个家庭用作丢弃场所的废弃建筑中回收而来的。密西西比早期手工艺品被用作随葬品的情况并不常见，仅出现在少数名门望族的随葬品中（参见 Baires 2017; Emerson et al. 2016; Fowler et al. 1999）。由于使用随葬品数据来衡量财富相关的复杂性（参见本书第一章和第二章），这些情况因此被忽略了。

研究结果

三个子样本的每个构成部分总计进行了 30 个基尼系数的计算（见表 7.1 和图 7.2）。根据样本中包含的建筑结构和被排除在外的建筑结构，基尼系数之间差异明显。基尼系数最低为 0.18；这组样本仅包括斯特灵时期未包含土丘的遗址中的住宅建筑。基尼系数最高为 0.66，基于斯特灵时期卡霍基亚辖区的所有建筑结构数据计算得出（对比 Gurven et al. 2010 年和 Shenk et al. 2010 年的计算结果）。本章剩余部分将对分析结果进行讨论，重点关注所有遗址中的建筑结构、

表 7.1 子样本基尼系数及计算结果

阶段（年份：公元后）

	罗曼时期 1050—1100			斯特灵时期 1100—1200			穆尔赫德/沙地草原时期 1200—1400		
	数目	基尼系数	80%置信区间	数目	基尼系数	80%置信区间	数目	基尼系数	80%置信区间
全部遗址									
全部	457	0.42	0.385–0.492	686	0.43	0.396–0.480	180	0.32	0.303–0.352
住宅+[a]	387	0.29	0.256–0.335	557	0.27	0.229–0.321	—	—	—
住宅	385	0.25	0.234–0.284	554	0.20	0.195–0.210	161	0.27	0.258–0.299
包含土丘的遗址									
全部	321	0.45	0.401–0.536	427	0.45	0.412–0.511	51	0.39	0.366–0.447
住宅+[a]	279	0.30	0.268–0.365	334	0.28	0.237–0.362	—	—	—
住宅	277	0.25	0.238–0.261	331	0.19	0.183–0.200	46	0.32	0.298–0.366
未包含土丘的遗址									
全部	136	0.33	0.289–0.418	259	0.29	0.254–0.337	129	0.28	0.260–0.310
住宅+[a]	108	0.25	0.199–0.371	223	0.18	0.175–0.195	115	0.25	0.234–0.282
卡霍基亚									
全部	97	0.53	0.424–0.677	58	0.66	0.617–0.717	32	0.28	0.255–0.351
住宅+[a]	79	0.35	0.285–0.477	44	0.57	0.448–0.669	—	—	—
住宅	77	0.21	0.192–0.238	41	0.19	0.169–0.239	29	0.22	0.209–0.267

[a] "住宅+"类别包括罗曼时期和斯特灵时期卡霍基亚辖区估计的包含土丘顶部的建筑

(a）全部遗址

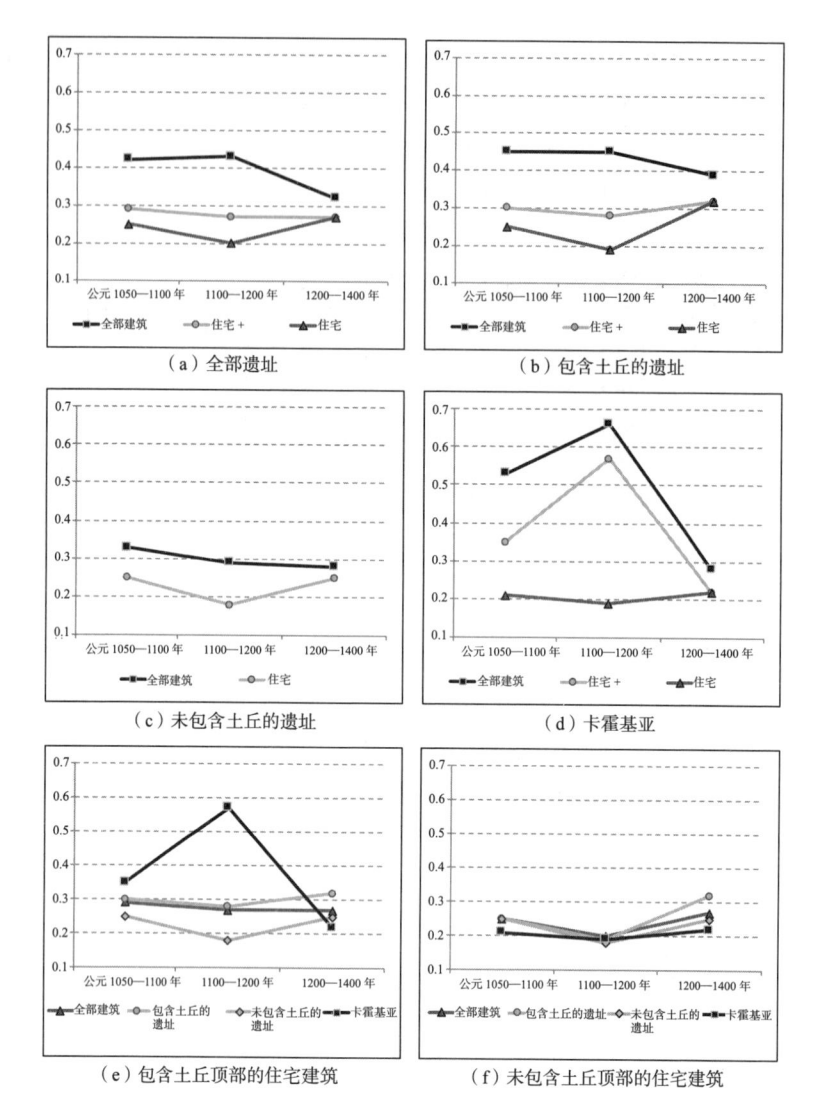

(b）包含土丘的遗址

(c）未包含土丘的遗址

(d）卡霍基亚

(e）包含土丘顶部的住宅建筑

(f）未包含土丘顶部的住宅建筑

图7.2 基尼系数计算结果

注："住宅+"类别不包括所有非住宅建筑，包括罗曼时期和斯特灵时期确定的包含土丘顶部的建筑，以及斯特灵时期包含僧侣土丘的建筑。

包含土丘的遗址的建筑结构、未包含土丘的遗址的建筑结构，以及卡霍基亚辖区的建筑结构这四组计算结果。本章结尾将对包含土丘顶部建筑的住宅结构样本和未包含土丘顶部建筑的住宅结构样本进行比较，以说明取样策略对基尼系数计算结果的影响。

全部遗址情况说明

一旦样本中的所有建筑都包含在内，基于全部遗址计算出的基尼系数在罗曼时期开始升高，在整个斯特灵时期都维持高数值，但在穆尔赫德时期和沙地草原时期下降（见图 7.2a）。然而，将非住宅建筑排除在外时，基尼系数则低得多，且随时间变化不大。将包含土丘顶部的建筑排除在外时，模式再次发生变化，斯特灵时期最为明显。纵观整个密西西比时期，斯特灵时期的基尼系数最低，而穆尔赫德时期和沙地草原时期的基尼系数最高。包含土丘顶部的建筑样本与未包含此类建筑的样本的在斯特灵时期差别最大（0.27: 0.20），而在罗曼时期差别也很明显（0.29: 0.25）。

包含土丘的遗址

包括卡霍基亚辖区、东圣路易斯辖区这类大型定居点以及仅有一座土丘的小型遗址在内的土丘遗址的结构模式与整体样本相似（见图 7.2b）。包括非住宅建筑在内的基尼系数从罗曼时期和斯特灵时期开始升高，最后以穆尔赫德时期和沙地草原时期的低值结束。尽管包含土丘的遗址的每个基尼系数都略高，且穆尔赫德时期和沙地草原时期包含土丘的遗址的基尼系数的减少并不明显，但上述模式仍是所有遗址的调研结果都体现出来的。其中差异最大的是穆尔赫德时期和沙地草原时期的样本，基尼系数从 0.32 升至 0.39。

早期阶段住宅建筑的基尼系数呈现出相似的发展趋势，但在穆尔赫德时期和沙地草原时期开始上升。与包含所有建筑结构的样本相似，穆尔赫德时期和沙地草原时期住宅建筑的基尼系数要高于全部遗址的基尼系数，但罗曼时期和斯特灵时期的基尼系数几乎相同。如果将包含土丘顶部的建筑排除在外，那么，尽管穆尔赫德时期和沙地草原时期的基尼系数依旧很高，但这一模式的基尼系数与所有遗址的数值非常相似。

未包含土丘的遗址

未包含土丘的遗址的基尼系数与基于全部遗址数据计算的基尼系数极为接近（见图 7.2c）。基于所有建筑结构计算出的基尼系数随着时间推移而减少，在罗曼时期为 0.33，到穆尔赫德时期和沙地草原时期为 0.28。出于样本的原因，也应注意到基尼系数随着时间推移而略有下降。此样本虽然包括全部遗址的所有建筑，但与包含土丘的遗址样本形成了对比。将非住宅建筑排除在外时，斯特灵时期的基尼系数明显下降，而穆尔赫德时期和沙地草原时期的基尼系数却相应上升。值得注意的是，虽然穆尔赫德时期和沙地草原时期包含土丘的遗址基尼系数（+0.13）的上升要比未包含土丘的遗址（+0.07）明显得多，但先前两个子样本的模式相似。

卡霍基亚辖区

卡霍基亚辖区样本（见图 7.2d）与前文讨论过的子样本不同。尽管基于所有建筑结构数据计算出的基尼系数在罗曼时期和斯特灵时期都很高，但在斯特灵时期达到峰值。峰值过后，穆尔赫德时期和沙地草原时期基尼系数急剧下降。虽然所有三个构成部分的基尼系数都很低，但将非家庭住宅排除在外后，却发现这三部分的基尼系数变化模式惊人相似。而这与之前讨论过的三个样本形成鲜明对比，这些样本的基尼系数在斯特灵时期要么略有上升，要么稍有下降。然而，如果将包含土丘顶部的建筑排除在外，那么该模式与所有其他样本的模式极为相似。斯特灵时期的基尼系数略有上升，在接下来的穆尔赫德时期和沙地草原时期，基尼系数稍有下降，二者间的差别非常微小。

样本选择对基尼系数结果的影响

基于各个子样本进行基尼系数计算后，便可明显看出，样本选择对基尼系数结果有很大的影响。对基于包括经确定的包含土丘顶部的建筑计算出的基尼系数和不包括土丘顶部的建筑计算出的基尼系数进行比较时，出现明显不同的模式（见图 7.2 e–f）。一旦排除包含土丘顶部的建筑，子样本间几乎无差别：以罗曼时期为开端，所有样本的基尼系数都在 0.21~0.25，到斯特灵时期开始下降（0.18~0.20），到接下来的穆尔赫德时期和沙地草原时期再次上升（0.22~0.32）。子样本间差别最小的是斯特灵时期（范围是 0.02），差别最大的是穆尔赫德时期和沙地草原时期（范围是 0.10）。各时期间建筑结构基尼系数差别最小的是卡霍基亚辖区的建筑（范围是 0.03），差别最大的是各包含土丘的遗址的建筑（范围是 0.13）。

将包含土丘顶部的建筑包括在内时，罗曼时期和斯特灵时期卡霍基亚的基尼系数明显不同：这两个时期的基尼系数都很高，斯特灵时期达到最大值 0.57。之所以出现较高的数值，是因为样本中仅包含两座罗曼时期的包含土丘顶部的建筑和三座斯特灵时期的包含土丘顶部的建筑。而穆尔赫德时期和沙地草原时期的基尼系数相同，因为整个样本中没有包含土丘顶部的建筑。一旦将包含土丘顶部的建筑包括在内，斯特灵时期与穆尔赫德时期和沙地草原时期之间的基尼系数计算结果就急速下降（落差为–0.35）。将包含土丘顶部的建筑包括在内时，包含土丘的遗址和未包含土丘的遗址样本呈现出相似的趋势，但所有时期包含土丘的遗址的基尼系数始终较高。罗曼时期和斯特灵时期之间的差异同样是因为仅将几座包含土丘顶部的建筑结构包括在内，而这些建筑结构在未包含土丘的建筑的遗址中必然是不存在的。但穆尔赫德时期和沙地草原时期较高基尼系数的出现不是包含土丘顶部的建筑所致，因为该样本中不包括此类建筑。

讨论

分析的结果颇有启发性。将非住宅建筑包括在内时，密西西比初期基尼系数通常较高，斯特灵时期维持高值，在接下来的穆尔赫德时期和沙地草原时期开始下降。穆尔赫德时期和沙地草原时期基尼系数的下降在部分子样本中尤为明显（例如，卡霍基亚辖区）。而罗曼时期基尼系数的高值（>0.4）可能与向新建筑风格过渡（例如，沟渠）以及将外来族群纳入卡霍基亚社会有关（参见 Betzenhauser 2011，2017c）。基尼系数还反映了新建筑形式的出现，如公共空间、神庙、存储设施及包含土丘顶部的建筑。斯特灵时期基尼系数的上升表明不平等程度加重，以及特殊用途建筑出现的频率增加。穆尔赫德时期所有子样本基尼系数的降低，尤其是卡霍基亚辖区基尼系数的迅速降低，表明该地区是整个密西西比时期不平等现象出现最少的地区（与 Trubitt 2000 相反）。

将非住宅建筑和包含土丘顶部的建筑排除在外时，随着时间推移，趋势发展的差异明显。较为显著的是，若只考虑住宅建筑，整个密西西比时期各类型遗址间模式相近，但变化程度不同。在建筑规模方面，各类型遗址间相似的历史发展轨迹表明，随着时间的推移，区域融合的程度在不断变化。密西西比初期和末期（即罗曼时期和穆尔赫德时期），人口众多的大型遗址比小型遗址呈现出更大的变化。相比之下，在斯特灵时期，由基尼系数低值体现出的住宅建筑规模的变化量在整个区域范围内是最小的。这一发展趋势在卡霍基亚辖区体现得最为明显，该地区所有时期及全部子样本的基尼系数最低（0.19）。基尼系数的低值实际上通常与斯特灵时期家庭建筑结构有关，卡霍基亚辖区的基尼系数并非表明该地区不平等程度最低，而是在建筑风格上标准化和一致性的程度最高。既然如此，基于密西西比时期住宅建筑规模计算出的基尼系数不仅进一步提供了区域融合的证据，而且可能为卡霍基亚辖区的建筑是由使用预制墙体的施工队建造这一观点提供了数据支持（Pauketat and Alt 2005; Pauketat and Woods 1986）。

一般来说，使用包括经认定的包含土丘顶部的建筑在内的住宅建筑数据计算出的基尼系数会介于使用所有建筑结构数据的计算结果和仅用住宅建筑数据的计算结果之间。无论是卡霍基亚辖区的发展历程、斯特灵时期基尼系数的高值，还是与未包含土丘的遗址相比之下包含土丘的遗址基尼系数的高值，皆符合研究预期。人们容易得出这样的结论，即基尼系数准确地反映了可测量的财富差异。但鉴于现有数据，这种说法是否属实尚不明确。

值得注意的是，既包括所有建筑又包括包含土丘顶部的建筑的变量的最小值和最大值都出现在斯特灵时期的卡霍基亚辖区。而子样本间的最大差异也与斯特灵时期有关，表明整个地区的不平等程度极高。卡霍基亚遗址和该地区其他遗址的大型公共建筑及神庙很可能为各辖区间的交流提供了场所，促进了地区间的融合。其他研究人员也提出了类似的观点（Pauketat and Alt 2003），建造土丘的行为及参加大型宴会（Pauketat et al. 2002）向各类参与者灌输了一种社会融入感，也包括那些居住在未包含土丘的遗址的居民。这些活动的出现可能暗示当时人们极力掩盖或努力弥合贫富差距。

研究结论及未来研究方向

本章所列举的数据反映了对卡霍基亚历史的洞察，但不一定是在经济不平等方面，例如，根据未包含土丘顶部的建筑在内的住宅建筑数据计算出的基尼系数，测量的是建筑标准化的程度，而非家庭不平等程度。若果真如此，斯特灵时期所有子样本住宅结构规模相似的低变化程度似乎表明反映在建筑风格标准化上的高度区域融合。这种不断增强的统一性在包括陶器及石器的加工和使用等其他领域也有所体现。在斯特灵时期，几乎所有的陶器都是加入贝壳粉烧制而成，陶罐的外部形态、表面处理及装饰技术都有严格的规定，体现出陶器生产的高度标准化。同样，柏林顿和米尔克里克在石材加工领域占据主导地位，尤其是像投石器和石锄这类正规工具的加工。虽然包括特殊用途建筑在内的样本得出的计算结果显示高数值，但这种差异是不是财富、地位、权力及影响力方面差异的反映，尚不明确。大型建筑被视作公共集会或宗教活动所用，而非高地位家庭或个人住宅。

抽样会影响计算结果，甚至在某些情况下，结果间差异巨大。正是如此，样本选择的重要性，以及运用基于整体数据集的子样本计算出的基尼系数并进行报道的重要性得以凸显。同样重要的是，需明确说明哪些情况被包含在内，哪些情况被排除在外，原因为何，以便更准确地与其他地区或时期的基尼系数进行比较。财富差异可以在不同维度以多种方式体现出来。因此，最好既计算多类数据（例如，建筑面积、存储空间以及手工艺品的集中分布）的基尼系数，又用其他可能不符合基尼系数要求的量化和数值类型的证据作为补充。这些证据包括遗址内（例如，是靠近土丘，还是紧邻广场）及遗址间（例如，是靠近卡霍基亚，还是紧挨一座孤零零的农庄）建筑物的位置。

为此，本章呈现的研究可进一步拓展并改进，在此基础上增加尚未报道的已发掘遗址中的建筑，以及除卡霍基亚之外其他包含土丘的遗址中经认定的包含土丘顶部的建筑。此外，还应将密西西比时期之前林地末期的建筑包括进来，以增加历史深度（参见本书第十一章）。还可以根据其他类别的数据来计算基尼系数，其中包括非本地产原材料的地层分布密度，以及专门物品的地层分布密度。最后，可计算密西西比时期其他辖区的基尼系数，以进行比较。

致谢

感谢蒂莫西·科勒和迈克尔·史密斯邀请我参加美国考古学会专题研讨会和美洲印第安人研讨会。感谢蒂莫西·科勒在使用 R 语言计算置信区间方面给我提供的帮助。参会这一周热火朝天的讨论使我获益良多，本章的完成得益于同其他与会学者的交流。感谢蒂莫西·帕克泰特鼓励我完成这一章的撰写。感谢伊利诺伊州考古调查局局长托马斯·E.爱默生准许我使用东圣路易斯的建筑数据。还要感谢塔米拉·布伦南博士和我在美国河谷野外观测站的同事，以及伊利诺伊州考古调查局对他们给予的支持。

参考文献

Abrams, E. M. 1989. Architecture and Energy: An Evolutionary Perspective. In *Archaeological Method and Theory*, vol. 1, edited by Michael B. Schiffer, pp. 47–87. University of Arizona Press, Tucson.

Anderson, David G., John E. Cornelison Jr., and Sarah C. Sherwood (editors). 2013. *Archeological Investigations at Shiloh Indian Mounds National Historic Landmark (40HR7), 1999–2004*. Southeast Archeological Center, Tallahassee, Fla.

Baires, Sarah E. 2017. *Land of Water, City of the Dead: Religion and Cahokia's Emergence*. University of Alabama Press, Tuscaloosa.

Baltus, Melissa R. 2014. Transforming Material Relationships: 13th Century Revitalization of Cahokian Religious-Politics. PhD dissertation, University of Illinois, Urbana.

Bartram, William. 1791. *Travels Through North and South Carolina, Georgia, East and West Florida, the Cherokee Country, the Extensive Territories of the Muscogulges or Creek Confederacy, and the Country of the Chactaws.* James and Johnson, Philadelphia.

Betzenhauser, Alleen. 2006. Greater Cahokian Farmsteads: A Quantitative and Qualitative Analysis of Diversity. MA paper, University of Illinois, Urbana.

——. 2011. Creating the Cahokian Community: The Power of Place in Early Mississippian Sociopolitical Dynamics. PhD dissertation, University of Illinois, Urbana.

——. 2017a. Chapter 7 Supplemental References. Available at https://core.tdar.org/document/437491/chapter-7-supplemental-references.

——. 2017b. Betzenhauser American Bottom Structure Metrics. https://uofi.app.box.com/v/ESTL-Data.

——. 2017c. Cahokia's Beginnings: Mobility, Urbanization, and the Cahokian Political Landscape. In *Mississippian Beginnings*, edited by Gregory D. Wilson, pp. 71–96. University of Florida Press, Gainesville.

Betzenhauser, Alleen, and Timothy R. Pauketat. 2018. Elements of Cahokian Neighborhoods. In *Neighborhoods from the Perspective of Anthropological Archaeology*, edited by David Pacifico and Lise Treux. Archeological Papers of the American Anthropological Association. Manuscript under review.

Bourne, Edward G. 1904. *Spain in America, 1450–1580.* Harper and Bros., New York.

Brennan, Tamira K. (editor). 2017. East St. Louis Precinct (11S706) Mississippian Features. Research report draft on file, Illinois State Archaeological Survey, Prairie Research Institute, University of Illinois, Urbana-Champaign.

Brown, James A., and John E. Kelly. 2015. Surplus Labor, Ceremonial Feasting, and Social Inequality at Cahokia: A Study in Social Process. In *Surplus: The Politics of Production and the Strategies of Everyday Life*, edited by Chrispher T. Morehart and Kristin De Lucia, pp. 221–44. University of Colorado Press, Boulder.

Craig, Douglas B. 2001. *Grewe Archaeological Research Project*, vol. 3, *Synthesis*. Anthropological Papers 99-1. Northland Research, Tempe, Ariz.

Dalan, Rinita A., George R. Holley, William I. Woods, Harold W. Watters Jr., and John A. Koepke. 2003. *Envisioning Cahokia: A Landscape Perspective*. Northern Illinois University Press, DeKalb.

Emerson, Thomas E. 1995. *Settlement, Symbolism, and Hegemony in the Cahokian Countryside*. PhD dissertation, University of Wisconsin, Madison. University Microfilms, Ann Arbor, Mich.

———. 1997. *Cahokia and the Archaeology of Power*. University of Alabama Press, Tuscaloosa.

———. 2017a. Creating Greater Cahokia: The Cultural Content and Context of the East St. Louis Mound Precinct. In Creating Greater Cahokia: Rediscovery and Large-Scale Excavations of the East St. Louis Precinct, edited by Thomas E. Emerson, Brad Koldehoff, and Tamira K. Brennan. Manuscript on file, Illinois State Archaeological Survey, Champaign.

———. 2017b. Greater Cahokia—Chiefdom, State, or City? Urbanism in the North American Midcontinent, AD 1050–1200. In Creating Greater Cahokia: Rediscovery and Large-Scale Excavations of the East St. Louis Precinct, edited by Thomas E. Emerson, Brad Koldehoff, and Tamira K. Brennan. Manuscript on file, Illinois State Archaeological Survey, Champaign.

Emerson, Thomas E., and Kristin Hedman. 2016. The Dangers of Diversity: The Consolidation and Dissolution of Cahokia, Native North America's First Urban Polity. In *Beyond Collapse: Archaeological Perspectives on Resilience, Revitalization, and Transformation in Complex Societies*, edited by Ronald K. Faulseit, pp. 147–75. Occasional Paper 42. Center for Archaeological Investigations, Southern Illinois University Press, Carbondale.

Emerson, Thomas E., Kristin M. Hedman, Eve A. Hargrave, Dawn E. Cobb, and Andrew R. Thompson. 2016. Paradigms Lost: Reconfiguring Cahokia's Mound 72 Beaded Burial. *American Antiquity* 81(3):405–25.

Emerson, Thomas E., and Timothy R. Pauketat. 2002. Embodying Power and Resistance at Cahokia. In *The Dynamics of Power*, edited by Maria O'Donovan, pp. 105–25. Occasional Paper 30. Center for Archaeological Investigations, Southern Illinois University at Carbondale.

Emerson, Thomas E., John A. Walthall, Andrew C. Fortier, and Dale L. McElrath. 2006. Advances in American Bottom Prehistory: Illinois Transportation Archaeology Two Decades After I-270. *Southeastern Archaeology* 25(2):155–69.

Fortier, Andrew C., Thomas E. Emerson, and Dale L. McElrath. 2006. Calibrating and Reassessing American Bottom Culture History. *Southeastern Archaeology* 25:170–211.

Fowler, Melvin L. 1978. Cahokia and the American Bottom: Settlement Archaeology. In *Mississippian Settlement Patterns*, edited by Bruce D. Smith, pp. 455–78. Academic Press, New York.

——. 1997. *The Cahokia Atlas: A Historical Atlas of Cahokia Archaeology*. Revised ed. Studies in Archaeology 2. Illinois Transportation Archaeological Research Program, University of Illinois, Urbana.

Fowler, Melvin L., Jerome Rose, Barbara VanderLeest, and Steven R. Ahler. 1999. *The Mound 72 Area: Dedicated and Sacred Space in Early Cahokia*. Illinois State Museum Reports of Investigations 54. Illinois State Museum Society, Springfield.

Gurven, Michael, Monique Borgerhoff Mulder, Paul L. Hooper, Hillard Kaplan, Robert Quinlan, Rebecca Sear, Eric Schniter, et al. 2010. Domestication Alone Does Not Lead to Inequality: Intergenerational Wealth Transmission Among Horticulturalists. *Current Anthropology* 51(1):49–64.

Kelly, John E. 1990. The Emergence of Mississippian Culture in the American Bottom Region. In *The Mississippian Emergence*, edited by Bruce D. Smith, pp. 113–52. University of Alabama Press, Tuscaloosa.

——. 1991. Cahokia and Its Role as a Gateway Center in Interregional Exchange. In *Cahokia and the Hinterlands: Middle Mississippian Cultures of the Midwest*, edited by Thomas E. Emerson and R. Barry Lewis, pp. 61–80. University of

Illinois Press, Urbana.

Kelly, Lucretia S. 1997. Patterns of Faunal Exploitation at Cahokia. In *Cahokia: Domination and Ideology in the Mississippian World*, edited by Timothy R. Pauketat and Thomas E. Emerson, pp. 69–88. University of Nebraska Press, Lincoln.

Lewis, R. Barry, and Charles Stout (editors). 1998. *Mississippian Towns and Sacred Spaces: Searching for an Architectural Grammar*. University of Alabama Press, Tuscaloosa.

Mehrer, Mark W. 1995. *Cahokia's Countryside: Household Archaeology, Settlement Patterns, and Social Power*. Northern Illinois University Press, DeKalb.

Milner, George R. 1990. The Late Prehistoric Cahokia Cultural System of the Mississippi River Valley: Foundations, Florescence, and Fragmentation. *Journal of World Prehistory* 4(1):1–43.

———. 2006. *The Cahokia Chiefdom: The Archaeology of a Mississippian Society*. University Press of Florida, Gainesville.

Milner, George R., Thomas E. Emerson, Mark W. Mehrer, Joyce A. Williams, and Duane Esarey. 1984. Mississippian and Oneota Periods. In *American Bottom Archaeology*, edited by Charles J. Bareis and James W. Porter, pp. 158–86. University of Illinois Press, Urbana.

Pauketat, Timothy R. 1993. *Temples for Cahokian Lords*. University of Michigan, Ann Arbor.

———. 1994. *Ascent of Chiefs: Cahokia and Mississippian Politics in Native North America*. University of Alabama Press, Tuscaloosa.

———. 1998. *The Archaeology of Downtown Cahokia: The Tract 15A and Dunham Tract Excavations*. Studies in Archaeology 1. Illinois Transportation Archaeological Research Program, University of Illinois, Urbana.

———. 2003. Resettled Farmers and the Making of a Mississippian Polity. *American Antiquity* 68:39–66.

———. 2004. *Ancient Cahokia and the Mississippians*. Cambridge University Press, Cambridge.

———. 2007. *Chiefdoms and Other Archaeological Delusions*. AltaMira Press, Walnut Canyon, Calif.

———. 2013. *The Archaeology of Downtown Cahokia II: The 1960 Excavation of Tract 15B*. Studies in Archaeology 8. Illinois State Archaeological Survey, University of Illinois, Urbana.

Pauketat, Timothy R., and Susan M. Alt. 2003. Mounds, Memory, and Contested Mississippian History. In *Archaeology of Memory*, edited by R. Van Dyke and S. Alcock, pp. 151–79. Blackwell Press, Oxford, U.K.

———. 2005. Agency in a Postmold? Physicality and the Archaeology of Culture-Making. *Journal of Archaeological Method and Theory* 12(3):213–36.

Pauketat, Timothy R., and Thomas E. Emerson. 1999. Representation of Hegemony as Community at Cahokia. In *Material Symbols: Culture and Economy in Prehistory*, edited by John E. Robb, pp. 302–17. Occasional Paper 26. Center for Archaeological Investigations, Southern Illinois University, Carbondale.

Pauketat, Timothy R., Lucretia S. Kelly, Gayle J. Fritz, Neal H. Lopinot, Scott Elias, and Eve Hargrave. 2002. The Residues of Feasting and Public Ritual at Early Cahokia. *American Antiquity* 67:257–79.

Pauketat, Timothy R., and Neal H. Lopinot. 1997. Cahokian Population Dynamics. In *Cahokia: Domination and Ideology in the Mississippian World*, edited by Timothy R. Pauketat and Thomas E. Emerson, pp. 103–23. University of Nebraska Press, Lincoln.

Pauketat, Timothy R., and William I. Woods. 1986. Middle Mississippian Structure Analysis: The Lawrence Primas Site in the American Bottom. *Wisconsin Archeologist* 67(2):104–27.

Reed, Nelson A. 2009. Excavations on the Third Terrace and Front Ramp of Monks Mound, Cahokia: A Personal Narrative. *Illinois Archaeology* 21:1–89.

Rogers, J. Daniel, and Bruce D. Smith. 1995. *Mississippian Communities and Households*. University of Alabama Press, Tuscaloosa.

Schroeder, Sissel. 2004. Power and Place: Agency, Ecology, and History in the American Bottom, Illinois. *Antiquity* 78:812–27.

Shenk, Mary K., Monique Borgerhoff Mulder, Jan Beise, Gregory Clark, William Irons, Donna Leonettie, Bobbi S. Low, et al. 2010. Intergenerational Wealth Transmission Among Agriculturalists: Foundations of Agrarian Inequality. *Current Anthropology* 51(1):65–83.

Trubitt, Mary Beth. 2000. Mound Building and Prestige Goods Exchange: Changing Strategies in the Cahokia Chiefdom. *American Antiquity* 65:669–90.

Yerkes, Richard W. 1989. Mississippian Craft Specialization in the American Bottom. *Southeastern Archaeology* 8:93–106.

第八章

农业、不平等和城市化

史前晚期美索不达米亚北部和德国西南部的对比分析

埃米·博加德、埃米·斯蒂林、耶德·惠特拉姆、
马蒂亚·福凯萨托、塞缪尔·鲍尔斯

V.戈登·恰尔德继城市革命论之后,提出了新石器时代革命的系列理论。该理论提出了影响整个社会学界的农业发展和社会不平等加剧的进步叙事(Childe 1929, 1950, 1957)(例如,Boserup 1965; Lenski 1966; 还可参见本书第一章)。恰尔德的著作在指出农业和突然出现的不平等之间的关系方面很有价值:在许多农业社会,耕地是代代相传的持有状况不平等的物质财富的关键形式(例如,Borgerhoff Mulder et al. 2009; Shenk et al. 2010),因此其所有权和使用权对评估农业与不平等的关系至关重要。

但是,自恰尔德以来,无论是考古学界还是考古学外的研究,都推翻了农业是在一系列日益增加的集约作业阶段中发展起来的这一观念(例如,Rowley-Conwy 1981; Scott 2009),无情地释放了更严重

的不平等（例如，Gurven et al. 2010; Halstead 1989; Kuijt et al. 2011）。农业过于错综复杂，无法成为社会不平等的简单成因：它代表了一种广泛的实践，根据当时的社会背景，农业会对财富差异起到支持或抑制作用（例如，Halstead 2014; Netting 1971, 1993）。

安东尼奥·吉尔曼（1981）认为，资本密集型农业技术（如耕作、灌溉）刺激了财富差距的拉大，雄心勃勃的贵族勇士提供的保护恰好利用了耕种者对曾投入劳动力的土地而现今却弃之不用的不甘心。吉尔曼的观点仍具吸引力，因为该观点为早期社会贵族在农业创新和变革中的作用提供了自上而下进行管理的另一种视角（参见 Erickson 2006; Halstead 2014）。继恰尔德（1929, 1957）和埃斯特尔·博塞拉普（1965）之后，吉尔曼认为，在新石器时代，耕种者的经济地位更加平等，他们依赖更便于携带的、适应范围更广的刀耕火种技术，使得在固定农田集中投入密集资本的做法成为青铜时代的独创。

然而，考虑到欧洲东南部（Bogaard et al. 2013; Bogaard and Halstead 2015）、中部（Bogaard 2004; Jacomet et al. 2016）和西北部（Bogaard and Jones 2007; McClatchie et al. 2016）农作物生长条件的直接生物考古证据，轮作种植是亚欧大陆西部新石器时代农业栽培的基础这一观点值得怀疑。在上述这些地区，新石器时代的农业生产技术包括对长期耕种土地的施肥、耕作和除草，以及对土地所有者和继承者的激励和促进措施在内的提高土地生产力的密集型劳动力投入（Bogaard et al. 2011, 2013）。在这些经济体中，财富既可以以牲畜的形式"累积"，又可以有价物或代币的形式实现社会性存储（Halstead and O'Shea 1982）。但是，在显著社会类别的基础上（Tilly 1998），生产或债务差异的有效放大（Bogucki 1999: 205–259）仍极为罕见。

我们称这种形式的农业为"劳动力限制型"农业，因为此类农业最重要的投入不是土地、农耕牲畜等其他投入，而是人力。在本章中，我们提出了新证据，即劳动力限制型经济很可能是典型的平等主义，正如对园艺社会考察的一样（例如 Borgerhoff Mulder et al., 2009; Gurven et al., 2010）。

因此，一方面是劳动力限制型农业的开始（很可能伴随以家庭为基础的土地所有权和继承权），另一方面是大规模永久性经济不平等的出现，而这二者之间存在巨大的时间差。这种时间差并非欧洲独有。在降水丰沛的亚洲西部，约在公元前 9 000 年，早期的农民开始实行水资源管理、施肥和集约耕作（Bogaard 2005; Styring, Ater, et al. 2016; Wallace et al. 2015）。而农业社会大量持续性经济差异存在的确凿证据出现的时间则要晚得多。例如，约公元前 4200—前 3850 年，铜石并用时代 2 期晚期（Stein 2012），虽然不是所有情况皆如此，但在某些情况下，这种经济差异与一定程度的政治集权有关。

西亚和欧洲新石器时代典型的小规模劳动力限制型农业并不是后来不平等出现的充分原因。相反，它是随后出现的一种截然不同的农业经济形式的先兆，土地和其他形式的物质财富都是限制因素，这种经济形式为显著且持久的社会不平等提供了支撑。

以专事耕犁的牲畜为辅助，大规模的作物种植有利于某种形式的财富集中和财富的差别性积累。文献记录中青铜时代美索不达米亚地

第八章　农业、不平等和城市化

区和爱琴海地区贵族阶层和社会组织对农业策略性的参与便是证明（Halstead 1995; Postgate 1992: 115, 149, 189）。对可提供保护及新兴社会组织服务的城市的农业人口的核心化，即城市化，将会进一步促进这些剩余劳动力的流动。

与传统灌溉型社会（例如，Marcus and Stanish 2006）所熟悉的"强化"路径相比，农业"扩大化"的过程可以说是在降水丰沛、耕地充足的地区为持久社会不平等的出现提供了保证。图 8.1 说明了提高农业产量的经典替代策略：要么增加单位面积（种植园）的劳动力投入，要么扩大耕地面积（田地）。通过使用农耕牲畜，在可能节约劳动力的基础上扩大农业生产（粗放型），会导致土地成为限制性因素，而不是劳动力。因此，劳动力限制型农业（即小规模、集约化、园艺化）的社会不平等程度较低，而土地限制型农业（即粗放型）的社会不平等程度较高。

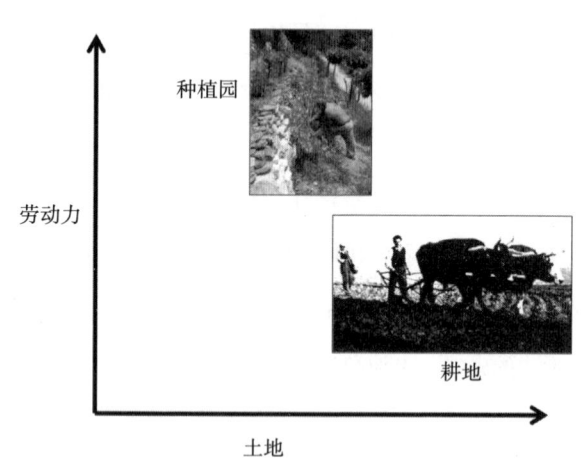

图 8.1　提高产量的农业策略

在本章中，我们整合了两个区域研究的近期农业生态结果对财富不平等的预估，一个是半干旱的美索不达米亚北部的研究（Styring, Charles, et al. 2017），另一个是气候温和的德国西南部的研究（Styring, Maier, et al. 2016; Styring, Rösch, et al. 2017）。我们关注的是既能提供反映家庭人数变化作为财富差距估算基础的建筑结构数据，又能提供农业实践植物考古证据的关键遗址。我们用基尼系数来测量财富不平等，基尼系数的范围从 0 到 1，0 表示完全不存在财富差异，1 表示一个家庭占有全部财富。我们的计算融入了一种结合家庭生活空间和存储空间的新方法，用以估算家庭财富（Fochesato and Bowles 2017），同时也是对长期社会不平等进行更广泛调查的结果（Bowles et al. 2010）。

我们的首要目标是利用基尼系数计算结果和农业实践的直接证据，对美索不达米亚北部和德国西南部集约农业系统和粗放型农业系统与社会不平等之间存在一致性的预测进行评估。这种方法为以农业生态发展趋势的角度对社会不平等变化的程度和时机开辟了道路。第二个目标是探索定居点的结构以及隐含的政权集中的不同形式在促成农业生态变化和财富差距方面的作用。美索不达米亚北部和欧洲中部的早期城市有着截然不同的形式：公元前 4000—公元前 3000 年，美索不达米亚北部生动的城市景观呈现出耕地环绕的高密度住宅区（Wilkinson 2003）。相较之下，追溯至铁器时代早期（公元前 800—前 450 年），阿尔卑斯山脉北部最早的城市的样貌是筑有防御工事的丘陵中心零星分布的聚居点（被称为王侯宅邸），海涅堡（Fernández-Götz and Krausse 2013; Fernández-Götzet et al. 2014; Kurz 2010）便是最佳的史料证明。

在人口密度较低的城市体系中，人口足够分散，定居点规模并无限制，部分原因是居民住所靠近耕地（参见 Fletcher 1995）。人口密度高的城市生活方式（即城市规模大，核心住宅区人口密集，务农人口需跋涉相当远的距离才能到达农田）与人口密度低的城市生活方式相比，农业的扩展性更明显。由此获得的启示是，通过拉大由于土地造成的财富差距，高密度城市化体系下农业的扩展性对社会不平等产生了更显著的加速影响。

研究方法背景

农业生态学

我们用单位面积劳动力投入来定义农业作业强度（参见 Brookfield 1972; Morrison 1994）。例如，耕种、施肥、灌溉和/或除草这些农业劳作形式。近年来的研究完善了耕地管理强度推断的两种补充方法：耕地杂草功能生态学和农作物残余碳氮稳定同位素分析。

杂草种子与农作物残留的同时存在为重建农作物生长条件提供了基础（例如，Jones 2002; van der Veen 1992）。利用杂草物种的功能生态特性，我们可以区分当前是低投入农业还是高投入农业（Bogaard, Hodgson, et al. 2016; Bogaard, Styring, et al. 2016）。作物残留的稳定同位素分析为评估农业劳作强度提供了一种补充手段。农作物稳定碳同位素（$\delta^{13}C$）值反映了生长期间水资源的使用量（例如，Wallace et al. 2013），像美索不达米亚北部这样水资源是农作物生长主要限制因素的地区，这一点很有实用性。农作物稳定氮同位素（$\delta^{15}N$）值为评估当时可能采取的施肥措施提供了一种方式（例如，Bogaard et al. 2007; Bogaard, Hodgson, et al. 2016; Bogaard, Styring, et al. 2016; Fraser et al. 2011）。这种方法已在农艺学试验和实际耕作系统中得到验证，其中施肥率与氮同位素值 $\delta^{15}N$ 呈正相关。在（半）干旱地区，（未施肥）谷物的氮同位素值 $\delta^{15}N$ 倾向于随干旱程度的增加而增加，但额外施肥造成的影响仍可区分（Styring, Ater, et al. 2016）。斯泰因及其同事（Styring, Ater, et al. 2016; Styring, Charles, et al. 2017）提出了基于不同的年降水量由 $\delta^{15}N$ 数值推算谷物施肥水平的方法。

对财富不平等的测量

在此对基于考古平面图（Fochesato and Bowles 2017 之后）所标注的家庭生活面积和存储面积（单位为平方米）计算基尼系数的方法进行总结（由平面图计算房屋面积及每处遗址的建筑结构分析，更多细节可参见 Whitlam and Bogaard 2017b）。

我们所说的物质财富是指一种能够提供一系列服务的资产，这些服务有助于提高财富所有者的生活水平。例如，房屋是一种提供住所、舒适的环境和人身保护的资产，而土地和牲畜（目前尚无测量标准）提供的是基本营养。

对于每处遗址的每种模式，都要进行生活区、存储区以及二者之和的基尼系数计算，还要运用类似经济学中的柯布-道格拉斯生产函数的聚合规则将这两个区域整合在总财富的单一测量标准中。

在我们的模型中，生活区是体现所谓住宅福利的资产，而存储区代表的则是与用于维持生计的农业投入（或任何其他生产活动的投入）成比例的资产。可以看出，住宅资产和农业资产都应包含在家庭财富中，于是出现了以下问题：该如何对二者进行汇总？

我们的策略是，让某种形式的财富（例如，生活空间或存储空间）的价值与它对持有者生活水平的助力成正比。只需将生活面积和存储面积相加，在此基础上便能得出结果。虽然我们曾用这一测量方法衡量其他研究的可比性，但该方法未能考虑到，一平方米的存储面积填满时可能比类似面积生活空间的价值大好几个数量级。二者的测量单位虽然都是平方米，但不能进行简单相加。此外，将二者相加并未考虑到这样一个事实，即房屋面积价值的增加或与额外资产单位（边际价值）相关联的农业资产价值的增加必定因其中一项数值的急剧增大而减少。对一个家庭而言，2 公顷而不是 1 公顷农田所带来的附加值似乎大于 101 公顷而不是 100 公顷农田所带来的附加值。

为说明上述问题，我们建议使用下列聚合函数式：

$$W_i = AH^\alpha F^{1-\alpha}$$

W_i 代表第 i 个家庭的幸福感，取决于该家庭的房产财富（H_i 是生活面积）和农业财富（F_i，由存储面积测量得出），其中常数 A 和 α 是房产财富相对于农业财富的重要性，作为个人生活水平的决定因素（$0 \leq \alpha \leq 1$）。上述聚合函数与经济学中的柯布–道格拉斯生产函数相似。

之所以选择这个函数，主要是因为此函数具有以下特性：1. 房产财富和农业财富翻一番，家庭幸福感也会翻一番（类似于生产函数中的规模收益恒定）；2. 增加两种财富中的任何一种都能增加人们的幸福感，但是以递减的速度增加（两种财富中任意一种的边际贡献递减，而另一种保持不变）；3. 其中一种财富对家庭幸福的边际贡献越大，另一种财富的数量就越大（有时以对家庭生计的贡献来表示，房产财富和农业财富是补充关系，而不是替代关系）。

由于无法从相关时期的任何数据中推算得出，因此 α 的选择不可避免地存在任意性。我们可以通过下面这个过时的思维实验推导出看似合理的数值。如果该系数测量的房产服务的相对重要性与家庭相对于其他花费支出对于房产支出的意愿成正比（算是看似合理的假设），那么 α 将是与总支出相比房产花费支出部分的年度预算（以金钱、工作时间等体现）。

当存储区比生活区的空间分布更不均等时（若并非普遍情况，只是典型个案），我们的组合测量结果表明，不平等程度越高，α 值越大。我们使用 α 的两个合理值，即 0.25 和 0.5，来计算生活区和存储区之和，并将由此计算出的基尼系数与仅是将总房屋面积相加而不考虑划分生活区和存储区计算得到的基尼系数一起考量。规定所有基尼系数的置信区间为 95%（基于百分比为 0.025 和 0.975 的自举法基尼系数分布）。所有自举法基尼系数分布都是非正态分布。对于标准差，我们也进行了报道。

考古实例 1——美索不达米亚北部

农业生态特征

斯泰因、查尔斯及其同事（2017）对叙利亚几处新石器时代至青铜时代遗址中的农作物残留物进行了碳氮稳定同位素分析，以评估城市化和农事耕作之间的关系。混合效应比例—概率回归模型显示，定居点规模对施肥程度具有显著影响，对施肥要求较高农作物在规模最小的遗址比例最高，而在规模最大的遗址比例最低（Styring, Charles, et al. 2017: 图 4）。因此，早期城市的生存是通过粗放型农业——城市外围低投入耕地的扩大（见图 8.2a）——而不是单位面积高投入的集约农业来维系的。定居点规模的显著影响（代表的是人口密度较高的中心城市的人口规模）不能被解释为潜在的时间趋势（例如，土壤的逐渐恶化）：像布拉克这类主要中心城市的兴衰遵循的是城市规模与施肥程度间的关系，而并非时间关系。像布拉克和哈穆卡尔这样公元前 3000 年的中心城市形成向外围辐射的"中通道路"（供人和牲畜通行的道路），正是为上述关系提供了考古学方面的最终证据（例如，Ur 2015）。将公元 3000 年前布拉克从出土物与当前农业低投入及高投入管理方式进行杂草生态对比分析，证实了当时低投入粗放型农业系统已经形成（Bogaard, Styring, et al. 2016）。

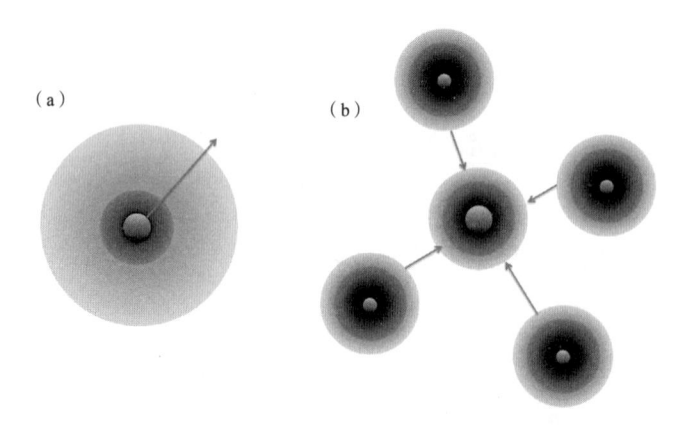

图 8.2 （a）美索不达米亚北部和（b）德国西南部的粗放型农业示意图
注：阴影密度代表单位面积的劳动投入（例如，施肥作业）。

美索不达米亚北部的农业地貌并不适合大规模的自流灌溉；能否有机会将作物种在水资源相对充足的土壤上，取决于这片土壤是靠近溪流还是毗邻旱河。因此，当地区农业人口开始向新兴城市集中时，农作物的水资源管理就不会像施肥作业那样容易受"距离摩擦"的影响。相同样本或相同遗址的稳定碳同位素分析显示，自新石器时代以来，在城市化进程中，和大麦（可能因为大麦耐旱性更强）相比，更潮湿的土壤（无论是天然如此还是人工灌溉所致）会战略性地种植小麦（Styring, Charles, et al. 2017: 图 5）。

财富不平等

在适合进行详细农业生态分析的遗址中，三处遗址保留有保存完好、水平暴露于地表的生活区和存储区，适合基尼系数计算；为扩大对比范围，增加了第四处遗址，该遗址虽有保存完整的定居点布局图，但没有植物考古学数据。

杰夫艾哈迈尔是公元前 10 世纪中期至晚期位于叙利亚幼发拉底河中段前陶器新石器时代面积约 1 公顷的定居点（Stordeur 2015）（见图 8.3a）。我们选择了 II/W 阶段作为保存特别完好的地层。该定居点有几栋分散的矩形-卵形建筑围绕四周，中心是一座圆形的半地下建筑（EA30），被认作公共存储建筑（Whitlam and Bogaard 2017a: 图 S1; Stordeur 2015: 图 91）。据遗址挖掘人员的说法，周边建筑或多或少都是专门的生活区（Stordeur 2015: 210）。这项计划面临两个挑战：对家庭进行界定、确定家庭中存储区的分布。按照遗址挖掘人员的指引大概界定了家庭单位（Stordeur 2015: 263-264, 图 91），我们考虑提

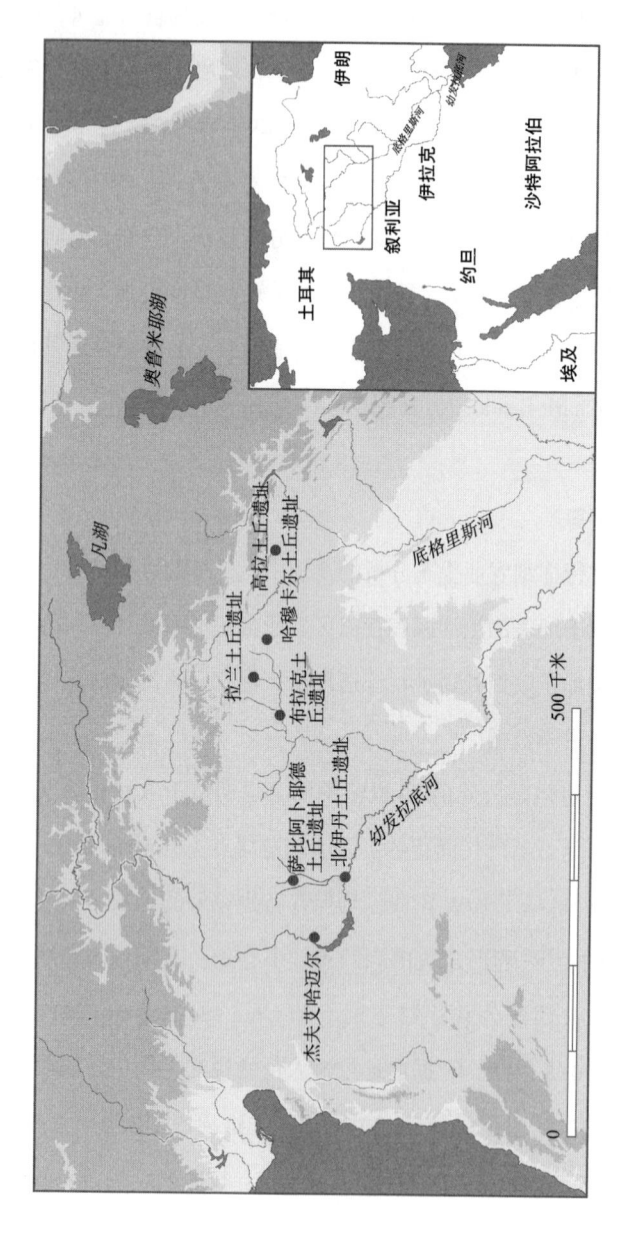

图 8.3a 美索不达米亚北部地图，显示了斯泰因和查尔斯等人 2017 年和／或本章研究中包括的遗址

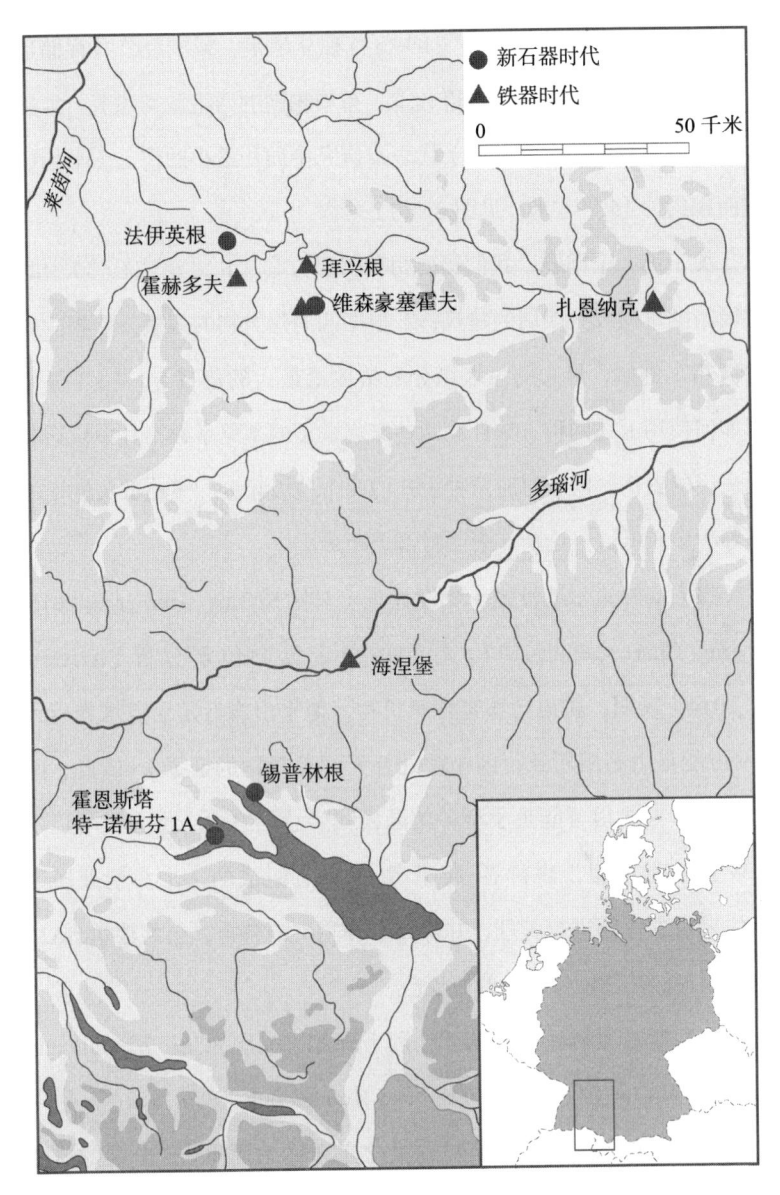

图 8.3b　德国西南部地图，显示了斯泰因和查尔斯等人 2017 年和本章研究中包括的遗址

出两种模式：将家庭定义为（1）五栋独立建筑，或围绕公共存储建筑呈椭圆形排列的相邻建筑群；（2）布局相同的两组此类建筑。独栋建筑（当理解为单个家庭时）代表本研究中面积最小的住宅（平均建筑面积约为 15 平方米，见图 8.4a）。

关于第二个问题，我们提出两种解决方案：1. 将建筑 EA30 中的垃圾箱随机摆放至四周的建筑；2. 根据四周建筑物的规模分配相应的垃圾箱（例如，最大的垃圾箱分配给体量最大的建筑）。表 8.1 显示了如何使用上述两种方法计算两种家庭模型的基尼系数，其中包括取用适当的置信区间。对应两种模式的两个垃圾箱分配策略都关注于不平等程度较低这一论断，表明财富差距最小。

杰夫艾哈迈尔遗址经干燥度校正（对比 Styring, Ater, et al. 2016; Styring, Charles, et al. 2017）谷物的稳定氮同位素分析（Araus et al. 2014）表明，耕地土壤富含有机物，似乎由靠近定居点堆粪所致（不可能是由施肥所致，因为此处并无饲养动物的证据）。因此，此处的耕作方式很可能是小型种植园模式。总而言之，杰夫艾哈迈尔 II/W 段遗址类似于耕种者-狩猎者-采集者组成的一个小型聚居区，居住者对农作物进行管理，并保持平等主义的精神，公共建筑 EA30 的共同存储功能便是有力的佐证。

叙利亚巴厘赫河平原的萨比阿卜耶德（见图 8.3a；Whitlam and Bogaard 2017a: 图 S2; Verhoeven and Kranendonk 1996: 图 2.7）是一处公元前 7000 年晚期（哈拉夫文化之前）占地面积约 1 公顷的遗址。该定居点毁于大火，所谓的"焚毁村落"得以保留（烧毁程度为六级）。为解决家庭结构方面一些含糊不清的问题，我们考虑了两种模

表 8.1　杰夫艾哈迈尔 II/VII 阶段遗址的基尼系数

变量	5 个家庭 基尼系数（居住面积+储存面积）	5 个家庭 柯布-道格拉斯生产函数基尼系数（α=0.25）	5 个家庭 柯布-道格拉斯生产函数基尼系数（α=0.50）	2 个家庭 基尼系数（居住面积+储存面积）	2 个家庭 柯布-道格拉斯生产函数基尼系数（α=0.25）	2 个家庭 柯布-道格拉斯生产函数基尼系数（α=0.50）
10 个随机分配的平均基尼系数	0.152	0.104	0.125	0.193	0.103	0.114
误差	0.008	0.026	0.035	0.017	0.056	0.067
按建筑物规模分配算出的基尼系数	0.160	0.097	0.138	0.211	0.160	0.181
随即分配得出的基尼系数与按建筑物规模分配得出的平均基尼系数	0.156	0.100	0.131	0.202	0.130	0.147

注：基于住宅作为一种相对重要的财富形式的替代性假设，（a）将公共存储建筑（EA30）中的垃圾箱采用随机分配原则和依据建筑物规模分配至其四周的五栋建筑，这五栋建筑可被看作五个独立的家庭，或灵建筑类型相同的两个家族聚落。在第二种分配原则下，给出了两个可能的随机匹配的平均值。

第八章　农业、不平等和城市化　　263

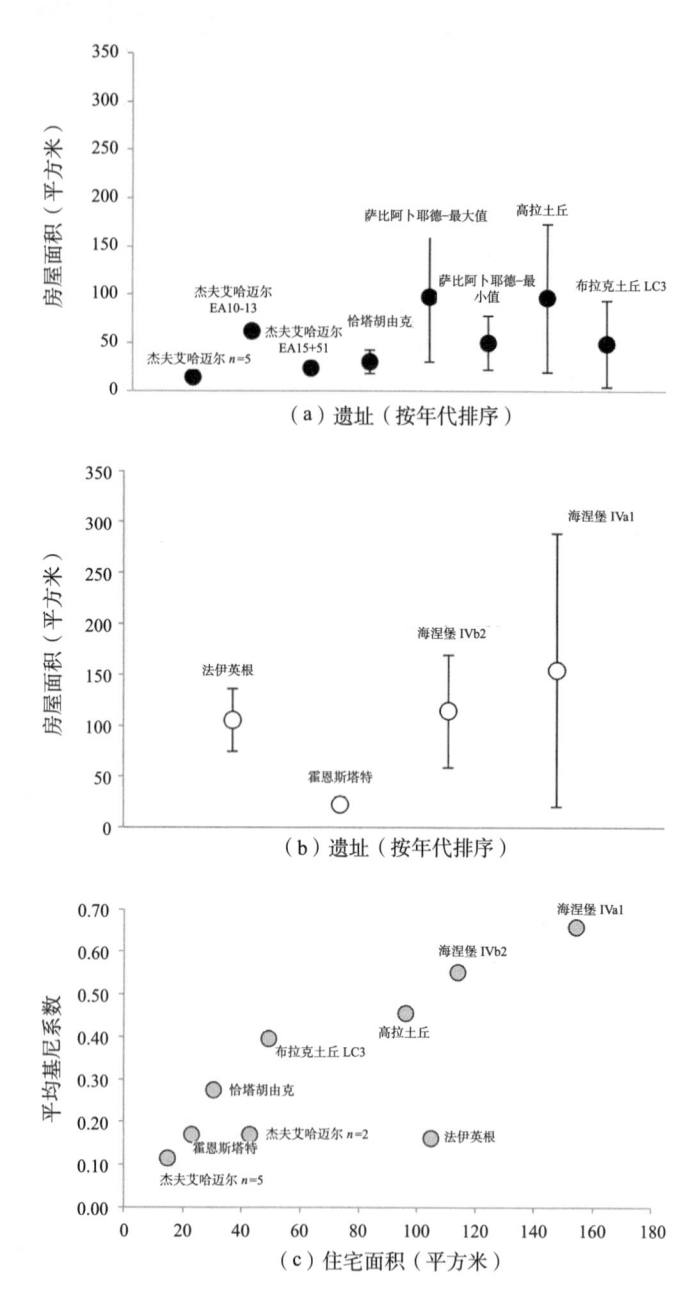

图 8.4 家庭建筑面积（平均面积平方米 ±1 标准差）（a）美索不达米亚北部；（b）德国西南部；（c）与平均基尼系数之比（柯布-道格拉斯生产函数版本）

注：在图 8.4c 中，由于对家庭的界定存在争议，以及最大化版本和最小化版本两个模式的对比结果（见表 8.2），因此将萨比阿卜耶德遗址排除在外，表明部分考古数据集遭质疑。

式：最大化版本，即根据遗址挖掘人员的意见，将空间区域和建筑都并入家庭范围（Verhoeven and Kranendonk 1996）；最小化版本，即仅以建筑作为家庭的最小分类。

尤其是在最大化版本模式中，萨比阿卜耶德遗址的建筑面积（平均面积约 98 平方米）远高于杰夫艾哈迈尔遗址，亦明显高于公元前 8000 年晚期和 7000 年晚期位于安纳托利亚中心的加泰土丘遗址［n=19, 平均面积约为 30 平方米（来自 Green 等人转引的 Demirergi 等人 2014 年提供的数据）］（见图 8.4a）。萨比阿卜耶德遗址的家庭很可能进行了扩建。烧毁"焚毁村落"的那场大火发生之时，许多当时流通的印章类型表明，特定家族所有的物品被统一存放在内设小房间的矩形建筑中（Akkermans and Schwartz 2003: 140-141）。

表 8.2 显示，尽管两处遗址在置信区间上有 95% 重合，但萨比阿卜耶德遗址的基尼系数（两个模式皆如此）明显高于杰夫艾哈迈尔遗址的基尼系数。萨比阿卜耶德遗址的基尼系数与从事园艺种植的民族志群落［平均基尼系数为 0.27（Borgerhoff Mulder et al. 2009: 表 2）］以及考古学其他劳动力限制型经济体（Fochesato and Bowles 2017; Kohler and Higgins 2016）的基尼系数范围重合。萨比阿卜耶德遗址的有些基尼系数更高，最高的是基于最小化版本模式的存储区计算的数值，这可能反映了生活区和存储区区分的不确定性（见 Whitlam and Bogaard 2017b）。

第八章　农业、不平等和城市化

表 8.2 本研究涉及的各遗址的基尼系数

遗址	地层	数目	财富种类	基尼系数	误差	置信区间低值	置信区间高值
萨比阿卜耶德土丘遗址	第6地层最大值	4	住宅区	0.356	0.037	0.256	0.404
			存储区	0.276	0.072	0.152	0.399
			总和	0.317	0.052	0.213	0.406
			柯布-道格拉斯生产函数（α=0.25）	0.300	0.061	0.189	0.417
			柯布-道格拉斯生产函数（α=0.50）	0.321	0.055	0.204	0.412
萨比阿卜耶德土丘遗址	第6地层最小值	6	住宅区	0.268	0.039	0.171	0.329
			存储区	0.555	0.057	0.425	0.645
			总和	0.282	0.045	0.182	0.357
			柯布-道格拉斯生产函数（α=0.25）	0.476	0.054	0.344	0.556
			柯布-道格拉斯生产函数（α=0.50）	0.388	0.041	0.287	0.445
高拉土丘遗址	XIA地层	7	住宅区	0.300	0.041	0.197	0.355
			存储区	0.523	0.054	0.366	0.575
			总和	0.344	0.048	0.210	0.405
			柯布-道格拉斯生产函数（α=0.25）	0.464	0.057	0.302	0.524
			柯布-道格拉斯生产函数（α=0.50）	0.405	0.054	0.254	0.467
高拉土丘遗址	XIA地层	8	住宅区	0.357	0.035	0.267	0.402
			存储区	0.564	0.055	0.404	0.631
			总和	0.385	0.048	0.261	0.444
			柯布-道格拉斯生产函数（α=0.25）	0.501	0.063	0.329	0.563
			柯布-道格拉斯生产函数（α=0.50）	0.450	0.057	0.288	0.509
布拉克土丘遗址	第16层	4	住宅区	0.204	0.029	0.125	0.226
			存储区	0.496	0.030	0.393	0.505
			总和	0.361	0.038	0.243	0.375
			柯布-道格拉斯生产函数（α=0.25）	0.432	0.033	0.318	0.442
			柯布-道格拉斯生产函数（α=0.50）	0.360	0.034	0.246	0.374

（续表）

遗址	地层	数目	财富种类	基尼系数	误差	置信区间 低值	置信区间 高值
法伊英根		11	住宅区	0.153	0.019	0.110	0.184
			存储区	0.172	0.018	0.126	0.200
			总和	0.154	0.019	0.112	0.186
			柯布-道格拉斯生产函数（α=0.25）	0.165	0.018	0.121	0.194
			柯布-道格拉斯生产函数（α=0.50）	0.160	0.018	0.119	0.190
霍恩斯塔特-诺伊芬1A	AH2	30	住宅区	0.171	0.008	0.152	0.187
			存储区	0.171	0.009	0.149	0.186
			总和	0.171	0.009	0.151	0.187
			柯布-道格拉斯生产函数（α=0.25）	0.171	0.009	0.151	0.185
			柯布-道格拉斯生产函数（α=0.50）	0.171	0.009	0.148	0.185
海涅堡	IVb2	11	住宅区	0.274	0.033	0.186	0.318
			存储区	0.605	0.059	0.481	0.708
			总和	0.255	0.032	0.183	0.298
			柯布-道格拉斯生产函数（α=0.25）	0.566	0.057	0.434	0.678
			柯布-道格拉斯生产函数（α=0.50）	0.536	0.058	0.411	0.638
海涅堡	IVa1	8	住宅区	0.371	0.040	0.260	0.405
			存储区	0.665	0.074	0.506	0.810
			总和	0.374	0.034	0.285	0.408
			柯布-道格拉斯生产函数（α=0.25）	0.645	0.083	0.473	0.810
			柯布-道格拉斯生产函数（α=0.50）	0.673	0.070	0.523	0.798

注：基于每个家庭生活区和存储区的建筑面积（平方米）、总面积（生活区+存储区），以及柯布-道格拉斯生产函数（其中 α=0.25 或 0.50）；CI=95%置信区间，基于0.025%和0.975%自举法基尼系数分布状况。杰夫艾哈迈尔遗址的基尼系数，见表8.1。

斯泰因、查尔斯及其同事（2017）的考古研究中还包括烧毁程度为六级的萨比阿卜耶德遗址，对其总结如下：该遗址的面积只有1公顷，是他们这项研究中最小的一处；农作物固定同位素分析表明，其施肥作业程度较高，正如小规模聚居区对其耕地进行集约管理的预期一样。总之，基尼系数和农业生态数据表明，萨比阿卜耶德是一个从事园艺种植、不平等程度适中的劳动力限制型农业聚居群落。

第三个案例的研究对象是圆屋阶段（XIA）（约公元前4200—公元前3850年，铜石并用时代2期晚期）底格里斯河以东的高拉土丘（见图 8.3a）。吉尔·斯坦（2012: 135）引用 XIA 高拉土丘遗址作为社会差距和政治集权持续出现的早期实例（Rothman 2002: 88-97; Tobler 1950: 第六板块）。与杰夫艾哈迈尔遗址和萨比阿卜耶德遗址一样，高拉土丘占地面积小（约1公顷），大量住宅暴露于地表，为基尼系数计算提供了便利（Whitlam and Bogaard 2017a: 图 S3; Rothman 2002: 图 5.25）。加固的塔式"圆屋"既有生活区，又有存储区（参见 Rothman 2002: 89, 图 5.25）。我们考虑了两种模式：1. 圆屋及周围的房间代表一个家庭（n=7 个家庭）；2. 圆屋及相邻的房间各自为独立的家庭（n=8 个家庭）。高拉土丘家庭的平均面积（约为96平方米）与萨比阿卜耶德遗址的非常接近（按最大化版本模式），包括其变异性在内（见图 8.4a）。

高拉土丘地区 XIA 地层家庭两个模式的基尼系数表明，其不平等程度不但高于杰夫艾哈迈尔遗址，而且有可能高于萨比阿卜耶德遗址，虽然95%的置信区间存在重合（表 8.1—8.2）。基于存储区和柯布-道格拉斯生产函数平均值计算出的基尼系数接近或超出土地限制型农业群落的平均值［平均基尼系数为0.48（Borgerhoff Mulder et al. 2009: 表2）］，而基于生活区或每个家庭总面积计算出的基尼系数在园艺种植农业和土地限制型农业平均基尼系数之间。

并无直接考古植物学证据表明，高拉土丘地区 XIA 地层存在农业活动。如果根据斯泰因、查尔斯及其同事（2017）对粗放型农业形成过程的界定来解释高拉土丘面积小的原因，我们可以假设其农业经济是建立在相对高强度的土地管理基础上的，至少与较大的城市相比是这样。在这种情况下，家庭建筑中所体现的不平等是基于一种政治集权的形式，而这种形式与激进的粗放型农业并无关联。

高拉地区是经济不平等程度较高的劳动力限制型农业经济的例子，由于其他方面的原因促成了该地区的经济差异，例如该地区在贸易网络中的中心位置。或者，高拉地区的农业因牲畜参与耕作而使得农耕范围扩大，因此，与杰夫艾哈迈尔和萨比阿卜耶德的农业人口相比，高拉地区是土地限制型农业。

财富差异明显的劳动力限制型经济的存在对了解其他地区城市中心的起源至关重要［由于土丘遗址地层学的地层深度，无法对前城市阶段进行直接考古观察（例如，Oates et al. 2007）］。因为，正如对最终发展为城市的遗址进行考古观察的那样，城市的急速扩张本身需要一定程度持续的社会不平等。例如，要饲养专门用于农耕的牲畜，以及在收获季调配额外的劳动力（Halstead 1995）。因此，了解劳动力限制型经济中不平等的起源对于找出该经济体向土地限制型经济的持续不平等转变的原因极为关键。

最后，哈布尔平原的布拉克土丘遗址（见图 8.3a）是了解美索不达米亚北部早期城市化的关键（Oates et al. 2007）。与高拉地区 XIA 地层几乎同时代的地层 20 包括"玄武岩门槛"，这一处非宗教的纪念碑式建筑建成于农业扩张过程中该遗址面积扩展至 50 多公顷之时

（Styring, Charles, et al. 2017）。虽然地层 20 未能提供充足的住宅数据以便进行基尼系数计算，但地层 16 保存了三栋家庭住宅和一栋面积更大且装有壁龛的建筑（初建于地层 18，后经反复使用）。这栋建筑内有存储区和烹饪区，各种考古研究都将其界定为与"眼之神殿"同时代的非仪式性的贵族宅邸（Whitlam and Bogaard 2017a: 图 S4; Emberling and McDonald 2003; Hald and Charles 2008; Oates et al. 2007）。

由于这栋设有壁龛的建筑未经完全挖掘，总面积不可知，因此计算出的基尼系数（见表 8.2）仅是财富差距的最小估值。然而，与高拉遗址的情况一样，基于存储区和柯布-道格拉斯生产函数平均值计算出的基尼系数接近或超出土地限制型农业群落的平均值。这些数据表明了以下观点，即由于增加了遗址内不断增加的耕地集水区邻近土地的压力，粗放型农业（LC_3 定居点超过 130 公顷）既依赖于家庭间明显的财富差异，又会拉大财富差距。

尽管公元前 3000 年的布拉克土丘遗址缺乏住宅建筑的完整发掘，但 TC 区遗址椭圆形复合建筑（公元前 3000 年中期，第 6 地层）的部分挖掘可能将一个顶级贵族家庭呈现在世人面前（Ur and Colantoni 2010）。该建筑超过 600 平方米，内有大型烘焙设备和存储设施（Emberling and McDonald 2001, 2003; Hald and Charles 2008）。

考古实例 2——德国西南部

农业生态特征

德国西南部农事活动的分析主要针对新石器时代（公元前 6000

年晚期至公元前 3000 年）和铁器时代早期（约公元前 800—前 450 年）遗址（见图 8.3b）。相关研究结果已在其他研究中详细陈述（Bogaard 2004, 2011a, 2011b; Bogaard et al. 2013; Bogaard, Hodgson, et al. 2016; Fraser et al. 2013; Styring, Maier, et al. 2016; Styring, Rösch, et al. 2017）。其中重要的发现有，新石器时代的耕种者实行的是集约化的种植园农业，在长期劳作的土地上进行施肥和集约化耕作。由于农作物的栽培空间极为有限，因此很难在花粉图谱中进行识别（例如，Kalis et al. 2003）。杂草群的生态分析和农作物残留物的稳定同位素分析都揭示了该种植园体系中农作物生长条件的变化，其中一些变化与各家庭和各家族管理乡间不同部分的方法各异有关（Bogaard et al. 2011; Styring, Maier, et al. 2016）。一些谷物的施肥量要高于其他农作物，这反映出作为有限资源的肥料和堆肥的战略性使用（Styring, Maier, et al. 2016）。尤其是在新石器时代晚期，犁耕牲畜的使用被证实为低水平农耕器具，但并未对种植规模产生显著影响（Bogaard 2011a）。

尽管青铜时代的数据相对较少，但与此时农业的适度扩张相一致，已掌握样本的杂草生态分析（Bogaard 2011a）和侵蚀加剧的地貌证据（Lang 2003）都证实了这一点。铁器时代早期（约公元前 800—前 450 年）出现了耕地扩张的明显迹象，以筑有防御工事的丘顶为中心，四周为小型村落定居点，正是当时德国西南部的特点。耕地杂草数据（即与新石器时代相比，土壤肥力较低，机械化介入较少）以及由花粉图谱和地貌特征体现出人工开垦耕地面积的扩大（见 Styring, Rösch, et al. 2017），皆表明农业的扩张。然而，耕地面积的扩大较为适度，不但没有影响，甚至还强化了田间施肥：农作物氮稳定同位素结果显示，去壳六棱大麦的密集施肥（Styring et al. 2018）证实麦芽发酵渠正是为德国霍赫多夫大规模的啤酒酿造业所建（Stika 1996）。包括当地啤酒和地中海葡萄酒在内的酒精类饮料的消费，是这一时期凯尔特各部落酋长们显示威望的宴会的特点（Dietler 1990）。图 8.2b 显示了铁器时代早期的农业生态状况，即四周农村定居点农业生产的适当扩张，将剩余农产品调配至筑有防御工事的丘顶中心（Fischer et al. 2010）。

财富不平等

两个新石器时代的定居点和一个铁器时代早期的丘顶堡垒可用作基于家庭生活区和存储区的基尼系数计算；之所以选中这几处遗址，是因为这些遗址暴露于地表的范围相对较大，且其中的建筑都有完整记录。

法伊英根是利尼尔班克拉米克文化的一处定居点（可追溯至公元前 6000 年晚期）；针对其中 11 座已经认定的"长屋"（平均面积约 105 平方米）进行了基尼系数计算，每栋"长屋"的南端都设有专门的存储区（Whitlam and Bogaard 2017a: 图 S5; Bogaard et al. 2017: 图 9）。霍恩斯塔特-诺伊芬 1A 是新石器时代晚期的一个定居点，约有 40 栋内设两个房间的小型住宅（其中 30 栋已被充分挖掘，每栋平均面积约 23 平方米），公元前 3910 年毁于大火（Whitlam and Bogaard 2017a: 图 S6; Styring, Maier, et al. 2016: 图 2）。每栋房屋屋顶都会有未脱粒的碳化谷物（整株）掉落地面；尽管存储区的分布可能不均匀，但屋顶面积按建筑（生活区）面积的一定比例进行估算。法伊英根遗址和霍恩斯塔特遗址都展现了上文所述的集约化种植园农业的直接证据，以及这些遗址同位素分析和杂草生态分析值与基于家庭或住宅群制定的农业策略间具有相关性的直接证据（Bogaard et al. 2011; Styring, Maier, et al. 2016）。

无论是基于居住面积、存储面积、总面积，还是柯布-道格拉斯生产函数综合版本，两处遗址的基尼系数都非常低，表明财富差距极小（见表 8.2）。这些数值低于人类学劳动力限制型经济（食物采集者和园艺种植者）案例报道的财富不平等数值［平均基尼系数为 0.27（Borgerhoff Mulder et al. 2009: 表 2）］。这些数值与置信区间为 95% 的杰夫艾哈迈尔遗址的基尼系数（见表 8.1）重合，比土耳其的加泰土丘遗址和美国科罗拉多州西南部早期普韦布洛聚居区的基尼系数略高（Fochesato and Bowles 2017; Kohler and Higgins 2016）。尽管法伊英根遗址和霍恩斯塔特遗址在实际住宅面积（见图 8.4b）、文化背景和建立日期方面差异明显，但二者的基尼系数很接近。

铁器时代早期海涅堡遗址丘顶堡垒的基尼系数（IVb2 阶段和 IVa1 阶段，四周筑以"地中海式"泥砖墙）与新石器时代遗址形成了鲜明对比（见表 8.2）。根据齐格弗里德·库尔茨的界定（2010: 图 10; Whitlam and Bogaard 2017a: 图 S7）以及埃贡·格斯巴赫的测量计划（1996），该分析针对的是以壕沟与丘顶堡垒相隔的家庭住宅群（生活区、冶金作坊，以及突出的仓储建筑）。（作坊和仓储建筑合起来作为资产，与生活区分开——参见 Whitlam and Bogaard 2017b）。正如库尔茨（2010: 图 10-11）所强调的，家庭建筑布局表明占据主导地位的家庭会和处于"依附"地位的人口数量较少的家庭分开。虽然本研究中的家庭平均面积（约154平方米）最大，但变动性也最大（见图8.4b）。尤其是基于存储区和柯布-道格拉斯生产函数（见表8.2）计算出的基尼系数表明，其不平等程度远高于新石器时代，远远超过了民族志土地限制型农业经济体的平均水平［平均基尼系数为0.480（Borgerhoff Mulder et al. 2009：表2）］。

包括海涅堡在内的上文总结的农业生态学证据表明，相对于新石器时代，铁器时代早期谷物种植面积的不断扩大产生了可供中心区域贵族阶层调配的剩余农产品（见图8.2b）（Fischer et al. 2010）。此外，我们认为用于啤酒酿造的大麦的策略性施肥作业反映了饮宴活动对当时政治经济的重要性（Styring, Rösch, et al. 2017）。在农村及城市区观测到的农业规模扩大的杂草数据表明，农业规模的扩大与定居点类型无关。因此，贵族阶层参与农事活动似乎涉及居住在丘顶堡垒的贵族家族（参见Kurz 2010）的人员流动和调配（见图8.2b）。

尽管农业的扩张促进了德国西南部丘顶堡垒新政治中心的出现，但它的出现既有可能早于这一时期，也有可能发生在与地中海地区的贸易往来等额外因素并未加速城市化进程的地区。例如，始于青铜时代晚期的农业扩张初期的证据也在其他地区出现，例如铁器时代早期"核心区域"并未发展起来的莱茵河下游盆地（Zerl即将发表的研究成果）。贵族阶层还未形成时农业扩张的证据表明，谷物种植范围的扩大可能是一系列因素组合的结果，其中包括农作物耕种范围的不断拓大［通过史前时期的"食物全球化"，比如，黍类由东亚走向世界各地（Jones et al. 2011）］、役畜管理的变化，以及非贵族阶层对剩余农产品的利用。

讨论

我们在此对生活区和存储区进行分析，以运用基尼系数对家庭间的持久性不平等进行评估。与这些数据在其他研究中使用所得的结果一致（Fochesato and Bowles 2017; Kohler and Higgins 2016），我们发现存储区的不平等程度通常高于生活区，尽管也有例外（杰夫艾哈迈尔遗址，萨比阿卜耶德最大化版本模式），显然多个住宅单位很可能共享一个存储区。基于杰夫艾哈迈尔遗址和德国西南部两个新石器时代遗址计算出的基尼系数偏低的情况可能部分反映了对这些遗址存储区的间接推断，但三处遗址生活区惊人相同的事实表明，我们还并未理解全部真相。此外，其他证据也表明基尼系数的极低数值出现的可能性，其中包括杰夫艾哈迈尔遗址的公共存储区，以及本应高度重视风险共担和其他互助形式的欧洲温带地区早期农业的生态挑战。

上述两个地区皆体现出家庭财富不平等随家庭规模增加而增大的趋势。图 8.4c 显示，家庭平均建筑面积与平均基尼系数之间存在很强的正相关关系（仅以柯布−道格拉斯生产函数作为家庭财富的最合理估值）（皮尔森 r=0.78, t-统计数值 3.2321, p-值 0.014）。图 8.4c 表明，能够同时从事各种活动（如农业、畜牧业、手工业生产）的较大家庭比规模较小的家庭更容易出现持续不平等现象（参见 Flannery 2002），但法伊英根是个例外。

表 8.2 和图 8.4c 也显示了海涅堡比美索不达米亚北部早期城市不平等程度更为明显的可能性。尽管还需要更多数据来进一步验证这一比较结果，但它有可能会对这些社会系统的不同可持续性产生影响。

布拉克土丘遗址的城市化和制度化的社会不平等（尽管形式不同）持续了数千年（Oates et al. 2007），而海涅堡政体却仅持续了不到200年（Fernández-Götz and Krausse 2013; Fernández-Götz et al. 2014）。

在大多数情况下，我们一方面注意到集约化或小规模种植园农业与较低的社会不平等之间存在预期关联，另一方面，在城市化进程中，规模更大、投入更低的农业与更高程度的社会不平等之间存在预期关联。而找到这种模式的例外（例如，社会不平等程度很高的种植园农业，或不平等程度较低的大规模农业）则对于理解一种模式何以转向另一种模式至关重要。

我们确实遇到过这类颇有价值的反常案例，例如高拉土丘的XIA阶段，这处面积极小的遗址不可能像大型城市那样是土地限制型，而这正与其较高的社会不平等程度有关。高拉遗址为新兴政治中心的出现提供了环境。这些政治中心后来吸引了大规模的人口集中，需要规模庞大的土地限制型农业。

虽然在美索不达米亚北部地区，可能早在农业极速扩张之前，持续的不平等就已存在（Halstead 1995），但在德国西南部观察到的适度的农业扩张可能没有相同的社会先决条件（Håkansson 2010）。有迹象表明，农业的适度扩张自青铜时代就已开始，莱茵河下游盆地的数据就是证明，在青铜时代晚期，该地区便出现农业扩张的趋势（Zerl 即将发表的研究成果），并未引起任何激进的社会动荡。

在本研究中，我们结合了考古学和经济学的方法，以便完善劳动力限制型农业经济和土地限制型农业经济对两个截然不同的城市化进程中持久社会不平等出现所起到的作用的假设。在美索不达米亚北部和德国西南部，持久的社会不平等与农业生态变化之间的具体因果联系似乎有所不同。在这两个地区，农业的扩张使城市化成为可能，但这两个地区农业生态变化的性质和程度、社会先决条件和引发的后果却不相同。

厘清这些影响因素为持久的不平等和城市化找到更合理且多元的解释尤为必要（Laslett 2000）。这需要将当下对基于不同类型的物质文化和社会类型的不平等进行评估的最新研究方法（Fochesato and Bowles 2017），与对包括农业管理体制在内的关键变量进行考古推断的精准方法结合起来（例如，Bogaard, Hodgson, et al. 2016; Bogaard, Styring, et al. 2016; Styring, Ater, et al. 2016; Styring, Charles, et al. 2017; Styring, Maier, et al. 2016; Styring, Rösch, et al. 2017）。

致谢

感谢本书的各位编辑邀请我们参加美国考古学会研讨会，以及随后举办的美洲印第安人研讨会。感谢欧洲科学研究委员会对农业生态研究的资助（AGRICURB 项目，项目批号 no.312785; 首席研究员 Bogaard）。与鲍尔斯和福凯萨托的合作始于 2015 年 1 月圣菲研究所发起的"行为和制度的共同进化"研究工坊。感谢曼努埃尔·费尔南德斯-歌茨、阿尔诺·哈瓦斯和克里斯蒂安·克拉恩-施格尔对海涅堡遗址、霍恩斯塔特-诺伊芬 1A 阶段以及法伊英根遗址分别提出的计划以及给出的建议。

参考文献

Akkermans, Peter M. M. G., and Glenn M. Schwartz. 2003. *The Archaeology of Syria: From Complex Hunter-Gatherers to Early Urban Societies (c.16,000–300 BC)*. Cambridge University Press, Cambridge.

Araus, José L., Juan P. Ferrio, Jordi Voltas, Mònica Aguilera, and Ramón Buxó. 2014. Agronomic Conditions and Crop Evolution in Ancient Near East Agriculture. *Nature Communications* 5:3953.

Bogaard, Amy. 2004. *Neolithic Farming in Central Europe*. Routledge, London.

——. 2005. "Garden Agriculture" and the Nature of Early Farming in Europe and the Near East. *World Archaeology* 37:177–96.

——. 2011a. Farming Practice and Society in the Central European Neolithic and Bronze Age: An Archaeobotanical Response to the Secondary Products Revolution Model. In *The Dynamics of Neolithisation in Europe: Studies in Honour of Andrew Sherratt*, edited by Angelos Hadjikoumis, Erick Robinson, and Sarah Viner-Daniels, pp. 266–83. Oxbow Books, Oxford, U.K.

——. 2011b. *Plant Use and Crop Husbandry in an Early Neolithic Village: Vaihingen an der Enz, Baden-Württemberg*. Frankfurter Archäologische Schriften. Habelt-Verlag, Bonn.

Bogaard, Amy, Rose-Marie Arbogast, Renate Ebersbach, Rebecca A. Fraser, Corina Knipper, Christiane Krahn, Marguerita Schäfer, Amy Styring, and Rüdiger Krause. 2017. The Bandkeramik Settlement of Vaihingen an der Enz, Kreis Ludwigsburg (Baden-Württemberg): An Integrated Perspective on Land Use, Economy and Diet. *Germania* 94(2016):1–60.

Bogaard, Amy, Rebecca A. Fraser, Tim H. E. Heaton, Michael Wallace, Petra Vaiglova, Michael Charles, Glynis Jones, et al. 2013. Crop Manuring and Intensive Land Management by Europe's First Farmers. *PNAS* 110:12589–94.

Bogaard, Amy, and Paul Halstead. 2015. Subsistence Practices and Social Routine in Neolithic Southern Europe. In *The Oxford Handbook of Neolithic Europe*, edited by Chris Fowler, Jan Harding, and Daniela Hofmann, pp. 385–410. Oxford University Press, Oxford.

Bogaard, Amy, Tim H. E. Heaton, Paul Poulton, and Ines Merbach. 2007. The Impact of Manuring on Nitrogen Isotope Ratios in Cereals: Archaeological Implications for Reconstruction of Diet and Crop Management Practices. *Journal of Archaeological Science* 34:335–43.

Bogaard, Amy, John Hodgson, Erika Nitsch, Glynis Jones, Amy Styring, Charlotte Diffey, John Pouncett, et al. 2016. Combining Functional Weed Ecology and Crop Stable Isotope Ratios to Identify Cultivation Intensity: A Comparison of Cereal Production Regimes in Haute Provence, France, and Asturias, Spain. *Vegetation History and Archaeobotany* 25:57–73.

Bogaard, Amy, and Glynis Jones. 2007. Neolithic Farming in Britain and Central Europe: Contrast or Continuity? In *Going Over: The Mesolithic-Neolithic Transition in North-West Europe*, edited by Alasdair Whittle and Vicki Cummings, pp. 357–75. British Academy, London.

Bogaard, Amy, Rüdiger Krause, and Hans-Christoph Strien. 2011. Towards a Social Geography of Cultivation and Plant Use in an Early Farming Community: Vaihingen an der Enz, South-West Germany. *Antiquity* 85:395–416.

Bogaard, Amy, Amy Styring, Mohammed Ater, Younes Hmimsa, Laura Green, Elizabeth Stroud, Jade Whitlam, et al. 2016. From Traditional Farming in Morocco to Early Urban Agroecology in Northern Mesopotamia: Combining Present-Day Arable Weed Surveys and Crop "Isoscapes" to Reconstruct Past Agrosystems in (Semi-)arid Regions. *Environmental Archaeology.* Published online, December 21, 2016, http://dx.doi.org/10.1080/14614103.2016.1261217.

Bogucki, Peter. 1999. *The Origins of Human Society*. Blackwell, Oxford, U.K.

Borgerhoff Mulder, Monique, Samuel Bowles, Tom Hertz, Adrian Bell, Jan Beise, Greg Clark, Ila Fazzio, et al. 2009. Intergenerational Wealth Transmission and the Dynamics of Inequality in Small-Scale Societies. *Science* 326:682–88.

Boserup, Ester. 1965. *The Conditions of Agricultural Growth*. Aldine, New York.

Bowles, Samuel, Eric Alden Smith, and Monique Borgerhoff Mulder. 2010. The

Emergence and Persistence of Inequality in Premodern Societies: Introduction to the Special Section. *Current Anthropology* 51:7–17.

Brookfield, Harold C. 1972. Intensification and Disintensification in Pacific Agriculture: A Theoretical Approach. *Pacific Viewpoint* 13:211–38.

Childe, V. Gordon. 1929. *The Danube in Prehistory*. Clarendon Press, Oxford, U.K.

———. 1950. The Urban Revolution. *Town Planning Review* 21:3–17.

———. 1957. *The Dawn of European Civilization*. Routledge, London.

Demirergi, G. Arzu, Katherine C. Twiss, Amy Bogaard, Laura Green, Philippa Ryan, and Shahina Farid. 2014. Of Bins, Basins, and Banquets: Storing, Handling, and Sharing at Neolithic Çatalhöyük. In *Integrating Çatalhöyük: The 2000–2008 Seasons*, edited by Ian Hodder, pp. 91–108. Cotsen Institute of Archaeology, Los Angeles.

Dietler, Michael. 1990. Driven by Drink: The Role of Drinking in the Political Economy and the Case of Early Iron Age France. *Journal of Anthropological Archaeology* 9:352–406.

Emberling, Geoff, and Helen McDonald. 2001. Excavations at Tell Brak 2000: Preliminary Report. *Iraq* 63:21–54.

———. 2003. Excavations at Tell Brak 2001–2002: Preliminary Report. *Iraq* 65:1–75.

Erickson, Clark L. 2006. Intensification, Political Economy and the Farming Community: In Defense of a Bottom-Up Perspective of the Past. In *Agricultural Strategies*, edited by Joyce Marcus and Charles Stanish, pp. 334–63. Cotsen Institute of Archaeology, Los Angeles.

Fernández-Götz, Manuel, and Dirk Krausse. 2013. Rethinking Early Iron Age Urbanisation in Central Europe: The Heuneburg Site and Its Archaeological Environment. *Antiquity* 87:473–87.

Fernández-Götz, Manuel, Holger Wendling, and Katja Winger. 2014. Introduc- tion: New Perspectives on Iron Age Urbanism. In *Paths to Complexity: Centralisation and Urbanisation in Iron Age Europe*, edited by Manuel Fernández-Götz, Holger Wendling, and Katja Winger, pp. 2–14. Oxbow Books, Oxford, U.K.

Fischer, Elske, Manfred Rösch, Marion Sillmann, Otto Ehrmann, Helga Liese-

Kleiber, Ricarda Voigt, A. Stobbe, et al. 2010. Landnutzung im Umkreis der Zentralorte Hohenasperg, Heuneburg und Ipf: Archäobotanische und archäozoologische Untersuchungen und Modellberechnungen zum Ertragspotential von Ackerbau und Viehhaltung. In *"Fürstensitze" und Zentralorte der frühen Kelten: Abschlusskolloquium des DFG-Schwerpunktprogramms 1171 in Stuttgart, 12–15 Oktober 2009*, vol. 2, edited by Dirk Krausse, pp. 195–266. Konrad Theiss, Stuttgart.

Flannery, Kent V. 2002. The Origins of the Village Revisited: From Nuclear to Extended Households. *American Antiquity* 67:417–33.

Fletcher, Roland. 1995. *The Limits of Settlement Growth: A Theoretical Outline*. Cambridge University Press, Cambridge.

Fochesato, Mattia, and Samuel Bowles. 2017. Wealth Inequalities over the Past Eleven Thousand Years. SFI Working Paper 2017-08-032, pp. 1–21.

Fraser, Rebecca, Amy Bogaard, Tim Heaton, Michael Charles, Glynis Jones, Bent T. Christensen, Paul Halstead, et al. 2011. Manuring and Stable Nitrogen Isotope Ratios in Cereals and Pulses: Towards a New Archaeobotanical Inference of Land Use and Dietary Practices. *Journal of Archaeological Science* 38:2790–2804.

Fraser, Rebecca A., Amy Bogaard, Marguerita Schäfer, Rose-Marie Arbogast, and Tim H. E. Heaton. 2013. Integrating Botanical, Faunal and Human Stable Carbon and Nitrogen Isotope Values to Reconstruct Land Use and Palaeodiet at LBK Vaihingen an der Enz, Baden-Württemberg. *World Archaeology* 45:492–517.

Gersbach, Egon. 1996. *Baubefunde der Perioden IIIb–Ia der Heuneburg*. P. von Zabern, Mainz am Rhein.

Gilman, Antonio. 1981. The Development of Social Stratification in Bronze Age Europe. *Current Anthropology* 22:1–23.

Gurven, Michael, Monique Borgerhoff Mulder, Paul L. Hooper, Hillard Kaplan, Rob Quinlan, Rebecca Sear, Eric Schniter, et al. 2010. Domestication Alone Does Not Lead to Inequality: Intergenerational Wealth Transmission Among Horticulturalists. *Current Anthropology* 51:49–64.

Håkansson, N. Thomas. 2010. History and the Problem of Synchronic Models.

Current Anthropology 51:105–7.

Hald, Mette Mari, and Mike Charles. 2008. Storage of Crops During the Fourth and Third Millennia BC at the Settlement Mound of Tell Brak, North-East Syria. *Vegetation History and Archaeobotany* 17 (Suppl. 1):35–41.

Halstead, Paul. 1989. The Economy Has a Normal Surplus: Economic Stability and Social Change Among Early Farming Communities of Thessaly, Greece. In *Bad Year Economics: Cultural Responses to Risk and Uncertainty*, edited by Paul Halstead and John O'Shea, pp. 68–80. Cambridge University Press, Cambridge.

———. 1995. Plough and Power: The Economic and Social Significance of Cultivation with the Ox-Drawn Ard in the Mediterranean. *Bulletin on Sumerian Agriculture* 8:11–22.

———. 2014. *Two Oxen Ahead: Pre-mechanised Farming in the Mediterranean*. Wiley-Blackwell, Oxford, U.K.

Halstead, Paul, and John O'Shea. 1982. A Friend in Need Is a Friend Indeed: Social Storage and the Origins of Social Ranking. In *Ranking, Resource and Exchange*, edited by Colin Renfrew and Stephen Shennan, pp. 92–99. Cambridge University Press, Cambridge.

Jacomet, Stefanie, Renate Ebersbach, Örni Akeret, Ferran Antolín, Tilman Baum, Amy Bogaard, Christoph Brombacher, et al. 2016. On-Site Data Cast Doubt on the Hypothesis of Shifting Cultivation in the Late Neolithic (c. 4300–2400 cal BC): Landscape Management as an Alternative Paradigm. *Holocene* 26:1858–74.

Jones, Glynis. 2002. Weed Ecology as a Method for the Archaeobotanical Recognition of Crop Husbandry Practices. *Acta Palaeobotanica* 42:185–93.

Jones, Martin, Harriet Hunt, Emma Lightfoot, Diane Lister, Xinyi Liu, and Giedre Motuzaite-Matuzeviciute. 2011. Food Globalisation in Prehistory. *World Archaeology* 43:665–75.

Kalis, Arie J., Josef Merkt, and Jürgen Wunderlich. 2003. Environmental Changes During the Holocene Climatic Optimum in Central Europe—Human Impact and Natural Causes. *Quaternary Science Reviews* 22:33–79.

Kohler, Timothy A., and Rebecca Higgins. 2016. Quantifying Household Inequality in Early Pueblo Villages. *Current Anthropology* 57:690–97.

Kohler, Timothy A., Michael E. Smith, Amy Bogaard, Gary M. Feinman, Christian E. Peterson, Alleen Betzenhauser, Matthew Pailes, et al. 2017. Greater Post-Neolithic Wealth Disparities in Eurasia than in North and Mesoamerica. *Nature*. doi:10.1038/nature24646.

Kurz, Siegfried. 2010. Zur Genese und Entwicklung der Heuneburg in der späten Hallstattzeit. *"Fürstensitze" und Zentralorte der frühen Kelten: Abschlusskolloquium des DFG-Schwerpunktprogramms 1171 in Stuttgart, 12–15 Oktober 2009*, vol. 2, edited by Dirk Krausse, pp. 239–56. Konrad Theiss, Stuttgart.

Lang, Andreas. 2003. Phases of Soil Erosion-Derived Colluviation in the Loess Hills of South Germany. *Catena* 51:209–21.

Laslett, Barbara. 2000. The Poverty of (Monocausal) Theory: A Comment on Charles Tilly's Durable Inequality. *Comparative Studies in Society and History* 42:475–81.

Lenski, Gerhard E. 1966. *Power and Privilege: A Theory of Social Stratification*. McGraw-Hill, New York.

Marcus, Joyce, and Charles Stanish (editors). 2006. *Agricultural Strategies*. Cotsen Institute of Archaeology, Los Angeles, Calif.

McClatchie, Meriel, Amy Bogaard, Sue Colledge, Nicki J. Whitehouse, Rick J. Schulting, Philip Barratt, and T. Rowan McLaughlin. 2016. Farming and Foraging in Neolithic Ireland: An Archaeobotanical Perspective. *Antiquity* 90:302–18.

Morrison, Kathleen D. 1994. The Intensification of Production: Archaeological Approaches. *Journal of Archaeological Method and Theory* 1:111–59.

Netting, Robert McC. 1971. *The Ecological Approach to Cultural Study*. McCaleb Module in Anthropology. Addison-Wesley Modular Publications, Reading, Mass.

——. 1993. *Smallholders, Householders*. Stanford University Press, Stanford.

Oates, Joan, Augusta McMahon, Philip Karsgaard, Salam Al Quntar, and Jason Ur. 2007. Early Mesopotamian Urbanism: A New View from the North.*Antiquity* 81: 585–600.

Postgate, Nicholas. 1992. *Early Mesopotamia*. Routledge, London.

Rothman, Mitchell S. 2002. *Tepe Gawra: The Evolution of a Small, Prehistoric*

Center in Northern Iraq. Museum Monograph 112. University of Pennsylvania, Philadelphia.

Rowley-Conwy, Peter. 1981. Slash and Burn in the Temperate European Neolithic. In *Farming Practice in British Prehistory*, edited by Roger Mercer, pp. 85–96. Edinburgh University Press, Edinburgh.

Scott, James C. 2009. *The Art of Not Being Governed: An Anarchist History of Upland South-East Asia*. Yale University Press, New Haven, Conn.

Shenk, Mary K., Monique Borgerhoff Mulder, Jan Beise, Greg Clark, William Irons, Donna Leonetti, Bobbi S. Low, et al. 2010. Intergenerational Wealth Transmission Among Agriculturalists: Foundations of Agrarian Inequality. *Current Anthropology* 51:65–84.

Stein, Gill J. 2012. The Development of Indigenous Social Complexity in Late Chalcolithic Upper Mesopotamia in the 5th–4th Millennia BC—An Initial Assessment. *Origini* 34:125–51.

Stika, Hans-Peter. 1996. Traces of a Possible Celtic Brewery in Eberdingen-Hochdorf, Kreis Ludwigsburg, Southwest Germany. *Vegetation History and Archaeobotany* 5:81–88.

Stordeur, Danielle. 2015. *Le village de Jerf el Ahmar (Syrie, 9500–8700 av. J.-C.): L'architecture, miroir d'une société néolithique complexe*. CNRS, Paris.

Styring, Amy K., Mohammed Ater, Younes Hmimsa, Rebecca Fraser, Holly Miller, Reinder Neef, Jessica A. Pearson, and Amy Bogaard. 2016. Disentangling the Effect of Farming Practice from Aridity on Crop Stable Isotope Values: A Present-Day Model from Morocco and Its Application to Early Farming Sites in the Eastern Mediterranean. *Anthropocene Review* 3:2–22.

Styring, A., M. Charles, F. Fantone, M. M. Hald, A. McMahon, R. H. Meadow, G. Nicholls, et al. 2017. Isotope Evidence for Agricultural Extensification Reveals How the World's First Cities Were Fed. *Nature Plants*. doi:10.1038/nplants.2017.76.

Styring, Amy, Ursula Maier, Elisabeth Stephan, Helmut Schlichtherle, and Amy Bogaard. 2016. Cultivation of Choice: New Insights into Farming Practices at

Neolithic Lakeshore Sites. *Antiquity* 90:95–110.

Styring, Amy, Manfred Rösch, Elisabeth Stephan, Hans-Peter Stika, Elske Fischer, Marion Sillmann, and Amy Bogaard. 2017. Centralisation and Long-Term Change in Farming Regimes: Comparing Agricultural Practice in Neolithic and Iron Age South-West Germany. *Proceedings of the Prehistoric Society* 83:357–381. doi: 10.1017/ppr.2017.3.

Tilly, Charles. 1998. *Durable Inequality*. University of California Press, Berkeley.

Tobler, Arthur. 1950. *Excavations at Tepe Gawra*, vol. 2. University of Pennsylvania Museum, Philadelphia.

Ur, Jason A. 2015. Urban Adaptations to Climate Change in Northern Mesopotamia. In *Climate and Ancient Societies*, edited by Susanne Kerner, Rachael J. Dann, and Pernille Bangsgaard, pp. 69–96. Museum Tusculanum Press, Copenhagen.

Ur, Jason A., and Carlo Colantoni. 2010. The Cycle of Production, Preparation, and Consumption in a Northern Mesopotamian City. In *Inside Ancient Kitchens: New Directions in the Study of Daily Meals and Feasts*, edited by Elizabeth A. Klarich, pp. 55–82. University Press of Colorado, Boulder.

van der Veen, Marijke. 1992. *Crop Husbandry Regimes: An Archaeobotanical Study of Farming in Northern England*. J. R. Collis Publications, Sheffield, U.K.

Verhoeven, Marc, and Peter Kranendonk. 1996. The Excavations: Stratigraphy and Architecture. In *Tell Sabi Abyad: The Late Neolithic Settlement*, edited by Peter M. M. G. Akkermans, pp. 25–118. Nederlands Historich-Archaeologisch Instituut, Istanbul/Leiden.

Wallace, Michael, Glynis Jones, Michael Charles, Rebecca Fraser, Paul Halstead, Tim H. E. Heaton, and Amy Bogaard. 2013. Stable Carbon Isotope Analysis as a Direct Means of Inferring Crop Water Status and Water Management Practices. *World Archaeology* 45:388–409.

Wallace, Michael P., Glynis Jones, Michael Charles, Rebecca Fraser, Tim H. E. Heaton, and Amy Bogaard. 2015. Stable Carbon Isotope Evidence for Neolithic and Bronze Age Crop Water Management in the Eastern Mediterranean and Southwest Asia. *PLoS ONE* 10(6): e0127085. doi:10.1371/journal.pone.0127085.

Whitlam, Jade, and Amy Bogaard. 2017a. Supplementary Figures, Chapter 8. https://core.tdar.org/document/437490/supplementary-figures-chapter-8-bogaard-et-al.

——. 2017b. Supplementary Information, Chapter 8, Bogaard et al. https:// core.tdar.org/document/437489/supplementary-information-chapter-8-bogaard-et-al.

Wilkinson, Tony J. 2003. *Archaeological Landscapes of the Near East*. University of Arizona Press, Tucson.

Zerl, Tanja. Forthcoming. *Archäobotanische Untersuchungen zur Landwirtschaft und Ernährung während der Bronze-und Eisenzeit in der Niederrheinischen Bucht*. Rheinische Ausgrabungen 78. Phillipp von Zabern, Darmstadt.

第九章

古代美索不达米亚社会不平等的发展轨迹

伊丽莎白·C. 斯通

根据定义，早期复杂社会的特征是贵族统治，其组织能力与城市或行政中心的发展、宏伟公共建筑的建成、专职手工艺从业者的培养，以及维系社会体制的官僚机构的建立有关。学界的分歧是，人类组织机构的这场革命是否只惠及社会顶层，与复杂性相关的规模经济是否至少在某些情况下被用来改善大多数民众的生活（Blanton 1998; Ehenreich et al. 1995; Flannery, Marcus 2012; Trigger 1993）。所有早期文明都有精美绝伦的建筑以供贵族阶层居住及官僚机构管理庞大的社会政治体系所用。这里提出的问题是，这种发展是否都与现代社会典型的令人苦闷的各类不平等相伴而行，尤其体现在当今社会的医疗健康、地位声望和住房条件这几个方面（Tilly 1998）。如果事实并非如此，部分早期人类社会是否会在与国家相关的制度之下，在其范围内维持一定程度的平等？尽管通过分析住宅面积数据或尸体安放数据可以解决这个问题（Smith 1994），但此类研究常因考古学家更愿意调查恢宏奢华的"皇家"陵寝而非广大民众的坟墓，优先发掘公共建筑而非私人宅院，更为关注城市而非小型村落而受到阻碍（见表9.1）。

表 9.1　公共建筑和家庭住宅建筑的挖掘数据及卫星图像

来源	公共建筑 %	家庭建筑 %	公共建筑（公顷）	家庭建筑（公顷）	总和（公顷）
挖掘数据	65.12	34.88	64.47	34.53	99.00
卫星图像	34.33	65.67	87.66	167.67	255.33

迈克尔·史密斯及其同事（2014）强调，家庭住宅研究所提供的信息与聚焦尸体安放数据的项目所提供的信息差别显著，由此得出的对不平等状况的评估结果会有所不同。房屋的设计是以为家庭提供住所为目的的，而坟墓却是为单个死者而设的，容身之所虽是人类的普遍诉求，但对逝者的安置在文化上更为敏感，且通常反映了逝者的社会地位，但与财富不直接关联。丧葬既可以针对个体，也可以针对群体，既可以葬于地表，也可以埋于地下，甚至可以火葬，有些墓葬有随葬品，有些则没有。尽管长期以来，人们一直认为随葬品反映了逝者的社会地位（Binford 1971; Peebles and Kus 1977; Tainter 1978），但这并非绝对。

美索不达米亚南部地区在很多方面是研究社会不平等的理想区域。公共建筑和家庭住宅建筑使用的泥砖没有回收价值，而泥板的使用却可以保存丰富的文字记录，这些文字记录往往与其发现地的建筑物有关（无论是公共建筑还是私宅）。此外，自1990年伊拉克入侵科威特以来，虽然实地勘察有限，但当地遗址发掘历史由来已久，不仅是公共建筑，对私宅和墓葬建筑也开展了广泛的调查。公元前3000年后，楔形文字记录既包括私人留存的记录，又包括公共机构的官方记录。虽然部分区域在某一时期被划为墓地，但葬于住宅附近也很常见，如此一来，便可对房屋面积和随葬品进行比较。因此，可同时使用文字记录、住宅建筑以及随葬品对社会不平等进行研究。然而，考古学界对美索不达米亚进行研究的全盛期是在现代考古挖掘手段和分析方法未发展的 20 世纪 30 年代。此外，第一次海湾战争（1990—1991）爆发后，美索不达米亚的考古学便再无进展。而早期出版的考古学专著中是否对无出土实物的墓葬进行了报道尚不明确。结果是，住宅建筑、碑文以及随葬品之间的关联只能被归为偶然。此外，至于为何会选定考古遗址中的特定区域进行发掘，并无相关资料予以说明。

发掘区域的选择是关键。绝大多数考古发掘主要针对大型城市遗址和单个住宅建筑的勘察，并未关注整片居民区。比起几个发掘范围较广的遗址，这些居民区住宅使用烧制砖块的情况要更为普遍。由此可见，这些住宅中的大部分（也有可能是全部）都经勘察，因为裸露于地表的烧制砖块所砌的砖墙明显不同于同时代住宅所用的泥砖。在麦什肯·沙匹尔遗址的考古工作中，我们有时可以根据这种烧制砖块所砌墙体残留于地表的痕迹绘制出整个房屋的平面图（Stone and Zimansky 2004），但对于绝大多数泥砖所建的家庭住宅却难以实现。我们还对一幅平面图进行了细读，从该遗址中发掘出了一栋建筑物。尽管这栋建筑与我们勘察的泥砖房具有相同的家庭住宅特征，但我们从这处小型发掘现场找到了典型中央集权时期的尚未烧制的门闩（Stone 1990）。这些数据表明，比起那些大面积住宅区的勘察，考古学家选择挖掘的单个房屋不太可能代表家庭建筑的总体样式。

但伊拉克的近代政治史产生了一个有利影响。2003 年的入侵行动发生在"快鸟"卫星发射后不久,其早期任务主要是锁定入侵军队穿越古美索不达米亚中心地带的行进路线。由于地表盐的高密度足以透过厚实的泥砖墙,因此灌溉区所拍摄到的卫星图像通常留有土丘遗址地下建筑的精准细节。此外,许多图像是在美国入侵引发的抢劫风潮这些地表残迹之前拍摄的(Stone 2008)。这些图像或许给我们提供了很可能在其他任何地方找到的建筑物随机样本。46 处大小不一的遗址中大量的建筑残留痕迹都由考古调查数据所记录(Adams 1968, 1981; Adams and Nissen 1972; Gibson 1972; Wright 1981),包括公元前 4000 年城市诞生之初至公元前 1000 年美索不达米亚文明结束之际几乎所有中央集权时期的遗址。这不仅使我们有可能了解不同规模、不同时期定居点的总体结构,而且在某种情况下还提供了一处遗址中公共建筑和私人建筑的完整视图。公元前 4000 年美索不达米亚最早城市的图像尤为重要,当时的考古发掘只针对公共建筑。

将基于卫星图像得出的定居点结构数据、考古调查和挖掘情况结合起来,表明伊拉克最近动荡的历史只是其过去的延续。尽管这一地区被誉为城市化的发源地,许多主要城市都存在了数千年,但由于河道变动以及城邦间政治联盟的波动,定居点的兴衰已是常态。估计人口最多的时期为公元前 2000 年早期(Adams 1981: 142),但部分原因可能是城市定居点的增加以及灌溉面积扩大,而像居住在沼泽的居民和游牧民众极少在考古文献中提及的人口则可能在其他时期对人口数量有所影响。而且在这一人口高峰期之后的一个世纪左右,伊拉克南部绝大多数定居点遭到废弃,很可能是灌溉系统失去作用的结果

（Gasche and Tanret 1998; Stone 1977）。大多数这类存在时间较长的定居点最上层，即最易挖掘到的地层年代可追溯至这一时期，因此很可能会使地表调查结果产生偏差。

尽管美索不达米亚的高分辨率卫星图像中可见的建筑物残留提供了比其他任何早期文明的古代家庭建筑都要大的样本，但单独的住宅建筑很难从其他建筑中分离出来。新石器时代之后，美索不达米亚的住宅被组合成住宅区，以公用墙体相隔，泥砖用作建筑材料加之住宅的部分继承使得居住空间不断被改造，房屋由多人继承，相邻的房间几经买卖，通过打通或堵塞门廊对住所进行重新规划。这与本书其他研究者所提出的住宅模式形成鲜明对比，大多数住宅为独立结构，随着时间的推移，其规划设置基本不变。此外，本研究中一个更为复杂的因素是，提供住宅内部房间连通且分隔住宅相关数据的门廊，由于太小，无法从卫星图像上予以分辨，给我们将单个住宅从大量未挖掘的家庭住宅建筑中分离出来造成了困难。而从有利的方面来看，在已发掘的住宅建筑中，庭院面积和房屋面积存在强相关性（见表9.2），这意味着空间大小的可变性（最好使用基尼系数进行测量）应该反映房屋面积的可变性，因为庭院基本占据家庭住宅中最大的空间。

至于丧葬数据，我们主要借助20世纪30年代田野调查的结果。尽管大多数此类研究皆符合当时的标准，但只有关于基什地区（Moorey 1978）墓葬研究成果中有与随葬品相关的骨骸遗骸的记录，因此我们通常无法得知逝者的性别、年龄，甚至其仆从人数。此外，美索不达米亚回收物品的传统由来已久，公元前2000年早期的一封信件便是例证："你若想成为我父，送我可戴在头上的串珠……若现在

表 9.2 出土遗址中房屋特征的相关性

样本类型	样本 1	样本 2	全部数据 N	全部数据 r	早王朝时期（3 处遗址）N	早王朝时期（3 处遗址）r	古巴比伦时期（10 处遗址）N	古巴比伦时期（10 处遗址）r	新巴比伦时期（6 处遗址）N	新巴比伦时期（6 处遗址）r
住宅	庭院面积	房屋面积（含围墙）	162	0.99	39	0.67	94	0.88	28	0.99
住宅	庭院面积	围墙	162	0.95	39	0.74	94	0.87	28	0.98
住宅	庭院面积	屋顶面积	162	0.94	39	0.53	94	0.81	28	0.98
住宅	庭院面积	室内面积	162	0.97	39	0.63	94	0.87	28	0.98
住宅	住宅平均面积	房屋面积（含围墙）	163	0.75	39	0.80	95	0.71	28	0.80
住宅	住宅平均面积	庭院面积	162	0.74	39	0.47	94	0.75	28	0.81
住宅	住宅平均面积	室内面积	163	0.74	39	0.86	95	0.69	28	0.83
遗址	住宅基尼系数	住宅空间基尼系数	12	0.78						

注：表中仅包含四栋以上完整房屋的平面图，与报告中的 r 值相关的 P 值均 <0.001。

没有，从埋藏地将其挖出，寄予我。"（Oppenheim 1967: 87）哈丽雅特·马丁及其同事（1985）在有关新近发掘的坟墓的唯一出版物中提到，阿布萨拉比赫地区的绝大多数墓葬在古代都遭过盗挖。早期基什（Moorey 1978）和乌尔城（Woolley 1934; Woolley and Mallowan 1976）的墓葬发掘中也有可能遇到此类情况。然而，从更积极的方面来看，我们最近在乌尔 AH 区伦纳德·伍莱家地板下挖掘到的公元前 2000 年早期的墓葬没有任何被盗迹象，这说明墓园中的墓葬更能引起古代盗墓者的兴趣。

虽然房屋面积可以测量，但随葬品价值的评估较为复杂。在本项目中，宾夕法尼亚大学博物馆对美索不达米亚地区随葬品进行的称重（Baadsgaard 2008）以及丰富翔实的文字记录使我们将所有金制、铜制和青铜制的随葬品转换为当时的货币，即谢克尔银币（1 谢克尔 = 11 克）（Snell 1987）。像罐子、石碗和滚筒印章这类更常见的随葬品可根据制作过程中耗费的原材料及劳动力对其价值进行估算。

房屋建筑和坟墓建筑的这两个数据集，不仅使我们可以对基于考古发掘和高分辨率卫星图像获得的家庭建筑模式进行考察，而且可以对墓园和住宅的墓葬中的随葬品进行考察，还可对二者进行比较。尽管为更好地理解古代社会不平等的模式而对住宅及随葬品进行了研究回顾，但这两种潜在不平等衡量标准之间存在多大程度的可比性尚不明确（Smith et al. 2014: 312）。住宅本身就有面积大小的限制。一栋房子必须提供至少容纳一人睡觉的空间，但像庞贝古城的罗马别墅这种挖掘出的最大的家庭住宅，可容纳多个平民家庭和奴隶家庭（Dickmann 2015）。在美索不达米亚地区，家庭住宅不断扩大，使得家庭人口也出现较大的变动，家族兴旺时人口众多，而随着一家之主故去，住宅由男性继承人所分时人口减少，这些都以楔形文字记录在了家中的泥板上。这种对家庭空间的不断调整反映在了大量的共用墙体结构上，随着门廊的开启和封闭，室内空间进行了重新安排（Stone 1977）。然而，在20世纪30年代美索不达米亚考古全盛时期，人们挖掘出的面积最大的住宅也只是偶然记录下了这一情况，更多还是关注城市街区的总体恢复规划。

而墓葬的变化则更多，草草下葬，无随葬品，但大多数墓葬中至少还有一两只用来放置食物和盛水的陶罐。而有些墓葬，尤其是"皇家"陵墓，可能会有精巧的墓室、丰富的随葬品以及殉葬的仆从。作为最为重要数据来源的乌尔遗址家庭住宅的挖掘也有可能大大低估了与这些住宅有关的墓葬的数量。伍莱地区强调了"礼拜堂"作为安葬场所的重要性。这些礼拜堂通常建在住宅中（但并非所有礼拜堂都如此），其中安放的砖砌坟墓的顶部都高于所在地层。但是，我们最近在伍莱地区AH区域进行的考古挖掘发现，无论在该地区何处发掘的墓葬，皆低于其最后使用时期的地层，而且并非都位于"礼拜堂"内。有几个房间的碗和罐内放着不少新生儿的骸骨，而其他房间只是儿童和成人草草下葬的所在。这种埋葬于住宅内的做法有助于对房屋和墓葬进行比较，但在已出版的研究成果中，对房屋和墓葬之间关系的说明参差不齐，且这些墓葬中大部分并非早期大规模考古发掘所发现的。对公元前2000年早期乌尔遗址私人墓葬丰富的随葬品与墓主人住宅进行比较，仅有些许正相关。

埋藏于住宅之下墓葬的出土也并未缓和这两组数据集截然不同的

含义。虽然房屋是家庭的反映，但在美索不达米亚地区，房屋一直处于变动中，家庭中有新成员降生，房屋面积便扩大，一家之主故去，家族分裂，房屋面积就减小。相比之下，虽然坟墓属于个人，但由于逝者遗骸信息的缺乏，加之其是否在古代有过被盗的经历，因此这些数据的可靠性有所降低。

美索不达米亚地区定居点发展历史

定居点发展回顾

感谢罗伯特·亚当斯及其同事的研究工作（Adams 1965, 1972, 1981; Adams and Nissen 1972; Gibson 1972; Wright 1981），我们才得以对美索不达米亚地区定居点的发展轨迹有了前所未有的了解。从公元前 5000 年第一个村落的出现到公元前 1000 年美索不达米亚文明的终结，直至后来被伊斯兰文明占领，都并非本章的重点。定居面积随着时间推移呈现较大波动：根据调查数据，公元前 4000 年，其面积不超过 100 公顷；至公元前 3000 年和公元前 2000 年中期，就扩大到将近 9 000 公顷，而到公元前 1000 年，面积减小至不足 250 公顷（Adams 1981: 142, 表 13）。然而，这在多大程度上反映了定居点分布密度的真实变化，又在多大程度上体现了居住在泥砖房屋而不是茅草屋和牧民帐篷中人口的百分比，却不得而知。目前公布的资料显示，公元前 3000 年出土的房屋，其面积达 0.6 公顷，公元前 2000 年初期，为 2 公顷，至公元前 1000 年，为 1.2 公顷。在此期间，这一地区出现了一些大城市和较小的定居点，但大部分只对这个时期有研究价值。定居点离不开可用的灌溉水源，灌溉水源来自底格里斯河和幼发拉底河，两条河的多个支流流经河谷中部，后汇集一处，即经数千年灌溉所形成的淤积平原。如果我们用罗伯特·McC.亚当斯的每公顷125人的人口密度标准（1981: 90）来计算此定居点的数据，那么美索不达米亚南部冲积平原的总人口约为20万，至公元前3000年晚期和公元前2000年早期美索不达米亚文明的全盛时期，这一数量有可能升至35万。

房屋

虽然公元前4000年便出现了人口密集的城市，但对这些早期城市的考古发掘主要集中在公共活动区，而非私人住宅区。虽然考古学家仍将公元前3000年晚期公共建筑的地位置于家庭建筑之上，但也对部分面积较大的住宅区进行了勘察。最完整的家庭住宅的考古记录可追溯至公元前2000年早期。面临主要河流的突然改道，美索不达米亚平原最南端的很多城市被废弃，而这些废城中的很多房屋内留有楔形文字碑刻，这些碑刻为出土建筑及手工艺品留下了大量证据（Charpin 1986, Stone 1977, Van de Mieroop 1992）。在美索不达米亚文明的其他时期，复原家庭私人文字记录实属不易，而其他早期复杂社会的学者也无法获得这些文字记录。这些数据为我们了解公元前2000年早期的乌尔城和尼普尔城的家庭生活提供了一个窗口，由此可以了解不同职业社区的家庭生活是怎样的：在乌尔城，有一处区域为小业主所居住（Van de Mieroop 1992），另一片区域则住着牧师家庭（Charpin 1986）；在尼普尔城，行政管理者居于一处，小农场主则居于另一处（Stone 1987）。然而，即使文献记录对居住区进行了不同划分，但拥有共用墙体的密集住宅区的房屋的考古出土残留物却表明，不同生活区间的划分没那么明显。如上所述，由于一家之主的去世使家庭格局被打破，房屋面积扩大后又缩小，又通过家族继承人及邻里间的买卖和交换而重新组合。因此，房屋面积既可能反映了家族的兴盛，又显示了家庭的财富，但这两个变量当时彼此关联，如今亦是如此。虽然这些房屋面积较小，整个住宅区也较为拥挤，但私人文字记录表明，这些家庭的收入通常来自神庙或自家的小型椰枣园，有时农田也有收成。家庭中的男孩子可能会在国有田地劳作，每月会给其家庭发放60升大麦作为补贴（按每天4000~5000卡路里消耗计）。至少在公元前2000年早期，该地区居民已普遍拥有读写能力，大多数出土住宅区中发现了抄写学校，很多房屋内留有学校课本，这便是证明（Postgate 1994b）。

这些数据为了解促成美索不达米亚家庭建筑长期发展轨迹的社会条件提供了一个窗口。社会底层和社会中层间的差距，以及住宅的变动，都可从公元前2000年早期乌尔城和尼普尔城住宅区的考古出土遗迹和这两处遗址出土的私人记录中得到证实（Charpin 1986，Stone 1987，Van de Mieroop 1992），而这些可作为基准，与其他同时代城镇的住宅以及美索不达米亚文明发展进程中其他时期的住宅进行比较。

不平等的测量

研究现代国家的财富不平等通常会使用基尼系数，它测量的是财富差距的程度，而不考虑其范围。此外，基尼系数可用于比较总体繁荣的社会与相对贫困的社会之间的不平等。基尼系数的这一特点尤为适合对美索不达米亚地区的家庭住宅进行评估，由于密集度存在差异，该地区各处遗址的房间面积和房屋面积长期以来被认为各不相同（Postgate 1994a），甚至各遗址房间平均面积的变化模式也很重要。经济学家和人类学家用基尼系数对前工业化时期的经济体进行评估（Milanovic et al. 2011），并用它来考察不同生产模式如何影响社会组织（Borgerhoff Mulder et al. 2009）。考古学家还用基尼系数来评价和分析丧葬数据（Windler et al. 2013）、住宅情况（Ames 2007; Smith et al. 2014; Stone 2014），以及其他方面考古记录存在的差异（Smith 2014）。

美索不达米亚定居点的结构

公元前 4000 年突然兴起的美索不达米亚文明，其标志是定居点由小型村落迅速变为大型聚居区。调查数据（Adams 1968, 1981; Adams and Nissen 1972; Gibson 1972; Wright 1972）表明，公元前 3000 年早期，78% 的定居点集中在面积超过 80 公顷的聚居区。随之而来的便是进程缓慢但从未停止的乡村化趋势，直到新巴比伦王朝 88% 的定居点皆由面积不足 10 公顷的村落构成（Adams 1988: 125，表 11）。所有的定居点都与灌溉系统相连。在几乎完全平坦的美索不达米亚平原上，平原中心因灌溉而淤积的泥沙随着时间推移将两条河流推至其边缘；因此，底格里斯河距今天巴格达以南的幼发拉底河达 140 千米之遥。然而，在过去，基本平行的河道很少有间距超过 30 千米的。这两条河流是交通要道，沿河地区发现不少大城市的遗址。虽然考古发掘主要针对这些大城市的遗迹，但对于两处仅 1 公顷左右的小型遗址也开展了深入的勘察，即公元前 2000 年早期的哈默尔土丘遗址（Baqir 1959）和哈拉达姆遗址（Kepinski-Lecompte 1992）。和更大的遗址相比，这两处小型遗址在结构规划和资源获取渠道方面仅表现出微小的差异。

在美索不达米亚文明历史发展的大部分时期，55 平方千米的冲积平原上大大小小的定居点占据了约 1 500 公顷土地，供农业种植和定居点居民生活的灌溉区域随着时间推移而不断变化。这些定居点面积不一，有不足 5 公顷的，有人口稠密、面积达 100 公顷的大城市，甚至还有面积是其两倍的超大城市（Adams 1981）。虽然所有美索不达米亚城市的重心是神庙，但较小的礼拜场所也分散在定居点各处。在大大小小的遗址中都发现了这类礼拜场所，各个时期的都有。宫殿的出现时代较晚，数量也相对较少。尽管墓葬设在住宅范围内已颇为常见，但一些城市还是划出一定区域作为墓园。但美索不达米亚的定居点主要还是用于居住，自公元前 3000 年以来，其特点便是由共用墙体结构的住宅建筑组成的密集住宅区。对这些房屋遗迹的调查为我们提供了有关不平等模式的数据。

美索不达米亚地区家庭住宅建筑

美索不达米亚地区的建筑样本分为两部分：一部分来自出土的家庭住宅建筑，另一部分来自高分辨率的卫星图像。本项目包含了已发表的数据涉及的美索不达米亚冲积平原南部所有的出土家庭建筑，既提供了房间面积的信息，又提供了房屋面积的信息，但房屋间的共用墙体意味着只有当用于房屋间连通的门廊保存完好时，才可对房屋面积进行推断。通过在地理信息系统软件中为每个房间绘制多边形，以墙体中点对整个空间进行划分从而测量房间面积。对本项目而言，确定房屋范围，并准确界定房屋内的具体房间尤为重要，所以除遗址的专门考古报告外，我们还对彼得·米格鲁斯（1999）和劳拉·巴蒂尼-维拉德（1999）提供的美索不达米亚地区房屋平面图进行了详细的分析。出土遗址数据占研究分析中涉及区域的35%，并非所有数据都能联系到具体房屋。

其余65%的数据来自"快鸟"卫星和"看世界"卫星对存在时间较短的遗址拍摄到的高分辨率卫星图像，而这些遗址只有通过调查才能具体了解（Stone 2014）。虽然在分辨率为0.5米~0.6米的图像中无法辨认出门廊，但可以在更大的区域内记录下房间的整体格局，这可能比范围有限的出土建筑大得多（见图9.1、图9.2）。此外，尽管考古学家所选择的考古发掘区域大多位于大型城市遗址中，但古城墙上高浓度盐得以保存是与现代农业灌溉相关的高盐地下水位造成的盐碱化的结果。随着时间的推移，现代河流的河床已经发生了相当大的变化，因此现代农业灌溉区和居住区基本与过去的灌溉区和居住区无关。

在卫星图像上，美索不达米亚文明发展史上各主要时期大大小小的遗址中的建筑地表遗迹清晰可见。在这种情况下，这些样本中可选出古代房屋的一个随机样本（见表9.1）。有可能的话，应记录遗址多个区域的数据，但由于部分图像不够清晰，因此只有遗址范围内地表遗迹清晰明确的区域才能进行分析。与出土样本的情况一样，所有区

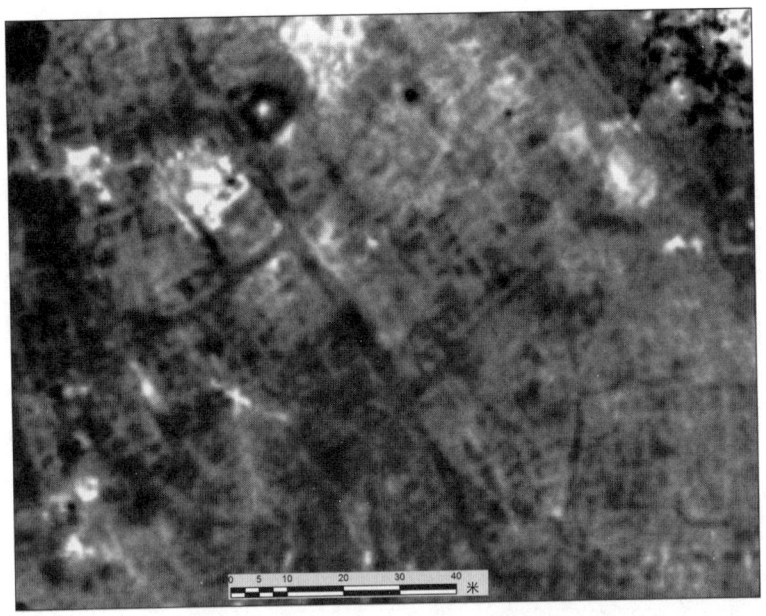

图 9.1 阿斯马尔土丘遗址卫星图像

注：美国数字地球公司（DigitalGlobe Corporation）快鸟卫星图像 1010010005208F00，拍摄于 2006 年 8 月 8 日，美国数字地球公司提供翻印。

域的面积都是从墙体中点开始测量的。因为典型的美索不达米亚庭院式住宅由 9 个区域组成，所以本项目只选取了至少 40 处可测量的区域，包括 4~8 套房屋的样本（无论是来自出土遗迹，还是来自卫星图像），只有一个样本例外。尼普尔城是仅有的两个挖掘出多个居住区的遗址之一（McCown and Haines 1967），但其中一处遗址——阿斯马尔土丘遗址，仅有 34 个房间。尽管该区域面积很小，但能有机会在同一处遗址对不同住宅区进行比较使我们决定将其收入数据集。总的来说，每个地区的平均测量空间数为 139 个。由于考古发掘数据中每栋房屋的平均房间数为 5.5 个，且由于考古学家倾向于发掘面积较大的房屋，因此即使最小的样本也包括至少 7 栋房屋，所有样本平均包括 25 栋房

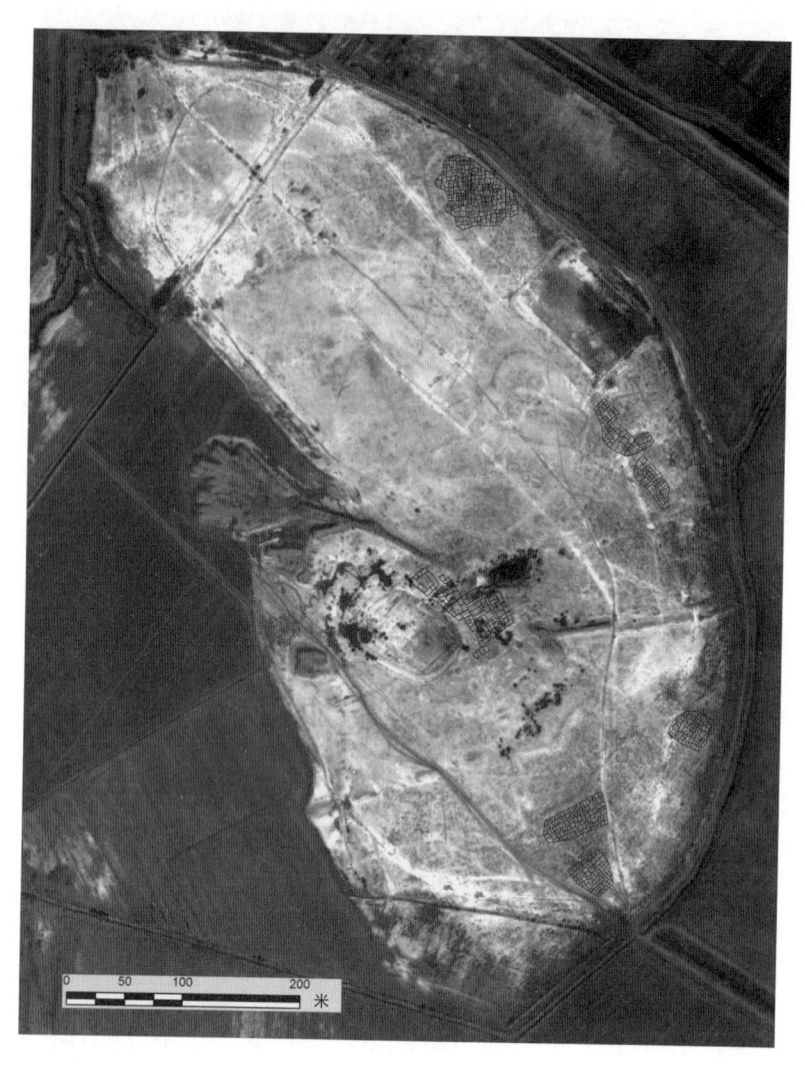

图 9.2 卡法迦遗址图像

注：美国数字地球公司快鸟卫星图像 10100100041C5700，拍摄于 2005 年 3 月 19 日）叠映抽样住宅区域（Stone 2013），美国数字地球公司提供翻印。

屋。街道、除庭院以外的开放区域，以及卫星图像中难以辨认的建筑皆被排除在研究分析之外。如果遗址中的多处区域都可进行测量（无论是来自出土遗迹，还是来自卫星图像），则通过方差分析来评估其相似程度。

本项目的关键在于出土遗迹数据中空间平均面积与房屋面积、房屋面积与该房屋中房间面积的基尼系数，以及房屋面积与庭院面积之间存在明显正相关（见表 9.2）。而大范围发掘的住宅区内空间（房间和庭院）的基尼系数与整栋房屋基尼系数间的关联性（见表 9.2）尤为重要。如果没有这些相关性，就不可能通过引入由卫星图像提取的样本来扩大基于考古发掘的有限且可能存在偏差的样本，该样本的大小几乎是原先面积的三倍，而且更具代表性。相近的数据来自被民族文化考古学家认为相当平等的中东地区，以及存在社会分层的罗马城镇。这些数据在测量处于不同层级的社会的房屋面积时，为基尼系数的预期范围提供了基准。然而，应该指出的是，基于现代村落的数据计算出的基尼系数往往高于基于美索不达米亚城市的数据计算出的数值。

在理想情况下，用于计算基尼系数的数据应包括每处遗址的所有房间，但实际不可行，原因有二。最主要的原因是卫星图像的质量。本项目所涉及的大多数遗址，其墙壁基本可见，因此房屋分布密度明显不同的区域和公共建筑的位置都很明显。但要对空间进行实际测量，则需要格外清晰的图像；多数房间（但不是所有房间）的图像清晰的区域并不适合本项目。第二个原因则更实际。本项目要对约 5 万个空间进行测量。由于每个空间都需要在地理信息系统软件中进行绘制，软件通常根据同一遗址的多张图像，且每张图像都要进行多次效果增强，因此录入过程较慢。在这种情况下，选择数字化记录保存最为完好的区域，同时确保这些区域代表了每处遗址的总体家庭建筑样式，才更具实际意义。当然，我会尽可能将遗址中更多的样本进行数字化保存。

住宅区的考古实例

为了将美索不达米亚地区的数据置于研究分析的背景中，我为贫富差距较大的社会和较为平等的社会设置了家庭住宅基准。类似的数据取自古罗马时期存在社会分层的庞贝古城和赫库兰尼姆城，以及更平等的新石器时代的加泰土丘遗址和伊朗的阿里阿巴德村，对这些数据进行了与美索不达米亚的数据相同的分析。之所以选取这些样本——与美索不达米亚的数据选取的原因一样——是因为它们由密集的住宅区组成，而这正是本章考察的房屋与本书其他章节研究的房屋的差别，后者研究的房屋绝大多数为独栋结构。当时罗马人的房屋在维苏威火山爆发时被毁，这些房屋在这一特定时刻仿佛被定住一般。

在庞贝和赫库兰尼姆，穷人住的小房子聚集在贵族的大宅周围（Wallace-Hadrill 1994）。这两座古城提供了与当时社会状况相关的家庭建筑的绝佳范例。当时的社会阶层分为拥有奴隶的富有贵族阶层，以及有助于维持贵族阶层生活方式的小店主和手艺人。而要获取没有明确阶层分化的社会的空间数据，则更为困难。对简单社会进行研究的人类学家很少记录家庭建筑的平面图。但研究伊朗阿里阿巴德现代村落（Kramer 1982）的卡罗尔·克拉默是个例外，她的研究为了解新石器时代的村落提供了民族考古学数据。卡罗尔·克拉默认为，这一村落是平等主义，但也提出村民之间存在明显的财富差异，尤其在土地方面。由于这个村落没有围墙，空间限制较少，因此与我们前文提到的美索不达米亚地区的几个例子并不相同。其中还包括为牲畜而设的空间，在与美索不达米亚城市住宅区对比时应将其排除在外。另一个例子是新石器时代早期的加泰土丘遗址（Hodder 1996a, 1996b），该遗址布局非常紧凑，房屋间几乎没有空间，和美索不达米亚地区一样，没有为牲畜搭建的棚圈。然而，这处遗址的大部分房屋都只有一个房间，在美索不达米亚，仅有一个房间的住宅很少见，常被界定为非住宅建筑。阿里阿巴德遗址和加泰土丘遗址为差异程度较低社会的住宅多样性提供了基准，尽管建筑样式不同，但这些住宅建筑的基尼系数很相近（见表 9.3）。然而，出乎意料的是，这两处遗址的基尼系数普遍高于基于美索不达米亚地区房屋数据计算出的基尼系数。

美索不达米亚地区住宅不平等的发展轨迹

目前已掌握的数据可对以下四个有完整史料记录的历史时期进行比较：乌鲁克文化和杰姆迭特·那色文化时期（公元前 4000 年中期至公元前 3000 年早期）、早王朝时期（公元前 3000 年中期）、古巴比伦时期[①]（公元前 2000 年早期至中期），以及新巴比伦或阿契美尼德王朝时期（公元前 1000 年中期至晚期）（见表 9.3）。而中间过渡时期

---

① "古巴比伦时期"一词既用来指伊辛-拉尔萨时期，当时的政治权力中心从一城移至另一城（尤其在伊辛城和拉尔萨城之间转移），又用来指接下来巴比伦帝国的统治时期。汉谟拉比征服后，制陶工艺未发生明显变化，巴比伦以南及沼泽以北的城市、乡镇和村庄也很快遭废弃，因此出现了很多这一时期的遗址。

的数据欠缺。由于没有出土建筑遗迹，无法对卫星图像中可见的建筑地表痕迹和出土建筑进行比较，因此乌鲁克文化和杰姆迭特·那色文化时期的数据有限。

表 9.3 基尼系数

时期	遗址数目	房间数目	基尼系数低值	基尼系数高值	平均基尼系数	房间面积最小值
基于房间面积分布得出的基尼系数							
UR/JN	3	610	0.32	0.57	0.42	3.26
ED	8	2 187	0.25	0.38	0.32	1.91
OB	23	4 372	0.25	0.39	0.32	1.54
NB	12	1 670	0.28	0.54	0.40	3.07
阿里阿巴德	1	470			0.49	1.34
加泰土丘	1	182			0.43	1.29
庞贝	2[b]	1 369	0.51	0.65	0.63	1.87
赫库兰尼姆	1	393			0.64	2.50
基于一户家庭内房间面积分布得出的基尼系数							
ED	3	39[c]	0.04	0.37	0.22	31.89
OB	24	85[c]	0.07	0.48	0.27	26.70
NB	7	28[c]	0.13	0.50	0.34	82.34
阿里阿巴德	1	67[c]	0.13	0.61		30.28
加泰土丘	1	57[c]				5.45
庞贝	2[b]	78[c]	0.24	0.80	0.52	19.13
赫库兰尼姆	1	44[c]	0.32	0.75		25.19

缩写：平均基尼系数：每行全部遗址的平均基尼系数；基尼系数低值/高值：每行全部遗址的最低基尼系数/最高基尼系数；最小房间面积：每行最小房间面积；UR/JN：乌鲁克文化和杰姆迭特·那色文化时期（公元前 4000 年）；ED：早王朝时期（公元前 3000 年中期）；OB：伊辛-拉尔萨时期和古巴比伦时期（公元前 2000 年早期至中期）；NB：新巴比伦时期（公元前 1000 年中期）。

[a] 大多数加泰土丘遗址的房屋仅有一两个房间。
[b] 所分析的街区数目。
[c] 房屋数目。

尽管上文所列数据存在局限性，但公元前 4000 年、公元前 3000 年中期、公元前 2000 年早期和公元前 1000 年的数据展现了漫长历史进程中家庭建筑的相似性及其变化，不过其间存在明显的断层。

乌鲁克文化和杰姆迭特·那色文化时期（公元前 4000 年中期至公元前 3000 年早期）

正是此时，美索不达米亚出现了第一个城市中心区，实际上也是世界上第一个。规模最大的考古发掘在乌鲁克古城开展，20 世纪初，德国考古挖掘人员于此处发掘了多座神庙及其他公共建筑。但他们未发掘出哪怕是一所这一时期的私人房屋，伊拉克南部的任何一处遗址也没有发现。在叙利亚北部的两处遗址中发掘出了家庭建筑，即哈布巴卡比拉和杰贝阿鲁达。尽管它们在艺术史和残留的遗迹方面都与伊朗的苏萨遗址有关联，但由于幼发拉底河将这两处遗址与美索不达米亚南部连在一起，因此它们往往被看作乌鲁克城的贸易区（Blackman 1999）。它们与美索不达米亚间的距离、与苏萨城的关系，及其家庭住宅明显的变动，都使得这两处遗址难以成为南部冲积平原缺失的出土房屋的可靠替代品。因此，虽然有这一时期由卫星图像测量出的房屋面积数据，但没有出土房屋面积的数据。

乌鲁克文化和杰姆迭特·那色文化时期（公元前 4000 年）

由卫星图像可见，三处遗址的建筑遗迹保存完好，既有公共建筑（必是神庙），又有美索不达米亚晚期遗址典型的庭院建筑。每处遗址皆被划分为若干区（可能由古代水道划分）：两处遗址中的多个土丘上存有清晰可辨的建筑遗迹,第三处遗址是乌奎尔土丘遗址,是在一座土丘上挖掘出的神庙,而其他土丘上则有住宅建筑遗迹。其房间面积变化大,这一点在基尼系数的高值上有所反映,不同土丘上房间面积的统计学差异为 0.05(见表 9.4)。遗址中规模较大的家庭住宅往往建在神庙附近(Stone 2013),这表明,社会地位可能与主要宗教机构有关。

上文列出的住宅数据表明,古代美索不达米亚社会复杂性的最初阶段与显著的不平等有关,这种模式与诸多研究这一时期的理论著作相一致。住宅样式和面积不仅在各处遗址的各个区域间有所不同,甚至在同一遗址的不同土丘间存在差异。住在神庙附近的居民房屋更宽敞,而其他位置的住宅区较为拥挤。总的来说,呈现在我们眼前的是一幅分层社会的画面,各个住宅区之间以及每一住宅区内的家庭住宅都存在显著差异。这些数据表明,贵族住宅区和重要神庙之间有着密切的关系。

早王朝时期(公元前 3000 年中期)

这一时期,古美索不达米亚社会完整的制度复杂性得以实现。我们的大部分证据以及卫星图像提供的所有数据都来自早王朝时期末期,略晚于出土于乌尔遗址的著名的皇陵和公墓园所属的时期(Woolley 1934),下文将对此进行讨论。依照习俗,建筑精巧的乌尔遗址墓葬的墓主应被称为"王"或"后",但这些墓葬是否与神庙或王室有关却不得而知。实际上,王权在当时是否扮演了重要角色,尚不明确。而我们所得到的住宅数据来自更晚的时期,即早王朝时期最末期。此时恰好是小规模定居点向筑有城墙的城市聚居区突然转变的时期。这些城市聚居区面积往往超过100公顷，占当时整个居住区的72%（Adams 1981: 139）。我们首次收集到有关君主和宫殿，以及祭祀和神庙的实证，也是来自这一时期，而这些不仅是人类文明早期的特征，而且在后续时代继续发挥重要作用。

来自出土实物和卫星图像的定居点数据表明，在早王朝时期末期，随着社会差异的显著减少，王权兴起，人口向城市中心迁移。出土遗迹数据和卫星图像数据显示，房间面积的平均基尼系数（0.31）与乌鲁克文化／杰姆迭特·那色文化时期相比下降了20%；事实上，这是我们所有数据中差异水平最小的。出土房屋面积的变化也非常小，平均基尼系数为0.22。人们很容易将这些变化与王权的崛起联系起来，而王权崛起本身也许正是对前一时期社会过度分化的部分反映，将要讨论的乌尔遗址的"皇家陵墓"（Woolley 1934）就是典型例证。美索不达米亚文明的历代君主总是将自己描述为弱者的保护者，将自己与当时盛行的长老议事会扯上关系；实际上，有观点认为是长老议事会决定了王位世袭制（Postgate 1994b）。总的来说，结合文字史料（尽管晦涩难懂）和考古记录，这一时期的不平等程度要低于上一个时期。

这一时期，城市的发展令人印象深刻，而同时各住宅区间的差距也明显缩小。对早王朝晚期大型遗址中多个区域房间面积差异的分析表明，这些早期城市的家庭住宅规模存在显著的相似性。即使在经测量住宅建筑遗迹的间隔近3千米的拉格什，顶部建有建筑的土丘间亦无明显差别（见表9.4）。

表 9.4　大型遗址不同住宅区房间面积差异分析

遗址	区域	时期	平均值	标准差	N	F	p	距离（米）[a]
乌鲁克考察 245	西北部	UR/JN	30.28	23.02	60	16.42	0.000	260
乌鲁克考察 245	西部	UR/JN	17.03	13.2	68			
尼普尔考察 1096	北部	UR/JN	22.45	16.45	47	6.617	0.001	505
尼普尔考察 1096	南部	UR/JN	19.21	12.27	147			
尼普尔考察 1096	西部	UR/JN	39.29	73.07	221			
卡法迦-住宅区	中心区域	ED	13.00	4.47	129	0.239	0.787	580
卡法迦	北部	ED	12.56	5.95	218			
卡法迦	南部	ED	12.33	7.09	252			
卡法迦及辛奥维尔地区	辛奥维尔地区	ED	23.45	14.84	117	0.50	0.607	580
拉格什	远北地区	ED	20.73	14.44	105	2.57	0.053	2 930
拉格什	北部	ED	17.15	15.99	318			
拉格什	中部	ED	18.88	12.52	91			
拉格什	南部	ED	21.47	14.99	74			
麦西青-沙匹尔	西部	OB	19.85	19.22	77	1.97	0.117	700
麦西青-沙匹尔	中心区域	OB	15.61	12.75	87			
麦西青-沙匹尔	北部	OB	18.44	11.86	272			
麦西青-沙匹尔	东部	OB	16.47	13.31	277			
阿斯马尔	北部	OB	14.32	11.30	272	0.167	0.683	360
阿斯马尔	南部	OB	14.65	9.42	390			
尼普尔	TA	OB	13.65	8.67	34	0.01	0.928	50
尼普尔	TB	OB	13.82	8.10	47			
施密特	N	OB	14.65	11.90	204	0.08	0.781	210
施密特	S	OB	14.19	8.31	59			
乌尔	AH	OB	16.99	12.09	269	0.245	0.621	350
乌尔	EM	OB	16.27	11.92	92			

缩写：UR/JN：乌鲁克文化和杰姆迭特·那色文化时期（公元前 4000 年）；ED：早王朝时期（公元前 3000 年中期）；OB：伊辛-拉尔萨时期和古巴比伦时期（公元前 2000 年早期）。

[a] 住宅区间的最远距离。

310　　　不平等的一万年

古巴比伦时期（公元前 2000 年早期）

在我们所采用的数据中，有近 50% 取自古巴比伦时期。由于古巴比伦末期，该地区南部大量住宅区遭废弃，因此地表留有许多这一时期的建筑遗迹（Gasche 1989; Stone 1977）。因为早王朝晚期的数据有限，所以这些遗址的特征便是房间面积和房屋面积的基尼系数都很低，表明当时几乎不存在社会不平等。古巴比伦时期的十处遗址中有多处家庭住宅区可进行测量，这十处遗址多为大型城市遗址，样本较为分散，且这些住宅区之间亦无显著差异（见表 9.4）。

借助麦西肯-沙匹尔城遗址的数据，可以更好地理解住宅建筑之间无差别这一现象，麦西肯-沙匹尔城遗址中可见的建筑遗迹与详尽的地表调查结果相关联（Stone and Zimansky 2004）。这座城市专门修筑了城墙，运河将城市分为五个区：宫殿在北，墓园居中，神庙在南，作坊居东；除神庙和墓园外，其余各处的建筑皆能在美国数字地球公司的卫星图像上看到。这些建筑遗迹呈现了除遗址东南区以外所有地区密集的建筑格局，东南区为手工业集中之所，城墙附近并无建筑。麦西肯-沙匹尔城遗址不同土丘上测得的房间面积的基尼系数都极为接近。尽管城东南区的建筑没有其他各区那般拥挤，但房间面积从数值上看都比较相近。此外，从地表整理出的象征财富的物品，如铜器、青铜器和圆柱形印章，平均分布于遗址各处，表明城东区独特的住宅建筑模式是定居点的新建和该地区手工业专门化的产物，而并非财富出现显著差异的结果。

除考古资料外，古巴比伦时期几处遗址的楔形文字泥板上所刻的私人合同也记录了家庭住宅的继承和出售的区分。虽然房屋出售合同所涉及的是整所房屋的一部分,特别是在家主去世后房屋被分割时,但继承合同记录的却是逝者拥有的全部财产。将房屋被继承的各部分加在一起,便得到原本房屋的整体,无论是仅从合同中算出的房屋面积,还是基于这一面积得出的基尼系数,都与依据出土房屋遗迹计算出的数值极为接近(见表9.5)。

表9.5 墓葬及房屋面积的基尼系数

	数目	基尼系数	最小值	最大值	数据来源
欧贝德埃里都墓葬	161	0.44	0	49.00	考古挖掘
卡法迦早王朝时期墓葬	166	0.77	0	7.44	考古挖掘
乌尔早王朝时期墓葬	655	0.80	0	446.00	考古挖掘
阿卡德乌尔墓葬	413	0.80	0	96.43	考古挖掘
乌尔古巴伦时期墓葬	76	0.88	0	170.45	考古挖掘
乌尔新巴伦时期墓葬	98	0.88	0	25.20	考古挖掘
早王朝时期房屋面积	21	0.37	39.22	261.99	考古挖掘
古巴伦时期房屋面积	106	0.40	18.13	546.64	考古挖掘
新巴伦时期房屋面积	14	0.40	151.02	1 831.93	考古挖掘
古巴伦时期房屋面积总和	33	0.46	18	562.00	文献
古巴伦时期尼普尔房屋价格	15	0.38			文献
古巴伦时期尼普尔房屋面积	15	0.45			文献
古巴伦时期乌尔房屋价格	8	0.41			文献
古巴伦时期乌尔房屋价格	8	0.49			文献
乌尔地区继承房屋面积	8	0.22			文献
尼普尔地区继承房屋面积	16	0.40			文献

总而言之,古巴伦时期城内的住宅区和城外的住宅区格局一致。大规模考古发掘所呈现的整体状况也有楔形文字的私人记录(正如本章开头所述),几乎没有体现出这些城市中社会差异的表现方式。而这一时期的建筑样式也与早王朝时期极为相近。

新巴比伦时期（公元前 1000 年中期）

目前没有公元前 2000 年晚期至公元前 1000 年早期遗址的数据，而公元前 1000 年晚期的出土遗迹数据和卫星图像数据相比较早期也更为有限。几处遗址内的多个区域都没有出土遗迹和卫星图像保存相关信息。巴比伦、尼普尔、乌尔和乌鲁克四个主要城市都有新巴比伦时期建筑遗迹的出土，有六处遗址的高分辨率卫星图像记录了家庭住宅的遗迹，但除西帕尔城外，所有遗址的面积皆不足 6 公顷。从这些数据中得出的房间面积基尼系数表明，与早王朝时期和古巴比伦时期基尼系数的低值相比，新巴比伦时期的社会差异有所增加。各遗址房间面积和房屋面积相差悬殊，高于早王朝时期和古巴比伦时期的相应数值。出土房屋面积的增加最引人注目：新巴比伦时期房屋的平均面积是早王朝时期和古巴比伦时期的 4 倍，而且卫星图像显示，这是普遍情况，而不仅仅是考古发掘有所选择的结果。

新巴比伦时期的文字资料表明，随着继承模式的变化，社会差异的增加与房屋面积间存在关联。在古巴比伦时期，长子继承的遗产比他的弟兄们多 10%，以维系家族血脉，但在新巴比伦时期，长子至少可继承 50% 的遗产（Baker 2010, 2015）。目前已知新巴比伦时期最小房屋的面积也比古巴比伦时期 1/3 的房屋、早王朝时期 1/2 的房屋大，许多房屋面积相当之大，通常围绕多个庭院而建。造成这些差异的原因可由文字史料提供解释。据当时的史料记载，一所房屋可以由多个毫无关联的个人所有。此外，尽管在古巴比伦时期，很少有文字记录提到奴隶私有的现象，但在新巴比伦时期，奴隶已极为常见，而且他们也需要住所安身。虽然在古巴比伦时期，房屋的一部分可向邻居出售，但需符合房屋结构的改动，而在新巴比伦时期，房屋的情况并非如此。总的来说，文字史料和建筑数据表明，与较早时期相比，这一时期社会的显著变化既包括更明显的社会不平等，又包括居住模式的改变。

上文所列资料描述了定居点出现巨大差异的初期阶段，这与美索不达米亚社会开始呈现复杂性相关联。然而，定居点向城市生活转变这一重大变化可追溯至早王朝晚期，不仅与王权的崛起有关，而且与出土建筑遗迹和卫星图像资料所展示的各住宅区之间以及住宅区之内的高度平等有关。这一模式持续至公元前 2000 年早期，当时城市生活突然瓦解，可能因河流改道，南部更为明显（Gasche et al. 1998）。直到公元前 1000 年，新巴比伦帝国崛起，城市才再次成为美索不达米亚地区的主要特点，而这些城市比之前的城市展现出程度更高的不平等。

美索不达米亚地区尸体安放的资料

本章的目的是比较家庭住宅和丧葬方面的数据。对约 2 000 座美索不达米亚地区的墓葬进行分析时，我们比较了社会各阶层的墓葬间以及非王室墓葬间的不平等证据。在进行非王室墓葬间的不平等证据比较时，我们将王室陵墓排除在外，早王朝时期的王室陵墓中有殉葬的侍从，但之后各时期是否还有（或许已被盗墓者盗取）已不得而知。

处理美索不达米亚地区尸体安放的数据时遇到了许多复杂情况。20 世纪 30 年代，在现代考古学方法建立起来之前，人们发掘了不少墓葬，但几乎没有公开发表的研究成果提供墓主人年龄和性别的相关信息。更值得注意的是，尽管最近发表的研究墓葬的几部专著（Martin et al. 1985）提出几乎所有该时期的墓葬都遭盗挖，但之前的研究中都未曾提及。然而，我和同事在乌尔城遗址和麦西肯-沙匹尔城遗址的居住区发掘公元前2000年早期的墓葬时，并未发现任何被盗迹象。当时墓葬的基本情况很少被记录下来，但真正的问题在于我们不清楚这仅仅是这个时期记录不统一的结果，还是由于墓葬被盗以至于无法记录。

迄今为止，有关乌尔城遗址尸体安放的资料数量最多。已出土的墓地可追溯至公元前3000年中期（早王朝时期）、公元前3000年晚期（阿卡德时期）、公元前2000年早期（古巴比伦时期）、公元前2000年晚期（加喜特前王朝时期），以及公元前1000年（新巴比伦时期），且都以相同的方式进行记录，对墓葬出土物品的记录要比同时代其他记录更为详尽（Woolley 1934, 1956, 1965; Woolley and Mallowan 1976）。本章还对另外四组墓葬进行了考察：有一组新石器时代晚期的墓葬位于埃利都遗址（Safar et al. 1982），为我们了解国家建立之前、冶炼技术尚未出现之时的丧葬习俗提供了一个窗口，实际上只有这组有关尸体安放的数据得出的基尼系数是中间值。另一组是在规模较小的阿布萨拉比赫遗址出土的早王朝时期的墓葬，与乌尔城遗址墓葬同时代或稍晚些（Martin et al. 1985），还有一组墓葬来自另一个早期大城市基什（Moorey 1978），亦是传说中大洪水过后天授王权降临人间之所。而只有关于基什遗址和阿布萨拉比赫遗址丧葬研究的文章中出现墓主年龄和性别的资料。除了包括乌尔城遗址公元

第九章　古代美索不达米亚社会不平等的发展轨迹　　315

前2000年早期的墓葬之外（Woolley and Mallowan 1976），研究分析还包括了同一时期尼普尔城遗址的墓葬（McCown and Haines 1967）。对于乌尔城遗址中公元前3000年的墓葬，人们进行了两组基尼系数的计算，一组包括皇家陵墓，一组将其排除在外，其中皇家陵墓中还有2~73名殉葬侍从。与比较测量相对简单的房屋面积不同，设计一种可靠的方法来比较在多个时期的坟墓中出土的各种随葬品要复杂得多。然而，对于美索不达米亚文明而言，文字资料记录的是金属制品的相对价值（Snell 1987），如金、银、铜以及青铜。这些金属制品通常是墓葬中价值最高的。而且，一篇有关乌尔城遗址皇家陵墓随葬品的专题论文（Baadsgaard 2008）[①]记录了宾夕法尼亚大学博物馆馆藏所有金属制品（其中1/4来自皇家陵墓）重量的数据。关于阿布萨拉比赫遗址随葬品的论文中也记录了金属制品的重量（Martin et al. 1985）。这些数据被用来确定有记录的每种金属制品的平均重量，可用来确定没有记录的所有同类金属制品。基于其文字史料记录的相关价值，所有铜器、青铜器，以及金银器都可折合成当时的货币谢克尔银币（重11克）（Snell 1987），墓葬中其他物品（罐、石碗、印章、珠串、磨刀石，诸如此类）的价值也可以谢克尔银币来估算。对这些物品估值，一来看其材质，二来看其制作原料。例如，虽然进口青金石和玛瑙的珠子显然比玻璃珠子价值更高，但相关报道很少提及珠串的长度及珠子的个数。所以在大多数情况下，对此类珠串估值只能依据其材质，无法参照其数量。尽管如此，经勘察的各个墓葬的基尼系数接近的情

[①] 感谢威廉·哈福德向我推荐了这篇论文，并提供了副本。

况，以及随时间推移不平等程度略有增加的趋势，都表明对这些物品的估值应与墓葬中同类随葬品的价值接近。

研究结果

我们得出的数据中有一点值得注意，即基于墓葬数据计算出的基尼系数与基于住宅数据计算出的基尼系数之间存在巨大差异。无论数据是出自文字史料还是现场发掘，住宅建筑的基尼系数都处于0.37~0.55。此外，虽然文字史料所记录的新巴比伦时期的最小房屋面积明显低于任何已出土遗迹，但文字史料所记录的房屋面积与我们发掘出土的遗迹仍较为接近。总的来说，这些数据表明，美索不达米亚文明时期的不平等处于较低或中等程度，尤其考虑到房屋面积不仅反映财富水平，而且反映家庭规模，而核心家庭与大家族间差异明显。家庭住宅数据与墓葬数据形成鲜明对比，除新石器时代埃利都遗址外，这些家庭住宅数据的基尼系数一直较高。这不足为奇。作为比较各国财富分配的一种方法，基尼系数最适合对收入和住宅这类处在一定变化范围内的数据进行检验。个人也好，家庭也罢，都得有足够的收入以维持生计，而经济的整体规模将会对最高收入进行限制。同样，房屋再小，也必须为居住者提供可食可住的容身之所。现在（过去也是）大多数的房屋面积要大得多，但没有大量无关的侍从或奴隶的房屋，面积再大也总有上限。事实上，在美索不达米亚文明时期，房屋样本的面积范围和现代英国的情况非常接近，但比美国和澳大利亚等国家小。在这些国家，房屋面积不断增加已是常态（Wilson 2012）。

相比之下，墓葬数据没有这样的限制，可能一件随葬品都没有，也可能随葬品丰厚；而且，随葬品不仅反映财富水平，而且反映社会地位。对随葬品的分析往往关注墓主人的年龄、性别，以及由随葬品和尸体处理方式反映出的社会地位。遗憾的是，除了基什的墓葬数据外，其他大型墓园的骸骨唯一能做的区分便是成人遗骸、儿童遗骸还是婴幼儿遗骸，因而无法分析墓主人性别对随葬品的影响。在乌尔城遗址中，只有"皇家陵墓"留有墓主人性别，普阿比女王墓在财富数量和墓室精美程度上完胜同时期男性墓葬。此外，尽管部分研究论文对特定墓葬是否被盗进行了明确的评估，乌尔城遗址的墓葬也为此提供了大量数据资料，但大多数文献对此予以忽略。墓葬基本情况的经常性缺失可能表明骨骼遗骸已遭破坏，尽管这些数据可能根本没有被记录下来。

结论

基于美索不达米亚文明时期家庭住宅数据和随葬品数据计算出的基尼系数的差异强化了史密斯及其同事的观点（2014），即两组数据集反映了古代社会的不同方面。我同意这一观点，并认为，过去住宅面积的分配好比现在的收入分配，二者都有上限和下限。这种有界性使得基尼系数在依据房屋面积对古代社会进行不平等评估时非常有用。而随葬品的情况截然不同，因为虽然无随葬品的墓葬没有下限，但同样也没有上限。房屋能提供容身之所，而随葬品本身并无任何实际价值，且受墓主人声望和当时意识形态的制约，古代社会的这两个方面或许也是考古学家最难了解的。由于在部分古代社会，随葬品会循环使用，因此难以永久保存，或许大多数美索不达米亚文明时期的墓葬在古代都被盗挖过。

基于美索不达米亚地区同时期遗址的墓葬数据和家庭住宅数据计算出的基尼系数的差异表明，对于各遗址之间以及各社会形态之间不平等程度的任何比较都必须基于对可比数据集的分析。但住宅数据和墓葬数据的来源亦大相径庭。卫星图像上可见的建筑遗迹皆由现代环境因素所致，已与古代地貌因素无关，许多考古学家选择发掘的墓园都依赖于博物馆的资助，因而考古发现与博物馆共享。像伦纳德·伍莱这样的考古学家要想进行实地勘察，就必须将出土文物运送至能够资助其研究的博物馆；事实上，伦纳德·伍莱之所以离开伊拉克，是因为当时伊拉克执行了更严格的政策限制古董出口。而伍莱之所以能够获得资金对乌尔城遗址的住宅区进行考察，很可能只是因为他从皇家陵墓中发现了丰富的随葬品。

致谢

感谢杰伦·斯迈尔斯、迈克尔·E.史密斯、杰森·乌尔和保罗·曼斯基对本章几版草稿的审读。感谢阿德里安·耶吉向我推荐了基尼系数。本章所列表格中的数据来自 https://core.tdar.org/project/436029/quantifying-ancient-wealth-inequalities as tDAR ID 439710。

参考文献

Adams, Robert McC. 1965. *Land Behind Baghdad*. University of Chicago Press, Chicago.

——. 1968. The Natural History of Urbanism. In *The Fitness of Man's Environment*, edited by the Smithsonian Institution, pp. 39–60. Smithsonian Institution Press, Washington, D.C.

——. 1972. Settlement and Irrigation Patterns in Ancient Akkad. In *City and Area of Kish*, edited by McGuire Gibson, Robert McC. Adams, Henry Field, and Edith M. Laird, pp. 182–208. Field Research Projects, Coconut Grove, Fla.

——. 1981. *Heartland of Cities*. University of Chicago Press, Chicago.

Adams, Robert McC., and H. Nissen. 1972. *The Uruk Countryside: The Natural Setting of Urban Societies*. University of Chicago Press, Chicago.

Ames, Kenneth M. 2007. The Archaeology of Rank. In *Handbook of Archaeological Theories*, edited by R. Alexander Bentley, Herbert D. G. Maschner, and Christopher Chippendale, pp. 487–513. AltaMira Press, Lanham, Md.

Baadsgaard, Aubrey. 2008. Trends, Traditions, and Transformations: Fashions of Dress in Early Dynastic Mesopotamia. PhD dissertation, University of Pennsylvania.

Baker, Heather D. 2010. The Social Dimensions of Babylonian Domestic Architecture in the Neo-Babylonian and Achaemenid Periods. In *The World of Achaemenid Persia*, edited by John Curtis and St. John Simpson, pp. 179–94. IB Tauris, London.

——. 2015. Family Structure, Household Cycle, and the Social Value of Domestic Space in Urban Babylonia. In *House Studies in Complex Societies: (Micro-) Archaeological and Textual Approaches*, edited by Miriam Muller, pp. 371–408. Oriental Institute Seminars 10. Oriental Institute, Chicago.

Baqir, Taha. 1959. *Tell Harmal*. Directorate General of Antiquities, Baghdad.

Battini-Villard, Laura. 1999. *L'espace domestique en Mésopotamie de la IIIe dynastie d'Ur á l'époque paléo-babylonienne*. J. and E. Hedges, Oxford, U.K.

Binford, Lewis R. 1971. Mortuary Practices: Their Study and Their Potential. *Memoirs of the Society for American Archaeology* 25:6–29.

Blackman, M. James. 1999. Chemical Characterization of Local Anatolian and Uruk Style Sealing Clays from Hacinebi. *Paléorient* 25:51–56.

Blanton, Richard E. 1998. Steps Toward a Theory of Egalitarian Behavior in Archaic States. In *Archaic States*, edited by Gary M. Feinman and Joyce Marcus, pp. 135–72. School of American Research, Santa Fe, N.Mex.

Borgerhoff Mulder, Monique, Samuel Bowles, Tom Hertz, Adrian Bell, Jan Beise, Greg Clark, Ila Fazzio, et al. 2009. Intergenerational Wealth Transmission and the Dynamics of Inequality in Small-Scale Societies. *Science* 326:682–88.

Charpin, Dominique. 1986. *Le Clergé d'Ur au siècle d'Hammurabi*. Librarie Droz, Genève-Paris.

Dickmann, Jens-Arne. 2015. Crucial Contexts: A Closer Reading of the Household of the Casa del Menandro at Pompeii. In *Household Studies in Complex Societies: (Micro-)Archaeological and Textual Approaches*, edited by Miriam Muller, pp. 211–28. Oriental Institute Seminars 10. Oriental Institute, Chicago.

Ehenreich, Robert M., Carole L. Crumley, and Janet E. Levy (editors). 1995. *Heterarchy and the Analysis of Complex Societies*. Archaeological Papers of the American Anthropological Association 6. Arlington, Va.

Flannery, Kent, and Joyce Marcus. 2012. *The Creation of Inequality*. Harvard University Press, Cambridge, Mass.

Gasche, Hermann. 1989. *La Babylonie au 17eme siècle avant notre ère*. University of Ghent, Ghent.

Gasche, Hermann, James A. Armstrong, S. W. Cole, and Vahe G. Gurzadyhan. 1998. *Dating the Fall of Babylon: A Reappraisal of Second-Millennium Chronology*. Mesopotamian History and Environment, Series 2, Memoirs 4. University of Ghent, Ghent; University of Chicago Press, Chicago.

Gasche, Hermann, and Michel Tanret. 1998. *Changing Watercourses in Babylonia: Towards a Reconstruction of the Ancient Environment of Lower Mesopotamia*.

Mesopotamian History and Environment, Series 2, Memoirs 5. University of Ghent, Ghent; Oriental Institute, Chicago.

Gibson, McGuire. 1972. *City and Area of Kish*. Field Research Publications, Miami, Fla.

Hodder, Ian (editor). 1996a. *On the Surface: Çatalhöyük 1993–95*. McDonald Institute for Archaeological Research, Cambridge, U.K.

———. 1996b. *Excavating Çatalhöyük: South, North and KOPAL Area Reports from the 1995–99 Seasons*. McDonald Institute for Archaeological Research, Cambridge, U.K.

Kepinski-Lecomte, Christine. 1992. *Haradum I: Une ville nouvelle sur le Moyen-Euphrate (XVIIIe–XVIIe siecles av. J.-C.)*. Editions Recherche sur les Civilisations, Paris.

Kramer, Carol. 1982. *Village Ethnoarchaeology*. Academic Press, New York.

Martin, Harriet P. J., J. N. Postgate, and Jane Moon. 1985. *Abu Salabikh Excavations*. Vol. 2, *Graves 1 to 99*. British School of Archaeology in Iraq, London.

McCown, Donald, and Richard C. Haines. 1967. *Nippur I, Temple of Enlil, Scribal Quarter, and Soundings*. Oriental Institute Publications 78. University of Chicago Press, Chicago.

Miglus, Peter A. 1999. *Städtische Wohnarchitektur in Babylonien und Assyrien*. Phillipp von Zabern, Mainz am Rhein.

Milanovic, Branko, Peter H. Lindert, and Jeffrey G. Williamson. 2011. Preindustrial Inequality. *Economic Journal* 121:255–72.

Moorey, Peter Roger Stuart. 1978. *Kish Excavations, 1923–1933*. Clarendon Press, Oxford, U.K.

Oppenheim, A. Leo. 1967. *Letters from Mesopotamia*. University of Chicago Press, Chicago.

Peebles, Christopher S., and Susan M. Kus. 1977. Some Archaeological Correlates of Ranked Society. *American Antiquity* 42:421–48.

Postgate, J. Nicholas. 1994a. How Many Sumerians per Hectare? *Cambridge Archaeological Journal* 4:47–65.

———. 1994b. *Early Mesopotamia*. Routledge, London.

Safar, Fuad, Muḥammad ʿAlī Muṣṭafá, and Seton Lloyd. 1982. *Eridu*. State Organization of Antiquities and Heritage, Baghdad.

Smith, Michael E. 1994. Social Complexity in the Aztec Countryside. In *Archaeological Views from the Countryside*, edited by Glenn M. Schwartz and Steven E. Falconer, pp. 143–59. Smithsonian Institution Press, Washington, D.C.

———. 2014. Housing in Premodern Cities: Patterns of Social and Spatial Variation. *International Journal of Architectural Research* 8:207–22.

Smith, Michael E., Timothy Dennehy, April Kamp-Whittaker, Emily Colon, and Rebecca Harkness. 2014. Quantitative Measures of Wealth Inequality in Ancient Central Mexican Communities. *Advances in Archaeological Practice* 2(4):311–23.

Snell, Daniel. 1987. *Ledgers and Prices: Early Mesopotamian Merchant Accounts*. Yale Near Eastern Researches 8. Yale University Press, New Haven, Conn.

Stone, Elizabeth C. 1977. Economic Crisis and Social Upheaval in Old Babylonian Nippur. In *Mountains and Lowlands*, edited by T. Cuyler Young Jr. and Louis D. Levine, pp. 267–89. Undena Press, Malibu, Calif.

———. 1987. *Nippur Neighborhoods*. Oriental Institute, Chicago.

———. 1990. The Tell Abu Duwari Project, 1987. *Journal of Field Archaeology* 17:141–62.

———. 2008. Patterns of Looting in Iraq. *Antiquity* 82:125–38.

———. 2013. The Organisation of a Sumerian Town: The Physical Remains of Ancient Social Systems. In *The Sumerian World*, edited by Harriet Martin, pp. 156–78. Routledge, London.

———. 2014. High-Resolution Imagery and the Recovery of Surface Architectural Patterns. *Advances in Archaeological Practice* 3:180–94.

Stone, Elizabeth C., and Paul Zimansky. 2004. *The Anatomy of a Mesopotamian City: Survey and Excavations at Mashkan-shapir*. Eisenbrauns, Winona Lake, Ill.

Tainter, Joseph A. 1978. Mortuary Practices and the Study of Prehistoric Social Systems. *Advances in Archaeological Method and Theory* 1:105–41.

Tilly, Charles. 1998. *Durable Inequality*. University of California Press, Berkeley.

Trigger, Bruce. 1993. *Early Civilizations: Ancient Egypt in Context*. Columbia University Press, New York.

Van de Mieroop, Marc. 1992. *Society and Enterprise in Old Babylonian Ur*. D. Reimer, Berlin.

Wallace-Hadrill, Andrew. 1994. *Houses and Society in Pompeii and Herculaneum*. Princeton University Press, Princeton.

Wilson, Lindsay. 2012. Shrink That Footprint (blog). http://shrinkthatfootprint.com/, accessed April 5, 2015.

Windler, Arne, Rainer Thiele, and Johannes Müller. 2013. Increasing Inequality in Chalcolithic Southeast Europe: The Case of Durankulak. *Journal of Archaeological Science* 40:204–10.

Woolley, C. Leonard. 1934. *Ur Excavations 2: The Royal Cemetery*. British Museum, London.

———. 1956. *Ur Excavations 4: The Early Periods*. British Museum, London.

———. 1965. *Ur Excavations 8: The Kassite Period and the Period of the Assyrian Kings*. British Museum, London.

Woolley, C. Leonard, and Max Mallowan. 1976. *Ur Excavations 7: The Old Babylonian Period*. British Museum, London.

Wright, Henry T. 1972. A Consideration of the Interregional Exchange in Greater Mesopotamia: 4000–3000 BC. *Anthropological Papers* 46:95–105.

———. 1981. The Southern Margins of Sumer: Archaeological Survey of the Area of Eridu and Ur. Appendix in *Heartland of Cities: Surveys of Ancient Settlement and Land Use on the Central Floodplain at the Euphrates*, by Robert McC. Adams, pp. 295–345. University of Chicago Press, Chicago.

第十章

前西班牙属瓦哈卡山谷财富不平等的评估

财富不平等的影响比较

加里·M. 法因曼、罗纳德·K. 福塞特、琳达·M. 尼古拉斯

"财富分配是如今讨论最广泛、最有争议的问题之一。但我们对它的长期演变究竟了解多少？"托马斯·皮凯蒂（2014: 1）在介绍《21世纪资本论》这本专著时说了上述这番话。诺贝尔经济学奖得主保罗·克鲁格曼（2014）认为，这本书"彻底改变了我们所使用的经济语言"，而"我们再也不会像过去那样谈论财富和不平等了"。就在一年前，美国总统巴拉克·奥巴马（2013）宣布："我认为这［不平等］是我们这个时代决定性的挑战。"身处国际对话的前沿，《科学》杂志推出了一期特刊，利用大量"数据来探索世界各地不平等的起源、影响和未来"（Chin and Culotta 2014: 818）。

我们欢迎这样一份全球发行的期刊对这些问题进行经验性的界定，给予其应得的关注。然而，考虑到为当今的不平等现象而整合的多维理论框架（Piketty and Saez 2014）所关注的仍是像熵理

论（Cho 2014）和资源的不均衡分配（Pringle 2014；参见 Borgerhoff Mulder et al. 2009）这类单一维度的解释，这是否足以解释历经世界久远过去而形成的复杂的不平等模式？凭借其深厚的学科基础（例如，Hawkes 1954），考古学能在多大程度上以系统的定量方式回答皮凯蒂提出的这一宽泛的问题？如果我们首先解决皮凯蒂的问题（例如，Kintigh et al. 2014: 8），给出确定的答案，那么作为调查者，我们如何在专业领域继续前行，才能更充分地理解历史以及在人类发展过程中不平等形成的根本原因？对古代城市的研究可看作对人类生活、人类的过去和现在之所以出现的条件和结果的部分解释（例如，Smith 2010），而更充分地了解不平等模式及其成因能否有助于我们对如今越来越严重的不公正给出解释，我们又如何能缓解这些不公正？

  在本章中，我们重点关注位于墨西哥的前西班牙属瓦哈卡山谷，特别强调的是古典期（约公元 200—800 年）。我们还将对圣何塞时期的较早阶段（约公元前 1100—公元前 800 年）进行简要探讨，为了解古代瓦哈卡提供历史视角。由于我们的大目标是力求了解历史发展趋势以及千年来不平等的不同模式，我们首先回顾了概念框架及指导我们研究前西班牙属时代的基本原则。虽然我们公开承认，我们的观点和研究方法反映的是由当下不平等的分析引发的探讨和争论，但这并不会对我们的研究造成阻碍，因为本书的最终目标是把握财富在更广阔的地域、更漫长的时间内的分配状况。因此，我们认为，预先假定古代不平等的根本表现形式与近代不平等的呈现状态在性质上存在根本的不同，这并不恰当。恰恰相反，为明确全球不平等和社会经济分层的长期变化及变化模式，我们认为有必要采用跨越时间、突破特定经验的适用范围更广的研究方法和成熟概念（例如，Bowles et al. 2010; Lindert 1991; Milanovic et al. 2011; Tilly 2005）。

不平等的关系型属性

布兰科·米拉诺维奇（2011）所著《富人与穷人》的书名恰如其分地把握住了不平等的一个根本要素。"根据定义，不平等具有社会属性，因为它是一种关系现象。"（Milanovic 2011: 第九章）不平等只存在于人际交往活动和人际关系网中。而卡尔·马克思［(1869) 2000: 30］多年前就已认识到这一点："房子大小无所谓；只要周围的房子和它一样小，它就能满足居住者的所有社交诉求。可一旦小房子旁边盖了座宫殿，那这所小房子就缩成了一间茅屋。"

从定义上讲，不平等是关系性的，对于不同居住区及已界定的社交关系网的不平等的系统性测量和考察，需要运用对各人口单位进行比较的方法，以得出对比各人口单位以及对比人口和其他社会要素的基础。尽管可以通过各种方法对不平等进行测量和考察（进行这项工作时，整合多个维度也极有帮助），洛伦茨曲线和相应的基尼指数提供了一种评估财富（及收入）在人口中分配状况的常用方法（Cowell 2011; Milanovic 2011）。而洛伦茨曲线（见第二章）提供了一种特定人口范围内不同群体财富或收入分配状况的可视化检测方法，与此相关的基尼系数，变化范围从0（完全平等）到1（完全不平等），提供了对不平等进行比较的相对简单的定量测量方法。当普遍应用于当代社会背景下（例如，Keister and Moller 2000; Lindert and Williamson 2016; Milanovic 2016）的这两种分析方法相结合，就为特定背景下不平等范围的确定提供了基准。以前这两种方法曾被用来对考古背景（例如，McGuire 1983; Smith et al. 2014）和历史背景（例如，Kron 2011; Milanovic et al. 2011）进行对比和比较，从而为长期以来的不平等提供分析的基础。

安格斯·迪顿（2014: 783）认定，"在很多方面，这个世界都是不平等的"。从全新世开始（例如，Price and Feinman 2010），很可能在全新世之前（Hayden 1995），各种程度的不平等一直以来就是人类社交和聚集的特征。但经济不平等的程度和财富分配的具体方式并不总是保持一致的。决定贫富差距的关键坐标可以是便携物品及货币的获取，可以是住宅方面的巨大差异，也可以与其他财富坐标相关，甚至是将上述因素都包括在内。而在这一方面，基尼系数的另一个优势便是可用来对多个不同维度的不平等分布状况进行评估。

国家间的不平等状况的考量（例如，Kuznets 1955: 1; Milanovic 2011: 27-28）倾向于将家庭作为研究比较的关键要素。这种分析的优势不仅在于和家庭是古典期瓦哈卡山谷生产和交换的基本单位这一认识完美吻合（Feinman and Nicholas 2012），而且最适合用基尼系数对不平等程度进行评估（Deininger and Squire 1996: 568）。基尼系数应用的第二个重要标准（Deininger and Squire 1996: 568-569）要求对目标人口进行全覆盖。当然，这个标准在考古学维度内难以达成，因为考古学的知识几乎总是片面的，样本通常也较小。不过，有了适当的概念框架和研究工具，考古学已经并将继续对不平等和社会经济分层的研究做出重大贡献。

超越经济范畴的不平等的形成根源

大多数试图对长期不平等模式成因做出的解释都集中在经济变量上，例如资源的可获得性（以及与人口不断增长相关的资源稀缺性）、生产方式，以及经济实力随时间的周期循环和造成的结果（见 Milanovic 2011: 3-32 的历史概述；Piketty 2014: 1-35; Stiglitz 2013: 35-103）。试图解释历史上人类财富不平等现象的一系列概念性研究，在很大程度上依赖于作为根本原因（例如，Borgerhoff Mulder et al. 2009; Bowles et al. 2010）的不同生产方式（例如，采集、园艺种植、放牧、集约农业）。正如这些研究所证明的（参见 Borgerhoff Mulder et al. 2010; Smith et al. 2010），像生产方式这样的主要经济变量与不平等程度的大致范围相关（这样有助于理解）。但值得注意的是，生产方式不同，不平等程度也因情况而异。因此，极大的差异不能仅用这些经济变量来解释。与此同时，无论人们是关注当代国家的收入不平等（Milanovic 2016: 118-154; 欧洲经合组织，2011; 世界银行，2016），还是关注美国各县的收入不平等（美国人口普查局，2012），不平等的程度差异极大，因此工业化经济在其中的参与程度也仅此而已。同样，适合历史上特定的国家和帝国（无论其存在于过去，还是出现在近代）的基尼系数，必定处于当时国家的政治范围内（例如，Alfani 2015; Brown et al. 2012; Kron 2011; Milanovic et al. 2011; Scheidel and Friesen 2009）。

这些经验模式让人想起人口数量和政治组织的等级复杂性之间的正相关关系。尽管二者存在可能的因果联系，但人口统计范围内和政治复杂性范围内也存在相当大的差异（例如，Feinman 2013; Johnson 1982）。正如人口数量与政治复杂性之间的关系一样，必须理解不平等跨越时空发生的变化，以及同样生产模式的具体情形和社会背景间的变化，才能对不平等的历史模式进行深刻解读。

有观点认为，当今社会的不平等只是经济增长、经济复杂性，以及劳动力专业化的结果，是经济循环的自然产物（例如，Kuznets 1955），几位知名的经济学家（Milanovic 2011; Piketty 2014; Stiglitz 2013）已经开始质疑进而拒绝接受这些根深蒂固的观点。正如克鲁格曼2006年在一家报纸的专栏中所写："我一直致力于研究美国不平等的长期历史。因此，我明显感觉到，最重要的是操纵华盛顿特区的是哪个政党，更准确地说，是哪种意识形态。"

另一位诺贝尔奖获得者约瑟夫·斯蒂格利茨（2013: 35）针对这一话题也表示："美国的不平等并非突然出现，而是由美国社会一手造成的。市场发挥了作用，但仅凭市场一己之力难以促成。经济规律放之四海而皆准，但美国日益加剧的不平等……却……只在美国出现。"从更广阔的历史角度来分析，皮凯蒂（2015: 69; 参见Piketty 2014: 20, 35）提出："我们应该对任何有关财富和收入不平等的经济决定论保持警惕……财富分配的历史总是带有很深的政治性……这段历史将如何发展取决于社会如何看待不平等以及对其采取何种政策、制定何种制度。"如果经济学家认识到不平等的基本政治层面，其他社会科学家应该不难接受这一观点。正如上述作者在各自著作中所述，社会经济不平等的趋势和程度反映了约束人类合作的根本社会政治合约或契约。在提到社会契约时，我们不仅考虑具体的、往往是抽象的字面陈述，而且同时参考了支撑并约束我们社会形态的制度、公认的惯例规范以及人际关系。换句话说，多重原因导致了财富不平等的出现（见第一章），但制度（sensu North 1990: 3）变化通常是至关重要的因素（Boix 2010; Hartmann et al. 2017）。

瓦哈卡山谷的不平等现象

针对前西班牙属瓦哈卡山谷地区的家庭在资源获得方面、社会经济分层和不平等方面的差异，先前已进行过分析评估。之前的研究对于首批村落的建成至西班牙征服近3 000年时间的发展进行了分析（Kowalewski et al. 1992; Kowalewski and Finsten 1983），而其他研究则重点关注古典期（Feinman and Nicholas 2007; Feinman et al. 2008; Haller et al. 2006），此时中心城市阿尔班山（见图10.1）在面积和城市规模上都达到了巅峰。尽管所有这些研究都包含了定量信息，但没有一项研究对其他地区和其他时期进行过直接比较评估。

在理想的情况下，我们希望以整个前西班牙属时期为背景，以家庭为基础，对瓦哈卡山谷地区进行不平等的定量考察。然而，受现有资料、样本数量标准及样本代表性标准的限制（例如，Deininger and Squire 1996: 567-571），已发表的论文提供的相关家庭信息仅能支持古典期和圣何塞阶段（早期形成期）的研究，分析性阐述较少。尽管我们承认，后古典期（约公元800—1520年）更注重定量分析可能会

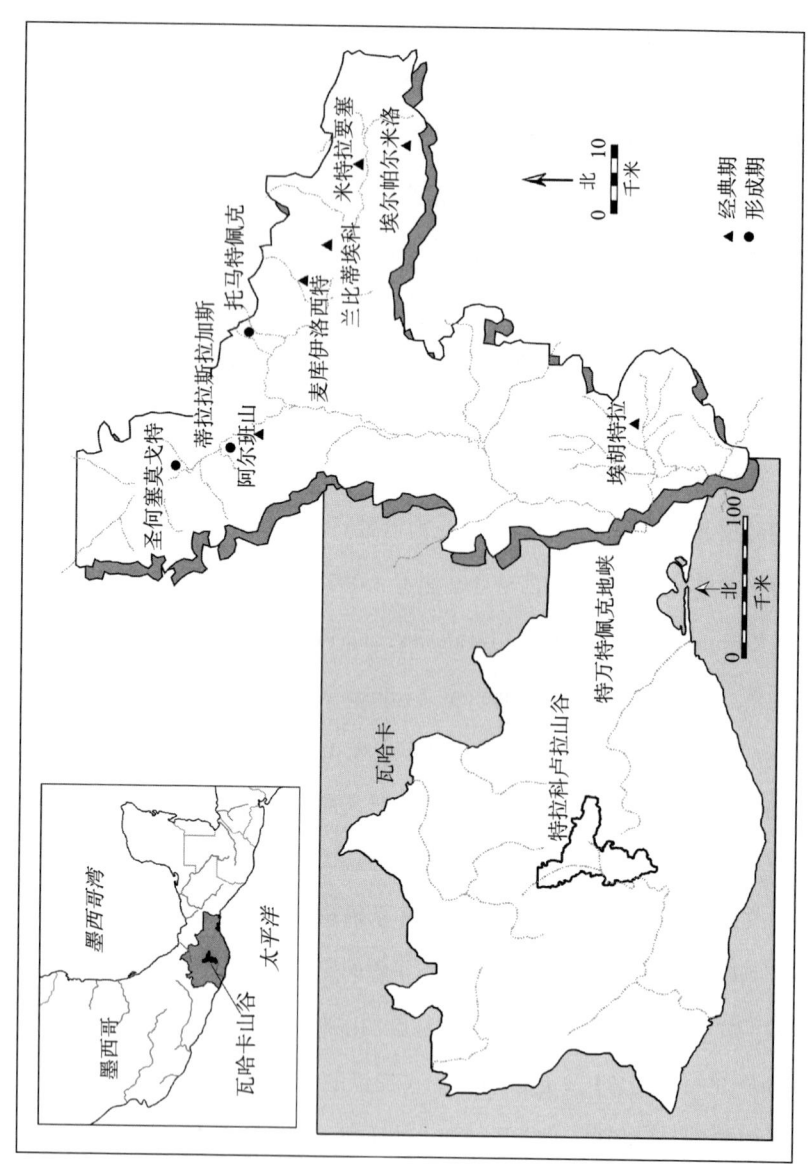

图 10.1 墨西哥南部瓦哈卡山谷及文中所提及的地方

有助于我们的调查研究，但由于经验所限，此时我们必须完全依赖更传统的手段来对当时的不平等性质进行评估。

受上述概念框架的影响，以及经验局限性的限制，我们的研究目标和研究预期为以下三方面。首先，基于古典期阿尔班山及其腹地的研究讨论（例如，Feinman and Nicholas 2016），我们怀疑，以瓦哈卡山谷地区的政治组织形式更符合集体组织结构（Blanton and Fargher 2008）或"公司制"（例如，Blanton et al. 1996; Feinman 2001）来说，其财富不平等程度相对于其他前西班牙属中美洲城市和其他地区的古老国度来说并不算高。在权力分散而不是权力高度集中的背景下，财富不平等受到了抑制。此外，财富分配不应表现出明显的阶层区分，即少数上层家庭和所有下层家庭之间存在明显界限。相反，财富差异应表现为更连续及渐进性的梯度变化。其次，我们怀疑早在圣何塞阶段（例如，Marcu and Flannery 1996），当时政体规模较小，不平等的形成基础也与后续时期不同，因而其财富分配模式不应与几百年之后的古典期相一致或相吻合。最后，如果不平等的程度和性质的预期差异也出现在后来的后古典期（Feinman 1996; Feinman and Nicholas 2011, 2016），那么我们便不会看到例如随着时间的推移，不平等程度不断加剧这样任何有规律的、单向性的变化趋势或轨迹；而不断变化的政治关系及相关的规范和制度才被认为是对财富分配的历时性转变产生了重大影响。

古典期瓦哈卡的不平等：住宅空间

我们主要依据在六个前西班牙属定居点出土房屋遗迹的考古发

现（埃胡特拉、埃尔帕尔米洛、兰比蒂埃科、麦库伊洛西特、米特拉要塞和阿尔班山），以及在第二大定居点埃尔帕尔米洛和面积较小的米特拉要塞（Feinman and Nicholas 2004）进行的集中地表测绘，来研究古典期的财富分配状况。以前，我们（Feinman and Nicholas 2007: 145）认为，住宅建筑的变化为古典期瓦哈卡山谷的财富差异提供了最明显的考量范围。建筑结构和空间的相对面积反映了财富的差异，因为这些建筑单位通常只在面积和格局上进行轻微的调整及改造，以供几代人使用。

在本章中，我们将运用基尼系数对三个家庭住宅建筑变量进行评估：露台面积（大致与房屋面积相对应）、房屋面积，以及庭院面积（古典期瓦哈卡的一套住宅往往是围绕中央庭院而建的几个房间）。此外，我们还考察几类手工艺品的分布状况，包括相关家庭获得黑曜石及其他稀有物品或贵重物品。由于瓦哈卡并不产黑曜石，因此这种材料（能很容易被打磨成锋利的切割工具）显然价格不菲，难以获得。我们将从这四个方面对古典期的房屋进行定量比较，其他方面的证据可作为经验上可持续性的相关补充。

遗憾的是，整个瓦哈卡山谷没有一个真正意义上全面反映古典期的或随机的住宅样本。按考古学界的一贯做法，我们只好借鉴了现有的最全面、最具代表性的样本。这些样本来自两个前西班牙属定居点，其中住宅建筑的露台已被详细地绘制出来（Feinman and Nicholas 2004），因此每个露台的面积都已进行测量。这些露台发掘出土时就没有任何被用作农田的迹象（Feinman et al. 2007）。

最大的露台样本来自特拉科卢拉山谷最东端的第二大城市埃尔帕

尔米洛（Feinman and Nicholas 2012：图 5）。这处遗址露台遗迹的地表分布状况在很大程度上反映了该定居点古典期晚期的建筑格局，而该定居点的居住期限至少为 500 年。古典期晚期之后，埃尔帕尔米洛城便再无人居住，由于其地势较高，在成为前西班牙属定居点后，农业耕种相对极少。而西班牙征服后的农业耕作破坏了该地区类似遗址的露台边界，使得无法使用露台面积来测量房屋面积。瓦哈卡地区古典期最大的遗址阿尔班山（Blanton 1978）以及戈瑞恩遗址（Feinman and Nicholas 2004）都存在如下问题：在农耕和畜牧业开展起来的位于山脚的定居点，露台面积往往更大。

埃尔帕尔米洛遗址共有 1 496 处露台和屋顶平台被绘制出来。其中至少有 1 343 处露台和屋顶平台被认定面积较大，应属住宅的一部分，本章的研究分析就包含了这部分露台和屋顶平台（面积小于 14 平方米的露台被排除在外）。依据随后出土的几处露台遗迹（例如，Feinman and Nicholas 2007；Feinman et al. 2008），面积较大的露台对应的是单独的住宅单位，露台面积与露台上的房屋面积相关联。因此，露台面积为评估整个定居点家庭房屋的空间分布状况提供了度量标准。

埃尔帕尔米洛城遗址的露台面积（住宅空间）以连续方式分布。也就是说，有几处住宅空间面积较大，多处则面积较小，其中还散布着面积中等的住宅空间。这种分布状况的基尼系数（见图 10.2a）为 0.39，置信区间为 95%，变化范围在 0.37~0.42。在整个分析过程中，所有的基尼系数和置信区间都是使用相对分布函数和自举法算出的（Canty and Ripley 2016；Davison and Hinkley 1997；Handcock 2015；Handcock and Morris 1999）；这些程序的应用既可以为较大的数据集

（就像本章中的数据集），又可以为较小的数据集生产连续数值。给出的置信区间总是 95%。

米特拉要塞共绘制出 573 处露台和屋顶平台。在面积方面，我们的考虑和埃尔帕尔米洛遗址的一样，从这 573 处空间中选出 517 处可被认定为住宅空间的露台和屋顶平台。以此为样本，我们再度发现整个定居点住宅空间的分布呈现更为明显的连续性（而不是分为两个面积分散的集群）。尽管米特拉要塞的基尼系数（0.36）略低于埃尔帕尔米洛遗址的基尼系数（见图 10.2a，图 10.2b），但是考虑到米特拉要塞的置信区间在 0.34~0.39，这两处遗址的置信区间范围存在重合。

古典期瓦哈卡的不平等：房屋空间和庭院空间

我们还考察了住宅建筑的另外两个维度——房屋面积和庭院面积，以此作为古典期不平等程度的测量标准。为便于分析，我们依据考古发掘数据，因此样本必然较小。虽然古典期瓦哈卡山谷的房屋面积和它的庭院面积基本相关联，但我们仍对这两个变量进行了考察；因为不是每一个变量都有同样完备的信息，所以这样做可以使我们将稍有不同的样本拼在一起。我们的每一次分析都设定具有代表性的案例范围：有些来自面积较大的宅邸，有些则取自面积较小的居所。大宅子通常比小居所更精致，房间更多、墙壁更厚、墓室更大，石灰泥用量也更多。由于只关注几处房屋和庭院（与此相比，露台的样本数量则大得多），因此样本代表性上的缺失可以由解释精准度的提高给予平衡。简单来说，与露台面积地表评估进行比较时，没有必要将房屋面积和庭院面积设定为家庭财富的衡量指标（例如，Blanton 1994: 14-15）。

我们先来关注埃尔帕尔米洛，在这处遗址中发掘出了 8 幢房屋组成的一套前西班牙时期的住宅，从山脚直至山顶（Feinman and Nicholas 2007）。一般来说，瓦哈卡地区建于山丘之上的定居点中地位较低的房屋更靠近山丘底部，而住宅的社会经济地位则是随位置的升高而增加（Feinman and Nicholas 2007）。基于这 8 个样本的房屋面积数据得出的基尼系数是 0.43（见图 10.2c）；但置信区间较宽，范围是 0.33~0.48。

埃尔帕尔米洛遗址的住宅中仅有 7 处有已界定的庭院。该样本的基尼系数是 0.37（见图 10.2d），置信区间范围为 0.31~0.38。房屋和庭院的分布呈连续性，庭院的分布更是如此。从平面图上来看，第 35 号建筑称得上富丽堂皇，四周皆建有房间，中有庭院，转角处的房间呈 L 形。庭院的大小介于样本中两座较大的宫殿的庭院和其他住宅的庭院之间。同时，建于 507 号平台上的住宅的庭院比其他非宫殿住宅中的庭院都要大。

我们还考察了瓦哈卡山谷最大的遗址——阿尔班山 22 座出土房屋的庭院面积（González Licón 2003; Winter 1974; 参见 Feinman and Nicholas 2007: 142）。该样本的基尼系数是 0.41，置信区间范围是 0.36~0.44（见图 10.2e）。阿尔班山样本的基尼系数处于埃尔帕尔米洛遗址房屋基尼系数和庭院基尼系数之间，二者的置信区间范围重合。

然而，将 22 处庭院出土样本与阿尔班山遗址考古发掘地表勘察时（Feinman and Nicholas 2007: 142）记录的更大的庭园住宅样本进行比较时（Blanton 1978），出土样本似乎更偏向于较大的住宅。庭院

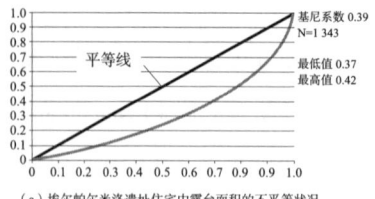

(a) 埃尔帕尔米洛遗址住宅中露台面积的不平等状况　基尼系数 0.39, N=1 343, 最低值 0.37, 最高值 0.42

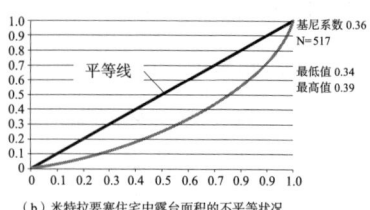

(b) 米特拉要塞住宅中露台面积的不平等状况　基尼系数 0.36, N=517, 最低值 0.34, 最高值 0.39

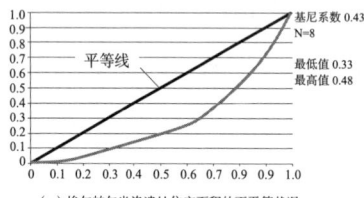

(c) 埃尔帕尔米洛遗址住宅面积的不平等状况　基尼系数 0.43, N=8, 最低值 0.33, 最高值 0.48

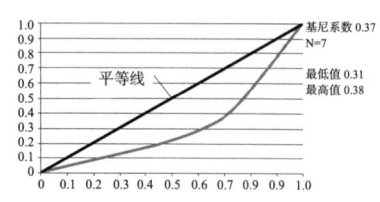

(d) 埃尔帕尔米洛遗址庭院面积的不平等状况　基尼系数 0.37, N=7, 最低值 0.31, 最高值 0.38

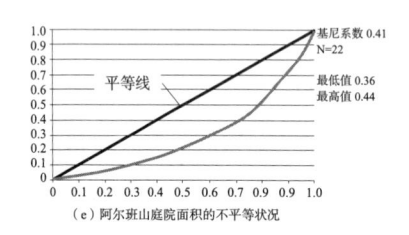

(e) 阿尔班山庭院面积的不平等状况　基尼系数 0.41, N=22, 最低值 0.36, 最高值 0.44

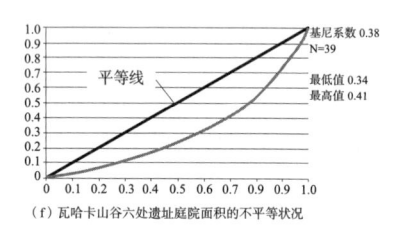

(f) 瓦哈卡山谷六处遗址庭院面积的不平等状况　基尼系数 0.38, N=39, 最低值 0.34, 最高值 0.41

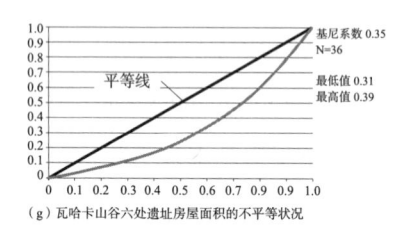

(g) 瓦哈卡山谷六处遗址房屋面积的不平等状况　基尼系数 0.35, N=36, 最低值 0.31, 最高值 0.39

图 10.2　古典期瓦哈卡地区的基尼系数

注：基于以下数据算出：(a) 埃尔帕尔米洛遗址住宅中的露台面积；(b) 米特拉要塞住宅中的露台面积；(c) 埃尔帕尔米洛遗址的住宅面积；(d) 埃尔帕尔米洛遗址的庭院面积；(e) 阿尔班山的庭院面积；(f) 瓦哈卡山谷六处遗址的庭院面积；(g) 瓦哈卡山谷六处遗址的房屋面积。

出土样本中面积小于 20 平方米的不到 1/3，而地表勘察的大样本中约有 1/2 的庭院面积小于 20 平方米。位于山丘之上的阿尔班山遗址历来是考古发掘的重点，因此出土样本出现这样的偏差可以理解。包含大量较小房屋的更具代表性的样本很可能基尼系数会略低。然而，即使进行测量，置信区间仍存在重合的情况。而阿尔班山遗址出土庭院和地表勘察庭院的分布状况都是连续的，并非面积较大的天井和面积较小的天井那样的离散集群（Feinman and Nicholas 2007: 142）。

在最后一组分析中，我们考察了古典期瓦哈卡山谷的庭院建筑和房屋面积。总的来说，我们掌握了包括 39 处庭院和 36 幢房屋在内的充足信息。这些数据来自古典期瓦哈卡山谷的六处遗址（见图 10.1）：埃胡特拉遗址（Feinman 1999）、埃尔帕尔米洛遗址（Feinman 2007; Feinman and Nicholas 2007, 2011）、兰比蒂埃科遗址（Feinman et al. 2016; Lind and Urcid 1983, 2010）、麦库伊洛西特遗址（Faulseit 2013）、米特拉要塞（Feinman et al. 2010），以及阿尔班山遗址（Blanton 1978; Caso 1935, 1938; González Licón 2003; Marcus 2008; Winter 1974）。这个样本既包括大宅子，又包括小住所，对这一样本的分析也呈现出了各个建筑的特征。

古典期瓦哈卡山谷 39 处庭院建筑样本的基尼系数为 0.38，置信区间范围是 0.34~0.41（见图 10.2f）。而 36 幢房屋样本的基尼系数为 0.35，置信区间范围是 0.31~0.39（见图 10.2g）。房屋面积越大意味着家庭成员越多、食物存储空间越大。这一结论完全合理，因为对劳动力资源的获得以及个人食物积累的程度是古典期瓦哈卡地区不平等构成的两大基础。

虽然古典期这 7 处建筑的基尼系数在 0.35~0.43 之间变化，但置信区间为 95% 的这 7 个测量结果在 0.37~0.38 的区间出现重合。由于是以建筑物测量值来体现财富分布状况，0.38（见图 10.3）似乎是较为合理的取值点，因此更接近两个最具代表性样本的基尼系数：一个是埃尔帕尔米洛遗址的露台面积的基尼系数（0.39），另一个是瓦哈卡山谷庭院建筑样本的基尼系数（0.38）。

古典期瓦哈卡的不平等：手工艺品分布状况

为考察古典期瓦哈卡山谷的财富差异，我们还采用了第二个参数，即住宅中手工艺品的分布状况。我们考察了 13 幢出土房屋中的家庭用品，以进行分析。对于每个案例，我们都对房屋的使用历史进行了比较，因此这些模式反映了经过代代相传和结构重建的作为代际财富的住宅单位。为确保数据在获取、记录和发布方面的可比性，我们将重点关注以下遗址中经我们二人发掘出土的 13 幢房屋，其中埃尔帕尔米洛遗址 8 幢、米特拉要塞 3 幢、埃胡特拉遗址 1 幢、兰比蒂埃科

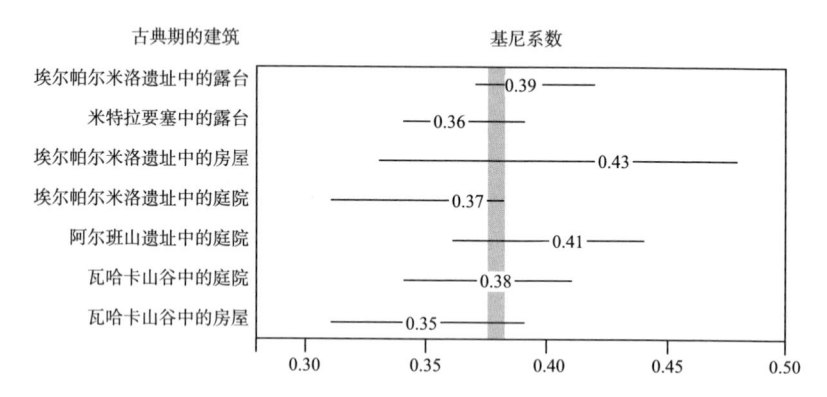

图 10.3　古典期瓦哈卡山谷各遗址多类数据的基尼系数概览

遗址 1 幢。

我们假设，一处住宅内或该住宅旁存放或回收的任何手工艺品都经房主使用过（例如，Beck 2003; Beck and Hill 2004）。我们在分析中包括了每所房屋的主要沉积层和次要沉积层。事实上，古典期瓦哈卡绝大多数家庭的丢弃物和手工艺品皆出土自次要沉积层。我们选取了样本大小适当的三类手工艺品进行考察：黑曜石、骨饰和动物骨骼。如上所述，黑曜石非本地所产，由于价高，值得大量获取（例如，Golitko and Feinman 2015）。骨饰为饰品（例如，珠串和吊坠），需要手工劳动完成。肉类是蛋白质的重要来源，可通过多种途径获得。出于这个原因，加之动物骨骼的数量并不是肉类来源数量和质量的最直接或最准确的指标，我们对最后一项衡量标准并不认可。

黑曜石分布状况的基尼系数（0.38，置信区间为 0.25~0.45）和骨饰分布状况的基尼系数（0.39，置信区间为 0.29~0.45），与古典期瓦哈卡山谷家庭住宅的基尼系数高度一致（见表 10.1）。尽管动物骨骼整体的基尼系数（0.34，置信区间为 0.28~0.37）反映出的不平等程度略低，但 95% 的置信区间仍然与古典期其他衡量指标重合（只是勉强处于置信区间最高值那端）。虽然变量维度不同，样本构成也存在差异，但古典期瓦哈卡山谷的 10 个基尼系数测量值的总体一致性极有意义。使用包括不同样本的多种可变维度没有理由导致或促进得出的数值的分析一致性；然而，事实恰恰相反。

相对财富不平等的基尼系数约为 0.38，这似乎是古典期瓦哈卡山谷基尼系数的合理起始估值。这一数值与之前定量分析较少的解释相吻合，即古典期阿尔班山政体的不平等程度与其他古代国家相比更温和（例如，Blanton et al. 1996; Feinman and Nicholas 2007, 2012, 2016），比同时代古典期帕伦克（基尼系数为 0.44）和萨伊尔（基尼系数为 0.71）这样的玛雅城市更低调（Brown et al. 2012）。同样，并非所有的分布状况都分为两个易区分的离散数据集合；总有部分家庭住宅的数据处于中间。而我们的目的并非挑战古典期瓦哈卡山谷的居民有人生于豪门、有人出身贫寒这一观念。这可能是实情。然而，即使出身如此，但若社会流动性较强，与生俱来的权利也可能在某种程度上为实际的社会经济实践所掩盖。财富分配（无论是由建筑空间，还是家庭获得财富的模式来衡量）则更为连续，并不能直接反映简单的、由出身或其他因素决定的离散的阶级划分。

表 10.1 形成期与古典期：家庭用品（基于频度数据计算出的数值）

样本时期及规模	物品种类	基尼系数	低值	高值
形成期（圣何塞阶段）（圣何塞莫戈特，16 处住宅）	黑曜石	0.61	0.53	0.66
	云母	0.57	0.49	0.64
	贝壳	0.52	0.44	0.58
	玉石	0.71	0.61	0.82
经典期（ⅢB-Ⅳ 阶段）（埃尔帕尔米洛、兰比蒂埃科、米特拉要塞、埃胡特拉，13 处住宅）	黑曜石	0.38	0.25	0.45
	骨饰品	0.39	0.29	0.45
	兽骨	0.34	0.28	0.37

形成期瓦哈卡的不平等

与其他工业化之前的国家相比（例如，Brown et al. 2012; Kron 2011: 134; Milanovic et al. 2011: 263-264; Ober 2010: 258-259; Scheidel and Friesen 2009: 84-85），古典期瓦哈卡山谷的财富不平等并不明显，当时主宰该地区的是阿尔班山。一个地区的中心城市崛起之前，该地区的人口处于低谷期之时，这一地区的不平等状况又如何呢？圣何塞阶段的不平等是否表示随后各个时期相同领域的不平等也是如此？遗憾的是，由于依据的样本比古典期的数量少，因此已发表的阿尔班山城崛起前各时期的一整套考古数据使得不平等的定量评估更具挑战性。然而，我们能够针对圣何塞阶段对建筑物资料和手工艺品资料进行汇编，以便与后续各个时期进行初步比较。

我们首先以家庭住宅为重点，对圣何塞阶段三处遗址的 8 幢前西班牙属地区的住宅进行了面积比较，其中 4 幢来自当时最大的定居点圣何塞莫戈特城（Flannery and Marcus 2005）；两幢来自提亚拉斯拉格斯（Winter 1972）；另外两幢来自圣多明各托马特佩克（Whalen 1981）（见图 10.1）。而这个样本房屋面积（见图 10.4）的基尼系数（0.25，置信区间为 0.19~0.28）远低于古典期的任何数值（建筑物和手工艺品）。与其他古典期的样本相比，圣何塞阶段样本中的房屋面积显然要更为接近。然而，本章的研究分析并未包含该地区最大的定居点的一处夯土平台上所建的等级最高的房屋（13 号大宅），原因是该房屋未被充分发掘（Flannery and Marcus 2005: 396-401）。虽然我们所分析的样本的代表性仍然存在问题，但在圣何塞阶段，家庭住宅并不像后来的古典期那样成为财富差异的标志。

我们还研究了圣何塞阶段样本中一系列便携物品的分布模式。为了使样本具有可比性，我们所选取的房屋皆来自圣何塞莫戈特城遗

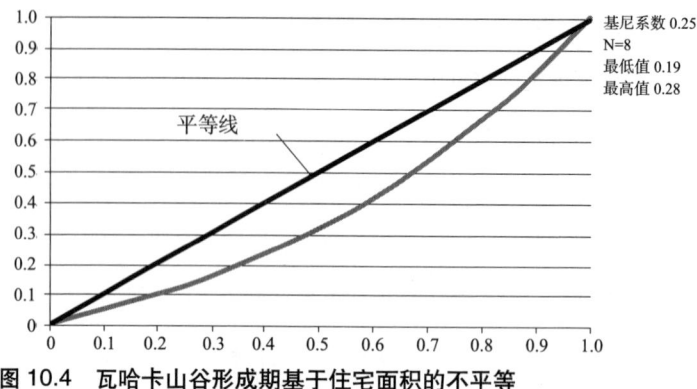

图 10.4　瓦哈卡山谷形成期基于住宅面积的不平等

址，这 16 幢出土房屋皆已被报道（Flannery and Marcus 2005）。我们对四类非本地产便携物品的分布状况进行了基尼系数计算（见表10.1）：黑曜石、云母、贝壳和玉石。这四类物品中每一种在消费时体现的不平等程度要高于财富指标测量出的古典期的不平等，更高于圣何塞阶段房屋面积测量的不平等。分布最不平等的是玉石（基尼系数是 0.71，置信区间为 0.61~0.82），其次是黑曜石（基尼系数是 0.61，置信区间为 0.53~0.66），接下来是云母（基尼系数是 0.57，置信区间为 0.49~0.64），排在最后的是贝壳（基尼系数是 0.52，置信区间为 0.44~0.58）。以家庭为比较范围，这一时期黑曜石消费的不平等程度要明显高于随后古典期样本中的不平等。

虽然我们并不愿意将这些发现推及随后的其他时期，但以下几种解释似乎还站得住脚。首先，在圣何塞阶段，昂贵的外来物品的消费成为比家庭住宅差异更能反映不平等程度的指标。这一发现与现存的解释相一致，即与古典期相比，在瓦哈卡形成期，融入特定的人际交往圈是获取权力和财富更为关键的基础（例如，Blanton et al.1996）。

与圣何塞阶段相比，对于古典期可携带式财富及建筑面积的测量产生了相似的结果（基尼系数）。至古典期晚期，随着国家管理形式的阶层差异性日益凸显（Blanto et al. 1999），根深蒂固的阶层分化会使在住宅建筑奢华方面延续几代的身份差异合法化（宫殿与普通民居的对比）。

第二个考察结果是，即使在同一文化区域内，不平等也可能随着时间的推移而在不同维度体现出来。无论我们是否对建筑物及手工艺品的分布状况进行了考察，都可以对古典期不平等程度的一贯衡量指标进行计算。但是，便携物品及饰品获取方式上的差异才是圣何塞阶段早期不平等的最明显标志。

瓦哈卡后古典期的不平等

遗憾的是，我们对瓦哈卡后古典期早期以家庭为单位由多个案例组成的样本未进行过系统性的报道。因此，我们无法计算后古典期的基尼系数。然而，我们可以利用具体的考古实例来描述后古典期不平等的本质，并与早期不平等状况进行鲜明对比（例如，Blanton et al. 1996; Feinman1996; Feinman and Nicholas 2016; Kowalewski and Finsten 1983）。

前西班牙时代瓦哈卡山谷最为精致奢华的墓葬无疑是后古典期晚期的阿尔班山 7 号墓和萨阿其拉 1 号墓（例如，Caso 1982; Gallegos Ruíz 1978）。与这两座知名的大墓相比，其他后古典期墓葬的随葬品自然逊色不少（例如, Herrera Muzgo T. and Winter 2003）。依经验分析，后古典期晚期瓦哈卡山谷便携财富的获取无疑相当不平等，至少在随葬品上如此。基于区域调研得出的这一发现与手工艺品在遗址分布状况的评估相一致，与阿尔班山建成后的任何阶段相比，后古典期晚期存在更显著的差异（Kowalewski and Finsten 1983: 424）。无论是生者的财物还是逝者的随葬品，后古典期晚期的不平等都要比古典期较早时期的不平等更为明显。

从古典期结束之时直至整个后古典期，随着阿尔班山权力高度集中的统治阶层的衰落（sensu Blanton and Fargher 2008）到邻邦小国的崛起，瓦哈卡山谷的不平等日益加剧。在后古典期，政治由贵族王朝主导，通过人际网络结成更大的联盟（例如，Feinman 1996; Feinman and Nicholas 2016; Pohl 2003a）。显然，在这一过程中，通过便携域外财物以及精美的饰品，不平等的外在表现愈加鲜明。这些物品既显示了地位和权力，还用以建立并维护跨越地域的交际网络（例如，Blanton et al. 2005; Pohl 2003b）。

对于基尼系数、不平等以及古瓦哈卡的综合思考

我们可以将基尼系数应用于涵盖财富不平等的一系列衡量指标的具有代表性的大型数据集（古典期瓦哈卡山谷），得出似乎与现有解释更吻合的严谨一致的数值。该解释认为，与其他城市化的前工业化时期相比，古典期不平等的表现相对温和。例如，我们二人（Feinman and Nicholas 2007）先前在埃尔帕尔米洛遗址（见表 10.2）发现，不同大小的住宅在所存有的便携物品和饰品方面存在显著差异，但这些差异并不极端，也不是那么严格对立。虽然基尼系数分析法在

圣何塞阶段早期并未产生一致的结果，但这些方法确实为不平等可能会在不同维度上以不同程度表现或证明这一认识提供了有力佐证。这一观察结论与更广泛的比较分析产生了共鸣，因为这意味着任何一个时期、任何一个地区的一个基尼系数或许不足以理解不平等的复杂性，至少在经验证明处于不同坐标轴的基尼系数会重合之前是如此。

表 10.2　埃尔帕尔米洛遗址 8 所住宅中的便携物品

住宅	庭院区	绿色石头数目	黑曜石在全部石材中的占比 %	骨饰品数目	石制饰品数目	贝饰品数目
T.1162	—	3	1.9	2	9	15
T.1163	20.3	2	4.2	4	10	11
T.1147/48	21.0	2	2.1	0	2	10
T.925	21.6	4	7.1	13	15	10
T.507	27.6	4	9.3	10	27	18
St.35	46.2	3	10.0	8	16	15
T.335	97.3	10	8.9	20	15	28
P.11	108.8	11	20.8	12	25	7

我们也注意到，前西班牙属瓦哈卡山谷不平等的程度及表现形式会随时间推移而变化。这种由时间推移造成的差异往往被认为是现代世界的特征（例如，Lindert and Williamson 2016），但如今在更为久远的过去也见到了它的存在。至少就我们现在所知，前西班牙属瓦哈卡山谷的不平等似乎既没有沿着一条轴线推进，或以一种方式表现出来，也没有随时间推移而只在一个方向上发生变化。相反，它似乎与更广泛的政治经济关系和组织有着错综复杂的关联，而古典期更为集中管理的人口并未体现出明显的不平等，至少在便携财物的分配上如此。

这正是关键所在，因为不是所有的不平等都以物质形式体现，也不是所有的不平等都由严格的经济因素支撑。例如，在瓦哈卡山谷的古典期，权力不平等的部分原因是贵族阶层更容易利用公共空间。精美豪宅的宫殿多坐落于定期举行大型集会和游行的中央广场和公共建筑附近。典礼仪式上的不平等似乎证实了权力上的不平等，但并未转化成便携财富在消费和囤积方面的巨大差异。至后古典期，瓦哈卡山谷的这些关系显然已发生了变化，公共空间也相应减少。原先发生在公共环境中的活动转向了像豪宅这样更私人的环境（例如，Flannery 1983），贵族关系网不断扩大，同时便携财富在建立联盟及维系权力关系方面的重要性也日益增加（例如，Feinman 1996; Pohl 2003b）。

我们为瓦哈卡山谷古典期计算出的持续较低的基尼系数极具意义，特别是作为财富不平等的指标，因为它们挑战了长期以来的观念，即古代国家往往被直接分成统治方和被统治方，两者在资源和生活质量上存在巨大差异。这种古代国家具有强制/专制的优势固执地存在于前工业化时期的历史/社会科学中（例如，Mann 1977; Wittfogel 1957），但如今因没有普遍适用性而遭到质疑（Blanton 2016; Blanton and Fargher 2008）。历史上的几个政体被认为政权组织形式更集中，且财富不平等程度也更低（Mann 2016，早期观点已发生改变）。如果权力的分配和政体的性质不仅在古代城邦中，甚至在特定的国家中随时间推移而发生变化，那么我们可能会看到时代变迁对不平等程度及其实际表现形式带来的变化。对于变化的这种认识之所以重要，是因为它可以防止我们接受全球历史发展中过于肤浅或机械的模式。

总而言之，我们从定量影响的角度对前西班牙属瓦哈卡山谷的前工业化时期不平等进行分析，并以此为基础，开始建立起跨越时空的比较视角。虽然我们认为我们的做法已产生了颇有价值的结果，且与之前的解释相一致，但我们也得到了重要的提醒，这有助于未来在多个分析维度中拓宽基尼系数在对比分析中的应用（例如，Milanovic 2016; Ober 2010; Piketty 2014: 266）。毕竟，我们的总体目标不仅要包括对相对不平等的量化及测量，而且要理解相对不平等在每个历史背景下具体是如何确立的。更重要的是，我们必须构建方法概念，以对支撑不平等程度及表现形式的因素进行解释。

参考文献

Alfani, Guido. 2015. Economic Inequality in Northwestern Italy: A Long-Term View (Fourteenth to Eighteenth Centuries). *Journal of Economic History* 75: 1058–94.

Beck, Margaret E. 2003. Ceramic Deposition and Midden Formation in Kalinga Philippines. PhD dissertation, University of Arizona, Tucson.

Beck, Margaret E., and Matthew E. Hill Jr. 2004. Rubbish, Relatives, and Residence: The Family Use of Middens. *Journal of Archaeological Method and Theory* 11:297–333.

Blanton, Richard E. 1978. *Monte Albán: Settlement Patterns at the Zapotec Capital*. Academic Press, New York.

———. 1994. *Houses and Households: A Comparative Story*. Plenum, New York.

———. 2016. *How Humans Cooperate: Confronting the Challenges of Collective Action*. University Press of Colorado, Boulder.

Blanton, Richard, and Lane Fargher. 2008. *Collective Action in the Formation of*

Pre-modern States. Springer, New York.

Blanton, Richard, Lane Fargher, and Verenice Y. Heredia Espinoza. 2005. The Mesoamerican World of Goods and Its Transformations. In *Settlement, Subsistence, and Social Complexity: Essays Honoring the Legacy of Jeffrey R. Parsons*, edited by Richard E. Blanton, pp. 260–94. Cotsen Institute of Archaeology, University of California, Los Angeles.

Blanton, Richard E., Gary M. Feinman, Stephen A. Kowalewski, and Linda M. Nicholas. 1999. *Ancient Oaxaca: The Monte Albán State.* Cambridge University Press, Cambridge.

Blanton, Richard E., Gary M. Feinman, Stephen A. Kowalewski, and Peter N. Peregrine. 1996. A Dual-Processional Theory for the Evolution of Mesoamerican Civilization. *Current Anthropology* 37:1–14, 65–68.

Boix, Carles. 2010. Origins and Persistence of Economic Inequality. *Annual Review of Political Science* 13:489–516.

Borgerhoff Mulder, Monique, Samuel Bowles, Tom Hertz, Adrian Bell, Jan Beise, Greg Clark, Ila Fazzio, et al. 2009. Intergenerational Wealth Transmission and the Dynamics of Inequality in Small-Scale Societies. *Science* 326:682–88.

Borgerhoff Mulder, Monique, Ila Fazzio, William Irons, Richard I. McElreath, Samuel Bowles, Adrian Bell, Tom Hertz, and Leela Hazzah. 2010. Pastoralism and Wealth Inequality: Revisiting an Old Question. *Current Anthropology* 51:35–48.

Bowles, Samuel, Eric Alden Smith, and Monique Borgerhoff Mulder. 2010. The Emergence and Persistence of Inequality in Premodern Societies. *Current Anthropology* 51:7–17.

Brown, Clifford T., April A. Watson, Ashley Gravlin Beman, and Larry S. Liebovich. 2012. Poor Mayapan. In *The Ancient Maya of Mexico: Reinterpreting the Past of the Northern Maya Lowlands*, edited by Geoffrey E. Braswell, pp. 306–24. Equinox Publishing, Bristol, Conn.

Canty, Angelo, and Brian Ripley. 2016. boot: Bootstrap R (S-Plus) Functions.R package version 1.3–18.

Caso, Alfonso. 1935. *Las exploraciones en Oaxaca: 1934–1935.* Publicación 18.

Instituto Panamericano de Geografía e Historia, Mexico City.

———. 1938. *Las exploraciones en Oaxaca, quinta y sexta temporadas 1936–1937*. Publicación 34. Instituto Panamericano de Geografía e Historia, Mexico City.

———. 1982. *El tesoro de Monte Albán*. Memorias 3. Instituto Nacional de Antropología e Historia, Mexico City.

Chin, Gilbert, and Elizabeth Culotta. 2014. The Science of Inequality: What the Numbers Tell Us. *Science* 344:818–21.

Cho, Adrian. 2014. Physicists Say It's Simple. *Science* 344:828.

Cowell, Frank A. 2011. *Measuring Inequality*. 3rd ed. Oxford University Press, New York.

Davison, Anthony C., and David V. Hinkley. 1997. *Bootstrap Methods and Their Applications*. Cambridge University Press, Cambridge.

Deaton, Angus. 2014. Inevitable Inequality? *Science* 344:783.

Deininger, Klaus, and Lyn Squire. 1996. A New Data Set Measuring Income Inequality. *World Bank Economic Review* 18:565–91.

Faulseit, Ronald K. 2013. *Cerro Danush: Excavations at a Hilltop Community in the Eastern Valley of Oaxaca, Mexico*. Memoirs 54. Museum of Anthropology, University of Michigan, Ann Arbor.

Feinman, Gary M. 1996. The Changing Structure of Macroregional Mesoamerica: With Focus on the Classic-Postclassic Transition in the Valley of Oaxaca. *Journal of World-Systems Research* 27(1):1–18.

———. 1999. Rethinking Our Assumptions: Economic Specialization at the Household Scale in Ancient Ejutla, Oaxaca, Mexico. In *Pottery and People: A Dynamic Interaction*, edited by James M. Skibo and Gary M. Feinman, pp. 81–98. University of Utah Press, Salt Lake City.

———. 2001. Mesoamerican Political Complexity: The Corporate-Network Dimension. In *From Leaders to Rulers*, edited by Jonathan Haas, pp. 151–75. Kluwer/Plenum, New York.

———. 2007. The Last Quarter Century of Archaeological Research in the Central Valleys of Oaxaca. *Mexicon* 29:3–15.

———. 2013. The Emergence of Social Complexity: Why More than Population Size Matters. In *Cooperation and Collective Action: Archaeological Perspectives*, edited by David M. Carballo, pp. 35–56. University Press of Colorado, Boulder.

Feinman, Gary M., and Linda M. Nicholas. 2004. Hilltop Terrace Sites in Oaxaca, Mexico: Intensive Surface Survey at Guirún, El Palmillo, and the Mitla Fortress. *Fieldiana, Anthropology* 37. Field Museum of Natural History, Chicago.

———. 2007. The Socioeconomic Organization of the Classic Period Zapotec State. In *The Political Economy of Ancient Mesoamerica: Transformations During the Formative and Classic Periods*, edited by Vernon L. Scarborough and John E. Clark, pp. 135–47. University of New Mexico Press, Albuquerque.

———. 2011. Monte Albán: Una perspectiva desde los límites del Valle de Oaxaca. In *Monte Albán en la encrucijada regional y disciplinaria: Memoria de la Quinta Mesa Redonda de Monte Albán*, edited by Nelly M. Robles García and Ángel I. Rivera Guzmán, pp. 241–84. Instituto Nacional de Antropología e Historia, Mexico City.

———. 2012. The Late Prehispanic Economy of the Valley of Oaxaca: Weaving Threads from Data, Theory, and Subsequent History. *Research in Economic Anthropology* 32:225–58.

———. 2016. After Monte Albán in the Central Valleys of Oaxaca: A Reassessment. In *Beyond Collapse: Archaeological Perspectives on Resilience, Revitalization, and Transformation in Complex Societies*, edited by Ronald K. Faulseit, pp. 43–69. Southern Illinois University Press, Carbondale.

Feinman, Gary M., Linda M. Nicholas, and Lindsay C. Baker. 2010. The Missing Femur at the Mitla Fortress and Its Implications. *Antiquity* 84:1089–101.

Feinman, Gary M., Linda M. Nicholas, and Helen R. Haines. 2007. Classic Period Agricultural Intensification and Domestic Life at El Palmillo, Valley of Oaxaca, Mexico. In *Seeking a Richer Harvest: The Archaeology of Subsistence Intensification, Innovation, and Change*, edited by Tina L. Thurston and Christopher T. Fisher, pp. 23–61. Springer, New York.

Feinman, Gary M., Linda M. Nicholas, Heather A. Lapham, Ricardo Higelin

Ponce de León, Jorge Ríos Allier, and Christopher Morehart. 2016. Broadening the Context for Classic Period Lambityeco, Oaxaca: New Discoveries from 2013–2015. *Mexicon* 38:46–55.

Feinman, Gary M., Linda M. Nicholas, and Edward F. Maher. 2008. Domestic Offerings at El Palmillo: Implications for Community Organization. *Ancient Mesoamerica* 19:175–94.

Flannery, Kent V. 1983. Major Monte Albán V Sites: Zaachila, Xoxocatlán, Cuilapan, Yagul, and Abasolo. In *The Cloud People: Divergent Evolution of the Zapotec and Mixtec Civilizations*, edited by Kent V. Flannery and Joyce Marcus, pp. 290–95. Academic Press, New York.

Flannery, Kent V., and Joyce Marcus. 2005. *Excavations at San José Mogote 1: The Household Archaeology*. Memoirs 40. Museum of Anthropology, University of Michigan, Ann Arbor.

Gallegos Ruíz, Roberto. 1978. *El Señor 9 Flor en Zaachila*. Universidad Nacional Autónoma de México, Mexico City.

Golitko, Mark, and Gary M. Feinman. 2015. Procurement and Distribution of Pre-Hispanic Mesoamerican Obsidian 900 B.C.–A.D. 1520: A Social Network Analysis. *Journal of Archaeological Method and Theory* 22:206–47.

González Licón, Ernesto. 2003. Social Inequality at Monte Albán, Oaxaca: Household Analysis from Terminal Formative to Early Classic. PhD dissertation, University of Pittsburgh, Pittsburgh.

Haller, Mikael J., Gary M. Feinman, and Linda M. Nicholas. 2006. Socioeconomic Inequality and Differential Access to Faunal Resources at El Palmillo, Oaxaca, Mexico. *Ancient Mesoamerica* 17:39–56.

Handcock, Mark S. 2015. Relative Distribution Methods. Version 1.6-4. www.stat.ucla.edu/~handcock/RelDist.

Handcock, Mark S., and Martina Morris. 1999. *Relative Distribution Methods in the Social Sciences*. Springer, New York.

Hartmann, Dominik, Miguel R. Guevara, Christian Jara-Figueroa, Manuel Aristaran, and César A. Hidalgo. 2017. Linking Economic Complexity, Institutions, and

Income Inequality. *World Development* 93:75–93.

Hawkes, Christopher. 1954. Archaeological Theory and Method: Some Suggestions from the Old World. *American Anthropologist* 56:155–68.

Hayden, Brian. 1995. Pathways to Power: Principles for Creating Socioeconomic Inequalities. In *Foundations of Social Inequality*, edited by T. Douglas Price and Gary M. Feinman, pp. 15–86. Plenum Press, New York.

Herrera Muzgo T., Alicia, and Marcus Winter. 2003. *Tres tumbas postclásicas en El Sabino, Zimatlán, Oaxaca*. Arqueología Oaxaqueña 1. Conaculta, Instituto Nacional de Antropología e Historia, Oaxaca.

Johnson, Gregory A. 1982. Organizational Structure and Scalar Stress. In *Theory and Explanation in Archaeology*, edited by Colin Renfrew, Michael J. Rowlands, and Barbara A. Seagraves, pp. 389–412. Academic Press, New York.

Keister, Lisa A., and Stephanie Moller. 2000. Wealth Inequality in the United States. *Annual Review of Sociology* 26:63–81.

Kintigh, Keith W., Jeffrey Altschul, Mary Beaudry, Robert Drennan, Ann Kinzig, Timothy Kohler, W. Frederick Limp, et al. 2014. Grand Challenges for Archaeology. *American Antiquity* 79:5–24.

Kowalewski, Stephen A., Gary M. Feinman, and Laura Finsten. 1992. "The Elite" and Assessment of Social Stratification in Mesoamerican Archaeology. In *Mesoamerican Elites: An Archaeological Assessment*, edited by Diane Z. Chase and Arlen F. Chase, pp. 259–77. University of Oklahoma Press, Norman.

Kowalewski, Stephen A., and Laura Finsten. 1983. The Economic Systems of Ancient Oaxaca: A Regional Perspective. *Current Anthropology* 24:413–41.

Kron, Geoffrey. 2011. The Distribution of Wealth at Athens in Comparative Perspective. *Zeitschrift für Papyrologie und Epigraphik* 179:129–38.

Krugman, Paul. 2006. Wages, Wealth, and Politics. *New York Times*, August 18, 2006. http://sociology101.net/readings/wages-wealth-politics-Krugman.pdf.

———. 2014. Why We're in a New Gilded Age. *New York Review of Books*, May 8, 2014.

Kuznets, Simon. 1955. Economic Growth and Income Inequality. *American Eco-*

nomic Review 45:1–28.

Lind, Michael, and Javier Urcid. 1983. The Lords of Lambityeco and Their Nearest Neighbors. *Notas Mesoamericanas* 9:78–111.

———. 2010. *The Lords of Lambityeco: Political Evolution in the Valley of Oaxaca During the Xoo Phase*. University Press of Colorado, Boulder.

Lindert, Peter H. 1991. Toward a Comparative History of Income and Wealth Inequality. In *Income Distribution in Historical Perspective*, edited by Y. S. Brenner, Hartmut Kaeble, and Mark Thomas, pp. 212–31. Cambridge University Press, Cambridge.

Lindert, Peter H., and Jeffrey G. Williamson. 2016. *Unequal Gains: American Growth and Inequality Since 1700*. Princeton University Press, Princeton.

Mann, Michael. 1977. States, Ancient and Modern. *European Journal of Sociology* 18:262–98.

———. 2016. Have Human Societies Evolved? Evidence from History and Prehistory. *Theoretical Sociology* 45:203–37.

Marcus, Joyce. 2008. *Monte Albán*. El Colegio de México, Mexico City.

Marcus, Joyce, and Kent V. Flannery. 1996. *Zapotec Civilization: How Urban Society Evolved in Mexico's Oaxaca Valley*. Thames and Hudson, London.

Marx, Karl. (1899) 2000. *Wage-Labor and Capital*. Socialist Labor Party of America. www.slp.org/pdf/marx/wage_labor_capital.pdf.

McGuire, Randall H. 1983. Breaking Down Cultural Complexity: Inequality and Heterogeneity. *Advances in Archaeological Method and Theory* 6:91–142.

Milanovic, Branko. 2011. *The Haves and the Have-Nots: A Brief and Idiosyncratic History of Global Inequality*. Basic Books, New York.

———. 2016. *Global Inequality: A New Approach for the Age of Globalization*. Belknap Press, Cambridge, Mass.

Milanovic, Branko, Peter H. Lindert, and Jeffrey G. Williamson. 2011. Preindustrial Inequality. *Economic Journal* 12:255–72.

North, Douglass C. 1990. *Institutions, Institutional Change and Economic Performance*. Cambridge University Press, Cambridge.

Obama, Barack H. 2013. Remarks by the President on Economic Mobility. www.whitehouse.gov/the-press-office/2013/12/04/remarks-president-economic-mobility#transcript.

Ober, Josiah. 2010. Wealthy Hellas. *Transactions of the American Philological Association* 140:241–86.

OECD (Organisation for Economic Co-operation and Development). 2011. An Overview of Growing Income Inequalities in OECD Counties: Main Findings. www.oecd.org/els/social/inequality.

Piketty, Thomas. 2014. *Capital in the Twenty-First Century*. Belknap Press, Cambridge, Mass.

——. 2015. Putting Distribution Back at the Center of Economics: Reflections on "Capital in the Twenty-First Century." *Journal of Economic Perspectives* 29: 67–88.

Piketty, Thomas, and Emmanuel Saez. 2014. Inequality in the Long Run. *Science* 344:838–43.

Pohl, John M. D. 2003a. Royal Marriage and Confederacy Building Among the Eastern Nahua, Mixtecs, and Zapotecs. In *The Postclassic Mesoamerican World*, edited by Michael E. Smith and Frances F. Berdan, pp. 243–48. University of Utah Press, Salt Lake City.

——. 2003b. Ritual Ideology and Commerce in the Southern Mexican Highlands. In *The Postclassic Mesoamerican World*, edited by Michael E. Smith and Frances F. Berdan, pp. 172–77. University of Utah Press, Salt Lake City.

Price, T. Douglas, and Gary M. Feinman. 2010. Social Inequality and the Evolution of Human Social Organization. In *Pathways to Power: New Perspectives on the Emergence of Social Inequality*, edited by T. Douglas Price and Gary M. Feinman, pp. 1–14. Springer, New York.

Pringle, Heather. 2014. The Ancient Roots of the 1%. *Science* 344:822–25.

Scheidel, Walter, and Steven J. Friesen. 2009. The Size of the Economy and the Distribution of Income in the Roman Empire. *Journal of Roman Studies* 99:61–91.

Smith, Eric Alden, Monique Borgerhoff Mulder, Samuel Bowles, Michael Gurven, Tom Hertz, and Mary K. Shenk. 2010. Production Systems, Inheritance Systems, and Inequality in Premodern Societies: Conclusions. *Current Anthropology* 51:85–94.

Smith, Michael E. 2010. Sprawl, Squatters and Sustainable Cities: Can Archaeological Data Shed Light on Modern Urban Issues? *Cambridge Archaeological Journal* 20:229–53.

Smith, Michael E., Timothy Dennehy, April Kamp Whittaker, Emily Colon, and Rebecca Harkness. 2014. Quantitative Measures of Wealth Inequality in Ancient Central Mexican Communities. *Advances in Archaeological Practice* 2:311–23.

Stiglitz, Joseph E. 2013. *The Price of Inequality: How Today's Divided Society Endangers Our Future*. W. W. Norton, New York.

Tilly, Charles. 2005. Historical Perspectives on Inequality. In *The Blackwell Companion to Social Inequalities*, edited by Mary Romero and Eric Margolis, pp. 15–30. Blackwell, Malden, Mass.

U.S. Census Bureau. 2012. Household Income Inequality Within U.S. Counties: 2006–2010. www.census.gov/prod/2012pubs/acsbr10–18.pdf.

Whalen, Michael. 1981. *Excavations at Santo Domingo Tomaltepec: Evolution of a Formative Community in the Valley of Oaxaca, Mexico*. Memoirs 12. Museum of Anthropology, University of Michigan, Ann Arbor.

Winter, Marcus C. 1972. Tierras Largas: A Formative Community in the Valley of Oaxaca. PhD dissertation, University of Arizona, Tucson.

———. 1974. Residential Patterns at Monte Albán, Oaxaca, Mexico. *Science* 186: 981–87.

Wittfogel, Karl. 1957. *Oriental Despotism*. Yale University Press, New Haven, Conn.

World Bank. 2016. GINI Index, World Bank Estimate. http://data.worldbank.org/indicator/SI.POV.GINI.

第十一章

深刻的不平等

总结与结论

蒂莫西·A.科勒、迈克尔·E.史密斯、埃米·博加德、克里斯蒂安·E.彼得森、阿伦·贝茨豪瑟、加里·M.法因曼、拉胡尔·C.奥卡、马修·佩尔斯、安娜·玛丽·普伦蒂斯、伊丽莎白·C.斯通、蒂莫西·J.登内希、劳拉·J.埃里森

本书的各章节描述了古代家庭财富不平等的模式。与当代一些依赖于现成的、易于理解的数据的不平等研究不同，我们对每项研究的研究方法、研究背景及研究环境进行了详细说明。研究背景很重要，而考古学背景则要求在分析之前进行广泛讨论。但既然我们已经介绍了涉及多个地区、多个时期及多处遗址的案例研究，是时候从详尽的地域研究背景中退一步，去关注更为宽泛的模式以及更具普遍性的结论了。

在本章中，我们将使用前几章中汇编的数据，外加一定的补充说明，以对仅在比较中得出的发现进行强调。毕竟，能够进行这样的比

较,是针对多个社会基于相同基础进行像基尼系数这种指数运算的关键优势之一。当然,我们不认为任何单一维度的比较(例如我们所关注的房屋面积分布状况)能将样本中趣味十足的跨文化多样性说清道明。为找寻造成史前人类社会不平等的相似信息而对这种多样性进行探究时,我们也不会认为房屋面积的差异对每个社会的意义都完全相同。虽然我们发现了一些预期的趋势,但也常常因预期与数据不符而讶异。实话实说,我们根本没料到会获得最有价值的发现,虽然新近出现的理论为我们解了惑。这样的惊喜是跨文化研究幸福的回报,而发现预期模式的更朴素的本质使我们确信,特定社会的独特历史和特质不会掩盖普遍存在的潜在结构共性。

前面几章提出了几个有趣的观点。而本章不准备对基于手工艺品、随葬品和房屋面积的基尼系数测量方法有何不同进行讨论(但或许会在他处给予说明)。在本章中,我们仅引用了基于房屋面积计算出的基尼系数。如果我们的研究对象是当代社会,就可以用一种直截了当的方法来计算房屋面积随收入或财富而变化的弹性。本书中引用的许多间接证据使我们确信,房屋也是"正常商品",其面积会随收入或财富的增加而增大。房屋面积对收入或财富变化的反应因时期不同或社会不同而存在差异,对于这一点,我们毫不意外,然而,我们不会坚持认为,历经漫长岁月,跨越文化隔阂,房屋面积对收入或财富变化的这种反应依然不变。但应当指出的是,即使是对当代社会的财富进行测量,也绝非易事。彼此冲突的方法会产生不同的结果;"关于[财富]的现有证据比关于收入的证据要少得多,还互相矛盾"(Kopczuk 2015)。

基于第一章所回顾的理论，我们预计财富差距会因下列因素的出现而增大：

1. 稳定的气候增加了资源分布密度及可预测性，增加了资源价值的梯度级差；
2. 群体数量及区域人口密度增加；
3. 人口流动性的减少足以让资源实现代际传递，并有可能不断累积；
4. 一种或几种可传递资源变得稀缺；
5. 在资源开发中规范私有财产或集体财产，限制资源内部共享；
6. 超过家庭生存需要的生产（预计会成为农业社会的普遍现象）为农业开发和商品囤积创造了机会。查尔斯·蒂利（2001）使用过这些术语，衡量财富不平等的基尼系数应随着盈余的增加而增加（Lenski 1966）；
7. 更多的排他性管理机构占据主导地位。

本书所涉及的社会都可追溯至全新世，因此这些社会所经历的气候稳定程度之间的差异可能相当小，尽管气候变化无疑会影响单个社会的后续发展。

在全新世早期的不少地区，群体数量和区域人口的增加往往与人口流动性的减少和资源集约化程度的降低同时发生，机缘巧合之下引发了农业的出现。一般来说，上文所列因素中第二项至第五项易于陷入共同因果性的困境，以至于比起将各个社会置于单独表示每个维度的尺度上来说，从这些因素的相互作用中挑出模态类别要更容易，尤其考虑到考古记录中固有的不确定性。例如，由于区域人口密度较低，狩猎-采集者通常（尽管不总是）组成小型群体，以相对较高的流动性来应对当地资源的匮乏。狩猎-采集群体中的资源共享要比园艺种植者和农耕者更为普遍。园艺种植者的流动性通常不及狩猎-采集者，但却高于农耕者（虽然表11.1所列的中国新石器时代的部分社会被定义为"园艺种植"型，但其生活方式似乎是完全定居的）。莫妮克·伯格霍夫·米尔德及其同事（2009）认为园艺种植者是受劳动力限制，而非土地限制，他们在本体财富和关系财富上的投入要高于物质财富。因为与物质财富相比，这两类财富不易进行代际传递[例如，大人物无法将自己建立的联盟移交给后代（Binford 1983：第九章）]，所以园艺种植者很可能比农耕者更平等，但由于其流动性普遍较差，平等程度不及狩猎-采集者。出于上述原因，加之农耕者更容易在分配不均等甚至垄断的情况下产生剩余的可能性，希望我们的样本反映出狩猎-采集者最明显的财富平等、农耕者最明显的财富不平等，园艺种植者则处于二者之间，人类学（Smith et al. 2010）及历史学（Lenski 1966）的研究已有此发现。

研究方法

在表11.1中，我们为本章分析的62个社会提供了几个关键变量，并在图 11.1 中标出了这些社会的所在位置。[①] 其中 37 个已在前几章中介绍，其余 25 个则是由各章作者根据科勒及其同事所列的资料来源提供的（2017: 补充材料）。

适应类型及遗址类型对不平等的影响

如上所述，人类学和历史学的理论及数据表明，狩猎-采集社会、园艺种植社会和农耕社会预期的财富不平等是有排序的。这些预期在我们的样本中基本得到了证实。狩猎-采集社会的基尼系数通常低于园艺种植社会，而农耕社会的基尼系数往往最高（见图 11.2a）。然而，我们也注意到，这几类社会基尼系数有相当大的重合，尤其考虑到农耕社会过大的数值范围。农耕社会基尼系数出现部分变化是由于样本中的一些定居点未能展现该社会多样性的全部范围。例如，一个国家的小村落，比如阿兹特克的卡普里克村（见表 11.1），可能没有贵族阶层居住，因此基尼系数较低（就像这个村子一样）。随着定居点在其区域内的面积和功能间的差别越来越大，这一问题愈加凸显，这解释了由狩猎-采集社会发展到农耕社会基尼系数差异不断增大的原因。上述结果与一项人类学研究相一致。该研究比较了三组村落的基尼系

[①] 在本章撰写之初，科勒及其同事（2017）对一个稍显不同的数据集进行了分析。出版定稿增加了两个狩猎-采集社会的案例，同时对本书第八章的几个数值进行修改，使用的是基于房屋总面积计算出的基尼系数（房屋空间＋存储空间），而不是使用类似经济学柯布-道格拉斯生产函数的聚合规则计算出的基尼系数。最后这一项的更改是为了使本章的基尼系数与书中其他章节计算的基尼系数更具可比性。这些修改并未改变本章所提出的结论。

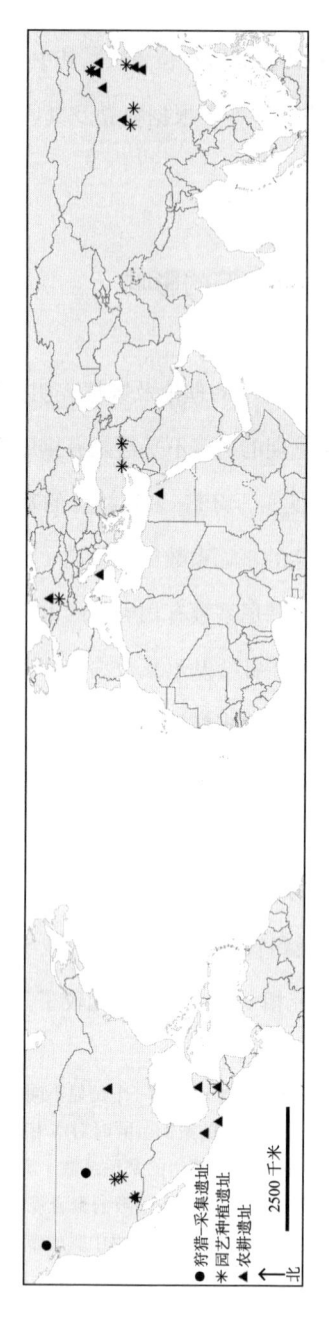

图 11.1 本章分析样本的地理位置

注：地图中的标注点代表多个数据。

表 11.1 为本章案例分析所选择的变量

遗址	时期	时间（公元）	基尼系数	最低值	最高值	地区	遗址类型	遗址内人口	样本中家庭数目
杰夫艾哈迈尔	前陶器新石器时代 A	-9200	0.13			幼发拉底河中部	村落	4	2
恰塔胡由克遗址	新石器时代	-6500	0.28			安纳托利亚	城镇	4 250	19
萨比阿卜耶德土丘遗址 L.6	新石器时代	-6000	0.30	0.10	0.15	叙利亚巴利克河河畔	村落	8	4
南台子遗址	兴隆洼时期	-5400	0.15	0.12	0.20	中国内蒙古自治区	村落	165	32
法伊英根	LBK（新石器时代）	-5200	0.17	0.12	0.19	德国西南部	村落	40	11
赵宝沟遗址	赵宝沟文化时期	-5150	0.35	0.29	0.43	中国内蒙古自治区	村落	325	17
姜寨遗址	仰韶文化早期	-4550	0.46	0.40	0.53	中国河南省	村落	350	65
白音长汗遗址	红山文化时期	-4250	0.20	0.15	0.27	中国内蒙古自治区	村落	80	17
高拉土丘遗址	铜石并用时代 2 期晚期	-4000	0.46	0.30	0.52	伊拉克底格里斯河流域	村落	16	7
霍恩斯塔特	新石器时代晚期	-3900	0.17	0.15	0.19	德国康斯坦茨湖	村落	40	30
霍伊尔 1A	霍恩斯塔特时期								
布拉克中北部土丘遗址 L.16	乌鲁克中北部 LC3	-3800	0.43	0.32	0.44	叙利亚卡布尔河河畔	城市	2 167	4
王母山遗址	仰韶文化中期	-3750	0.33	0.25	0.43	中国内蒙古自治区	村落		20
大地湾遗址	仰韶文化晚期	-3200	0.53	0.46	0.61	中国甘肃省	城镇	500	30
枣庄建新遗址	大汶口文化中晚期	-3050	0.35	0.32	0.40	中国山东省	村落		10
尉迟寺遗址	大汶口文化晚期	-2700	0.37	0.32	0.48	中国安徽省	城镇	400	11
多处遗址	早王朝时期	-2700	0.37			美索不达米亚南部	城市		21
殷家城遗址	龙山文化时期	-2300	0.13	0.10	0.17	中国山东省	村落		6
卡洪恩遗址	中王国时期	-1930	0.68			埃及	城镇	500	137
多处遗址	古巴比伦时期	-1700	0.40			美索不达米亚南部	城市		106
圣何塞莫戈特遗址	圣何塞阶段	-1100	0.25	0.19	0.28	瓦哈卡州	城镇	1 000	8
多处遗址	新巴比伦时期	-600	0.40			美索不达米亚南部	城市		14

(续表)

遗址	时期	时间(公元)	基尼系数	最低值	最高值	地区	遗址类型	遗址内人口	样本中家庭数目
海涅堡 IVb2	铁器时代早期/哈尔斯塔特晚期	-600	0.57	0.43	0.68	德国多瑙河流域	城镇	270	11
海涅堡 IVa1	铁器时代早期/哈尔斯塔特晚期	-550	0.65	0.47	0.81	德国多瑙河流域	城镇	270	6
庞贝古城遗址	庞贝王朝	79	0.54			意大利	城市	2 200	78
赫库兰尼姆	赫库兰尼姆时期	79	0.52			意大利	城市	1 000	44
特奥蒂瓦坎	古典期	300	0.12			墨西哥中部	城市	14 485	14 485
布里奇河遗址	布里奇河 2 期	500	0.20	0.18	0.29	加拿大高原区弗雷泽峡谷中部	村落	125	19
多处遗址	BMIII	550	0.31	0.12	0.40	CMV	村落		5
格雷韦遗址	开拓者早期	600	0.36			霍霍卡姆所有地区	村落	57	9
多处遗址	BMIII	600	0.28	0.26	0.32	CMV	村落		200
卡拉科尔遗址	古典期	650	0.21	0.17	0.29	玛雅	城市	17 860	15
多处遗址	古典期	700	0.34			瓦哈卡州	城市		4 058
多处遗址	PI	700	0.38			CMV	村落		36
多处遗址	帕特里克时期	746	0.30	0.27	0.36	美洲河谷地区	村落		11
布里奇河遗址	布里奇河 3 期	750	0.19	0.18	0.21	加拿大高原区弗雷泽峡谷中部	村落	226	86
蒂迦尔遗址	古典期	750	0.18	0.16	0.25	玛雅	城市	11 070	28
多处遗址	PI	765	0.62			CMV	村落		756
多处遗址	殖民期	841	0.28	0.25	0.33	霍霍卡姆地区	村落		27
		850	0.25	0.24	0.26				316

（续表）

遗址	时期	时间（公元）	基尼系数	最低值	最高值	地区	遗址类型	遗址内人口	样本中家庭数目
格雷韦遗址	殖民者中期	850	0.24			霍霍卡姆地区	村落	188	6
多处遗址	PII	963	0.25	0.21	0.27	CMV	城镇		9
多处遗址	TLW	975	0.35	0.33	0.37	美洲河谷地区	城镇		351
多处遗址	贝雷村及史前晚期	1 000	0.16			美国怀俄明州	村落		144
多处遗址	定居期	1 050	0.25	0.24	0.26	霍霍卡姆所有地区	城镇		448
格雷韦遗址	定居期中期	1 050	0.12			霍霍卡姆地区	城镇	117	4
卡卡霍基亚	罗曼时期	1 075	0.35	0.29	0.48	美洲河谷地区	城市	2 221	79
多处遗址	罗曼时期	1 075	0.29	0.26	0.34	美洲河谷地区	城镇		387
多处遗址	PII	1 091	0.44	0.24	0.53	CMV	城镇		12
卡卡霍基亚	斯特灵时期	1 150	0.57	0.45	0.67	美洲河谷地区	城市	803	44
多处遗址	斯特灵时期	1 150	0.27	0.23	0.32	美洲河谷地区	城市		557
大卡霍基亚	PIII	1 173	0.23	0.19	0.33	CMV	村落		8
多处遗址	PIII	1 243	0.36	0.31	0.44	CMV	村落		15
多处遗址	古典期	1 300	0.24	0.23	0.25	霍霍卡姆地区	城镇		622
卡卡霍基亚	穆尔藤德/沙地草原时期	1 300	0.22	0.21	0.27	美洲河谷地区	城镇	425	29
大卡霍基亚	穆尔藤德/沙地草原时期	1 300	0.27	0.26	0.30	美洲河谷地区	城市		161
玛雅潘	后古典期	1 330	0.41			玛雅	城市	4 031	4 031
卡普里克	LPC-A	1 370	0.10			墨西哥中部	村落	13	7
魁克斯阿美特	LPC-A	1 370	0.48			墨西哥中部	城镇	43	43
卡普里克	LPC-B	1 480	0.16			墨西哥中部	村落	21	21
魁克斯阿美特	LPC-B	1 480	0.25			墨西哥中部	城镇	139	135
尧特佩克	LPC-B	1 480	0.21			墨西哥中部	城市	1 900	1 619
特诺奇提特兰	康特科提特期	1 500	0.30			墨西哥中部	城市	30 006	30 006

注：案例依据年代排序。

缩写：BMIII：蓝篮编织者文明III期；CMV：梅萨维德中部地区；LBK：利尼尔班克拉米文化；LC3：铜石并用时代3期晚期；LPC-A：后古典晚期A阶段；LPC-B：后古典晚期B阶段；PI：普韦布洛I期；PII：普韦布洛II期；PIII：普韦布洛III期；PPNB：前陶器新石器时代B；TLW：晚期林地末期

数，将一组标记为"平等"，一组标记为"不平等"，还有一组标记为"极度不平等"（Smith 1991）。这些基尼系数的集中趋势遵循预期的顺序，尽管其范围有相当大的重合。

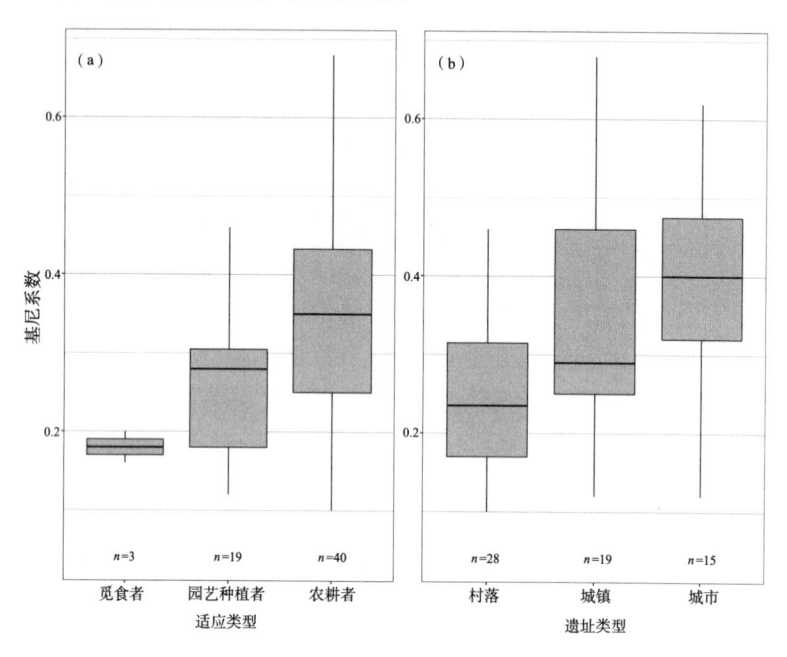

图 11.2　基尼系数箱线图

注：（a）按适应类型划分；（b）按遗址类型划分。包含多处遗址的数据点根据组中最大的遗址进行分配

按遗址类型划分的基尼系数模式显示出相似的趋势和方差（见图 11.2b）。基于遗址面积和城市功能的概念将遗址分为村落型、乡镇型和城市型。城市功能指的是对一定居点腹地造成更大影响的一项活动或制度（Trigger 1972）。我们在此将城市的功能定义为地标或场所，其用途可由定居点延伸至内陆腹地，故称其为"中心地标"。例如，酋长的住所、只有大型定居点才能见到的那类庙宇（因此该庙宇

可能服务于比其所处的定居点内人口更大的群体），或是其设计和建造所需的知识或劳动力已超出了单个定居点的一处地标。通过与中心地区理论的类比（Lloyd and Dicken 1977; Trigger 1972），中心地标可被划分为不同的级别。层次较低的地标在聚居体系中更为普遍，其蓄水区面积也较小；层次较高的地标并不常见，仅出现于面积最大的定居点，且蓄水区也较大或与内陆腹地相连。本章用到了类型学，并非要对所有古代定居体系进行全面分类；更确切地说，它是居民日常生活之外定居点社会规模的一个近似值。

基于上述考虑，我们将村落定义为居民人数在 1 000 或 1 000 以下、无中心地标的定居点，将乡镇定义为居民人数超过 1 000 但无中心地标，或居民人数超过 200 但有一两处层次较低的地标（通常为小型或中型）的定居点，将城市定义为居民人数超过 1 000 且有一处或多处层次较高的地标（如大型及知名地标）的定居点。

虽然村落、乡镇和城市的基尼系数的中心趋势朝着预期的方向增加（见图 11.2b），但其类别有相当大的重合。就农业国来说，最富有的贵族阶层通常居住在城市，而国家的统治者及最高级别的领导者也住在这里，地区的机构组织也建于此处。因此，我们认为城市的不平等程度要高于乡镇。现代世界正是如此：大城市的不平等程度要高于小城镇（Baum-Snow and Pavan 2013; Behrens and Robert-Nicoud 2014a, 2014b）；与整个国家相比，大城市的环境更容易产生不平等（Behrens and Robert-Nicoud 2014a）。但在久远的过去，城市化与不平等间的关联与现在大不相同。虽然房屋面积通常是衡量财富的首选标准（在本书各章中已得到证实），但要想在城市建造与最富有居民（通常指贵族阶层的成员）的财富完全匹配的住宅，不仅很困难，而且几乎是不可能的。这样一来，房屋面积与财富之间的关联便会减弱。这可能反映了古代世界对财富集中的极力限制和城市中心土地的高价值。

有时，在跨文化样本中关系较弱的定量关联在特定地区或特定文化传统中反而表现得更强。为了进一步探讨不平等与定居点类型之间的关系，表11.2列出了阿兹特克时期单一传统的墨西哥中部地区这种关系的数据。考古数据和历史数据记录了特诺奇提特兰城财富的极端差异（Smith and Hicks 2016），显然许多极为相似的家庭在某种程度上抵消了国君和顶级贵族们的巨大财富，因为我们计算出的基尼系数（0.30，使用的是Kohler et al. 2017《方法论》中讲述的方法）要略低于后古典期晚期A阶段魁克斯柯美特镇的数值。上文指出，城市中作为财富衡量标准的房屋面积由于对富人有所限制，也可能导致较低基尼系数的出现。在对家庭进行划分时，像与社会声望相关的居住位置等因素可能与房屋面积同等重要。

表11.2　墨西哥中部依据遗址类型划分得出的基尼系数

遗址	时期	类型	人口	基尼系数
特诺奇提特兰	LPC-B	城市	212 500	0.30
尧特佩克	LPC-B	城市	1 900	0.21
魁克斯柯美特	LPC-B	城镇	139	0.25
魁克斯柯美特	LPC-A	城镇	39	0.48
卡普里克	LPC-A	村落	13	0.10
卡普里克	LPC-B	村落	21	0.16

缩写：LPC-A = 后古典期晚期A；LPC-B = 后古典期晚期B

不平等与人口规模

在第一章中,针对群体内的不平等为何会随着群体人口数量的增加而增加这个问题,我们列出了几个原因。但让我们颇为意外的是,对于整个样本来说,基尼系数和区域人口数量之间并无关联(r^2=0.04; $p > F_{(1, 41)}$ =0.19)。图 11.3a 分别绘制了新、旧世界的线性模型,说明尽管基尼系数和区域人口数量间的关系会按预期方向发展,但线性拟合(特别是新世界的线性拟合)由于可变性程度过高而难以辨认;而二者间的关系也不再明显。虽然这种可变性可以用来表明不存在任何关系,但同样可能由该样本区域人口数量难以精确估算,以及对该地区的界定存在可变性所致。实际上,我们对旧世界的 11 个案例进行了区域人口数量及区域面积的估算,发现基尼系数和人口密度之间存在明显正相关(r^2=0.62; $p > F_{(1, 9)}$=0.004),但新世界样本的 28 个案例不存在这种线性关联(r^2=0.003; $p > F_{(1, 26)}$=0.76)。

如图 11.3b 所示,基尼系数与遗址人口数量之间也存在正相关。而这些变量与旧世界的关联性(r^2=0.25; $p > F_{(1, 16)}$=0.04)要比新世界(r^2=0.11; $p > F_{(1, 17)}$=0.17)更强。

请注意,在我们测量人口数量的三种方式中,旧世界人口数量与不平等程度之间的正相关关系要比新世界更为明显。就我们所知,新、旧世界的这一差别之前并未被注意到。我们将在下文给出理由证明这一模式包含了建构新、旧两个世界不平等的因素的重要信息。

新、旧世界不平等演进的比较

如图 11.3（a 和 b）所示，旧世界的基尼系数有高于新世界的趋势。为了理解这种差异，我们现在来了解一下它是如何随着时间推进而发展的（见图 11.4a）。旧世界选取的样本（主要来自近东地区和欧洲，见表 11.1）出现的时代要比新世界早得多，但是约公元前 4000 年，旧世界的基尼系数却高于新世界。

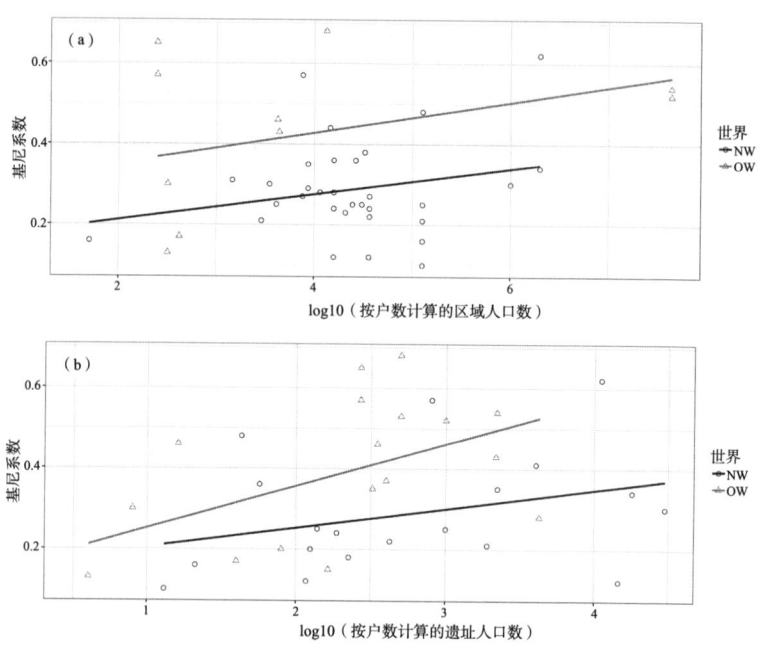

图 11.3　按半球划分的基尼系数与人口数量对比

注：(a) 基尼系数与区域家庭人口预计（$n=41$）；(b) 基尼系数与遗址家庭人口预计（$n=35$）。HH = 户数；NW = 新世界；OW = 旧世界。

然而，在比较过程中，容易混淆的因素是新世界（而非旧世界）样本中狩猎-采集型社会的存在。为了更好地理解图 11.4a 中差异的来源，我们更仔细地观察了图 11.4b 中过去 3000 年来按地理亚区域划分的情况，将样本中的北美狩猎-采集型社会和其他小型社会分开。（图 11.4b 中的线性拟合并不具有实质性意义，将其呈现出来只是为了凸显主要趋势。）我们注意到，尽管此处包括的北美狩猎-采集型社会确实在财富上相对平等，但正如预期的那样，取自新世界样本中的主要社会也比取自旧世界样本中的同时代的社会更平等。也许最令人意外的是，虽然中美洲各国的基尼系数总体都较低，但玛雅中心地区的基尼系数相当高。总的来说，中美洲各国在这方面的家庭不平等程度要略高于北美洲同时期的园艺种植社会和农耕社会，但这三者的不平等程度都明显低于狩猎-采集型社会。在旧世界，人类社会由新石器时代发展至青铜时代再到铁器时代，财富不平等不断加剧成为鲜明的标志。遗憾的是，我们缺乏中美洲早期村落家庭规模的数据，但美国西南部地区对早期村落的样貌提供了一些参考。

究竟是何因素使得大多数旧世界的国家，而非新世界的国家，比时代更早、规模更小的社会和政体的家庭不平等更为明显？

各国财富不平等差异的解读

图 11.4b 表明，包括新世界的国家在内的古代国家通常不平等程度各不相同。政体的性质可能是造成这种差异的一个因素。学者发现，在同时代的国家中，专制程度更高的政体的不平等程度要高于民主程度更高的政体的（例如，Acemoglu et al. 2004; Savoia et al. 2010）。人类学家卡罗尔·恩贝尔及其同事（1997: 116）报道了类似的发现，结

论是："人类学记录中提到，不平等与政治参与无关，跨国记录亦如此。"这些发现表明，理查德·布兰顿和莱恩·法格尔（2008）提出的前现代国家由专制政体向集体政体的发展，与样本中的不平等程度相关。如果我们样本中的旧世界国家更专制，或许可以解释我们注意到的旧/新世界中存在的差异。正如第一章中所讨论的，布兰顿和法格尔将专制国家定义为：为臣民提供很少的公共物品、几乎不设官僚机

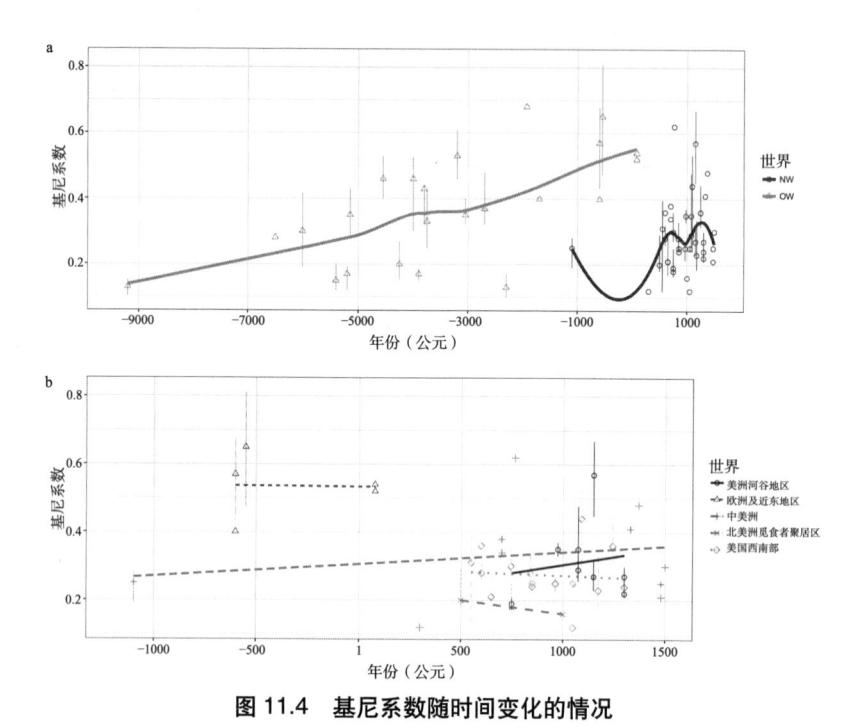

图11.4　基尼系数随时间变化的情况

注：（a）半球范围内随时间推移基尼系数的稳健回归（新世界与旧世界对比）置信区间80%（$a=0.5$，$n=60$）；（b）区域范围内过去3 000年间基尼系数的线性发展趋势，置信区间80%（$n=41$）。（a）（b）两个样本中各国村落（$n=2$，皆属阿兹特克帝国）都被排除在外；线性拟合并不以家庭数量计。NW=新世界；NE=近东地区；NA=北美洲；OW=旧世界；US=美国。

构、统治者的行为几乎不受监管。集体政体则刚好相反。这些差异被假设为源于国家资金来源的不同。在政权依赖于对其臣民征税的国家，必须提供公共物品以取悦臣民，并需要一个官僚机构来收税，并确保臣民对国家的服从。相较之下，专制政体通过征服他国或征收贸易税而从政体之外获得大部分收入。因其收入来源不直接依赖于臣民，便失去了提供公共物品的动机。布兰顿和法格尔的方案是根据布兰顿及其同事（1996）对"公司"战略和"网络"战略的区分发展而来的。

虽然布兰顿和法格尔没有讨论他们的方案与不平等程度之间的关系，但上文引用的研究表明，专制程度高的古代政体，其不平等程度要高于集体政体。在本章中，我们探讨了样本中政体和不平等之间的关系，以确定这条变化轴是否有助于解释在各个国家通常见到的多样性，尤其是新、旧世界的国家之间。遗憾的是，在布兰顿和法格尔的专制-集体连续统中，没有一种公认的方法来为考古学所知的政体打分。我们使用一个顺序量表（专制政体、中间政体和集体政体）来为政体分类。迈克尔·史密斯（本书第一章）、加里·法因曼（本书第十章）和伊丽莎白·斯通（本书第九章）为他们各自的案例提供了主观判断。史密斯对案例的判断得到了本章所包括的政体在内的几个政体连续统的独立定量分析的辅助（Smith et al. 2016）。从布兰顿和法格尔的专著（2008）中，我们得出了公元1世纪的罗马是集体政体这一评判。补充材料（Kohler et al. 2017）包含了我们样本中的国家由此制定的法典。

在图11.5中，我们将基尼系数和这一分类法进行了比较。不出所料，样本中三个专制国家（蒂卡尔和卡拉科尔，古典期玛雅的首府，以及卡洪城，埃及中王国时期修筑金字塔时供劳工居住的城镇）的基尼系数果然最高。我们认为，相比之下，实行集体政体的国家（特奥蒂瓦坎以及以赫库兰尼姆和庞贝为代表的早期罗马帝国）基尼系数应该最低。事实上，我们的"中间政体"国家和"集体政体"国家的基尼系数中位数相同，且在数值范围上有大部分重合。

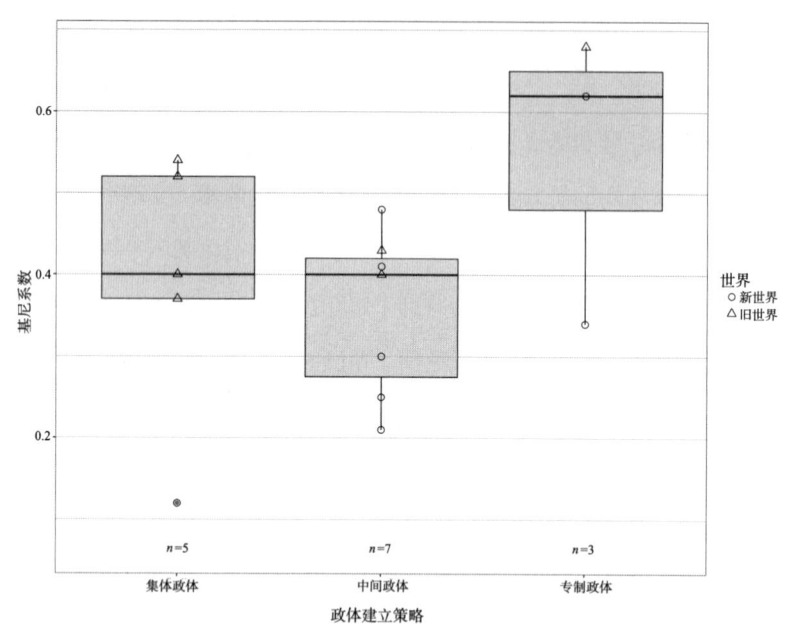

图 11.5　通过推断样本中国家政体建立策略得到的基尼系数箱形图

注：图中每只箱中的国家被标为新世界或旧世界。只有两个村落（皆属阿兹特克帝国）未包含在分析中。

由于注意到新世界除了两个国家外，其余所有国家皆被定为"中间政体"，而旧世界则是除了一个国家外，其余所有国家皆被定为"中间政体"，我们考察了政体类型和不平等可能与特定地区或特定文化传统有关但与跨文化无关这一可能性。表 11.3 列出了除卡普里克村以外中美洲所有定居点的数据（将其排除在外的原因是出于与其他地区可比性的考虑，所有其他地区都可能包括贵族）。这些数据支持了这样一种假设，即至少在中美洲，更倾向于集体政体国家的不平等程度要低于更倾向于专制政体的国家。因此，图11.5中按政体类型划分的社会在基尼系数上出乎意料的排序，很可能是基于政体建立策略与这些社会在旧世界或新世界的源起之间的相互作用。这又把我们带回到了那个问题：为什么新、旧世界的社会财富不平等的程度差别如此明显？

表11.3 中美洲国家按政体类型划分的不平等

遗址[a]	时期	基尼系数	平均基尼系数	数据提供者
卡拉科尔	古典期	0.34		登内希
蒂迦尔遗址	古典期	0.62		登内希
专制政体期的定居点（$n=2$）			0.48	
特诺奇提特兰遗址	后古典期晚期	0.30		史密斯
尧特佩克	后古典期晚期	0.21		史密斯
魁克斯柯美特	后古典期晚期B	0.25		史密斯
圣何塞莫戈特	形成期	0.25		法因曼
多处遗址	古典期	0.38		法因曼
玛雅潘	后古典期晚期	0.41		登内希
魁克斯柯美特	后古典期晚期A	0.48		史密斯
过渡政体期的定居点（$n=7$）			0.33	
特奥蒂瓦坎	古典期	0.12		史密斯
集体政体期的定居点（$n=1$）			0.12	

[a] 后古典期晚期的卡普里克村不包括在内。

旧世界对新世界，差异重现

> 手握耕犁，自此臣服。
>
> ——盖尔纳认为是先知穆罕默德所言（1988: 10）

如果建立政体的策略不能充分说明新、旧世界中各国间的差异，那还有什么可以解释这些差异呢？为何在国家出现之前（约公元前4000年的旧世界），旧世界的典型财富不平等水平就已经超过了被征服前的新世界？

在对本书第八章的作者博加德与合著者的观点进行归纳后，我们认为，解释这些财富不平等的最佳理由是公元前8000年后旧世界出现大量家养牲畜，而新世界却无此情形。我们认为，这一差异最重要（但不是唯一）的影响是农业在旧世界的许多地方得以推广，进而盈利。作为人力的倍增器（White 1949: 367ff.），役畜成为利润扩张的引擎，借此农人能前往更远的田地，在更广阔的田地上劳作。如果不是所有的农民都有役畜，这似乎有可能（Halstead 2014: 318-319），如果部分家庭能将自家的牛养得膘肥体壮（Halstead 2014: 20, 53），那么这些家庭便可将牛出借，作为应承担生产部分的交换。这样的租借行为是经济差距产生的另一个原因。我们认为，正如格哈德·伦斯基模型所预测的，畜牧业使旧世界的家庭比新世界的家庭产生更多的农业盈余，而反过来，这一变化过程又导致了更大程度的不平等。缺乏役畜使得有利可图的农业在新世界的扩大愈加困难。（遗憾的是，南美洲并未包括在我们的样本中，但安第斯单峰驼被用于货物运输，而非耕作。）

但是，如果一些家庭直接从农业的不断扩张中获益，那么只要时间足够长，其他家庭的利益就会受损。农业的扩张是一项需要大量土地的战略，这一战略最终会使旧世界出现没有土地的农民阶层，该阶层在新大陆征服前从未（或极少）出现过。因此，农业扩张提高了少数家庭的生活水平，但从长远看却压低了其他更多家庭的生活水平，这两种行为都通过拉大贫富差距而增大了基尼系数。

尽管役畜成为农业扩张的优势，但大量驯养牲畜对新、旧世界基尼系数差异的贡献却并未消失。我们取自亚洲的样本便清楚地说明了这一点。直到公元前2000年左右，在新石器时代和青铜时代的大部分时间里，中国人在没有畜力的情况下使用石制手犁、锄头和挖掘棒进行耕作。然而，我们的样本中基于中国案例的基尼系数与同时期欧洲及近东地区的基尼系数一致。中国社会非常依赖家养牲畜，作为粮食种植的肉类补充，在早期遗址中发现的通常是猪，在晚期遗址中是绵羊或山羊，但这些牲畜并非被用作耕种。因此，中国的案例表明，以畜肉为食对财富差距的产生至关重要，或许是因为在这些社会中，同时代的家庭饲养的动物数量可能都存在显著差异（Cucchi et al. 2016: 15; Kim 1994; Ma 2005: 74-99; Peterson and Shelach 2012: 281-283）。

牛奶和羊奶也是婴儿必备的食物，可以让母亲断奶，尽早恢复生育。正如第一章所讨论的并在上文的几个图表中所记录的那样，随之而来的人口数量的增加往往伴随着财富差距的增大。大型家养哺乳动物也能产生有用的粪肥和许多像牛奶和动物纤维这样的"二级农产品"

（Sherratt 1981）。保罗·霍尔斯特德（2014: 319, 348, 352）强调，随着家庭培育的农作物及家养牲畜种类的增加，宴会活动成为竞争的领域。喂养得膘肥体壮的牲畜对这种"具有区分度的共生关系"的产生做出了重大贡献。到青铜时代的欧洲，家畜是动物产品的主要来源，使社会更容易度过食物匮乏季，因此提高了人口基数。瑞典的腹地也有牧民定居（比如说），考虑到环境的适应性，人数如此之多几乎是毫无可能的（Vretemark 2010）。青铜时代中期，马具首次在欧洲出现，标志着骑士贵族阶层的诞生。他们恢宏的豪宅直接提升了基尼系数，他们扩大政治势力范围的领土征服行为间接提升了基尼系数（Earle and Kristiansen 2010）。马和其他驮畜（有些地区是骆驼）成为有力的攻击性武器（Turchin 2010），使得政权成功扩张至更远的地域，甚至是新世界。赖因·塔格佩拉（1978）对公元前3000—公元前600年世界上30个最大的帝国的时空演变进行了研究。而这30个国度都位于旧世界。

尽管纪念碑上的碑刻和纸莎草纸上的文字明确说明了牛在古埃及王朝是财富的象征，但牛在埃及的中心地位可追溯至前王朝时期和更早的时期。安德鲁·戈登和卡尔文·施瓦贝（2004）在报告中提到，早在希拉孔波利斯建立之时，公牛头骨（类似牛头骨的形状）就常被画在门楣上——我们的样本中一处更早的遗址，加泰土丘遗址（Hodder and Doherty 2014），就提到了这类形象的重要性——甚至绘于第一王朝的墓门之上。古埃及第一王朝的首位法老纳尔迈"记录了俘获的12万名俘虏、40万头牛和142.2万只绵羊及山羊"（Gordon and Schwabe 2004: 52）。虽说这些数字比较夸张，但后世的法老也吹了这样的牛。小理查德·洛班（1989）认为，牲畜财富为建造这些标志着埃及文明的令人印象深刻的古迹提供了资金。戈登和施瓦贝（2004: 53）使我们联想到"资本"一词（别忘了这个词在股市上有多重要），它和"财产"一词皆源自"牛头"。

然而，更常见的是，畜力最终与更先进的运输技术结合在一起，减轻了将人员及商品由旧世界运送至新世界的阻力。这也使得旧世界的基尼系数对人口数量增长的反应比新世界更为强烈。通过贸易、掠夺和战争，旧世界的大部分国家已联系在一起。至青铜时代，世界经济一体化已形成（Kristiansen and Suchowska-Ducke 2015），与新世界构成了极大的反差。在道路等基础设施方面，世界经济青睐规模经济，但同样重要的是，它更青睐规模经济带来的不断增加的利润，比如技术的发展须由工匠收入的相对增加来实现，而所生产的产品对他人而言便是财富的象征（参见 Brysbaert and Gorgues 2017 的研究成果）。我们的样本中包括的墨西哥盆地（Ortman et al. 2015）和梅萨维德中部地区（Ortman and Coffey 2017）几处前西班牙属定居点已经出现了这种规模收益递增的情况。我们认为，这一概念可拓展至由定居点（或社会）组成的网络。基于上述原因，从旧世界的青铜时代开始，这样的网络往往能比新世界带来更大的规模收益。

依照伦斯基（1966）的模式，布兰科·米拉诺维奇及其同事（2011）提出了"不平等可能性边界"的概念，但这一概念是将新、旧世界的差异置于更注重量化的框架中以对其进行解释。米拉诺维奇及其同事一开始便假设，农业国的平民拥有确保其生存所需的最低生产水平。贵族阶层则会瓜分超出平民生存所需的生产剩余。"可达到的最大不平等（不平等可能性边界）是总收入平均值的一个递增函数。当然，贵族是否充分利用了这一最大值，或者允许一些涓滴效应的出现，则是另一回事。"（Milanovic et al. 2011: 256）我们的研究结果表明，与旧世界的国家相比，一旦越过某一节点（由区域政权实现），新世界的国家就不能通过增加人口或面积来显著增加总体平均收入。

这种印象通过另一种借由时间来观察基尼系数的方式得以强化，现在将时间描述为与每个地区驯化植物的到来或发展相关（见图11.6）。这将不同半球的时间尺度置于一个更平等的基础上，使我们

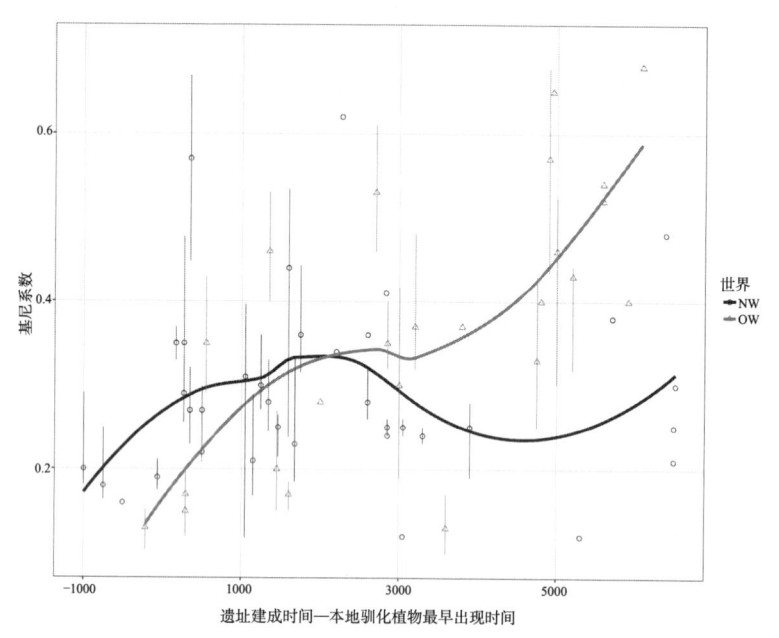

图 11.6　在半球范围内，相对于新石器时代本地作物出现的时间里基尼系数的稳健回归（a =0.5, n=60）

注：阿兹特克帝国的两个村落不包含在本研究分析中。每处遗址的时间设置是该遗址建成的时间减去最早的本地驯化植物出现的时间。在新世界，我们要么用玉米开始栽培的时间（而不是南瓜开始栽培的时间），要么用《东方农业合集》中其他作物开始栽培的时间。NW= 新世界，OW= 旧世界。

能够更容易地比较它们随时间变化的速度。在新世界，从未发展过本地农业的地区有三个数据点被定为公元 1500 年的"首个本地驯化植物日"，这三个数据点在 X 轴上的日期为负数。

无论在东半球还是西半球，基尼系数开始都很低，但很快便开始增加，这可能与栽培作物产量的提高、居住稳定性的提升和社会群体规模的增大有关。在本地作物栽培出现后大约 2 000 年，东西半球基尼系数的增长速度已经接近。

然而，在这一点上，新世界的基尼系数不仅趋于平稳，甚至还有所下滑。相比之下，在本地作物栽培成功后的约 3 000 年里，旧世界的基尼系数虽然有过短暂的停滞，但随后又继续迅速攀升。相对于我们最新测量的两个数据点——庞贝古城和赫库兰尼姆——出现的时间，在该地区出现驯化植物后的 5 000 多年时间里，旧世界的财富差距仍在迅速拉大。尽管我们现在知道，这一趋势很快便会瓦解（如 Scheidel 2017: 图 3.1 的示意图所示），但无论是旧世界基尼系数长期的持续增长，还是与新世界基尼系数变化轨迹的对比，都格外值得注意。

我们认为，旧世界基尼系数趋势线的第二个显著增长标志着农业的扩张连同耕作牲畜、青铜冶炼、马匹及骑士，还有一整套社会政治体制的变化——这些已在上文中进行简要回顾——实际上已出现在当地的历史文献记录中。除了一些如国家发展这样的平行的社会政治变化，上述这些变化恰恰是新世界没有参与的。需要说明的是，我们并非在赞美旧世界基尼系数的高值；这些高数值的基尼系数带给大部分民众的是巨大的苦难。（更不用说，根据一些分析，上层阶级在罗马

第十一章　深刻的不平等　　383

帝国鼎盛时期所享受的奢侈生活加速了罗马帝国的灭亡。）我们将旧世界国家的基尼系数高于新世界国家的对比结果作为迄今尚未被认识到的基本事实。

结语

由于当代社会的不平等具有极强的变异性（Milanovic 2011），因此将我们的研究结果与现代世界的不平等数据进行比较是一项复杂的任务。关于这种变化，我们在本书中也进行了报道。尽管如此，却有个惊人的发现，我们重建的财富不平等水平竟系统性地低于如今美国的财富不平等水平。这与沙伊德尔（2017: 421）所提到的一样，即基尼系数由 2001 年的约 0.81 上升至 2010 年的 0.85。在此回答本书序言中提出的问题，虽然如此的财富不平等足以与黑死病侵袭欧洲前巴黎和伦敦（Sussman 2006）、19 世纪意大利北部的几座城市（Alfani 2014）以及 19 世纪晚期英国的财富不平等状况匹敌，但在历史上仍属罕见。我们的样本中仅有两个基尼系数接近这样的高值，一个是铁器时代早期德国海涅堡中心区（基尼系数 0.65），另一个则是卡洪城（基尼系数 0.68）。达龙·阿西莫格鲁、詹姆斯·罗宾逊（2012）和约瑟夫·斯蒂格利茨（2012）认为，如此高水平的财富不平等限制了社会流动性，降低了社会包容性和政治平等，从而破坏了民主国家的社会结构。值得注意的是，正如本书第八章博加德及其同事提到的，海涅堡政体的存在时间还不足 200 年。

我们的发现会使社会科学领域仍然存在的旧观点彻底成为过去。

其中一个观点是，在所有古代国家，财富不平等都是外显的、僵化的，几乎不会发生变动（Sjoberg 1960: 137）。根据这一观点，直到工业革命后，不平等水平才开始下降。尽管伦斯基（1966）之后的学者对这一观点持反对意见，但关于久远过去人类社会不平等的经验数据之前一直缺乏。

相比之下，基于一个极小的样本，米拉诺维奇及其同事（2011：268）断言，前工业化社会的财富不平等与如今发展中国家的财富不平等"并无太大区别"，平均基尼系数约为 0.45。正如本章的图例所示，结果如何取决于我们考察的是何时何地。在新世界，典型的基尼系数从未如此之高，就连美国也是如此。在旧世界，典型的基尼系数则低于 0.45，而大约公元前 4000 年前的情况也是如此。

从这一分析中得到的另一个教训是，对社会政治等级和财富差异进行区分非常重要，政治等级和财富差异同属社会经济现象。虽然二者应相互关联（见图 11.2b），但我们也证明，旧世界各国由房屋面积体现的财富不平等要比新世界各国更为明显，尽管财富差异在新、旧世界都是由地位和权力等级进行区分的。经济权力（财富）只是社会权力的四大来源之一，另外三大来源为意识形态权力、军事权力和政治权力（Mann 2013）。或许在新世界，人们更倾向于用与房屋面积无关的方式来表示社会地位，比如房屋位置的差别、获取秘密资讯渠道的差别，或是亲属关系网中所处位置的差别（当然，这些社会标记在旧世界的国家也使用过）。然而，如果真是如此，则需要对这一趋势进行解释，而本章的分析将有助于解决这个问题。

当前经济学家提出的各种理论和各类经验总结与我们的发现究竟

有何不同？

首先，让我们对当今理论家有关不平等的观点进行简要回顾，要记住，他们主要讨论的是近代西方资本主义世界，因此他们的部分观点很难应用到我们所重点研究的小型社会。米拉诺维奇（2011）认为，不平等水平可能基于总收入得出，因其对总盈余造成了影响。我们的数据也支持这一观点，但只是间接支持，因为我们无法对总收入进行测量。

总的来说，我们的数据反映的是普遍模式，而很少揭示社会内部不平等的短期动态。米拉诺维奇（2016）主要关注这些高频动态，他认定过去的不平等主要由像战争和流行病这样的非经济因素引起，而现代世界经济驱动力则成为关键因素。然而，我们的数据显示，在久远的过去，存在导致不平等出现的系统性经济驱动力。战争和流行病可以解释近代历史上小范围内基尼系数的变化，但不足以解释本书所包含的各个社会基尼系数的变动。

然而，本书所载的最高时间分辨率基尼系数序列（见图5.3）显示，梅萨维德中部地区破坏性极高的暴力事件总是发生在不平等程度非常高的各时期晚期。如图所示，如果该地区偶尔发生的极端暴力事件导致财富不平等周期性地回降至更低水平，则米拉诺维奇的观点得到证实，正如沃尔特·沙伊德尔的观点，那就是，使不平等加剧的强大力量历来只有社会重大变革和灾难，如参与人数众多的大规模战争、引起社会变革的革命、国家的瓦解以及毁灭性的瘟疫（Scheidel 2017）。

但我们最终认识到，我们勉强撞开了那扇门，找到了前所未有且有效的方法以对比的方式来看待史前人类社会，而在这一点上，我们心中所存的疑问和需要解决的疑问一样多。在本书没有取样的世界其他主要地区，如南亚、撒哈拉以南非洲和南美洲，这些地区的不平等是如何出现，又是何时出现的？正如本章讨论中所提到的，技术创新和财富不平等之间是否存在普遍关联？财富创造和分配的不平等之间的因果关系是按照伦斯基所指出的方向流动，还是财富不平等有时会刺激盈余的产生？财富不平等是通常先于权力不平等出现，还是权力不平等先于财富不平等出现，哪种更常见？当市场在不受亚欧大陆新近经济影响的社会中形成时，这类市场会对财富不平等产生何种影响？随着人类编年史的不断完善，我们是否找到了证据，以进一步支持米拉诺维奇和沙伊德尔关于减少不平等的因素的说法？

最重要的是，我们通过这本书证明，当代考古学必须张开双臂，接纳那些直面当前所关注的重大问题的研究方法，才能对特定的古代社会进行更深入的语境化研究。如果我们愿意从定量和比较的角度来进行思考，考古记录中还有许多值得学习之处。考古学家能够，也应该为理解构成人类历史的因素尽自己的一份力，为未来的哲学历史学家重新审视让-雅克·卢梭、卡尔·马克思和托尔斯坦·凡勃伦等思想家关注的问题提供经验依据。更值得期待的是，我们可以开始书写自己的故事了。

致谢

感谢美洲印第安人基金会对这项研究和本书的支持。本章前两位作者也感谢圣菲研究所的支持和鼓励。最后，蒂莫西·科勒感谢比尔·利佩为本章提供了参考资料，我们二人对资料的讨论亦令人愉悦。

参考文献

Acemoglu, Daron, and James A. Robinson. 2012. *Why Nations Fail: The Origins of Power, Prosperity, and Poverty*. Profile Books, London.

Acemoglu, Daron, Thierry Verdier, and James A. Robinson. 2004. Kleptocracy and Divide-and-Rule: A Model of Personal Rule. *Journal of the European Economic Association* 2(2–3):162–92.

Alfani, Guido. 2014. Economic Inequality in Northwestern Italy: A Long-Term View (Fourteenth to Eighteenth Century). Dondena Working Paper 61, Bocconi University, Milan. //ftp.dondena.unibocconi.it/WorkingPapers/ Dondena_WP061.pdf.

Baum-Snow, Nathaniel, and Ronni Pavan. 2013. Inequality and City Size. *Review of Economics and Statistics* 95(5):1535–48.

Behrens, Kristian, and Frédéric Robert-Nicoud. 2014a. Urbanisation Makes the World More Unequal. *VOX: CEPR's Policy Portal July 24, 2014*. http://voxeu.org/article/inequality-big-cities.

——. 2014b. Survival of the Fittest in Cities: Urbanisation and Inequality. *Economic Journal* 124(581):1371–1400.

Binford, Lewis R. 1983. *In Pursuit of the Past: Decoding the Archaeological Record*. Thames and Hudson, New York.

Blanton, Richard E., and Lane Fargher. 2008. *Collective Action in the Formation of Premodern States*. Springer Science and Business Media, New York.

Blanton, Richard E., Gary M. Feinman, Stephen A. Kowalewski, and Peter N. Peregrine. 1996. A Dual-Processual Theory for the Evolution of Mesoamerican

Civilization. *Current Anthropology* 37(1):1–14.

Borgerhoff Mulder, Monique, Samuel Bowles, Tom Hertz, Adrian Bell, Jan Beise, Greg Clark, Ila Fazzio, et al. 2009. Intergenerational Wealth Transmission and the Dynamics of Inequality in Small-Scale Societies. *Science* 326: 682–88.

Brysbaert, Ann, and Alexis Gorgues. 2017. *Artisans Versus Nobility? Multiple Identities of Elites and "Commoners" Viewed Through the Lens of Crafting from the Chalcolithic to the Iron Ages in Europe and the Mediterranean*. Sidestone Press, Leiden.

Cucchi, Thomas, Lingling Dai, Marie Balasse, Chunqing Zhao, Jiangtao Gao, Yaowu Hu, Jing Yuan, and Jean-Denis Vigne. 2016. Social Complexification and Pig (*Sus scrofa*) Husbandry in Ancient China: A Combined Geometric Morphometric and Isotopic Approach. PLoS ONE 11(7):e0158523. doi: 10.1371/journal.pone.0158523.

Earle, Timothy, and Kristian Kristiansen. 2010. Organising Bronze Age Societies: Concluding Thoughts. In *Organising Bronze Age Societies*, edited by Timothy Earle and Kristian Kristiansen, pp. 218–56. Cambridge University Press, Cambridge.

Ember, Carol R., Melvin Ember, and Bruce Russett. 1997. Inequality and Democracy and the Anthropological Record. In *Inequality, Democracy, and Economic Development*, edited by Manus I. Midlarsky, pp. 110–30. Cambridge University Press, Cambridge.

Gellner, Ernest. 1988. *Plough, Sword, and Book: The Structure of Human History*. University of Chicago Press, Chicago.

Gordon, Andrew H., and Calvin W. Schwabe. 2004. *The Quick and the Dead: Biomedical Theory in Ancient Egypt*. Vol. 4. Egyptological Memoirs. Brill, Styx, Leiden.

Halstead, Paul. 2014. *Two Oxen Ahead: Pre-mechanised Farming in the Mediterranean*. Wiley-Blackwell, Oxford, U.K.

Hodder, Ian, and Chris Doherty. 2014. Human-Thing Entanglements. In *Integrating Çatalhöyük: Themes from the 2000–2008 Seasons*, edited by Ian Hodder, pp. 221–31. BIAA Monograph 49. British Institute at Ankara, London; Cotsen Institute of Archaeology, University of California, Los Angeles.

Kim, Seung-Og. 1994. Burials, Pigs, and Political Prestige in Neolithic China. *Current Anthropology* 35:119–41.

Kohler, Timothy A., Michael E. Smith, Amy Bogaard, Gary M. Feinman, Christian E. Peterson, Alleen Betzenhauser, Matthew Pailes, et al. 2017. Greater Post-Neolithic Wealth Disparities in Eurasia than in North and Mesoamerica. *Nature*. doi:10.1038/nature24646.

Kopczuk, Wojciech. 2015. What Do We Know About Evolution of Top Wealth Shares in the United States? *Journal of Economic Perspectives* 29:47–66.

Kristiansen, Kristian, and Pauline Suchowska-Ducke. 2015. Connected Histories: The Dynamics of Bronze Age Interaction and Trade, 1500–1100 BC. *Proceedings of the Prehistoric Society* 81:361–392. doi:10.1017/ppr.2015.17.

Lenski, Gerhard E. 1966. *Power and Privilege: A Theory of Social Stratification*. McGraw-Hill, New York.

Lloyd, Peter E., and Peter Dicken. 1977. *Location in Space: A Theoretical Approach to Economic Geography*. 2nd ed. Harper and Row, New York.

Lobban, Richard A., Jr. 1989. Cattle and the Rise of the Egyptian State. *Anthrozoös* 2(3):194–201.

Ma, Xiaolin. 2005. *Emergent Social Complexity in the Yangshao Culture: Analyses of Settlement Patterns and Faunal Remains from Lingbao, Western Henan, China*. British Archaeological Reports, Oxford.

Mann, Michael. 2013. *The Sources of Social Power*. Vol. 4, *Globalizations, 1945–2011*. Cambridge University Press, Cambridge.

Milanovic, Branko. 2011. *The Haves and the Have-Nots: A Brief and Idiosyncratic History of Global Inequality*. Basic Books, New York.

——. 2016. Income Inequality Is Cyclical. *Nature* 537(7621):479–82.

Milanovic, Branko, Peter H. Lindert, and Jeffrey G. Williamson. 2011. Preindustrial Inequality. *Economic Journal* 121(551):255–72.

Ortman, Scott G., Andrew Cabaniss, Jennie O. Sturm, and Luís M. A. Bettencourt. 2015. Settlement Scaling and Increasing Returns in an Ancient Society. *Science Advances* 1e00066. doi:10.1126/sciadv.00066.

Ortman, Scott G., and Grant D. Coffey. 2017. Settlement Scaling in Middle-Range Societies. *American Antiquity* 82(4):662–82.

Peterson, Christian E., and Gideon Shelach. 2012. Jiangzhai: Social and Economic Organization of a Middle Neolithic Chinese Village. *Journal of Anthropological Archaeology* 31(3):265–301.

Savoia, Antonio, Joshy Easaw, and Andrew McKay. 2010. Inequality, Democracy, and Institutions: A Critical Review of Recent Research. *World Development* 38(2):142–54.

Scheidel, Walter. 2017. *The Great Leveler: Violence and the History of Inequality from the Stone Age to the Twenty-First Century*. Princeton University Press, Princeton.

Sherratt, Andrew. 1981. *Plough and Pastoralism: Aspects of the Secondary Products Revolution*. Cambridge University Press, Cambridge.

Sjoberg, Gideon. 1960. *The Preindustrial Society: Past and Present*. Free Press, Glencoe, Ill.

Smith, Courtland. 1991. Patterns of Wealth Concentration. *Human Organization* 50(1):50–60.

Smith, Eric Alden, Monique Borgerhoff Mulder, Samuel Bowles, Michael Gurven, Tom Hertz, and Mary K. Shenk. 2010. Production Systems, Inheritance, and Inequality in Premodern Societies: Conclusions. *Current Anthropology* 51:85–94.

Smith, Michael E., Timothy Dennehy, April Kamp-Whittaker, Benjamin Stanley, Barbara L. Stark, and Abigail York. 2016. Conceptual Approaches to Service Provision in Cities Through the Ages. *Urban Studies* 53(8):1574–90.

Smith, Michael E., and Frederic Hicks. 2016. Inequality and Social Class. In *Oxford Handbook of the Aztecs*, edited by Deborah L. Nichols and Enrique Rodríguez-Alegría, pp. 425–36. Oxford University Press, New York.

Stiglitz, Joseph E. 2012. *The Price of Inequality: How Today's Divided Society Endangers Our Future*. Norton, New York.

Sussman, Nathan. 2006. Income Inequality in Paris in the Heyday of the Commercial Revolution. DEGIT conference paper. http://degit.sam.sdu.dk/papers/degit_11/C011_043.pdf (accessed July 1, 2017).

Taagepera, Rein. 1978. Size and Duration of Empires' Growth-Decline Curves, 3000 to 600 BC. *Social Science Research* 7(2):180–96.

Tilly, Charles. 2001. Relational Origins of Inequality. *Anthropological Theory* 1(3):355–72.

Trigger, Bruce G. 1972. Determinants of Urban Growth in Pre-industrial Societies. In *Man, Settlement, and Urbanism*, edited by Peter J. Ucko, Ruth Tringham, and G. W. Dimbleby, pp. 575–99. Schenkman, Cambridge, Mass.

Turchin, Peter. 2010. Warfare and the Evolution of Social Complexity: A Multilevel-Selection Approach. *Structure and Dynamics* 4(3):Article 2.

Vretemark, Maria. 2010. Subsistence Strategies. In *Organising Bronze Age Societies*, edited by Timothy Earle and Kristian Kristiansen, pp. 155–84. Cambridge University Press, Cambridge.

White, Leslie A. 1949. *The Science of Culture: A Study of Man and Civilization*. Grove Press, New York.

参与写作者

尼古拉斯·埃姆斯，圣母大学博士。他的研究兴趣集中在历史上的爱尔兰移民和移民人口中跨国社区的发展。他曾参与美国加利福尼亚州、爱尔兰、意大利、阿曼、苏丹和约旦的考古项目。他目前在做的项目是爱尔兰西部和宾夕法尼亚州匹兹堡市之间的社区联系调查。

阿伦·贝茨豪瑟，伊利诺伊州考古研究所和草原研究所高级研究员。她的研究兴趣为美国中西部晚期林地时期和密西西比考古，以及伊利诺伊州西南部美国底部地区研究。她负责伊利诺伊州考古研究所东圣路易斯分局的田野调查、研究分析和报告撰写。在陶瓷分析、地球物理调查和城市化结构方面的兴趣使她专门对美国密西西比地区最大的遗址卡霍基亚附近的密西西比过渡时期进行了调研。阿伦·贝茨豪瑟完成了数篇报告，并为几部专著撰写了部分章节，主题涉及密西西比过渡时期至本地考古方法研究。

埃米·博加德，牛津大学新石器时代和青铜时代考古学教授。她的研究兴趣为农业制度的生态特征，涉及话题从农业制度的弹性至不平等。最近，她成为欧洲研究委员会资助"城市文明的农业起源"项目负责人。该项目采用新颖的植物考古学方法，对西亚和欧洲史前晚期农业进行了比较分析。

塞缪尔·鲍尔斯，圣菲研究所行为科学项目的负责人。他的研究范围包括政治等级制度和财富不平等及其长期演变的理论和实证研究。他最近的著作有《道德经济学：为什么好法律不能替代好公民》（2016）和《合作物种：人类的互惠及其进化》（与赫伯特·金蒂斯合著，2011）。他的下一本书是《平等的时刻：经济差异和政治等级制度的起源和未来》。他参与了"经济学开放课程资源项目"，制作了一门全新的大学水平的经济学入门课程（www.core-econ.org）。

梅雷迪思·S. 切森，圣母大学人类学副教授。她是一位考古学家，研究领域为日常生活的物质性和差异及身份的构建。她与莫拉格·柯塞尔博士共同主持了以下项目："黎凡特南部青铜时代早期死海平原探险项目"（http://expeditiondeadseaplain.org）；"意大利卡拉布里亚的史前晚期和中世纪后期，博瓦马里纳考古项目"（www.arch.cam.ac.uk/research/projects/Bova-marina/）；以及"19世纪和20世纪爱尔兰西部乡村的生活及巴黎圣母院的爱尔兰海岸文化景观项目"（www.facebook.com/Cultural-Landscapes-of-the-Irish-Coast-Project-ND-246146295491973/）。

阿比伊特·丹德卡尔，德干学院考古学系助理教授、铭文及钱币学系助理研究员。他的研究兴趣为印度洋的贸易和商业。他目前是焦尔考古研究项目的负责人。

蒂莫西·J. 登内希，亚利桑那州立大学坦佩分校人类进化与社会变化学院博士。其博士学位论文使用来自三个古代伯利兹岩屋的证据，来研究人类从觅食到食物生产的转变中迁移的变化。他的研究兴趣还包括城市不平等、社会不平等的起源，以及中美洲玛雅人之前的居住者。他参与了"时代变迁中的城市组织项目"，并与其他作者合著了几篇论文（已通过同行评议），其中包括美国考古协会期刊《考古学论文》的特刊《人类经验的考古学》中的一章。

罗伯特·D. 德雷南，专注于比较分析研究，旨在描绘世界范围内早期复杂社会发展轨迹的变化模式。他曾在中美洲、南美洲北部和中国东北地区从事考古现场研究，主要研究区域定居点人口、社区和家庭。他是美国匹兹堡大学人类学特聘教授、比较考古学中心主任，美国国家科学院成员。

劳拉·J. 埃里森，华盛顿州立大学人类学系博士。她的主要研究兴趣为美国西南部圣胡安北部地区的普韦布洛祖先定居点和生存状况，还包括基于主体模型的考古学应用、财富不平等的出现，以及人类与环境的相互作用。她曾在美国考古学会、民族生物学学会、佩科斯会议的年度会议上，以及在阿根廷圣拉斐尔举行的国际考古大会上发表研究成果。

罗纳德·K. 福塞特，洛杉矶皮尔斯学院人类学助理教授，考古学家，主要研究复杂社会。他目前在墨西哥瓦哈卡的特拉科卢拉山谷指导一个长期实地项目，目的是了解政治分裂后的文化弹性。作为南伊利诺伊大学的访问学者，福塞特组织并编辑了《超越崩溃：考古视角下的复原力、复兴和复杂社会的转型》（2016）一书。他还著有《塔努希山丘：挖掘墨西哥瓦哈卡东部山谷的山顶社区》（2013）。

加里·M. 法因曼，美国伊利诺伊州芝加哥菲尔德自然历史博物馆人类学麦克阿瑟馆馆长。他曾在墨西哥瓦哈卡和中国山东联合主持长期考古研究项目。在瓦哈卡山谷，法因曼联合主持了四个古典期定居点的挖掘工作。在职业生涯中，法因曼专注于研究大规模合作出现的前因后果、这些复杂社会的循环或转变，以及在多个尺度上的经济关系。法因曼是美国科学促进协会的会员，并获得了美国考古协会颁发的总统表彰奖。

马蒂亚·福凯萨托，纽约大学阿布扎比分校社会科学系经济史博士后。他的研究重点是世界不同地区收入和财富分配的长期决定因素。他目前正在研究中世纪晚期和现代早期欧洲南北经济差距的制度原因，以及从史前到现在财富不平等趋势的决定因素分析。

托马斯·A. 福尔，米苏拉市蒙大拿大学人类学名誉教授。他的研究兴趣为定量分析、测量理论及其在人类学中的应用；民族学的理论；以及北部平原和落基山脉地区的考古学和民族历史。在35年的职业生涯中，他在感兴趣的地区主持了田野考古项目。他撰写或与人合著论文40余篇，以及大量技术合同报告。

维什沃斯·D. 古特，目前是名誉教授，之前是浦那大学德干学院研究生院和研究所教授及联合主任。他的研究兴趣包括古南亚的贸易、交流和互动，以及古代材料的考古化学。他目前正在印度西部的帕夏港和焦尔港主持考古工作。

蒂莫西·A. 科勒，华盛顿州立大学人类学杰出教授、圣菲研究所客座教授、克罗峡谷考古中心助理研究员、美国科学促进会会员。2001—2012年，他配合参与了美国国家科学基金会资助的"美国西南部的北部村庄生态动力学项目"，该项目因"重大考古研究成果"被上海考古论坛（SAF）选为世界十大顶级项目之一。2014年，他被美国人类学协会授予"阿尔弗雷德·文森特·基德尔美国考古学杰出奖"。2022年，他被选为美国国家科学院院士。

伊恩·库威特，圣母大学教授、考古学家。他的研究领域包括社会分化的出现、身份的具体化、农业的起源以及采集者与农民的转变。他的最新著作是与人合著的《火的转变：文化背景下火葬的考古学》（2014）。2016年，他被评为美国圣母大学高级研究所的杰出研究员。

查普胡克哈·M. 库西姆巴，美国大学人类学教授。他的研究领域为前殖民时期肯尼亚沿海地区复杂社会的发展。他目前的考古研究涉及东非、南亚和东亚之间的古代海上贸易。他正在参与肯尼亚海岸拉穆群岛的古老港口城市曼达的遗址发掘。

玛丽-玛格丽特·墨菲，米苏拉蒙大拿大学 3D 成像实验室首席技术员。她将自己在艺术、技术和定量分析方面的背景应用于人类学和交叉科学的研究中。她目前正在应用数字和历史数据来识别人类。她曾为几份报告和论文撰写相关内容。在《里约热内卢伊巴奈茨 6 号西、阿塞恩区、智利巴塔哥尼亚地区粗糙的火山岩工业》(《岩屑技术》, 2015) 一文中，她贡献了 3D 模型的打印图像，准确地传达了岩屑人工制品的修改，这是摄影技术不可能做到的。

琳达·M. 尼古拉斯，伊利诺伊州芝加哥市菲尔德自然历史博物馆人类学兼职馆长。她曾在墨西哥瓦哈卡和中国山东联合主持长期考古野外项目。在这两个地区，她联合主持了系统的区域调查，以及瓦哈卡山谷四个古典期定居点的挖掘工作。她的研究兴趣包括定居点布局研究、家庭考古学、古代经济以及早期城市化和复杂社会转型过程。她发表了大量关于墨西哥和中国田野调查的论文。

拉胡尔·C. 奥卡，圣母大学福特家族人类学助理教授。他的研究兴趣包括贸易和商人对社会、政治和文化基础设施的演变和影响。他目前正在研究大约公元前 1000—1800 年印度洋贸易和商业的演变，以及社会经济互动对当代经济救助和发展进程的影响。

马修·佩尔斯，俄克拉何马州大学人类学助理教授。他的研究领域集中在中等社会的社会组织，包括不平等的出现、交换关系和不同政治结构的弹性等主题。他的大部分研究是在美国西南部和墨西哥西北部进行的，如发表在《考古研究杂志》（2017 年）上的《墨西哥西北部：索诺拉、奇瓦瓦和邻近地区的史前史》。他目前正在与墨西哥同事开发一个合作研究项目，以探索马德雷山脉史前群落的多样化政治结构。

克里斯蒂安·E. 彼得森，夏威夷大学马诺阿分校副教授、人类学系主任。他专门从事早期复杂社会的比较研究、区域聚落格局与人口统计、家庭考古、定量和空间分析。他目前的实地研究主要集中在中国东北地区新石器时代红山社区的产生和发展。他独立完成（或与人合作完成）多篇学术文章和多部专著，其中包括《新石器时代中国东北地区的红山家庭和社区》（与罗伯特·D. 德雷南、吕学明和李涛合著，《人类学考古学杂志》，2017 年），以及《新石器时代中国华北家庭手工艺品组合资料的比较分析》（与罗伯特·D. 德雷南、凯特·L. 巴特尔合著，《人类学研究》，2016）。

安娜·玛丽·普伦蒂斯，蒙大拿大学考古学教授、《美国考古协会考古记录》杂志编辑。她的研究兴趣包括北美原住民狩猎-采集社会的考古学、石器技术和文化进化过程。她先后出版了 6 部专著，发表了许多期刊文章、书籍章节和考古调查的技术报告。她的最新著作《桥河的最后一座房子》（2017）是对加拿大皮货贸易时期萨利山传统家庭的考古研究。

迈克尔·E. 史密斯，亚利桑那州立大学（坦佩校区）考古学教授、墨西哥亚利桑那州立大学特奥蒂瓦坎研究实验室主任、美国科学促进会会员。作为考古学家，他曾在阿兹特克帝国的各处遗址主持野外考古发掘，通过挖掘房屋来研究日常生活。他的代表作《与阿兹特克人在一起：一位考古学家揭示他们的日常生活》获得了"2017年美国考古学协会流行类最佳图书奖"。

伊丽莎白·C. 斯通，纽约州立大学石溪分校人类学教授。她的研究领域为社会和经济结构以及美索不达米亚社会的演变，通过文本分析和挖掘，强调了更大的人口所扮演的角色。除了在土耳其和叙利亚的项目外，她还在伊拉克的麦西肯-沙匹尔和乌尔主持调查和挖掘工作。她利用高分辨率卫星图像绘制了大约50个美索不达米亚考古遗址的建筑结构。她的专著有《尼普尔社区》和《美索不达米亚城市的解剖：麦西肯-沙匹尔的调查和探测》。

埃米·斯蒂林，法兰克福歌德大学洪堡研究学者、考古化学家。她擅长作物同位素地球化学，研究兴趣为古代农业、人类与环境的相互作用以及对社会和环境变化的适应。她最近在《自然植物》杂志上发表了一篇题为《农业推广的同位素证据揭示世界上最早的城市是如何被养活的》的论文，其中包括有关欧洲和近东过去农业实践的内容。

耶德·惠特拉姆，牛津大学早期职业研究员，专门分析来自西亚史前遗址烧焦的植物巨遗骸。她的研究重点是重建从新石器时代到青铜时代的早期农作物管理策略和农业系统。目前，她参与了伊拉克、伊朗、约旦、叙利亚和意大利的研究项目。她的研究成果已发表在现场专题论文和同行评议的文章中，她还参与编辑了《环境考古学》（2014，2015）特刊《新石器时代的环境考古学》。